“十二五”普通高等教育本科国家级规划教材

电子政务概论

（第四版）

主　编／田　进
副主编／凌　双　陈　美

INTRODUCTION
TO E-GOVERNMENT

科学出版社
北　京

内 容 简 介

电子政务是政务机构运用现代信息技术，打破原有组织机构界限，优化原有工作流程，办理公务、管理政务、提供公共服务的一种模式。本书在充分反映国内外最新相关理论研究成果，充分反映中国电子政务建设实际的基础上，系统研究了电子政务的基本概念，电子政务兴起的背景，各国电子政务发展的经验，电子政务的基础设施、信息安全保障，电子政务的内网和外网，以及电子政务相关的法律法规、标准体系，最后还专门研究了中国的电子政务发展等问题。

本书适合高等院校行政管理专业及相关专业的本科学生学习使用，对实际从事行政管理的工作者，以及相关的理论工作者也有使用和参考意义。

图书在版编目（CIP）数据

电子政务概论 / 田进主编. —4版. -- 北京 : 科学出版社, 2025. 7.
（“十二五”普通高等教育本科国家级规划教材）（新编高等学校公共管理专业精品教材）. -- ISBN 978-7-03-081662-7

Ⅰ. D035-39

中国国家版本馆 CIP 数据核字第 2025LR8053 号

责任编辑：王京苏 / 责任校对：王晓茜
责任印制：张 伟 / 封面设计：有道设计

科学出版社 出版
北京东黄城根北街 16 号
邮政编码：100717
http://www.sciencep.com
北京富资园科技发展有限公司印刷
科学出版社发行 各地新华书店经销
*
2009 年 8 月第一版 开本：787 × 1092 1/16
2012 年 3 月第二版 印张：16 1/2
2016 年 2 月第三版 2025 年 7 月第四版
2025 年 7 月第十九次印刷
字数：391 000

定价：52.00 元

（如有印装质量问题，我社负责调换）

第四版前言

时光荏苒。自从 2009 年《电子政务概论》第一版问世，到 2014 年入选第二批“十二五”普通高等教育本科国家级规划教材，再到 2025 年第四版的修订，已近二十年。除了兄弟院校对《电子政务概论》的青睐和支持，教材的不断修订更多是响应了时代发展的需求：在这不到二十年的历程中，电子政务从无到有，从仅限于固定场景的应用到移动场景的普及，再到智能化场景的探索，从辅助管理工具演变为智能化精细化治理的手段，从国家信息化战略的核心目标发展为当前数字政府不可或缺的一部分，经历了诸多深刻的变革。这些时代背景的变迁促使我们对《电子政务概论》进行适时的修订。在本次修订过程中，我们并未急于以数字治理为全新主题进行彻底改版，而是继续沿用了电子政务这一核心主题。这主要是基于当前数字治理虽然作为国家战略被广泛提出，但在理论构建上尚未完整，在实践应用中也未形成成熟的系统。继续以电子政务为主题进行修订，既是对电子政务基础内容和建设成就的回顾与总结，也是对电子政务向数字治理迈进的前瞻性展望。

适时更新。鉴于上述因素，本次修订的主要内容包括：首先，根据全球电子政务的最新发展趋势，修订了关于世界范围内电子政务发展现状与趋势的描述，更新了相关信息化系统的构成。其次，依据标准化文件的最新版本，更新了电子政务架构中具体的标准文件编号，确保教材内容与电子政务实践保持一致。再次，基于近年来电子政务的实践经验，重新编排了所有章节的案例，以便读者能够更好地结合教材内容，深入理解电子政务的发展实践。最后，参照二十大报告的相关内容，重新整理了电子政务在中国的发展这一核心章节，重点探讨了互联网+、物联网、人工智能等新兴技术在未来电子政务建设中的应用前景。

薪火相传。《电子政务概论》第四版的修订工作在徐双敏教授荣休之后传递到了我和更年轻的同事手中，这是一种事业的传承，更是中南财经政法大学公共管理学院多年来在电子政务课程教学和研究中集体智慧的结晶。具体承担各章修订的是：陈美修订第 1、2、3 章，并整理了专业术语中英文对照表；凌双修订第 4、5、6 章，同时负责案例的改写工作和 PPT 的制作；田进修订第 7、8、9 章，同时负责全书的统稿，以及参考文献和拓展阅读书目的修订；董程同学参与了部分案例的改写和校对工作。

衷心感谢。在本次修订过程中，我们参考并借鉴了众多著作和文献，对此，我们向所有贡献智慧的作者们致以最诚挚的谢意。同时，我们对科学出版社，尤其是王京苏编辑的辛勤付出表示由衷的感谢。

田　进

2025 年 1 月于武汉

第三版前言

《电子政务概论》是 2009 年 8 月出版的第一版，现在不过 6 年就两次再版，主要原因有三：一是信息技术自身的高速发展。在这短短的几年时间里，6 年前还是比较新、比较时尚的技术手段，现在可能已经逐渐退出历史舞台，如 PDA、微博，以及和这些技术手段联系在一起的政务微博等，现在已经被政府机构的微信公众号、二维码等新技术“挤”到一边去了。二是我国电子政务的快速发展。6 年前，讲到电子政务，我们还可以政府的“金”字工程为荣，但是到了 2014 年末，国务院办公厅在《关于促进电子政务协调发展的指导意见》中，明确提出要用 5 年左右时间，让“电子政务在国家治理体系和治理能力现代化建设中发挥重要作用”。而且为实现在我国发展电子政务的顶层设计，以及应对前所未有的网络安全严峻形势，2014 年 2 月，我国成立了由习近平任组长，李克强、刘云山任副组长的中央网络安全和信息化领导小组，近两年国家密集出台有关促进电子政务发展的指导性、规范性文件，极大地促进了电子政务的普及和发展。三是 2014 年，本书入选第二批“十二五”普通高等教育本科国家级规划教材，这是对我们的工作极大的鼓励和鞭策，我们理应用更高的标准打造这部教材。

所有这些都促使我们产生修订教材的想法。也正是基于上述三个方面的原因，本次修订的主要内容是：第一，运用最新的资料进一步完善第 2 章和第 9 章的内容，即增加了有关世界范围内电子政务发展的现状和趋势的内容。同时运用最新资料，重新改写了有关我国电子政务发展的战略前景。第二，更新了全部案例。我们希望这些精心选择编制的案例可以更清晰地反映电子政务的发展现实。第三，校对、更新了教材中的一些观点和概念，包括参考文献、参考网站，以及附录中的中英文术语对照表。由于从第二版开始，本书就用附录形式增加了专业术语的中英文对照表，所以，读者可以很方便地在附录里查找到与电子政务相关的术语。另外，根据内容的修订，我们也修改了相关的 PPT 内容，方便任课教师和读者使用。

第三版仍由徐双敏主编，田进副主编。徐双敏提出并拟定修订大纲，组织协调全部修订工作，最后统稿。田进参与修订大纲的拟定，协助组织工作。具体承担各章修订的是：徐双敏修订第 1、2、6、7 章，同时负责案例收集、专业术语中英文对照表的整理工作；田进修订第 3、4、5、8、9 章；杨磊承担了全部案例的改写工作，参考文献和拓展阅读书目的修订，以及 PPT 的修订等工作。

在本次再版过程中，我们参阅了大量有关著作和文献，使用了大量的案例，恕不在此逐一列举，仅对各位作者一并致以真诚的谢意。同时，我们对出版本书的科学出版社，特别是王京苏编辑表示由衷的感谢。

徐双敏

2016 年 1 月于武汉

目　　录

第 1 章

电子政务概述

电子政务是信息技术与行政管理在管理理念和技术方法等多个层面融合的产物。自20 世纪 90 年代初美国提出“信息高速公路”建设以来，电子政务的概念和技术已经越来越快、越来越广地从发达国家进入世界各国，并且正在从一种政务工具向一种政务模式、政务路径发展。

改革开放以来，我国信息技术得到了飞速发展，与此同时，电子政务也已经悄悄进入我们生活的每一个领域。电子政务在改变政府部门工作方式的同时，也在逐步改变着政府部门工作人员的观念，它甚至提供了体制改革的巨大动力。

电子政务是时代的产物也是改革的产物，是人类历史发展的标志性成果。

1.1 电子政务的基本概念

电子政务是信息化时代的产物。对新兴的、发展迅速的信息技术的理解和实践的不同，导致了人们对电子政务概念理解的差异。对我国来说，电子政务是一个外来概念，对外来语言理解的差异更是增加了我们对这个概念的理解分歧。尽管至今我们还不能消除这些理解上的分歧，但它并不影响我们认识发展电子政务的重要意义。

1.1.1 电子政务的含义

电子政务即 electronic government（简称 e-government 或 e-gov）或 government online。由于“e-government”的概念最早出现在美国，因此当这个概念进入中国后，国内学者在对它的翻译和理解方面一直存在一些分歧。有学者认为“government”在英文中是“政府”的意思，而中文“政务”则应该译为“government affairs”。另外也有学者主张将“电子政务”译为“e-governance”或“e-governing”。本书采用“电子政务”即“e-government”的观点。

1. 对电子政务含义的不同理解

“e-government”的概念最早是由美国总统克林顿提出的。1993 年 1 月，克林顿在就职演说中提出，他的目标是将美国联邦政府改造为一个“少纸的”政府，一个利用信息技术提高政府绩效和改造政府内部业务过程的“电子政府”（e-government）。同年，在副总统戈尔所领导的国家绩效评估（National Performance Review，NPR）委员会的报告中，正式使用了“e-government”的概念①。此后，随着克林顿政府对电子政务建设的极力推进，越来越多的人、越来越多的国家了解并接受了这个概念。

人们是在对电子政务的实际运用过程中，不断明确并深化对其内涵和外延的认识和理解的。从不同国家、不同国际组织对电子政务的不同定义中，我们可以清楚地看到这个认识过程。世界银行（World Bank，WB）认为，电子政务是指政府机构运用信息技术以改变其与居民、企业及其他政府内部之间的关系。亚洲开发银行（Asian Development Bank，ADB）认为，电子政务是通过使用信息技术，促进更高效、更节省的政府管理，提供更便利的政府服务，使更多的公众能够获得信息，政府对公众更加负责。经济合作与发展组织（Organisation for Economic Co-operation and Development，OECD）则认为，电子政务是政府部门在政府职能的各个领域采用信息技术，特别是互联网和相关技术，进而改变政府的组织结构和管理方法。联合国（United Nations，UN）认为，电子政务是政府的一项永久性的承诺，它通过对服务、信息与知识的高效便捷地传递，来增进公共部门与个人公民之间的关系②。

显然，正是因为不同组织对电子政务的运用范围不同、成熟程度也不同，它们的定义才不同。我们可以看到，上述定义有的停留在提高行政工作效率方面，如亚洲开发银行；有的则认为还可以提高公众满意度，如世界银行和联合国；而经济合作与发展组织则更进一步地指出，电子政务“有可能改变政府的组织结构和管理方法”。不过它们都无一例外地认为政府工作与信息技术的联系是电子政务的核心含义。

20 世纪 90 年代中期前后，随着网络技术在发达国家的普及，电子政务的运用从行政领域扩展到立法机关的选举，如法国等在议会选举期间运用网络实现了议员与选民的网上交流、网上投票选举，以至于一些西方人士认为，网络的应用掀起了电子民主化的革新浪潮。于是学者们对电子政务的理解又有了广义和狭义之分。例如，日本学者说，“所谓狭义的电子政府是指：以高效、信息公开和提高服务质量为目标，在政府行政部门间，以及政府行政部门与国民、企业等民间部门间开展的信息化和网络化变革，它导致了政府行政部门中业务和组织方式的根本性变革。而广义的电子政府，在欧美国家中已初见端倪，相信在不久的将来会得以推广，它包含了‘电子民主化的实现’这一层意思，即实现政治家与行政，以及政治家与市民、企业之间更趋紧密的交流”。③可见，这里的广义和狭义主要是指对“政府”的理解，即广义政府是包括立法、行政、司法在内的；而狭义政府则仅指行政部门。

“e-government”的概念进入中国时，西方新公共管理运动的理论和实务也被介绍到中国。将电子政务放到西方新公共管理运动的大背景中去理解，有利于我们领会电子政

---

① Green R T，Hubbell L.On governance and reinventing government. *In*: Wamsley G L，Wolf J F. Refounding Democratic Public Administration:Modern Paradoxes,Postmodern Challenges.Thousand Oaks:Sage Publications, 1996：38-62.

② 余益民：《电子政务技术与设计》，机械工业出版社，2007 年。

③ 白井均、城野敬子、石井恭子等：《电子政府》，陈云、蒋昌建译，上海人民出版社，2004 年，第 15、16 页。

务不是简单的“电子”加“政务”这种政务技术和手段的革新，而是通过政务技术的改变，建立一种新型的政务管理模式和政府管理体制。另外，中国的政治体制不同于任何国家，对我们来说，电子政务中的政府肯定是广义的，是包括党委、人大、政府、政协这四大权力系统。在此基础上，国内一些学者也提出了对电子政务理解的广义、中义、狭义三种观点。不过他们的划分依据不是对政府概念的理解，而是对政务概念覆盖面的理解，认为广义的电子政务就是把工业化模型的大政府转变为新型的管理体系，以适应虚拟的、全球性的、以知识为基础的数字经济，同时，也适应社会的根本转变。2022 年 10 月 16 日，习近平总书记在党的二十大报告中强调，“加快发展数字经济，促进数字经济和实体经济深度融合，打造具有国际竞争力的数字产业集群”[①]。

中义的电子政务是运用信息及通信技术打破行政机关的组织界限，构建一个电子化的虚拟机关；同时也在政府机关之间以及政府与社会各界之间建立各种电子化沟通渠道。狭义的电子政务指各级政府机构的政务处理电子化[②]。

当然更多的学者并没有将电子政务划分为广义、狭义的概念，只是至今还没有对其形成统一的认识，正如赵国俊指出的，现在国内对电子政务的认识，有的侧重于技术角度，有的侧重于改革政务活动工作方式，还有的侧重于管理和服务集成的角度[③]。

2. 电子政务的定义

上述对电子政务的不同理解，对我们认识电子政务这个概念有重要的启示。在充分借鉴各种观点的基础上，我们认为，所谓电子政务，就是政务机构运用现代信息技术，打破原有组织机构界限，优化原有工作流程，办理公务、管理政务、提供公共服务的一种模式。

在理解这个概念时需要注意以下几点。

（1）电子政务的实施主体是“政务机构”。在我们国家，可以被称为政务机构的就是被列入行政编制的机构，即政务机构不仅包括党委、人大、政府、政协等序列的机构，还包括一些特殊的、列入行政编制的人民团体，如中华全国总工会、中国共产主义青年团、中华全国妇女联合会、中国残疾人联合会等。

（2）电子政务实现的前提是现代电子信息技术的运用，这也是电子政务区别于传统政务的根本依据。现代电子信息技术的核心就是计算机技术和网络技术，以及现代通信技术。

（3）电子政务的重点在“政务”，“电子”只是技术手段，是为“政务”所用的。电子政务中“电子”技术能力发挥的程度和速度，完全取决于使用这个技术的主体。也就是说“政务”主体的观念、改革意愿，才是决定电子政务推进的速度和程度的根本因素。电子信息技术的特性决定了这种技术手段的运用最终将会引发一场管理的革命。

（4）电子政务可以处理的事务涉及整个社会，即其不仅可以用于处理政府机构内部、

① 《习近平：高举中国特色社会主义伟大旗帜 为全面建设社会主义现代化国家而团结奋斗——在中国共产党第二十次全国代表大会上的报告》，http://www.qstheory.cn/yaowen/2022-10/25/c_1129079926.htm，2024 年 8 月 12 日。

② 杨路明、胡宏力、杨竹青等：《电子政务》，电子工业出版社，2007 年，第 3 页。

③ 赵国俊：《电子政务》，电子工业出版社，2003 年，第 2 页。

政府机构之间的所有事务，也可以被广泛应用于处理政府对企业、政府对公众个人的全部事务。

（5）电子政务不是某种固定的工作模式，而是一种受到技术进步和工作需求的不断推动，在实施中不断完善、发展的进程。从一个时间断面看，电子政务是一种工作模式；但是从一段时间看，电子政务就是政府自身不断改革创新的一个过程。这种改革创新的动力来自科技进步，也来自政府必须回应的来自公众的新需求。电子政务发展的动力不竭，电子政务发展的过程就不会完结。

3. 电子政务的特征

电子政务具有虚拟、开放和透明三个特征。这三个特征是密切联系的。

（1）虚拟。在电子政务条件下，所有的政务机构都采取了虚拟形态，因此所有的政务过程也都采取了虚拟形态。以计算机、网络及通信技术为主要载体形式的电子政务令所有政务机构变成了虚拟形态，从而也就彻底改变了传统政务机构的面对面办公方式。在电子政务条件下，不论是政务机构的公务员，还是需要办事的公民个人或企业，他们都只需通过电脑、手机等终端设备，借助网络就可以顺利沟通，完成需要办的事。同时，电脑的巨大的信息存储和处理能力，网络的实时、大容量的信息传输能力，还可以将社会信息资源的充分共享变成现实。

（2）开放。在电子政务条件下，虚拟的政务机构可以超越时空限制，将政务机构的“大门”全时段、全天候地向世界所有联通网络的地方的公众开放，甚至接办公务。任何公民，不论其身处何处，只要有可以联通网络的电脑、手机，就可以随时随地访问任何地方的政务机构。不论是查询信息、咨询政策、办理事务，还是了解当地的历史文化、民情民俗、旅游景区，甚至包括查询政要的个人信息、监督政务，都可以通过网络来完成。开放是电子政务的一个重要特征，这个特征大大缩短了政府与公民之间的距离，公民在享受便捷、高效服务的同时，也会给予政府更多的信任和支持。

（3）透明。电子政务为政府信息公开，以及公众监督提供了必要的技术支持，从而使得实行了电子政务的机构变得公开、透明。在电子政务条件下，政府机构设置、人员编制、政策法规、办事流程、工作进度等全部上网，彻底消除了政府机构的神秘性，在保证公众知情权的同时，也接受公众的实时监督。透明是电子政务的重要特征，这个特征使电子政务成为政务公开、廉政建设的重要工具。

电子政务的这三个特征是密切联系、互相依存的。其中，虚拟是核心，因为虚拟，所以才可以开放和透明。需要特别指出的是，电子政务特征是固有的，但是这些特征是否明显，或者说，能否在电子政务中充分发挥信息技术的功能，完全取决于实施电子政务的主体的主观意愿。

1.1.2 与电子政务相关的其他概念

电子政务的概念从进入中国的那一天起，就与电子政府、办公自动化（office automation，OA）、电子商务（electronic commerce，e-commerce）、移动政务（mobile government，mGov）、网络政府、数字政府等概念联系在一起。为了更清楚地认识电子政务，有必要梳理一下它与几个相关概念的关系。出于篇幅的考虑，我们着重研究电子政府、办公自动化、电子商务、移动政务这四个概念。

1. 电子政务与电子政府

电子政务与电子政府是两个形式上十分相像、内容上也相差不大的概念，所以，它们是相关性最高的概念。从中文的词义上看，电子政务与电子政府的区别是明显的，前者是动词，后者是名词，两者不能画等号。正因如此，对“e-government”这个外来语的理解，在国内从一开始就存在分歧，其中最主要的观点有两种。

一种观点认为“电子政务”等同于“电子政府”，两者只是翻译的不同，没有实质的区别。例如，李习彬说，“我国称为电子政务，而国外一般称为电子政府，这是由我国特殊的政治体制决定的”。因为我国的政府总是广义政府，而西方一般是狭义政府①。田景熙和洪琢也认为，“‘电子政务’有许多不同的表达，如‘电子政府’‘政府上网’‘政府信息化’‘网络政府’‘政府办公自动化’等”。②

另一种观点则认为“电子政务”不等于“电子政府”。这种观点又可以细分为以下几种。一是认为它们是不同的发展阶段，即“电子政务”是“电子政府”发展的初级阶段，“电子政府”是成熟阶段，也是“电子政务”建设的最终目标。例如，金江军和潘懋指出，“‘电子政府’和‘电子政务’并不是同一个概念”“建立电子政府是电子政务的目标之一”。③梁士伦和刘新飞也认为，“电子政务不同于电子政府，电子政府是电子政务发展的目标和结果”。④二是认为“电子政务”与“电子政府”是包含和被包含的关系。不过这里又有分歧，即有的学者认为“电子政务”包含“电子政府”。例如，赵国俊认为，由于我国的“政府”都是广义政府，即在我国的体制中，党委、政府、人大和政协四套班子都从事政务工作，而西方国家的政府一般只是狭义政府的概念，即“政府”仅指国家行政机构。因此，我国电子政务的实际内涵要比西方的电子政府宽泛⑤。而另一些学者则相反，认为“电子政府”包含“电子政务”。例如，国家经济贸易委员会办公厅电子政务课题组编写的教材中说，“电子政府的运行，是以一系列电子政务的实现为前提的，如果没有大量政务的发展为基础，就不可能有真正的电子政府”，所以“电子政务与电子政府，是点和面的关系”⑥。

上述学术分歧至今仍存在，没有定论，这对于一个新学科的建设过程而言是正常的，也是有利于学术发展的。我们将这些不同的观点综述于此，也是为读者们提供参考。

2002 年《国家信息化领导小组⑦关于我国电子政务建设指导意见》发布。现在党和政府的正式文件中也普遍使用了“电子政务”的概念。国家信息化领导小组采用这一称

① 李习彬：《电子政务与政府管理创新》，科学出版社，2004 年，第 3 页。
② 田景熙、洪琢：《电子政务系统规划与设计》，人民邮电出版社，2005 年，第 1～2 页。
③ 金江军、潘懋：《电子政务导论》，北京大学出版社，2003 年，第 15 页。
④ 梁士伦、刘新飞：《电子政务》，机械工业出版社，2005 年，第 16 页。
⑤ 赵国俊：《电子政务》，电子工业出版社，2003 年，第 3 页。
⑥ 国家经济贸易委员会办公厅电子政务课题组：《电子政务实用读本》，中共中央党校出版社，2002 年，第 20 页。
⑦ 2008 年 3 月，不再保留国务院信息化工作办公室，国家信息化领导小组的具体工作由工业和信息化部承担。

谓的理由主要有以下几种。

（1）我国的特殊政治体制决定了我们只有广义政府的概念，没有狭义政府的概念。如果将党委、政府、人大、政协这四个序列的机构统称为“政府”，就必须加以说明，而将它们的工作统称为“政务”则不必特别说明，绝对不会产生歧义。

（2）英文“government”这个词加上“electronic”缩写为“e-gov”，可以理解为政府工作的电子化。而在中文里，“政府”是不能作动词用的，“电子政府”容易被人误解为一个新类型的政府，而不是政府工作的电子化，那样离原义就太远了。

（3）电子商务的概念在我国已经被普遍接受，使用与之对应的电子政务概念，就便于民众理解和使用。

（4）在使用时便于与国际接轨。电子政务在翻译为英文时，仍可以使用“e-gov”的国际通行概念，所以，电子政务的译文也不会造成国际交流的困难。

总之，电子政务与电子政府就中文而言是有区别、不能混用的。但是在对待“e-government”这个外来词时，我们又不必拘泥于某种译文，可以从内容的整体上把握和理解其含义。

2. 电子政务与办公自动化

电子政务与办公自动化是不同的概念，它们之间既有联系，也有明显的区别。

电子政务与办公自动化的联系在于，办公自动化是电子政务的前身或初始阶段的形态，至今，它也是电子政务的重要组成部分。办公自动化的概念是在 20 世纪 70 年代由美国麻省理工学院的齐斯曼（M. C. Zisman）提出的。他说，“所谓办公自动化就是将计算机技术、通信技术、系统科学及行为科学应用于传统的数据处理技术难以处理、数据量庞大且结构不明确的包括非数值型信息的办公事务上的一项综合技术”。[①]20 世纪六七十年代，随着现代科技的发展与普及，计算机技术和通信技术被发达国家应用于行政办公。我国是 20 世纪 80 年代初至 90 年代初，在中央和地方党政机关开始办公自动化工程建设的。20 世纪 80 年代中期，我国国务院电子振兴办公自动化专家会议上，根据办公自动化的实际工作原理，提出并使用了办公信息系统（office information system，OIS）的概念。

现在我们所说的办公自动化，主要包括信息处理、实时办公、公文流转、文档数据库管理以及决策支持系统等内容，我们现在经常见到的“无纸化办公”、远程视频会议等都属于这个范畴。任何国家的电子政务进程都是从办公自动化起步的，而且今后不论电子政务发展到什么程度，内部的办公、管理部分都还是办公自动化。这是两者联系的最主要内容。

因为办公自动化是侧重于内部管理的技术，所以它与电子政务的区别也是明显的。从出现的时间看，办公自动化在先，电子政务在后。从功能上看，办公自动化主要是利用现代办公设备及其他信息技术代替公务人员的手工操作，从而提高办公效率；电子政务则凭借计算机技术、网络技术以及通信技术，不仅能够处理内部事务，还能实现不同

---

① 王琰、徐玲：《电子政务理论与实务》，清华大学出版社，2004 年，第 5 页。

政府部门之间、政府与企业、政府与公民的公务处理及互动。从适用主体看，办公自动化适用于所有类型的组织，即其不仅适用于政府机构，也适用于企事业机构、非政府组织等，只要是组织内部的公务处理都可以适用；而电子政务的适用主体则是政府，不论是广义的政府还是狭义的政府，都不包括企事业单位及非政府组织。从发展趋势看，办公自动化的技术进步，会使公务处理越来越便捷、高效；而电子政务的发展则会要求机构进行重组、流程再造，不仅如此，电子政务的发展还会改变公共组织与企业及公民个人之间的关系。

3. 电子政务与电子商务

电子政务与电子商务显然是两个不同的概念，但是它们既有区别又有联系。

电子政务与电子商务的区别主要在于两者的目的及其所适用的领域不同。电子政务的目的在于管理与服务，而电子商务的目的在于贸易与经济。电子政务适用于政务领域，电子商务则适用于商务领域。广义的电子商务是指实现整个贸易过程中各个阶段贸易活动的电子化，简单地说，就是传统商业活动各环节的电子化、网络化，包括电子货币交换、供应链管理、电子交易市场、网络营销、在线事务处理、电子数据交换、存货管理和自动数据收集系统等。电子商务是在 20 世纪 70 年代末期开始出现的。它最初的典型应用是将采购订单和发票之类的商业文档通过电子数据的方式发送出去，包括电子货币转账等。20 世纪 80 年代，随着信用卡、自动柜员机和电话银行逐渐被接受和应用，电子商务的应用也就更加广泛了。进入 20 世纪 90 年代，企业资源计划（enterprise resource planning，ERP）、大数据（big data）和云计算（cloud computing）等都成为电子商务的组成部分。现在，电子商务已经成为一种商业常态进入我们的生活，从电子银行到网上购物，从信息化的物流管理到客户关系管理、存货控制以及会计核算等，电子商务无所不包。现在电子商务主要有传统的企业与消费者之间的电子商务（business to customer，B2C），近年新兴的“线上到线下”（online to offline，O2O）实际也属于 B2C；企业与企业之间的电子商务（business to business，B2B）；企业与政府之间的电子政务（business to government，B2G）这三种类型。

电子政务与电子商务也是有密切联系的，不仅因为它们都是信息化社会的组成部分，而且因为它们之间有直接的联系。一方面，电子政务的发展和完善可以为电子商务的发展提供更为周到、便利的服务；另一方面，电子政务中政府采购、网上办税、网上审批、网上公告等功能的开发，还直接与电子商务系统联通，为商务企业提供了有利的商务环境。

4. 电子政务与移动政务

移动政务，又称移动电子政务，是移动技术在政府工作中的应用，是电子政务的重要组成部分和主要发展趋势。

移动政务是为了满足一线政府工作人员及公众对信息与服务的需求，利用以智能手机为代表的多种智能终端，通过无线接入基础设施，为一线政府工作人员和社会公众提供信息和服务。智能终端的实时、便捷、低成本、信息交互等不可替代的优势，在显著提高行政效率的同时，还降低了行政成本，极大地提高了公众对政府工作的满意度。移动设备技术和网络通信技术的发展，是推进移动政务的前提。移动政务自动化系统建设主要经历了离线式移动政务、有线移动政务和无线移动政务三个阶段。20 世纪 90 年代出现的笔记本电脑开启了移动政务的第一个阶段。笔记本电脑的便携特点首次为离线式移动政务的出现提供了技术上的支持，政府工作人员可以带着笔记本电脑到任何地方工作。这一时期，移动终端的新成员掌上电脑（personal digital assistant，PDA）的加入推进了移动政务的发展，然而由于受到通信技术的制约，访问内部网基本上无法实现。虚拟专用网络（virtual private network，VPN）技术的出现将移动政务带入第二个发展阶段。VPN 技术利用公用电信网组建虚拟专用网络的功能，极大地推动了移动政务的普及。人们借助 VPN 技术提供的安全通道，便利地在旅馆或国际会议现场通过电信网接入组织内部网，实现有线的移动政务。从码分多址（code division multiple access，CDMA）技术到 3G（third generation of mobile communications technology，第三代移动通信技术）、Wi-Fi、4G（fourth generation of mobile communications technology，第四代移动通信技术）等移动技术的出现令移动政务出现了质的飞跃，移动政务由此进入第三个阶段，即无线移动政务时代。CDMA 这种技术用于手机，极大地提高了手机的通信质量，同时还因为带宽得到较大扩展而可以传输影像，使得办公人员可以随时随地与单位的信息系统保持联系，完成办公。

移动技术的发展，已经引起各国公共服务部门的重视。这种技术形式越来越成为各国政府关注的焦点，同时也成为电子政务的发展趋势。

1.1.3 电子政务的主要功能及发展意义

电子政务的实质就是计算机和网络技术在政务领域的运用，所以电子政务最主要的功能是网上信息发布、内部办公自动化、部门间协同办公，以及公共事务管理。电子政务这些功能发挥的过程就是对原有的政府行为乃至政府形态进行信息化改造的过程，电子政务的发展，最终将催生一个与信息化时代相适应的现代政府。

1. 电子政务的主要功能

按照功能实现的难易顺序，可以将电子政务的功能归结为以下几个方面。

（1）网上信息发布。即建立政府网站后，可以使之成为公众获取政府信息以及在网上接受政府提供的各种服务的网络平台。例如，我国 1999 年实施“政府上网”工程后，各级政府建立的网站（俗称“政府官网”），已经成为各地各级政府发布权威信息的平台。

（2）内部办公自动化。即可以进行文字（图像）处理以及文件传输。这是电子政务的基础内容，如一些政府机关已经实现了“无纸化办公”。但是内部办公自动化的功能绝不仅仅是把传统办公模式搬到网上，这个功能必定会推进业务流程的优化，甚至会促进政府业务部门的重组。

（3）部门间协同办公。即多个政府部门、不同层级政府利用协同办公信息化平台，实现网上联合办公，资源共享。这个功能打破了政府间、部门间的信息壁垒和信息孤岛，既方便了部门间的工作沟通、协调，也方便了公众办事，为公众提供“一站式服务”。

（4）公共事务管理。即利用信息技术实现对社会事务和市场的管理，提供公共服务。因为有安全认证等技术作保证，所以电子政务具有安全性、可靠性、保密性、不可抵赖性等特点。网络环境下，可以实现网上虚拟政府与公众或企业的远距离便捷办公，如网上办税、网上审批、网上预约办事、网上调查等。政府也可以提供远程教育、远程医疗、远程救援等公共服务。

2. 电子政务的发展意义

电子政务的上述功能，使得电子政务的发展具有了其他技术所不可能具有的重大意义。

（1）促进服务型政府建设。20 世纪 90 年代，电子政务在西方国家迅速发展的一个重要原因，就是电子政务适应了民众对于政府职能向“服务”转型的诉求。现在众所周知的“24 小时政府”“一站式服务”“一表通”等政府服务形式，都是借助现代信息技术实现的，电子政务通过这些政务工作方式方法的改变，体现了“服务”的主要特征。在我国，电子政务也同样为建设服务型政府提供了有利的技术环境。建设服务型政府需要政务公开、公众参与、社会监督，以及回应公众需求。在电子政务条件下，大量、真实的民众意愿的及时反映，以及政务工作效果的实时反馈，使政府工作人员及其工作，时时处处置于民众的监督之下，这样必然会促进服务型政府建设。

（2）促进政府管理绩效提高。电子政务必然降低政府运行成本，提高管理绩效。2022 年 4 月 19 日，习近平总书记在中央全面深化改革委员会第二十五次会议上指出，要全面贯彻网络强国战略，把数字技术广泛应用于政府管理服务，推动政府数字化、智能化运行，为推进国家治理体系和治理能力现代化提供有力支撑。[①]在传统政务条件下，政府运行费，即除公务人员的工资之外，政府运转所需的文具、交通、通信、水电等费用总是十分惊人的；另外，由于全手工操作，工作人员的工作不仅耗时费力，还难免出现疏漏。电子政务的建设可以在很大程度上改变这种状况。由于有计算机和网络的辅助，政府机构通过明确责任、规范程序，使工作人员只要在计算机前轻点鼠标，就可以实现限时办结、异地办理，还可以对办理结果追踪反馈、及时改进，从而大大提高了政府管理绩效。

（3）促进政务公开和廉政建设。电子政务为政务公开提供了良好的实现条件，进而为加强廉政建设提供了技术支持。传统政务总是显得很神秘，而“黑箱”的存在也滋生了腐败。电子政务为政务公开提供了全面的技术保障，大大推进了廉政建设。一方面，公开所有的政策规定、办事流程，以及开通各种网上办公项目，杜绝了“暗箱操作”和办“人情事”的可能；另一方面，电子政务也为公众实时监督政务工作人员和所有政务活动提供了技术平台。在电子政务条件下，各地各级政府从政策制定到执行、从人事安排到后勤保障，所有的人员和工作环节都被置于公众的监督之下，不仅可以提高工作效率，还可以让“阳光”成为政务机构最好的“防腐剂”。

（4）促进政府运行机制转变。电子政务的实施还可以改变政府的运行机制。传统的政府组织形式是科层制结构，科层制“严格地规定着组织中人员和职能的关系，其特征

---

① 《加强数字政府建设　推进省以下财政体制改革》，http://cpc.people.com.cn/n1/2022/0420/c64094-32403344.html，2024 年 8 月 12 日。

是办公体制等级化、工作任务专业化、工作程序系统化、人际关系非人格化、运作资源内部化”①。电子政务的出现，对传统的科层制体制造成了猛烈的冲击。电子信息技术不仅突破了传统政务中信息传递和处理的瓶颈，而且使组织中每一个成员都可能在同一时间平等享有所有信息，他们之间的信息交流也不再需要通过等级制度的安排，越来越多的问题在出现或发生的第一时间，就可以得到解决。管理的层级减少了，传统的科层组织结构由金字塔式向扁平化发展，机构的重组、政府运行体制的变革成为必然。政府运行机制的转变，将增强政务机构的处置能力，特别是应对突发事件的能力，当然也就大大提高了工作绩效。

（5）促进民主政治建设。电子政务为促进民主政治建设提供了有效的工具和手段，从而能够有力地推进民主政治建设。民主是所有现代国家的目标与手段，也是所有现代国家的政务环境。一方面，电子政务开放、透明的特征，以及服务、公开、廉洁的工作方式的使用，必然是会促进民主的发展；另一方面，许多国家已经实行的网上投票选举、网上决策咨询、网上民意调查等，更是直接地推进了民主进程。

（6）提高政府决策水平。从公共部门决策理论的角度来看，存在三种决策理论：理性决策、有限理性决策、渐进决策。理性决策认为每一类行为产生的结果需要有充分的信息，但有限理性决策则认为，决策者不可能获得与决策问题相关的所有信息。从这个角度来看，电子政务有助于政府决策部门获取更为全面、准确的与决策有关的信息，减少决策的盲目性。渐进决策对全面理性决策进行了批判，并认为决策分析不是万能的，虽然决策过程涉及时间与成本问题，但电子政务将会有效缩短决策所需的时间，提高决策时效性。此外，网络为政府与社会公众之间的交流提供了直接、畅通的渠道，电子政务的实施可以使政府及时了解社情民意，有效集中社会各界的智慧，促进决策的民主化和科学化。

1.2 电子政务的基本应用模式

政府（本节使用广义政府的概念）职能的广泛性，决定了电子政务应用的广泛性。研究电子政务的应用模式，可以从不同的角度进行。例如，按照电子政务发展的成熟程度，研究不同发展阶段的应用模式；按照电子政务应用领域的性质，研究管理类或服务类的应用模式等。电子政务按照其发起者和受众的不同通常被分为政府对政府（government to government，G2G）的电子政务、政府对企业（government to business，G2B）的电子政务和政府对公民（government to citizen，G2C）的电子政务等三种模式②。本书即采用这样的观点。

1.2.1 电子政务应用模式概况

按照行为主体划分，电子政务的应用模式有多种，如 G2G、G2B、G2C。此外，如果更进一步细分，还可以分为更多类型的电子政务。不过其他模式都是由这三种模式衍

① 蓝志勇：《行政官僚与现代社会》，中山大学出版社，2003 年，第 6 页。

② 孙宝文、吴昊：《论 G2G 电子政务应用的建设原则——以无锡市公务员绩效考核考评系统为例》，《行政管理改革》2010 年第 7 期，第 72～75 页。

生出来的，因此，我们在这里将着重研究这三种应用模式。

实际上 G2G、G2B 和 G2C 是一种不太规范的简称，按照英文的习惯应该是 G to G、G to B 或 G to C。但是因为英文中“to”与“2”发音相同，所以这个概念最初进入我国时，一些人将“to”简化为“2”，于是出现了“G2G”类的概念。后来随着电子政务的发展，“G2G”类的概念也广为传播，成为约定俗成的概念。2004 年，国家质量监督检验检疫总局和国家标准化管理委员会联合发布的《电子政务数据元 第 1 部分：设计和管理规范》中，就使用了 G2G、G2B 和 G2C 的概念，所以本书也遵从这样的习惯用法。

G2G、G2B 和 G2C 并不是三个各自独立的应用模式，它们之间是互相联系、密不可分的（图 1-1）。

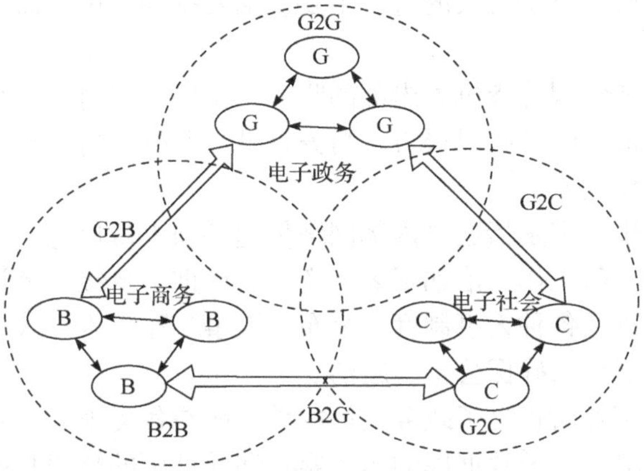

图 1-1 电子政务应用模式示意

我们在了解电子政务的各种应用模式时，应该首先明确，在虚拟的网络空间里存在的各种组织及个人之间的关系，不仅与我们在现实中看到的一样纷繁，而且，由于它的虚拟和透明，我们还可以看到许多现实中看不到的联系，因此，电子政务的各种应用模式所链接起来的是一个更为错综复杂的、综合性的网络系统。

1.2.2 政府对政府的应用模式

政府对政府的应用模式即 G2G，包括两大类型：一是政府内部的电子政务应用模式，二是政府间的电子政务应用模式。

1. 政府内部的电子政务应用模式

政府内部的电子政务应用模式原本只是办公自动化，但是，现在政府内部实行的电子政务内容已经远远超出办公自动化的范围，主要包括内部电子信息、内部电子公文处理、内部电子会议管理、内部电子财务管理、内部电子人事管理、内部电子决策等。

（1）内部电子信息是指机关单位用于展示本单位现状和告知内部人员的各种信息。这些信息根据其存在的状态分为静态和动态两类。静态信息主要是介绍本单位的职能、机构、工作制度、相关法规政策、工作成果等内容。动态信息主要是本单位新闻、通知、公告等，如我们常见的用“滚动条”形式发布的动态信息。

（2）内部电子公文处理是指机关内部日常进行的收文、发文、公文整理及归档工作，即公文的签收、登记、分发、拟办、批办、承办、催办、查办、立卷、归档、销毁等，全部电子化。办公自动化系统最初就是通过对纸质公文进行虚拟化处理，以实现“无纸化办公”，现在内部电子公文处理仍然是电子政务中公文处理的核心部分。

（3）内部电子会议管理是指利用网络技术或视频技术举行的会议。现在比较常用的是召开视频会议和电话会议，这两种会议召开方式与传统会议方式比较接近。视频会议一般是在主会场外，用视频技术设置分会场；分会场的信号也可以同步传递到主会场；主会场和分会场的距离可近可远，可以在紧邻的房间，也可以相距万里之遥。电话会议是运用现代通信技术，多电话同时连接的异地开会方式；在具备可视电话的条件下，也可以召开可视电话会议。电子会议的管理主要包括安排和调试所需设备，并保证会议期间设备的正常运行。

（4）内部电子财务管理是指机关内部的收入、支出、拨付款等财务管理工作全部实现电子化，即机关内部的财务状况报告、财务审批、薪酬支付等财务事项的管理，全部通过网络和计算机操作完成。

（5）内部电子人事管理是指通过内部网络传递各项人事信息，办理各项人事工作。也就是把人事管理的全部工作，诸如报名、竞岗、培训、晋级、考评、退休、福利、休假等日常管理工作，以及各种人事制度的公布、人事工作报告、政策调研等全部上传到内部网络，以公开、规范来确保公正、廉洁。

（6）内部电子决策是指将电子政务提供的数据库与各类报表以及信息反馈作为决策的主要依据和方式。除了电子数据库的超大容量和计算机的超强数据处理能力可以为决策提供科学依据外，电子政务的另一个重要功能，就是可以在最短时间内收集到民众的意愿，为决策提供参考。此外，电子决策内容还包括传统决策方式所没有的建立决策模型、筛选决策方案，以及获得决策反馈。

2. 政府间的电子政务应用模式

政府间的电子政务应用模式是扩展了的办公自动化。其内容与政府内部的电子政务应用模式大致相同，主要包括电子信息共享和数据交换、电子公文传输和管理、电子办公、电子财务管理、电子档案、电子培训及电子监督评价等。

（1）电子信息共享和数据交换是指政府各部门将本部门的职能、机构、相关法律、规章、政策、相关资料、数据等在门户网站公布，或按照信息内容的密级和设定的权限公开。现在，各地在实现“一站式服务”“一表通式服务”时，这个功能显得特别重要。

（2）电子公文传输和管理是指不同职能、不同层级的部门间的公文传输和公文管理。在联合发文、多部门审批的事务办理中，电子政务的实施使传统的串联审批方式实际转变为并联审批，加之电子签章的使用，大大提高了审批的时效性；而且电子文档的建立和管理，大大提高了公文管理的规范性和科学性。

（3）电子办公是指数据统计、对上请示、对下批复、工作会议等日常工作的电子化。各种例行的报表可以网上下载、网上填写、网上报送、网上核查。现在，政府部门间也经常召开跨系统、多部门的视频会议、电话会议。

（4）电子财务管理是指各部门向上级机关、审计机关、监察机关报告财务状况，各项经费的进出、转换，银行的监控等工作，都在网上完成。

（5）电子档案是指建立本部门的专业性电子档案。例如，人事管理部门的干部档案、人才库；公安机关建立的指纹档案、利用二代身份证建立的刑事犯罪档案等。建立这样的专业档案，也实现了政府部门间的资源共享。

（6）电子培训是指通常在进行规范化的基础培训时使用的在线学习、电视教学等形式的培训。一般来说，电子培训教学由于不能进行互动，效果可能不会很好；但这种形式，相比于比较偏远的地区，以及受训人员比较少的情况，是一种低成本的培训方式。

（7）电子监督评价主要是指上级机关、纪检机关以及审计机关对政府部门的监督、考评。在这方面，电子政务已经充分显示出其不可替代的优势。现在，我国的一些地方政府实施的电子监察，可以实时监控、实时考核，这使得监督和评价更及时、更准确，同时还降低了成本。

1.2.3　政府对企业的应用模式

政府对企业的应用模式就是 G2B。我们把政府对企事业单位的管理和服务统称为 G2B。按照政府职能分类，这种应用模式主要可以分为市场监管类和公共服务类两种。

1. 市场监管类

市场监管是政府的主要职能之一，在这方面运用电子政务的主要内容有网上审批及证照办理、网上办税、电子采购与招标等。

（1）网上审批及证照办理是指让企业通过网络办理各种例行的审批及证照办理事项，以缩短审批及办照时间，减轻企业负担。审批制度是政府管理企业的主要形式之一，传统的审批手续需要企业到政府职能部门的办事窗口办理。例如，公司注册一般需要经城市规划、工商、税务、环保、技术监督或卫生监督部门，甚至更多部门审批，传统的窗口办理方式不仅会耗费企业大量的时间和精力，还易成为滋生腐败的温床。而实行电子政务后，企业注册的申请、受理、审核，企业执照的发放、年检，登记项目的变更、核销，不动产登记证、施工许可证、营业执照、卫生许可证等的办理，都可以在网上实现。在实行了“一站式服务”“一表通”“限时办结”制度的地方，企业登录政府网站，从一个“窗口”进入，填一份电子表格，就可以在限定的时间里拿到申办的证照。

（2）网上办税是指企业通过税务系统的专网完成政策咨询、税务登记、申报、税款划拨、纳税查询等事务的办理。实行网上办税不仅大大方便了企业，提高了企业纳税的自觉性，也降低了政府的税收成本，显著增加了政府税收。

（3）电子采购与招标是指政府通过网络公布政府采购与招标的信息，同时公布相关政策和工作程序，方便企业，尤其是中小企业参与竞标。在电子采购中，政府采购预算单位、供应商、中介机构等各参与方都借助电子政务，从采购物资需求计划录入、询价书编制生成，到询价发布、供应商报价、网上技术交流，以及最后采购意向生成等全过程，都可以在网上完成。

2. 公共服务类

公共服务是政府的又一主要职能，在这方面运用电子政务的主要内容有信息咨询服务、为中小企业提供的服务等。

（1）信息咨询服务是指政府网站公布各种有关经济贸易的信息，同时提供各种政策咨询，以服务于企业。政府提供的信息也可以分为静态的和动态的两类。静态信息是指各级政府提供的相关政策、法规、政府部门职能介绍、政府相关工作流程、经贸类统计数据库等信息。在中国加入世界贸易组织后，政府网站提供的全球经贸资讯，以及一些专家对经济形势的分析、预测等，也成为咨询服务的重要内容。动态信息是指实时更新的经贸新闻、股市资讯、外汇牌价，以及经济评论等信息；另外还包括在线咨询，即用电子信箱或 BBS 留言方式，随时解答企业的咨询。

（2）为中小企业提供的服务是指政府网站中专门设置的有关商品交易和小商品生产的资讯板块，以解决中小企业信息闭塞、资金技术有限等问题，扶持中小企业发展。现在，许多地方政府还结合本地土特产的加工、销售、运输等环节，制定了专门的扶持政策，也是通过网络公布并实行的。

1.2.4 政府对公民的应用模式

政府对公民的应用模式即 G2C。政府对于公民最主要的职能就是服务，而公民在生活中的需求是多方面的，政府提供的服务因此也是全方位的。一般 G2C 包括的具体内容有资讯服务、教育培训、就业及社会保障、办证及办税等。

（1）资讯服务是指为公民提供的各种生活用信息资料。这些资讯既包括静态的，如国家的法律法规、政府部门的职能及其所在地、电话等，本地的房产政策、公共设施和公用事业的基本信息，数字地图、各行业的统计数据等；也包括动态的，如实时更新的国内外新闻、天气预报，以及铁路、航空、公交、路况等交通信息。另外就是在政府网站上设立“举报信箱”“市长信箱”“政策调查”等，直接为公众提供与政府部门和领导沟通的渠道，使之吸纳民意、处理信访，从而促进政府民主化进程。

（2）教育培训是指政府出资建设的教育培训类网站。这样的网站包括学历教育类、职业培训类以及终身教育类三种。学历教育是指国家资助学校建立校园网及多媒体教室，开展远程教育，即或由政府出资购买电子教材，培训偏远地区的教师；或为偏远地区学生提供高水平的教育；此外，还可以让偏远地区共享电子图书馆的电子书刊数据库资源。职业培训是指通过网络发布职业培训的信息，建立职业培训课堂，如进行计算机培训、外语培训、会计培训等各种专门职业培训。终身教育是指在网上开展的各种兴趣培训，如老年大学、书法学习等。

（3）就业及社会保障是指政府搭建的网上人才市场或网上劳动力市场，以及为参加社会保险的单位和个人开设的“一条龙服务”。在就业方面，各地政府为了解决公民的就业问题，除了开展职业培训外，还在网上公布各种就业信息以及提供职业中介资质查询，此外，还增设了网上政策咨询、网上报名、网上就业形势分析、网上就业指导等服务。在社会保障方面，一些地方政府实现了医疗保险、养老保险、生育保险、工伤保险、失业保险五个险种的联网并库，大大简化了公民办理这“五险”的申请、审定、缴费、保金支付等手续。

（4）办证及办税是指政府职能部门通过公民数据库系统和电子报税系统，为公众提供更加科学高效的服务。公民在日常生活中必须到政府的职能部门办理各种证件，如出生证、户籍证、身份证、结婚证（离婚证）、死亡证等，此外还有公民需要办理毕业证、学位证、荣誉证等，建立电子数据库后，所有这些信息都可以联网，直接在网上办理或查验。另外，政府税务部门已经完善了网上个人税务申办系统。公民个人可以方便地通过这个系统自助完成相关政策法规查询、申报，以及办理个人所得税、财产税、房产税等事务。

1.3　电子政务的总体框架

电子政务是一个庞大而复杂的系统工程，了解和认识电子政务需要经过从局部到整体，再从整体到局部的过程。所以在初步了解了电子政务的主要应用模式之后，有必要再从整体上了解电子政务的总体框架，为后面进一步了解电子政务的各个组成部分奠定基础。

1.3.1　电子政务总体框架的构成

为了便于理解，本书以我国的电子政务建设工程为例，介绍电子政务的总体框架。

根据国家信息化领导小组正式公布的《国家电子政务总体框架》，电子政务总体框架由五个部分组成，这五个部分分别是服务与应用系统、信息资源、基础设施、法律法规与标准化体系、管理体制。构成电子政务总体框架的五个部分是一个统一的整体，如图 1-2 所示。这五个部分中，服务是宗旨，应用是关键，信息资源开发利用是主线，基础设施是支撑，法律法规与标准化体系、管理体制是保障。

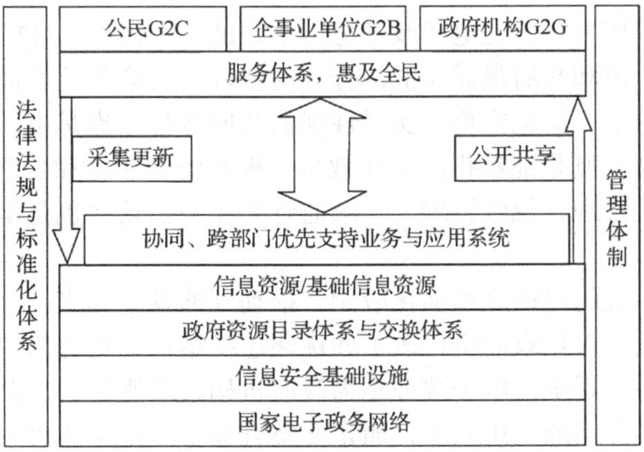

图 1-2　国家电子政务总体框架示意[①]

① 陈拂晓：《深度解析〈国家电子政务总体框架〉》，《计算机世界报》，2007 年第 5 期，第 5 页。

电子政务的总体框架具有相对的稳定性。它在一定时期内相对稳定，其具体内涵会随着经济社会发展而动态变化。政府各部门、各地区政府，在《国家电子政务总体框架》指导下，结合本部门、本地区实际，突出重点，分工协作，共同推进电子政务建设。

1.3.2 服务与应用系统

电子政务是 21 世纪政府服务于社会的一种新型服务方式，所以电子政务的总体框架是以服务为宗旨的，电子政务的应用系统都要紧紧围绕服务对象的需求，选择优先支持的政府业务，统筹规划应用系统建设，提高各级政府的综合服务能力。

1. 服务体系

电子政务强调服务是宗旨，“服务”是电子政务的出发点和落脚点。电子政务的服务对象包括政府、企事业单位、社会公众，特别强调要惠及全民。为了实现服务宗旨，由 G2C、G2B 和 G2G 构成的电子政务服务体系应运而生。在这个体系中，服务的对象是公众、企事业单位和政府的职能机构及各个部门。以服务为宗旨，就意味着电子政务要以人为本，惠及全民。故应用系统要通过整合和共享信息资源，满足经济社会发展的需要。例如，为满足政府服务公众和企事业单位的需求，在人口登记和管理、法人登记和管理、产品登记和管理、市场准入和从业资格许可等方面实现信息共享；为满足政府经济管理和社会管理的需要，提供市场与经济运行、农业与农村、资源与环境等方面的信息监测与分析服务；为满足各级领导科学决策的需要，提供信息汇总、信息分析等服务；为满足政府提高管理效能的需要，提供人力资源管理、财政事务管理、物资管理等信息服务。

总之，电子政务的服务体系是以服务对象为中心，以服务的实现程度、服务的效率、服务的质量为衡量依据的网络体系。

2. 应用系统

应用系统也称应用平台，是电子政务总体框架的主要内容。G2C 和 G2B 的核心部分是公众、企事业单位和政府最需要的部分，这些社会公众关注度高、经济社会效益明显、业务流程相对稳定、信息密集、实时性强的政府业务，也是电子政务优先支持的业务。G2G 的核心部分，则是能够提高工作效率、提高监管能力和公共服务水平，降低行政成本的办公、财政管理、税收管理、金融监管等业务。这些也是电子政务优先支持的业务。

在我国，应用系统的建设必须强化应用，推动互通共享和支持部门间协同。对在建和拟建系统，要有利于深化政府机构改革和优化组织结构，避免简单地在原有体制和业务流程基础上建设应用系统。电子政务是为政府机构改革服务的，其目的不是在原有管理体制上建立面向本部门的应用系统，而是要整合业务、优化流程和重组机构。所以，我国要围绕优先支持的业务，以政务信息资源开发利用为主线，以政务信息资源目录体系与交换体系为支撑，兼顾中央和地方的信息需求，统筹规划应用系统建设。

1.3.3　信息资源

信息资源是政府在履行职能过程中产生或使用的信息，电子政务中的信息资源不是静态的数据，而是能够为政务公开、业务协同、辅助决策、公共服务等电子政务功能等提供信息支持的要素。信息资源由信息采集和更新、信息公开和共享、基础信息资源三部分组成。开发利用信息资源是推进电子政务建设的主线，是深化电子政务应用取得实效的关键。

1. 信息资源的特征

我们可以从两个角度分析信息资源的特征：一个角度是将信息资源作为一般的经济资源；另一个角度是将信息资源与物质资源和能源资源进行比较。

信息资源作为经济资源，与物质资源和能源资源一样，具有经济资源的一般特征。这些特征包括如下几点。

（1）作为生产要素的人类需求性。人类之所以把信息当作一种生产要素并产生相应需求，主要是因为各种形式（文字、声音、图像等）的信息不仅本身就是一种重要的生产要素，可以通过生产使之增值，而且是一种重要的非信息生产要素的“促进剂”，其可以通过与这些非信息生产要素的相互作用，使其价值倍增。

（2）稀缺性。稀缺性是经济资源最基本的特征。在既定的技术和资源条件下，物质资源和能源资源都是有限的、不能自由取用的，某人利用多了，其他人就只能少利用甚至不利用。信息资源的开发需要相应的成本（包括各种稀缺性的经济资源）投入，经济活动行为者要拥有信息资源，就必须付出相应的代价。另外，在既定的技术和资源条件下，任何信息资源都有一个固定不变的总效用（即使用价值），当它每次被投入经济活动中去时，资源使用者总可以得到总效用中的一部分（或全部），并获取一定的利益。随着被使用次数的增多，这个总效用会逐渐衰减。

（3）使用方向的可选择性。信息资源与经济活动相结合，使信息资源具有很强的渗透性，可以广泛地渗透到经济活动的方方面面。同一信息资源可以作用于不同的作用对象，并产生多种不同的作用效果。经济活动行为者可以根据这些不同的作用对象所产生的不同的作用效果对信息资源的使用方向做出选择。信息资源的有效配置问题就是此特征导致的。

信息资源与物质资源和能源资源相比较，又有诸多的特殊性。这些特殊性包括如下几点。

（1）共享性。物质资源和能源资源的利用表现为占有和消耗。当物质资源或能源资源量一定时，各利用者在资源利用上总是存在着明显的竞争关系，即“你多我就少”，或者说，在对某一数量的物质资源或能源资源加以利用时，一部分人利用多了，其他人就只得少利用甚至不利用。信息资源的利用不存在上述的竞争关系。

（2）时效性。信息资源比其他任何资源都更具有时效性。一条及时的信息可能价值连城，使濒临倒闭的企业扭亏为盈，成为行业巨头；一条过时的信息则可能分文不值，甚至使企业丧失难得的发展机遇，酿成灾难性的后果。这样的例子不胜枚举。

（3）生产和使用中的不可分性。首先，作为一种资源的信息在生产中是不可分的，信息生产者为一个用户生产一组信息与为许多用户生产同一组信息相比，两者的难度和所花费的费用几乎没有什么差别。其次，作为一种资源的信息在使用中也具有不可分性，即信息资源不能像煤或水泥那样任意地计量。

（4）不同一性。作为一种资源的信息必定是完全不同一的。这一点最早由美国著名的经济学家博尔丁（K. E. Boulding）在 1966 年提出。以铝合金为例，对于给定种类的铝合金，当我们提出需要更多的铝合金时，意味着需要更多数量种类、质量、化学组成都相同的同一铝合金资源。但对信息资源而言，当我们提出需要更多的铝合金配方信息时，则意味着需要更详细的、不同的信息，对原来的信息集合提供更多的拷贝并不能满足上述需要。

（5）驾驭性。信息资源具有开发和驾驭其他资源的能力，不论是物质资源还是能源资源，其开发和利用都有赖于信息资源的支持。例如，一台机器，若缺乏使用方面的信息，它将是一堆废铁。信息资源的这一特性最为重要，它使信息在人类认识和实践中发挥着特殊的作用。

2. 信息资源的组成

1）信息采集和更新

信息的采集和更新都是来自社会和公众，所以需要明确界定各政府部门的信息采集和更新权责，保证信息的准确性和时效性。但是不能因为信息采集和更新，增加社会公众和企业的负担。

2）信息公开和共享

信息的公开和共享是通过应用系统的服务提供给社会公众的。各级政府要围绕社会公众和企事业单位最关心、最直接、最现实的利益问题，以公开为原则，以不公开为例外，编制政府信息公开目录，及时、准确地向社会公开行政决策的程序和结果，提高政府的透明度和办事效率，拓宽群众参政议政的渠道，保证人民群众依法行使选举权、知情权、参与权、监督权。

在实现信息公开和共享方面，各级政府还要统筹兼顾中央和地方需求，依托政务信息资源目录体系与交换体系，实现跨地区、跨部门信息资源共享。

3）基础信息资源

基础信息资源是指辖区人口、法人单位、自然资源和地理空间等基础性信息。这些信息来源于相关部门的业务信息，具有基础性、基准性、标识性、稳定性等特征。基础信息的采集原则是“一数一源”，即每一个数据都要有专门的来源，不能重复采集。基础信息需要保证准确、完整、及时更新和共享。一般基础信息库都是分级建设、运行、管理的，而且基础信息库都是边建设边发挥作用的。

1.3.4 基础设施

基础设施是电子政务应用系统及信息资源开发利用的支撑环境，它主要包括国家电子政务网络、政务信息资源目录体系与交换体系、信息安全基础设施等几个部分。基础设施建设的要点是统筹规划，统一标准规范，避免重复投资和盲目建设，以提高整体使用效益。

1. 国家电子政务网络

国家电子政务网络由基于国家电子政务传输网的政务内网和政务外网组成。

政务内网由党委、人大、政府、政协、法院、检察院的业务网络互联互通形成，主要满足各级政务部门内部办公、管理、协调、监督以及决策需要，同时满足副省级以上政务部门特殊办公需要。

政务外网主要满足各级政务部门进行社会管理、公共服务等面向社会服务的需要。要充分利用国家公共通信资源，形成连接中央和地方的、统一的国家电子政务传输骨干网。

2. 政务信息资源目录体系与交换体系

将政务信息资源目录体系与交换体系纳入基础设施范畴，清楚地表明了信息资源共享的范围是由管理的范围制约和决定的。这反过来也说明，各自为政地搞政务信息资源目录体系与交换体系，是不可能真正实现信息资源广泛、有序共享的。

作为电子政务基础设施的组成部分，政务信息资源目录体系，是按照统一的标准和规范建立的，它为各级政府提供信息查询和共享服务；同时，跨部门的政务信息资源交换体系，围绕部门内信息的纵向汇聚和传递、部门间在线实时信息的横向交换等需求，为各级政府的社会管理、公共服务和辅助决策等提供信息交换和共享服务。政务信息资源目录体系与交换体系依托统一的国家电子政务网络，以优先支持的业务为切入点，统筹规划、分级建设、覆盖全国，发挥支持信息的交换与共享的作用。

3. 信息安全基础设施

信息安全基础设施包括有效的身份认证、授权管理和责任认定机制，以及信息安全监测系统，以便提高电子政务系统对网络攻击、病毒入侵的防范能力和网络失泄密的检查发现能力。信息安全基础设施还包括电子政务应急响应与灾难备份能力，包括密钥管理基础设施，也就是充分利用密码、访问控制等技术保护电子政务安全，促进应用系统的互联互通和信息共享。

1.3.5　法律法规与标准化体系

法律法规与标准化体系是电子政务服务于全社会、全民的基本保障，即电子政务提供的服务需要得到法律法规的确认，其规模性和有效性必须通过标准化体系加以保证。一方面，电子政务的建设与完善要依法而为；另一方面，电子政务的建设与发展也推动相关法律法规的完善，从而促进相关法律法规的建设。

电子政务标准化体系以国家标准为主体，充分发挥行业标准在应用系统建设中的作用。要重点制定电子公文交换、电子政务主题词表、业务流程设计等标准，逐步建立标准符合性测试环境。

1.3.6 管理体制

电子政务的管理体制是电子政务总体框架的重要组成部分，电子政务的管理体制直接关系到电子政务功能的充分发挥，所以它的地位与法律法规及标准化体系一样，是电子政务的又一基本保障。传统的行政管理体制是条块分割的管理体制，而这样的管理体制成为制约电子政务建设与发展的弊端，即条块分割的管理体制使得电子政务建设中出现在宏观层面上没有统一权威的领导机构、在微观层面上没有法律责任人的现象。这样的现象显然是不能适应电子政务的发展需要的，所以电子政务的发展将对传统的金字塔式的国家管理体制提出挑战。

电子政务的特性要求，电子政务建设要与加快推进创新政府管理结合起来，形成电子政务发展与深化行政管理体制改革相互促进、共同发展的机制。

1.4 电子政务概论的学习意义和方法

1.4.1 电子政务概论的学习意义

电子政务是信息化时代的产物，在我国，其发展也受到了全球化的推动。不论是从国际上看，还是从国内看，电子政务都算是一个崭新的概念，然而它的普及与发展速度却大大超过以往任何一个新生事物，它的发展前景也是不可预料的。过去我们研究政府管理主要是研究行政管理学，现在，信息技术催生出了电子政务，不仅改变了政府的工作手段和方法，甚至向传统的管理观念和管理体制提出了挑战。为适应这样的新形势，学习和研究电子政务概论就具有了重要且特殊的意义。

（1）了解信息化时代发展的需要。21 世纪是信息化时代，而所谓信息化时代，不仅是指人们生活中不可缺少信息的辅助和支持，而且是指信息技术已经成为当今的支柱产业，信息技术正在改变我们的工作和生活方式。《中共中央关于制定国民经济和社会发展第十个五年计划的建议》中就明确指出，“大力推进国民经济和社会信息化，是覆盖现代化建设全局的战略举措。以信息化带动工业化，发挥后发优势，实现社会生产力的跨越式发展”。①在这样的大环境下，我国的电子政务建设已经成为推动整个社会信息化的基本策略和措施之一，所以学习电子政务就是学习时代特征、了解时代发展的需要。

（2）深化政府管理体制改革的需要。电子政务的特征表明，它绝不仅仅是“电子”+“政务”这种一般政务手段方法的改革，电子政务的发展已经引发了政府价值观念的变革，现在还在继续影响政府职能的转变。实践已经表明，电子政务在加强对政府行为的监管，实行依法行政、政务公开，改善政府形象，建设服务型政府方面，发挥着不可替代的积极促进作用。所以，学习电子政务，还可以让我们更深入地认识政府管理体制改革。

（3）提高政府管理者素质和能力的需要。现在我国的电子政务建设已经进入推广和

①《中共中央关于制定国民经济和社会发展第十个五年计划的建议》，https://www.gov.cn/gongbao/content/2000/content_60538.htm，2024 年 8 月 12 日。

提高阶段，电子政务在各地各级政府工作中已经普及，这就迫切要求广大的公务人员学习和掌握一定的电子政务基础知识，以便能够适应发展了的工作环境的需要。

（4）有助于促进电子政务的更好更快发展。电子政务毕竟还是一个处在发展和成熟过程之中的新生事物，电子政务的推广实施需要广大高校、科研机构、专业技术人员的积极参与，在电子政务的实施中也需要培养大批相关人才。所以，学习电子政务，让更多的未来的国家建设者了解电子政务，有助于促进电子政务的更好更快发展。

1.4.2　电子政务概论的学习方法

学习方法是取决于所学内容的特性和学习目的的；而且，学习方法从来不会是固定的，学习目的不同，学习方法就会有所不同。电子政务具有明显的应用性和综合性，所以其主要的学习方法有以下几种。

（1）理论联系实际的方法。理论联系实际，有的放矢，实事求是，是最基本的学习态度和方法。学习电子政务概论这样一门应用学科更是应该运用这样的方法。这个方法要求我们，一方面运用公共管理的基本理论，指导政府管理的实践；另一方面，结合电子政务实施中出现的新情况、新现象，探讨政府管理的客观规律，丰富和发展政府管理的科学理论。

（2）比较研究的方法。通过比较才能更容易地进行鉴别、评优劣，所以比较研究的方法也是一种经常被使用的有效的学习方法。比较可以是多种比较，如外国与外国比、本国与外国比、国内的不同地方比，以及不同领域的内容比，如比政策、比法律、比机构、比体制等。运用比较研究的方法时，应该是目的明确的、客观公正的。比较研究的前提是进行比较的两个或几个事物之间要具备可比性，比较研究是为了发现带有普遍性的规律，以及掌握未来的发展规律。

（3）案例分析法。案例分析法是借助案例说明理论的实际运用的学习和研究方法。这种学习方法原本在企业管理、医学、法学等学科运用得比较多，也比较成功。新公共管理运动以后，这种学习方法被引入行政管理的教学，也获得了很好的效果。电子政务概论与行政管理是相近的学科，所以也完全可以运用这种学习和研究方法。

学习方法还有很多种，具体适用哪种方法或哪几种方法，完全取决于学习者本人。此外我们还可以在学习中创造出新的适合自己的好方法。

本章小结

“电子政务”是 20 世纪出现的新概念，所以目前学界对如何定义电子政务还不能达成共识，本书在充分借鉴国内外学术研究成果的基础上提出这一概念。所谓电子政务，就是政务机构运用现代信息技术，打破原有组织机构界限，优化原有工作流程，办理公务、管理政务、提供公共服务的一种模式。电子政务具有虚拟、开放和透明三个密切联系的特征。电子政务与电子政府、办公自动化、电子商务、移动政务四个概念直接相关。在英文里，“e-government”既是电子政务也是电子政府，但是在中文里，电子政务与电子政府一个是动词一个是名词，区别明显，不能等同。办公自动化是电子政务的初始形态，现在则是电子政务的组成部分。电子政务与电子商务的目的不同、所适用的领域也不同，同时，电子政务的发展和完善又为电子商务的发展提供服务、保障。发展电子政务的意义主要在于：促进服务型政府建设；促进政府管理绩效提高；促进政务公开和廉政建设；促进政府运行机制转变；促进民主政治建设；提高政府决策水平。

电子政务的应用模式十分广泛，现在比较成熟的应用模式有 G2G、G2B 和 G2C。这三种应用模式不是各自独立的，而是互相联系、密不可分的。

电子政务总体框架由服务与应用系统、信息资源、基础设施、法律法规与标准化体系、管理体制五个部分组成。这五个部分是一个统一的整体，其中，服务是宗旨，应用是关键，信息资源开发利用是主线，基础设施是支撑，法律法规与标准化体系、管理体制是保障。

关 键 术 语

电子政务；办公自动化；G2G；G2B；G2C；电子政务总体框架。

练习与思考题

1. 如何理解电子政务的含义？
2. 电子政务与电子政府在中文里意思是否相同？
3. 如何认识电子政务发展的意义？
4. 电子政务有哪些主要的应用模式？
5. 电子政务总体框架主要是由哪几部分构成的？

案　例

中国移动政务发展现状

随着“十四五”规划纲要和《数字中国建设整体布局规划》的发布，推进我国数字政府的发展，不仅是政府职能转型和变革的必由之路，更是实现政府管理智能化、精细化和可持续化的重要措施。在大数据时代下，移动互联网已经成为人们获取信息的主要途径之一，而政府部门也逐渐认识到移动互联网在提高办事效率以及提高公共服务质量等方面所具有的巨大价值。移动政务是各种基于移动信息技术并在政府与企业间（G2B）、政府与公众间、政府不同部门间形成“即时性”“场景化”“便捷性”“高普及”的互动工具，借助新生技术扩大政府向公众提供政务服务的渠道，方便公众能够第一时间解决问题，同时增强社会公众积极自愿、非强迫性参与社会建设的意愿，最终目的是尽可能使绝大多数公民合理合法的需求得到满足，提高公民幸福感。

2017 年 1 月 15 日颁布的《关于促进移动互联网健康有序发展的意见》指出，加快实施信息惠民工程，构建一体化在线服务平台，分级分类推进新型智慧城市建设，促进移动互联网与公共服务深度融合；推动各级党政机关积极运用移动新媒体发布政务信息，提高信息公开、公共服务和社会治理水平。①《国务院关于加快推进全国一体化在线政务服务平台建设的指导意见》则指出，积极推进覆盖范围广、应用频率高的政务服务事项向移动端延伸，推动实现更多政务服务事项“掌上办”“指尖办”；加快建设国家政务服务平台移动端，接入各省（自治区、直辖市）和国务院有关部门移动端服务资源，提供分级运营、协同联动的全国一体化在线政务服务平台移动端服务；充分发挥“两微一端”等政务新媒体优势，同时积极利用第三方平台不断拓展政务服务渠道，提升政务服务便利化水平。②《国务院办公厅关于推进政务新媒体健康有序发展的意见》指出，突出民生事项，优化掌上服务；强化政务新媒体办事服务功能，围绕利企便民，聚合办事入口，优化用户体验，推动更多事项“掌上办”。

江西省作为我国东南地区省份，毗邻浙江、安徽等移动政务先行示范区，能够较快吸取周边地市先进经验，促进本省提高政务服务质量。2018 年 11 月 12 日，江西省人民政府协同阿里巴巴、蚂蚁金服集团，共同推出了江西省首个一网通办小程序“赣服通”，在支付宝平台上线。“赣服通”整合了全省各市、县（区）各部门政务服务项目，并推出了电子证照，江西省市民在程序中通过官方认证后，便可在平台上办理政务业务、生活缴费等 110 项政务服务，大部分事项甚至可以做到“一次都不用跑”。经过多年的不断改进和发展，“赣服通”已经成为江西人民生活中不可或缺的一部分，它最初走的是学习借鉴的道路，结合本省政务服务发展的需要，不断研发上线新的功能，如跨省数据共享等。目前，“赣服通”的成功经验也被作为深化改革的典型经验，受到了国务院办公厅的表彰推广。但同时也要注意到，作为一个支持在移动端运行的政务类 APP，还要考虑“赣服通”作为一款软件的便捷度高低、功能是否齐全、用户信息安全是否能得到保障等影响用户使用体验的方面。

广东省的“粤省事”移动政务服务平台是全国首个集成民生政务服务小程序，于 2018 年 5 月 21 日上线。“粤省事”开设了行驶驾驶、社保、教育、户政（治安）、养老退休、不动产、就医、惠民助农等 39 个服务专区，涵盖社保、公安、税务、教育、公积金、出入境等多项业务，支持各地市开展区域特色服务创新。

为贯彻落实党中央、国务院关于“互联网+政务服务”和“放管服”改革的工作部署，天津全面推动“津心办”政务服务移动端建设工作，坚持以精心、敬心、用心、暖心服务群众，让群众办事“零跑腿”、充分享受数字红利。自 2019 年 12 月 26 日改版上线以来，“津心办”已实现 APP、支付宝小程序及微信小程序三个访问渠道，截至 2021 年 5 月，累计注册人数已超过 1000 万，上线市级服务事项 1600 余项，便民服务事项 300 余项。天津从提升政务服务“掌上办”“指尖办”的智能化和便利化方向发力，已将“津心办”打造为一张亮丽的“数字名片”。

---

①《中共中央办公厅 国务院办公厅印发<关于促进移动互联网健康有序发展的意见>》，https://www.gov.cn/zhengce/2017-01/15/content_5160060.htm，2024 年 8 月 12 日。

②《国务院关于加快推进全国一体化在线政务服务平台建设的指导意见》，https://www.gov.cn/zhengce/content/2018-07/31/content_5310797.htm，2024 年 8 月 12 日。

为了积极落实成渝地区双城经济圈“放管服”改革措施，四川省坚持以人民为中心的发展理念，以“一网通办”前提下“最多跑一次”改革为牵引，大力实施“互联网+”行动计划，依托全国一体化在线政务服务平台，迭代升级“天府通办”四川政务服务平台，运用大数据创新政府管理和社会治理模式，推动政务服务从“可办”向“好办”“易办”转变，从“线下办”“窗口办”向“线上办”“移动办”“指尖办”转变，实现更多政务服务事项“掌上办、一次办、一码办、全域办”，为进一步深化“放管服”改革，优化营商环境，建设数字政府、智慧社会，引领驱动四川高质量发展提供强劲动力。

此外，为适应移动互联网发展趋势，进一步创新网上服务模式，最大限度便民利民，福建省建设了全省政务服务APP统一平台——“闽政通”APP。公众和企业可以随时随地获取所需服务，变“公众跑腿”为“掌上办事和信息跑路”，变“公众来回跑”为“部门协同办”。“闽政通”APP整合全省各级各部门政务服务资源，将分散在众多部门的网上办事服务入口集成到一个APP，百姓动动手指，就能处理身边的大小事；它还提供办事服务、信息服务和互动服务，并具备统一身份认证、统一支付服务等能力，旨在打造一个权威、高效、便捷的个性化政务服务平台。

第2章

电子政务在世界范围内的发展

20 世纪最后 20 年，在信息技术发展和普及的基础上，电子政务在新公共管理运动中得到迅速的普及和发展。原本只是被作为政府处理政务的手段和工具的电子政务，在其发展过程中，日益显示出不可替代的改变政府管理理念、创新政府管理方式的特殊作用。现在，各国政府都在积极致力于电子政务的发展，将电子政务建设作为提高政府管理绩效、建设服务型政府的“捷径”。

2.1 电子政务兴起的背景

电子政务的兴起拥有广泛的社会基础及多方面的动因。经济领域的全球化进程、迅速普及的信息技术、先行发展的电子商务和被称为新公共管理运动的政府改革，都成为电子政务兴起的背景。

2.1.1 全球化的发展

20 世纪 80 年代以来，以经济全球化为先导的全球化进程对世界各国的经济、政治、文化、社会等产生了广泛而深刻的影响。各国政府管理深受全球化的影响，电子政务便是全球化的重要结果之一。从实践上看，全球化对公共行政所产生的影响主要有以下几个方面。

（1）全球化对传统的行政权力体制提出了挑战。在政治与公共行政学界，全球化一般被视为摆脱传统意义上的地域性主权国家的过程与世界秩序中非政府力量上升的过程。传统以地理区域为单位的行政辖区在这一过程中受到冲击。全球化在将传统地理区域内的社区分割得支离破碎的同时，又以兴趣爱好等为纽带将世界各地的人群紧密联系起来。越来越多的公民开始淡化原来的国家认同，进而滋生出全球意识[①]。

（2）全球化过程中产生了网络结构的组织模式。全球化在冲击传统的层级政府组织

① 陈瑞莲、刘亚平：《全球化时代的公共行政：危机与重构——从价值观与合法性的视角看》，《中山大学学报（社会科学版）》，2003 年第 43 卷第 2 期，第 33～38 页。

模式的同时，催生了一种网络结构的组织模式。随着信息化和组织变革的发展，人们逐渐达成这样一个共识：信息化时代的国家与社会将不得不采用网状的组织模式。美国对外关系委员会的高级研究员杰茜卡·T.卡马修斯（Jessica T. Mathews）在《权力转移》一文中写道："信息技术正在侵蚀等级制，它不断把权力扩散到个人和集团手中，塑造出一种无中心的网状结构。在网络中，个人或集团间的联络不需要建立任何实在的、真实的机构，它没有领导，也没有中心。……现行的政府体制是典型的等级制，它所固守的组织原则与信息技术格格不入。"①

（3）全球化要求政府提高效率和增强反应能力。与全球化伴生的信息技术革命使公民和政治家真正"看到"了微观层面行为的集合对宏观层面所产生的后果②。每一个政府都必须对民众的主张做出及时有效的反应。全球化在使各国联系越来越密切、交往越来越频繁的同时，也使国家之间的摩擦等不和谐因素与突发事件发生的可能性增多。所以，无论面对的是全球化所引发的国内新形势还是国际新形势，政府都必须有足够的能力来处理好相关事件，必须具有灵活、快速的反应能力。

要适应全球化对公共行政所产生的以上三方面的影响，就必须加强政府信息化建设。建设好电子政务不仅能够提高政府的效率和反应能力，而且能够应对全球化对传统行政权力体制、传统组织模式形成的挑战。

2.1.2 信息技术的发展

信息技术的飞速发展是21世纪的重要特征。进入21世纪，信息技术的发展重心从计算机转向网络，互联网的普及日益改变人们的生活和工作方式，它理所当然地也在改变着政府的行为方式。

（1）信息技术提供了大规模信息收集、处理、传递与共享的可能。信息技术以"信息"命名，表明其核心就是有关信息收集、处理、传递与共享的技术。信息具有可以同时被不同主体享有，可以重复使用、在使用中不会损耗，相反还可以在信息共享和信息反复使用中形成新的信息等特点，因此，信息技术的发展，革命性地提高了信息的收集、处理、传递能力，也极大地增强了信息所具有的共享性、再生性和倍增性。在信息日益成为重要的社会资源、重要的生产力要素的同时，政府再也不能用传统方式、手段履行职能了。

（2）信息技术改善了行政决策依据的条件。行政决策是政府的中心工作之一，而政府决策的重要依据之一就是其所掌握的信息。信息技术的发展，使决策者可以在比较全面、准确地掌握和分析信息的前提下进行决策。同时，信息技术的普及，还为公众参与决策提供了更为民主的途径。

（3）信息技术再造了行政管理的方式和手段。传统的行政管理的方式和手段是适应金字塔式的科层制的，而在传统的管理方式中，管理信息的上传下达在多层管理体制中，难免变形失真。信息技术的发展，实现了各层级政府的信息共享，降低了信息在多层级

---

① Mathews J T. Powershift. Foreign Affairs，1997，76（1）：50.

② 罗西瑙 J N：《没有政府的治理：世界政治中的秩序与变革》，张胜军、刘小林等译，江西人民出版社，2001年，第320页。

传递中变形的可能性，同时也为政府机构和人员的精减与效率的提高创造了条件。

信息技术的飞速发展引发了一场生产和生活方式的深刻变革，极大地推动了经济和社会的发展。作为信息高速公路五个应用领域中的首要应用领域，电子政务在全球范围内受到广泛的重视，成为未来国家核心竞争力的重点要素之一。

2.1.3　电子商务的发展

电子商务主要是指利用信息技术，尤其是互联网技术提供的网络环境，从事以商品交换为中心的商务活动①。在电子商务条件下，人们不再是面对面的、看着实实在在的货物、靠纸介质单据（包括现金）进行买卖交易，而是利用网络，通过网络上琳琅满目的商品信息、完善的物流配送系统和方便安全的资金结算系统进行交易（买卖）。电子商务的发展也催生了电子政务。

（1）电子商务的发展有积极示范作用。电子商务在形式上是利用已有的计算机软、硬件设备和网络基础设施，通过一定的协议连接的，在电子网络环境下进行各种各样商务活动的方式。它将传统的商务流程电子化、数字化，一方面以信息流代替了实物流，从而大大减少了商务活动中的人力、物力投入，降低了商务活动成本；另一方面突破了时间和空间的限制，使得商务活动可以在任何时间、任何地点进行，不仅大大提高了商务活动的效率，也大大提高了运用电子商务的企业的竞争力。电子商务具有有效降低生产经营成本、提高经营管理效率、提升市场开拓能力和增进客户满意度等多方面的优势，为政府改革提供了重要的启示。

（2）电子商务的发展迫切要求电子政务与之适应。电子商务的发展促进了电子政务的兴起。要完整实现电子商务的全过程，还会涉及企业以外的诸多方面，如除了买卖双方以外，还要有银行或金融机构、政府机构、认证机构、配送中心等机构的加入。电子商务的广泛实施，对政府的行政审批等政务环节提出了电子化和网络化的要求，同时电子商务的实施也可以帮助政府加强宏观监控能力。

由此可见，电子商务的发展是电子政务建设重要的推动力。

2.1.4　新公共管理运动的兴起

20 世纪 70 年代末，发达国家都不同程度地出现政府财政危机、社会福利政策难以为继，政府机构日趋庞大臃肿、运行效率低下，公众对政府能力失去信心等问题。为解决这些问题，回应公众对政府的需求，一场大规模的政府改革先后从英、美等国展开，后来其被称为新公共管理运动。这场大规模的政府改革成为推动电子政务兴起的又一重要背景。

（1）电子政务成为推进政府管理体制改革的重要手段。新公共管理运动要求降低政府管理成本，主要通过减少政府部门人员、撤并政府机构实现，但同时要求提高政府管理效益。电子信息技术运用于政府工作，就可以通过无纸办公、网上办公、限时办结、信息共享等改革举措，使政府改革达到满意效果。

---

① 孙军，张英奎，管惠娟：《电子商务概论》，机械工业出版社，2009 年，第 3 页。

（2）电子政务成为提高公众满意度的重要途径。新公共管理运动的另一个重要目标是要提高公众对政府的满意度。电子政务利用计算机、网络技术，实现信息公开、民主决策，以及虚拟政府的 7 × 24 小时全天候办公，大大方便了公众，还不断创新出网上咨询、“一网通”、“一表通” 和电子监察等新的便民、利民措施，从而大大提高了公众对政府的满意度。

（3）电子政务成为促进政府职能转变的重要手段。新公共管理运动强调以企业精神重塑政府，建立以顾客为中心的追求经济、效率和效益的政府。其后，在该运动的理论上继承和发展起来的新公共服务理论又掀起了一场“后新公共管理的革命”，主张兼顾社会公平、以公民为中心建设服务型政府，此后由管制型政府转变为服务型政府成为政府职能转变的一个总趋势。无论是西方国家的新公共管理理论对效益的重视，还是新公共服务理论对服务的重视，都加快了电子政务产生的步伐。

总之，电子政务带来的不仅有经济效益，还有重大的社会效益。电子政务能够增强政府运作的透明度、减少腐败、提高政府公信力、提高民主参与度等。

2.2 国外电子政务发展的现状与成功经验

电子政务兴起于 20 世纪 80 年代以后，经过 40 多年的发展，世界范围内各主要国家电子政务的建设水平都得到了不同程度的提高。2000 年时，国际著名的埃森哲（Accenture）咨询公司曾对 22 个国家和地区的电子政务发展情况做过调查研究和评估，并以电子政务发展的成熟程度为依据将这些国家（地区）分为四类：第一类，创新和领先的国家，包括加拿大、新加坡、美国；第二类，积极发展的国家，包括挪威、澳大利亚、芬兰、荷兰、英国；第三类，稳步发展的国家，包括新西兰、法国、西班牙、爱尔兰、葡萄牙、德国、比利时；第四类，正在打基础的国家，包括日本、巴西、马来西亚等。①尽管这些国家的电子政务建设之路各有特色，但顶层设计、法治保障、服务导向、市场多元、技术支持是它们的共同经验。

2.2.1 国外电子政务发展的总体状况

联合国经济和社会事务部（United Nations Department of Economic and Social Affairs，UN DESA）2022 年发布的《2022 联合国电子政务调查报告：数字政府的未来》显示②，截至 2022 年，电子政务发展指数（e-government development index，EGDI）非常高水平组的前 15 个国家按从高到低排列依次为：丹麦、芬兰、韩国、新西兰、瑞典、冰岛、澳大利亚、爱沙尼亚、荷兰、美国、英国、新加坡、阿拉伯联合酋长国、日本和马耳他。

《2022 联合国电子政务调查报告：数字政府的未来》还指出，电信基础设施和人力资本均得到显著发展，服务提供水平也大幅提升，全球电子政务发展指数平均值总体上

---

① 《全球电子政府的发展概况》，http://www.e-gov.org.cn/article-121058.html，2024 年 8 月 12 日。

② 《2022 联合国电子政务调查报告：数字政府的未来》，https://www.hrssit.cn/Uploads/file/20230911/1694415901431178.pdf，2024 年 8 月 12 日。

有所提高。但是，高收入国家的电子政务发展指数值往往高于低收入国家，最不发达国家，尤其是在非洲的一些国家，其电子政务发展指数平均值仍然远远低于全球平均水平，这表明全球电子政务发展方面的差距和数字鸿沟仍然存在。填补全球电子政务发展中的数字鸿沟依然任重而道远。例如，在非洲，移动宽带订阅成本占人均国民总收入的百分比相对而言仍然很高。

高收入国家的电子政务发展指数值往往高于低收入国家。但是，尽管资源有限，许多国家通过改善其提供的在线服务（以在线服务指数值表示）将电子政务发展提高到了“高”和“非常高”的水平。例如，印度和卢旺达的在线服务指数水平为“非常高”（分别为 0.7934 和 0.7935），尽管它们的电信基础设施相对不发达。

2.2.2　国外电子政务发展的趋势

进入 21 世纪，“互联治理”（connected governance）成为各国电子政务发展的方向和大趋势。联合国经济和社会事务部 2008 年发表的《联合国电子政务 2008 调查——从电子政务到互联治理》中，第一次提出“互联治理”的概念。这个概念一经提出就马上被社会各界普遍接受。“治理”与一般管理的显著区别在于其主体的多元性，即参与对公共事务管理的不仅有公共组织，也有私人组织，还有非政府组织，以及志愿者。而“互联”就是指电子政务的发展提供了使这些不同性质的主体协调行动的技术支持。所以，“互联治理”的主要目标就是加强政府和政府部门之间、政府与公民之间，以及政府与其他各种类型的利益相关者之间的合作，从而构筑一种新型的、能够全面提升公共利益的内外关系。

世界各国前期电子政务的发展重点在于前台的网络服务，而对于后台系统的整合有所忽视。在 21 世纪，电子政务的发展越来越显示出跨组织的业务协同和信息共享的重要性，电子政务必须向整合和互联的方向发展。电子政务在向“互联治理”方向发展的过程中，一般需要经历三个发展阶段。

第一，基础设施阶段。在公共部门内部和全社会建立良好的信息基础设施，为公民、企业和所有利益相关者提供可靠的、负担得起的互联网接入服务。

第二，整合阶段。在公共部门之间平衡新的基础设施以更好地促进信息共享，并通过更为高效和以公民为中心的政府治理模型，向公民提供高水平、多渠道和高度整合的政府服务。

第三，转型阶段。在政府内部以及政府不同部门之间，通过更富成效的网络化治理方式来推进服务创新和民主发展，使政府的管理能力和服务水平得到根本性的提升，实现政府的全面转型。

这三个阶段相辅相成，整合阶段必须以较为完善并且能不断升级的基础设施为前提，只有可靠的基础设施作保障才能实现有效的整合；而只有完成了有效的整合，才能使公共服务得以优化升级，从而使政府实现真正意义上的转型。

2.2.3　国外电子政务发展的经验

纵观国外电子政务的发展历程，以公众需求为中心，积极探索新技术的运用，从而提升政府效能，是电子政务建设的核心经验。具体来说，有以下几个方面。

1）顶层设计，整体规划

纵观各主要国家的电子政务发展历程，不难发现电子政务发展比较好、比较快的国家均将电子政务作为推动本国政府革新的重要力量，将其建设规划与国家信息化紧密结合并上升为国家战略。所谓顶层设计，是指电子政务建设的总规划和设计直接来自国家最高决策层，并通过相关专业机构的设置以及指派专人管理和协调，推动整个国家电子政务建设的迅速发展。在这种自上而下的模式之下，电子政务的建设由于得到国家领导层面的支持，因此在人力、物力和财力上均有充足保证。同时，由于电子政务建设的复杂性和长期性，其又高度依赖于国家信息化的水平，因此对其进行整体规划也是必不可少的。国外电子政务的实践都遵循“审慎规划，小步快走”的原则，按照先易后难，基础设施先行的思路，在详细分析本国实际需求的前提下，稳扎稳打地推进电子政务的发展。由于电子政务的建设必须有相应的信息基础设施作为前提，因此从国家战略的层面来看，国家信息化建设的重点也就是该阶段相应电子政务服务实施和推广的重点。

在实践中，顶层设计和整体规划的经验主要体现在以下三个方面。第一，国家最高领导人强有力的推动，将电子政务建设与政府改革有机结合起来。例如，美国电子政务的理念就成型于克林顿政府时期。上任不久，克林顿便进行了“重塑政府”的运动，对政府进行“企业化”的根本性改革，力图将一个官僚行政型政府转变为一个高效、节约及以任务和顾客为导向的政府。这成为美国电子政务发展的政治基础与方向。又如，韩国中央政府在电子政务的发展中的地位也极为重要。金大中 1998 年当选韩国总统后，将建设以信息和知识为基础的经济列为五大目标之一，加快电子政务发展是其中的重要内容。由金大中亲自主持的韩国“信息化战略会议”是国家信息化的最高决策、指挥和监督机构；由国务总理亲自主持的“信息化促进委员会”则具体指导制定国家信息化政策、信息化计划，监督计划执行。这两个机构在指导、组织和协调韩国电子政务的发展中起着极大的作用。第二，专门的电子政务组织和协调机构的设置。例如，美国电子政府管理工作主要由下列机构和人员组成。①美国总统管理委员会作为最高管理机构负责电子政府的宏观协调。②总统行政办公室、行政管理和预算局（Office of Management and Budget，OMB）是两个执行机构。行政管理和预算局作为主要的执行机构，负责电子政府具体项目实施。③各级政府机构的信息管理机构主要由各机构的首席信息官、首席财务官、采购总监和人力资源委员会成员组成①。2009 年，奥巴马将美国行政管理和预算局电子政府和信息技术行政官（The Administrator of the Office of Electronic Government and Information Technology）正式更名为联邦政府首席信息官（Federal Chief Information Officer），该信息官将主导美国电子政府的方向。第三，国家信息化与电子政务建设规划呈现阶段性的密切配合。例如，韩国中央政府先后推出了一系列的国家信息化发展战略，并根据各阶段的发展重点确定不同阶段电子政务发展的主要目标。表 2-1 为韩国信息化与电子政务建设情况。

---

① 周立卓、汪传雷：《美国电子政府成功经验及其启示》，《理论观察》，2008 年第 5 期，第 51～53 页。

表 2-1　韩国信息化与电子政务建设情况

时期	主要目标	主要组织	特征
1987～1995 年	国家基础数据计算机化	·总统领导下的国家计算机化委员会 ·国家电算化机构	·公共行政、财政、教育、国防、安全等五个关键领域的计算机化 ·为电子政务和数据时代奠定基础
1996～2000 年	·信息高速公路（宽带互联网） ·数字化和在线服务	·由总理主持的国家信息化委员会 ·成立信息和通信技术部	·颁布国家信息化框架法律 ·数字政府综合方法 ·全球首次在全国范围内推广宽带互联网
2001～2007 年	·电子政务发展（集成） ·无处不在的计算	·总统领导下的电子政务专门委员会 ·国家信息化委员会	·来自总统的强有力的领导 ·升级到集成的电子政务和服务 ·电子政务和国家 ICT 两个独立的治理
2008～2012 年	·电子政务（治理）	·解散信息和通信技术部 ·分布式治理国家信息化战略委员会	·分布式组织的 ICT 治理 ·引入新的 ICT 管理，如首席信息官职位和企业架构
2013～2016 年	智能政府（Gov3.0）	·政府 3.0 推进委员会 ·成立科学和信息通信技术部	·关注基于新兴技术（如数据分析）的政府创新 ·电子政务和国家 ICT 的两种独立治理
2017～2022 年	第四次工业革命	·第四次工业革命总统委员会 ·国家数据政策委员会	·关注面向第四次工业革命的国家信息和通信技术 ·数据和人工智能发展机构和组织
2022 年至今	数字平台政府	·数字平台政府委员会	·基于数据基础设施和公私部门密切合作的新政府创新模式

注：ICT 表示 information and communication technology，信息通信技术

2）法治先行，标准统一

电子政务建设的法治化的主要作用在于两点。其一，对电子政务建设的内容、规范以及方式做出法律说明，以确保电子政务具体建设过程中有法可依；其二，通过专门的网络信息安全保护法律法规，严厉打击网络信息犯罪，以免社会公众担心隐私泄露或者受到不法分子的信息骚扰。从各国和地区的具体实践来看，电子政务相关法律法规建设都得到了不同程度的重视，根据立法内容分为以下四个方面。

第一，规范电子政务行为及电子政务标准化的法律法规。在规范电子政务行为方面，主要有规范电子政务实施主体及其程序的组织法和程序法，它们是与实施电子政务的行政主体权限和关系以及实施行政行为的程序有关的法律法规。例如，美国 1995 年颁布的《知识产权和国家信息基础设施》白皮书，1996 年国会通过的《克林格—科恩法案》（Clinger-Cohen Act），2002 年美国参议院通过的《电子政府法案》（E-Government Act）。此外，其他国家也纷纷制定了规范电子政务建设的相关法律。

第二，规范政府信息公开、信息共享和信息安全的法律法规。在信息公开方面，如日本的《关于公开行政机关所保留的信息的法律》、丹麦的《获取公共管理文件法》以及挪威的《信息自由法》；在信息共享和信息安全方面，如美国的《个人隐私权与国家信息基础设施》白皮书、《网上电子安全法案》和《计算机欺诈及滥用法案》等，新加坡的《滥用计算机法》、《信息安全指南》和《电子认证安全指南》等。

第三，规范信息知识产权的法律法规。例如，美国颁布实施的《联邦商标淡化法》、《联邦商业间谍法》、《技术转让商业化法》、《美国发明人保护法》和《反电子盗窃法》等；

欧盟以“指令”形式出现的框架文件，如《著作权、出租权指令》《软件保护指令》等。

第四，规范电子商务的法律法规。例如，1996年美国政府出台的《全球电子商务政策框架》，基于该框架美国政府出台了一系列规范电子商务的具体法案，对电子商务活动中个体的相关权利、个体的隐私保护做了相关规范；欧盟出台的《欧洲电子商务提案》《关于内部市场中与电子商务有关的若干法律问题的指令》是欧盟在电子商务领域的重要区域性规范。

第五，规范开放政府数据的法律法规。2009年12月8日，美国总统奥巴马发布了《开放政府指令》，旨在使政府更加透明、高效和便利。《开放政府指令》要求美国联邦机构立即采取具体措施，以增强透明度、参与度和协作性。该指令还提供了具体项目的细节和治理方面的重要转变，以鼓励政府内部进行根本性变革和改进。该指令还要求所有机构通过在美国开放政府数据网站Data.gov上注册数据来实现向公众开放其数据。2011年，美国总统奥巴马与其他7个国家的领导人共同宣布发起“开放政府伙伴关系”，进一步加大了对开放政府努力的支持。他在电子政务领域继承了前任政府的政策。随着特朗普于2017年1月就任美国总统，他继续根据《电子政务法案》推行电子政务政策，而且继承并维持了奥巴马政府的数字政府政策策略。2019年1月14日，《开放、公共、电子和必要性政府数据法》（又称《开放政府数据法》）（Open, Public, Electronic, and Necessary Government Data Act）作为《基于证据的政策制定法案》的一部分，成为美国开放政府数据领域的专门法律。《开放政府数据法》使美国开放政府数据网站Data.gov成为法规要求，而不是政策。它要求联邦机构使用标准化的机器可读数据格式将其信息作为开放数据在线发布，并将其元数据（meta data）包含在Data.gov目录中。

这五大类法律法规从整体上构成了电子政务的法律基础和框架。在这一法律系统中，信息立法是电子政务立法的主要内容，信息安全立法是电子政务立法的重点，促进基础设施建设的立法是电子政务立法的基础，而电子商务与网络知识产权的立法又是电子政务立法的必要补充。

3）服务为本，用户至上

“服务为本，用户至上”就是在电子政务建设的过程中转变政府管理理念，将政府作为公共服务的提供者，并将公众的需求作为电子政务相关服务设计的基础。国外的实践表明，随着内外环境的变化，政府的公共服务正处于新的变革中，这种变革主要体现在服务内容、服务方式和服务渠道等方面。

第一，由简单地满足公众需求向深入调查和真正理解公众需求转变。例如，澳大利亚政府制定的“服务提供框架”尤其注重对用户需求的调查和理解，其在新战略中明确提出由政府信息管理办公室组织开发一套统一、科学的方法，用于研究用户需求、及时调查了解服务使用情况和服务满意度。欧盟启动“eUser”项目则是通过定期调查和分析研究的方式，促进和巩固用户需求在信息社会建设中的核心地位。加拿大政府引入了“公共部门服务价值链”的概念，以此为指导来改革政府服务的提供方式[①]。

---

① 王长胜、许晓平：《中国电子政务发展报告（2010）——融合与创新：电子政务发展新阶段》，社会科学文献出版社，2010年，第307～308页。

第二，由访问单个部门向访问统一门户转变。例如，澳大利亚政府认为，简洁的、更加流程化的政府网站更易于提升关注度和使用率，因此澳大利亚在重新评估和整合政府网站后，形成了以“澳大利亚政府网”（www.australia.gov.au）、“澳大利亚指南网”（www.directory.gov.au）为支柱的政府门户网站体系，其他一些政府门户网站都将紧密地整合到“澳大利亚政府网”上，对所有的政府服务进行集成，并在统一的网站上提供服务。又如，韩国的电子政务服务网站（www.korea.go.kr）将所有分散的政府门户网站连接起来，旨在为用户提供一个可以获取所有政府部门在线服务的入口。

第三，由单一渠道服务向多渠道一体化服务转变。政府将根据细分用户群的特征和服务自身的特点确定适当的服务渠道。也就是说，一方面，公众可以通过多种渠道获取政府信息和服务；另一方面，对于同一项服务，公众可以根据自身需求和条件选择合适的渠道。此外，鉴于打电话仍将是公众最习惯、最喜欢用的与政府打交道的方式，因此，各国今后将加强传统服务方式与电子化、网络化服务方式的融合，以促进服务创新，并确保所有用户都能从电子政府服务中受益。

4）政府主导，市场多元

国外电子政务发展的相关实践表明：在市场经济条件下，以政府的主导为前提，鼓励、支持和引导市场多元主体参与到电子政务建设的全过程中是有效途径。各国政府与市场合作的形式可以概括为以下两点。

第一，与电子商务融合的多元市场。例如，美国政府就充分借鉴电子商务的成熟经验，将电子政务作为电子商务的一种特殊形式进行建设，广泛采取了市场运作模式，市场化程度很高。美国国家信息财团公司（National Information Consortium Inc.）和美国 18 个州政府合作，共同建设政府信息港，以推动电子政务的应用和发展。政府信息港的建设和维护采取的完全是市场运作的模式，不仅未花费联邦政府一分钱，每年还有大量利润用于电子政府发展和股利分配，电子政务收益年年上升，走上了良性循环的道路。2022 年，斯洛文尼亚共和国政府通过了一项决定，确定建立公私合作伙伴关系以实施“混合云计算”项目。公私合作伙伴关系将以合同伙伴关系的形式实施。项目的主题是混合云计算的建立、管理和可能的升级，由经济发展和技术部与私营部门合作实施。

第二，电子政务运营不断涌现出诸如技术外包、众包（crowdsourcing）等多种新的市场化模式。例如，美国联邦政府、各州政府等越来越倾向于雇用专业 IT 公司承担业务工作，外包部分日常 IT 运行维护工作，如桌面系统、局域网（local area network，LAN）管理和广域网（wide area network，WAN）管理，政府工作人员只承担行政管理职能，即只从事信息加工分析、提出为公众服务项目的需求等工作。实践证明，这种 IT 外包具有无可比拟的优越性。政府不仅获得了专业化服务、提高了行政效率，而且无须专门培养专业技术人员，节省了开支、精减了人员①。又如，新加坡政府正在探讨一种全新的联系民众的市场化运作平台——“众包”。所谓“众包”就是互联网上一种相对新的生产组织形式，即借助互联网的覆盖率，将指定任务分配出去，从而集思广益，利用群体力量找到解决问题的方法。

---

① 周立卓、汪传雷：《美国电子政府成功经验及其启示》，《理论观察》，2008 年第 5 期，第 51～53 页。

5）技术支持，人才培养

在电子政务发展过程中，每一次ICT的进步，都将给现行的电子政务建设注入新的活力，推动其不断地发展。国外都是在国家信息化的过程中逐步建立起电子政务的基础，然后借助新型技术的优势，拓展电子政务的内容，从而使更多的人、在更多的环境下，获得更多、更优质的服务。在技术的使用上，各国的实践主要侧重在以下三个方面。

第一，积极利用新技术推进电子政务的发展。信息技术刚兴起不久后，各国电子政务建设的主要内容只是行政事务的电算化。随着技术进一步的发展，各国电子政务建设的内容转向政府门户网站建设。而后，其转向交互式和一站式的网站资源整合。当前，电子政务的建设则注重与移动通信技术、绿色技术和云计算等的融合①。

第二，在技术的选择上，青睐简洁、高效和易操作。例如，加拿大政府在电子政务的建设过程中明确规定在提供相关服务时，应确保提出、接受、处理申请的过程和反馈申请的结果清晰、简便。公众在“Service Canada”网站任何一项服务页面登记一次个人信息后，再登录其他服务页面无须重复登记。此外，加拿大政府还增设流动服务站，加强了对偏远农村地区的服务辐射范围，保证公众可在任何时间、任何地点享受政府提供的各类服务。

第三，信息技术的开发推广和人才培养结合。各国的实践主要集中在三个方面。一是对于高端信息人才的培养，也就是常说的政府首席信息官培养模式。在该模式下，政府组织相关企业、教育科研机构对未来高层次的信息化人才进行专业的培养。二是对于一般公务人员的信息化培训。它主要偏向于实际工作中涉及的具体信息化工具的使用和操作等，并不能算作专业性的电子政务培训。三是对于社会公众，也就是电子政务服务的最终用户，通过电子政务营销推广的多种宣传形式，提高社会公众的信息化意识，使其能够更好地接受和使用电子政务相关服务②。

2.3 电子政务的发展规律和趋势

各国的发展经验表明，电子政务的发展是有规律的。并且，电子政务在各国的发展过程中，在理论、技术和人才等方面都显示出共同的发展趋势。

2.3.1 电子政务发展的一般规律

电子政务的发展有规律可循，它是一个由政府内部到外部、由政府到社会、由低级向高级逐步发展推进的过程。一般说来，电子政务发展要经历以下四个阶段。

第一，办公自动化和信息发布阶段。这一阶段是电子政务的起步阶段，即政府实现办公自动化并通过网络发布与政府有关的公共服务的静态信息，如政策法规、办事指南、机构设置、职能介绍、成员名单、联络方式等。

---

① 张志贤：《加强信息交流以催化出新的“电子政府”服务》，http://www.echinagov.com/info/14402，2011年6月21日。

② 王长胜、许晓平：《中国电子政务发展报告（2010）——融合与创新：电子政务发展新阶段》，社会科学文献出版社，2010年，第320页。

第二，单向沟通阶段。即政府除了在网上公布公共服务的信息外，还向用户提供某种形式的服务，如用户可以从政府网站上下载表格、保税单等。

第三，双向互动阶段。这个阶段的政府和用户可以在网上实现双向互动。例如，用户可以从政府网站上下载表格，也可以提交表格，反馈信息和意见等。

第四，全方位网上事务处理阶段。政府与公众、社会、企业实现全面的互动，完成事件的处理。进入这一阶段，政府的运作方式必然会发生改变，推动政府业务流程的再造，政府公共服务呈现全方位的电子化特征。电子政务的发展阶段如表 2-2 所示。

表 2-2　电子政务的发展阶段①

发展阶段	主要模式	目标导向	服务对象	主要硬件	网络	功能举例
第一阶段	办公自动化	提高办公效率	公务员	电脑、打印机等	没有网络或有简单局域网	文字处理、网络打印等
第二阶段	G2G	组织机构变革	公务员	网络及多媒体设备	内部政务网络平台	视频会议、文件会签等
第三阶段	G2B	服务于企业	企业与部分公众	多种接入设备	对外业务网络平台	网上采购、网上办税等
第四阶段	G2C	服务于整个社会	全体公众	全面的网络设备	整合统一的门户网站	网上申领政府基金、网上搬家、网上申报专利等

2.3.2　电子政务发展的新理论

随着电子政务建设的不断发展，电子政务的理论研究越来越深入。当前，电子政务在发展中运用的理论主要有以下几种。

1. 客户关系管理理论

客户关系管理（customer relationship management，CRM）最早由美国企业在 20 世纪 90 年代后期提出，是一种以“客户关系一对一理论”为基础，旨在改善企业与客户之间关系的新型管理理论，这个理论也适用于一个组织机构判断、选择、争取、发展和保持客户所要实施的全部商业过程。“客户关系一对一理论”认为，每个客户的需求是不同的，只有尽可能地满足每个客户的特殊需求，进行“一对一”个性化服务，企业才能提高竞争力②。通常，客户关系管理包括销售管理、市场营销管理、客户服务系统以及呼叫中心等方面。

客户关系管理被认为是电子商务发展的主要推动力量之一，对电子商务的进程起到了重要的推动作用。而在电子政务作为国家战略于全球范围内得到深入推广和发展的前景下，客户关系管理毫无疑问成为政府在社会中推进电子政务相关服务的最佳策略选择。

① 汪向东：《电子政务发展阶段的其他有代表性观点》，《中国信息界》，2006 年第 11 期，第 27～29 页。

② 吉庆华：《加强客户关系管理，提高顾客忠诚度》，《北京大学学报（哲学社会科学版）》，2004 年第 1 期，第 73～77 页。

传统电子政务的发展理论将其归类为 G2G、G2C、G2B 三种重要类型，现在不少国家（如新加坡和韩国）直接将“to”改为“for”，也就是 G4G、G4C、G4B。这表明政府作为服务提供者的重要角色转变，体现了以用户为中心，按照用户的意向，来设计政府的电子政务系统，帮助政府更好地为有特殊需要的“客户”服务，从而建立全新的、更好的政府与企业、政府与公民的关系。

2. 信息资源共享理论

随着互联网的发展和电子政务应用的日益普遍，政务信息共享成为当代社会的紧迫性研究课题之一。与其他信息（如商务信息）相比，政务信息因其与政府的特殊相伴关系而显示出独特性质，并在信息共享方面提出特别的需求。政府不仅是其他各类信息共享活动的积极推进者和管理者，而且其本身也是信息共享活动的亲身实践者和受益者。

美国政府就曾在 2009 年宣布了联邦政府的云计算发展计划，据悉，该计划有三个要点：其一，开通联邦 apps.gov 官方网站（2009 年 9 月 15 日已经开通），整合商业、社交媒体、生产力应用于云端 IT 服务；其二，建立联邦云计算示范工程（2010～2011 年）；其三，联邦政府大规模采购云计算服务（2012 年至今）。该计划的主要目的在于将政府内部云连接到由共享数据、应用程序和 IT 资源组成的超级云上，并通过各政府机构在其中各自的云或节点，实现政府资源的全面共享①。

3. 电子政务绩效评估理论

随着电子政务的全球化推进，电子政务绩效评估研究也引起了各国的高度重视，许多研究机构、咨询公司和学者对其展开了深入的研究和实践。电子政务绩效评估的根本目的就是及时发现问题、解决问题，为电子政务的发展提供信息源泉和导向。与一般的建设项目相比，电子政务具有高投资、高收益、高风险、运营周期长以及投资不完全可逆的特点，这更加凸显了对其进行绩效评估的必要性和重要意义。科学、客观、合理的电子政务绩效评估是未来电子政务发展中的重要内容。为了对电子政务进行科学的评估，必须做到制定科学的评估准则、选择适当的评估方法、构建合理的指标体系。

目前，国际上比较有影响力的全球电子政府评估包括：达雷尔·韦斯特（Darrell M. West）的全球政府网站评估、早稻田大学的国际数字政府评估排名、罗格斯新泽西州立大学纽瓦克分校和成均馆（Sungkyunkwan）大学联合进行的全球数字化市政治理评估、联合国经济和社会事务部的电子政务调查、埃森哲对全球 22 个国家电子政务的调研报告、经济学人智库（Economist Intelligence Unit）的电子准备度排名、世界经济论坛（World Economic Forum）的网络准备度排名，以及泰勒—尼尔森—索福瑞（Taylor Nelson Sofres）的全球电子政府评估等②。

---

① 张艳：《美国政府云计算研究与应用对我们的启示》，《电子政务》，2011 年第 1 期，第 111～115 页。

② 王长胜、许晓平：《中国电子政务发展报告（2010）——融合与创新：电子政务发展新阶段》，社会科学文献出版社，2010 年，第 326 页。

4. 绿色电子政务发展理论

绿色电子政务发展理论是指为确保电子政务建设和活动能够在节能、环保、安全、和谐等状态下可持续发展，而遵循的一系列理念、方法及指标体系；而在遵循此理念的基础上建设和开展的电子政务即为绿色电子政务。绿色电子政务与电子政务实践的不断发展是分不开的，一般而言，在电子政务建设的初期，由于相关经验和积累还不充分，人们并不能形成这样的认识，只有对经验和教训有一个充分和正确的认识与研究后，才能将该理论运用到后一阶段的实践中①。

韩国政府在已有的集成网络和坚实的通信基础之上，将绿色 IT 纳入政府议程，以促进信息科技的绿色增长。2011 年，韩国推出“智能首尔 2015”计划，目的是通过采用智能技术提高其发展的可持续性和竞争力。这个计划中贯穿着绿色电子政务发展理念，如其中的智能计量项目，目的就是将城市的总能源消耗降低 10%。该项目于 2012 年正式实施，测试试验安装了 1000 台智能计量表。这些计量表为家庭、办公机构、企业主提供他们各自水、电、气消费量的实时报告②。

2.3.3　电子政务发展的技术趋势

电子政务技术是电子政务系统建设的基础，它决定了电子政务建设的水平。从目前的趋势来看，以下电子政务技术将应用得越来越多。

（1）政府 2.0（Government 2.0）。Web 2.0 技术的核心是分享，更注重用户的交互作用。它的兴起和发展为建设新一代政府政务提供了基础。例如，它可以为网民参政议政提供渠道，可以为政府了解社情民意和进行政策咨询提供平台。奥巴马参加总统竞选时，就曾利用 Web 2.0 技术建立个人网站，并通过 Facebook（相当于国内的人人网）、Myspace、Youtube、Twitter（相当于国内的微博）等基于 Web 2.0 技术的网站与选民进行互动③。

（2）绿色技术（green technology）。绿色技术又被称作环境友好技术（environmentally sound technology，EST）或生态技术（ecological technology），它发端于 20 世纪六七十年代西方工业化国家的社会生态运动，是对减少环境污染以及减少原材料、自然资源和能源使用的技术、工艺或产品的总称。这一概念源于对现代技术破坏生态环境、威胁人类生存的状况的反思，可以被视作生态哲学、生态文化乃至生态文明产生的标志之一。从绿色技术研究的总体状况来看，在进入 21 世纪之后，绿色技术的理念已经被人们广泛接受，相关的研究者和研究成果也越来越多，涉及哲学、自然科学技术、经济学、管理学等众多领域④。随着电子政务的继续发展，能否实现电子政务可持续发展（electronic governance for sustainable development，EGov4SD）也日益成为世界关注的焦点，一些国家已经开始将信息通信技术作为解决环境问题的重要工具，并关注如何更环保和友好地

---

① 刘邦凡、梁俊山、王宏禹：《绿色电子政务理念、方法及意义探索》，《电子政务》，2008 年第 10 期，第 60～63 页。

② 瑞闻：《首尔经验：智慧城市建设要以人为本》，《公关世界》，2014 年第 2 期，第 56～57 页。

③ 王长胜、许晓平：《中国电子政务发展报告（2010）——融合与创新：电子政务发展新阶段》，社会科学文献出版社，2010 年，第 295 页。

④ 衡孝庆、魏星梅、邹成效：《绿色技术研究综述》，《科技进步与对策》，2010 年第 7 期，第 153～155 页。

利用信息通信技术本身。

（3）云计算。云计算是分布式计算（distributed computing）、并行计算（parallel computing）和网格计算（grid computing）的发展与运用，是透过网络将庞大的计算处理程序自动分拆成无数个较小的子程序，再交给多部服务器所组成的庞大系统，经其计算分析之后将处理结果回传给用户。通过云计算技术，网络服务提供者可以在数秒之内，处理数以千万计甚至以亿计的信息，提供与“超级计算机”同样强大的网络服务①。云计算是降低信息化建设成本、提高政府效率、推动跨部门信息共享和满足客户需求的重要保障。日本政府表示已经进入了通过互联网提供各种信息和业务的“云计算”时代，实现了在 2015 年之前将政府的所有 IT 系统整合到单一的云计算基础设施上的计划。韩国有关政府部门也在 2009 年 3 月表示，从 2010 年开始在政府综合计算机中心内引入供多个部门同时使用的云计算系统。2018 年，美国颁布的联邦云计算战略——Cloud Smart，是一项长期、高级别战略，旨在推动联邦机构采用云解决方案。这是首次云政策更新，为机构迁移到安全可靠的云基础设施提供了一条前进的道路。这项新战略旨在帮助各机构实现额外的成本节约、安全性，并提供更快捷的服务。

基于云的解决方案，如软件即服务（在线访问的应用程序，如 Google Docs）、基础设施即服务（虚拟化硬件基础设施，如存储和服务器）或平台即服务（硬件基础设施和软件）可以为地方政府提供更有效运作所需的工具。从存储的角度来看，纸质存储是一种无序、低效且不安全的政府数据存储方式。虽然许多政府可能由于各种原因而继续使用这种过时的方法来存储文件，但这些方式需要有关人员来整理各种文件和文件柜以追踪特定文件，而且如果政府部门遭遇火灾或洪水等，纸质记录可能会永远丢失。文件通过云端在线存储和归档，这意味着政府管理者将可以自动访问相关文件，且只需点击几下鼠标即可访问。另外，通过定期数据备份，就不必担心政府文件完全丢失。从服务器的角度来看，许多地方政府使用现场服务器来管理其计算机系统。与政府云相比，该系统被认为是过时的。云使用户可以从任何地方访问文档，这意味着政府管理者可以远程工作或者依托于云访问的方式开展文书工作。但对于存储在现场服务器中的数据，用户只能在运营地点进行访问。根据埃森哲的研究，83%的公共服务机构领导者认为云对于创新和新商业模式至关重要，并且公共服务领导者并不认为这种势头正在放缓。事实上，72%的公共服务领导者预计他们对云计算能力的需求在未来两到三年内将增加一倍以上，57%的公共服务高管认为迁移到云对业务至关重要②。

（4）移动政务技术。简单来说，移动技术就是将以前只能由固定网络提供的服务扩展到移动终端设备，如手提电脑、平板、智能手机等，移动电子政务就是通过这些移动通信设备与互联网有机结合进行的政府管理活动。因其灵活、简单方便等优势，并且能够实现任何人（anyone）在任何时候（anytime）、任何地点（anywhere）通过任何方式（anyhow）得到任何服务（anyservice），移动电子政务已经成为电子政务发展的新方向，

---

① 王长胜、许晓平：《中国电子政务发展报告（2010）——融合与创新：电子政务发展新阶段》，社会科学文献出版社，2010 年，第 187 页。

② Morgan Lewis：Governments Worldwide Accelerate Cloud Adoption，https://www.jdsupra.com/legalnews/governments-worldwide-accelerate-cloud-1101195/%3e.html，2023 年 10 月 21 日。

成为政府管理创新的革命性力量。目前不少国家已经开始大力推动移动技术与无处不在的技术发展，通过移动渠道扩展互动空间，扩大电子政务的受众范围，为公众提供优质、方便的信息与服务。例如，新加坡的移动政府（M-Government）项目即通过移动电话向公众提供不适宜通过互联网和柜台提供的公共服务，其中的 One SMS 计划通过移动平台提供各种提醒和通知服务。此外，韩国和日本也分别推出过"U-Korea、U-City"和"U-Japan"等移动政务计划①。

（5）物联网（Internet of things）。物联网是指通过互联网与传感技术的融合，对所有带有电子标签的物品进行全程监控和追踪。当前比较认可的物联网是指通过 RFID（radio frequency identification，射频识别技术）、红外传感器、全球定位系统、激光扫描器等信息传感设备，按约定的协议，把任何物品与互联网连接起来，进行信息交换和通信，以实现智能化识别、定位、追踪、监控和管理的一种网络。物联网被称为继计算机、互联网之后，世界信息产业的第三次浪潮。随着物联网技术的推广，智慧城市（smart city）成为新的发展方向，给电子政务的发展带来全新的机遇和挑战。

现在随着信息技术的发展，大数据时代已经来临。为了处理和利用互联网上的巨量信息，数据仓库、数据安全、数据分析、数据挖掘等围绕大数据出现的、能够专业化处理数据信息的工具，也将成为电子政务建设的必要工具，共同促进智慧化电子政务的发展。

（6）大数据。数据是当今最有价值的资产。有大量不同形式、不同来源的数据可供使用，将这些数据与最先进的技术相结合，大数据的概念就诞生了。大数据是指大量的结构化和非结构化数据。但大数据的价值并不在于数据的大小。海量的数据源中可能存在一些有用的信息。海量数据源中的有用信息可能非常复杂，也可能需要很长时间才能从这些海量的数据中收集到有用的信息。这就是大数据分析可以发挥作用的地方。大数据在公共部门具有巨大潜力。在诸如管理社会福利、征税、监控国家卫生和教育系统、记录交通数据和发布官方文件等领域的政府日常活动中，每天都会生成和收集大量数据。实时可用的信息使政府机构和部门能够确定需要关注的领域，更快地做出更明智的决策，并进行必要的变革。

大数据分析是检查大数据集以提取隐藏模式、未知相关性、市场趋势和客户偏好等信息的过程。最终精简的信息可以帮助公司和更多组织做出明智的业务决策。在应急管理领域的紧急响应方面，大数据分析已应用于应对台风等重大自然灾害，识别健康问题，协调安置流离失所者，预防水资源短缺问题。大数据分析还被用来确定需求领域并更有效地分配资源。大数据技术也可以协助政府监管。美国一个名为通知和评论（Notice and Comment）的项目会在网站上每天更新数据提供对超过 400 万份政府文件的即时访问，内容包括联邦公报、联邦法规、地方性的公共通知。该项目使用先进的分析工具和自然语言处理技术来获取政府文件并跟踪政策、法律或法规的变化。用户可以轻松地对联邦法规或当地公告发表评论或投票。该网站的数据每天更新，以实时监控拟议的行动和新

① 王长胜、许晓平：《中国电子政务发展报告（2010）——融合与创新：电子政务发展新阶段》，社会科学文献出版社，2010 年，第 296 页。

兴趋势。用户可以使用集成的社交媒体和网络最佳写作技巧来为自己观点争取更多的支持，以便在提案成为法律之前有效地进行倡导。

大数据使用的主要方式是开放数据（open data）。开放数据是可以免费使用和重新分发的信息或内容，只需注明其来源即可。该术语还可以更随意地用于描述在组织外部共享且超出其原始预期用途的任何数据，开放数据的想法在过去十年中变得越来越流行。这一趋势通过两个主要方式影响政府机构：第一种方式是私营企业提供比以往更多的开放且易于获取的数据；第二种方式是政府增加开放数据举措，以鼓励公众参与和提高透明度。数据一旦离开私人孤岛，就可以在互联网上找到，并可用于挖掘有价值的信息。与此同时，政府向公众发布数据的举措创造了新的问责方式。公众在查看有关其治理方式的详细报告后，会更好地与机构互动，提供新的反馈，并更多地参与与他们相关的决策。这是一条双向循环，开放带来更多的开放。例如，在美国，各个州都提供了自己的数据，以支持卫生与公众服务部（Department of Health and Human Services，HHS）改善全国药物监测的举措。许多州受益于由此产生的分析和见解，并能够显著减少药物过量的问题。随着各机构消耗和生成更多数据，共享将带来许多好处。当今政府中最具创新性和成效的大数据项目都涉及这种反复循环，在数据生态系统内运行并直接与相关人群开展合作。

2.3.4 电子政务发展的人才趋势

既掌握信息技术又具备政务管理能力的人才是复合型人才，发展复合型人才是电子政务建设的人才发展趋势。

根据知识构成和应用特点，当前的电子政务人才可分为三种类型。第一类是电子政务技术型人才，即在政府机构中负责电子政务系统建设、运行和维护的技术人员。他们的特点是精通电子政务技术，主要是计算机及网络技术、通信技术、软件技术和信息获取与处理技术，能够用最有效的技术手段来实施电子政务管理。第二类是电子政务实用型、操作型人才，即在政府机构中所有使用电子政务信息系统的各级工作人员及政府服务对象的相关人员。他们的特点是不需要拥有深厚的计算机系统理论知识，但需要了解电子政务的知识和概念、计算机的知识和使用、办公软件的使用、各种电子政务应用软件的使用等。实质上，这类人员属于政务活动的执行者和受用者。第三类是电子政务管理型人才，即在政府机构中负责电子政务信息系统建设的决策人员和高级管理人员。他们除了具备足够的应用电子政务技术的知识和能力外，还要精通现代政务管理活动，能善于寻求信息化时代的行政规律，利用信息共享及整合优化决策和管理流程。第三类人才是未来电子政务建设的中坚力量。

国际上电子政务相关研究报告[①]，早已明确将政府首席数据官（chief data officer，CDO）的培养作为评价国家电子政务整体发展水平的重要因素之一，同时对于首席数据官的数据能力培养也被列为电子政务未来的发展方向。相关研究表明，首席数据官能够将管理战略与信息投资充分结合起来，以维持企业战略、组织变革和管理革新的平衡。

---

① 2023 年发布的 *The Chief Data Officer in Government: A CDO Playbook*。

不管是公共部门还是私人部门，首席数据官都扮演着创造互动性合作机会的角色和提供信息系统服务的重要桥梁角色。电子政务的一项重要目标是为电子民主（e-democracy）创造更加透明公开的环境，通过信息通信技术的使用不断提高公民生活质量。在不久的将来，由于电子政务项目复杂程度的增加以及来自整合电子政务以满足日益增长的公民与企业需求的压力，绝大多数中央和地方政府所有层级的公共部门将有望在首席数据官的管理下实现电子政务相关项目的合作。同时，这也将不可避免地推动相应的培训机构和项目的产生，从而为系统培养政府首席数据官创造有利条件。这样具体的实践已经在不少发达国家得到印证。美国软件开发公司 Informatica 的首席数据官学院——Informatica CDO Academy，是一个基于教育的平台，供数据领导者协作、共同学习和开发创建最先进的企业级数据管理计划所需的技能。卡内基梅隆大学的首席数据官认证计划（Chief Data Officer Certificate Program）为当前和未来的首席数据官提供建立 21 世纪数据治理计划所需的关键战略洞察力、管理技术和分析能力。

本 章 小 结

电子政务是在 20 世纪 80 年代以后在世界兴起的。电子政务兴起的背景是全球化的发展、信息技术的发展、电子商务的发展，以及新公共管理运动的兴起。

从国外电子政务建设的历程来看，绝大多数国家在 20 世纪 80 年代前后就已经开始电子政务建设。尽管各个国家电子政务建设成功的具体经验有所不同，但大致上有以下几方面共同经验：第一，顶层设计，整体规划；第二，法治先行，标准统一；第三，服务为本，用户至上；第四，政府主导，市场多元；第五，技术支持，人才培训。

从各国电子政务的发展可以看到，电子政务的发展是有规律的。电子政务一般要经过四个发展阶段，即办公自动化和信息发布阶段、单向沟通阶段、双向互动阶段、全方位网上事务处理阶段。各国电子政务的发展显示出的共同趋势有：在理论方面，运用客户关系管理理论、信息资源共享理论、电子政务绩效评估理论、绿色电子政务发展理论成为趋势；在技术方面，运用政府 2.0、绿色技术、云计算、移动政务技术、物联网、大数据技术成为趋势；在人才方面，发展复合型人才成为主流，政府首席数据官的培养重要性越来越高。

关 键 术 语

办公自动化；双向互动；信息资源共享；云计算；物联网；首席数据官。

练习与思考题

1. 电子政务兴起的背景是什么？
2. 各国电子政务建设的共同特点有哪些？

3. 电子政务发展的一般规律是什么?
4. 什么是云计算?

案 例

全球电子政务调查报告：域外经验及中国实践①

联合国经济和社会事务部是经济、社会和环境领域全球政策与国家行动之间的重要接口。它在三个相互关联的主要领域开展工作。①它汇编、生成和分析广泛的经济、社会和环境数据和信息，联合国会员国利用这些数据和信息审查共同问题并评估政策选择；②它促进会员国在许多政府间机构中就采取联合行动方针进行谈判，以应对当前或新出现的全球挑战；③它就如何将联合国会议和首脑会议制定的政策框架转化为国家一级的方案向感兴趣的政府提供咨询服务，并通过技术援助帮助其提升国家建设能力。

随着数字政府的发展，全球公共行政机构都发生了变化——无论是在结构上还是在政府与其所服务的对象之间的动态方面。除了测量和排名之外，这些观察结果还来自联合国电子政务调查框架内的趋势监测。该调查呼吁各国政府加大对国家数字化转型计划的长期投资，因为必须保证所有人都能实现有意义的连接，以帮助应对未来的危机和冲击。技术和电子政务的进步必须支持人类的可持续发展，而且不让任何一个人掉队。

联合国电子政务调查是按照既定方法在两年内编制的。它着眼于数字政府如何促进193 个联合国会员国的综合政策和服务。该调查支持各国努力向所有人提供有效、负责任和包容性的数字服务，弥合数字鸿沟，不让任何一个人掉队。在秘书长数字合作高级别小组的报告中，电子政务调查被认为是支持各国数字化转型的关键排名、绘图和衡量工具。

2022 年，联合国经济和社会事务部发布了《2022 联合国电子政务调查报告：数字政府的未来》。该调查是联合国对 193 个会员国数字政府状况进行的第 12 次评估。电子政务调查以二十多年的纵向研究为基础，根据联合国电子政务发展指数对国家进行排名，该指数综合了主要数据（由联合国经济和社会事务部收集和拥有），以及来自其他联合国机构的二手数据。该调查包括全球和区域背景下的数据分析、基于地方在线服务指数（local online services index，LOSI）的地方电子政务发展研究、对混合数字社会包容性的考虑，以及概述了地方电子政务发展与数字政府的未来相关的趋势和发展。

该调查主要面向决策者、政府官员、学术界、民间社会、私营部门以及可持续发展、公共管理、数字政府以及信息和通信技术促进发展领域的其他从业者和专家。该调查衡量电子政务在提供公共服务方面的有效性。该调查是各国相互学习、确定电子政务的优势领域和挑战以及制定政策和战略的基准和发展工具。它还有助于政府间机构（联合国大会、联合国经济及社会理事会和联合国可持续发展高级别政治论坛）公开探讨、信息

①《2022 联合国电子政务调查报告：数字政府的未来》，https://www.hrssit.cn/Uploads/file/20230911/1694415901431178.pdf，2024 年 8 月 13 日。

互通。

该调查通过电子政务发展指数跟踪电子政务发展的进展。电子政务发展指数评估国家层面的电子政务发展情况，是基于三个归一化指数的加权平均值的综合指数。同样，地方在线服务指数反映了城市层面类似功能的电子政务服务提供的发展状况。调查的第 1 章至第 3 章提供了对全球、区域和城市层面数据的分析。该报告显示，由于电信基础设施和人才能力建设情况显著改善，全球电子政务发展指数平均值整体上升。但是，尽管数据显示针对弱势群体的在线服务普遍增加，但数字鸿沟普遍存在的证据是显而易见的——所有电子政务发展指数排名较低的国家都是处于特殊情况的国家和发展中国家。

从具体国家来看，丹麦、芬兰和韩国在 193 个联合国会员国的 2022 年电子政务发展指数排名中名列前茅。其次是新西兰、瑞典、冰岛、澳大利亚、爱沙尼亚、荷兰、美国、英国、新加坡、阿拉伯联合酋长国、日本和马耳他。

随着越来越多的国家正在构建敏捷、无缝、隐形的政府，任何人都可以随时随地使用尖端技术获得完全自动化的服务。但《2030 年可持续发展议程》仍应是政府建设更具韧性和包容性未来的蓝图，“不让任何一个人掉队”成为未来的关键原则，使电子政务成为一股向善的力量。

2022 年，中国电子政务发展水平在 193 个国家中排名第 43 位，高于 2012 年的第 78 位（图 2-1）。调查显示，中国是电子政务排名进步最大的国家之一。2022 年，中国电子政务发展指数为 0.8119，高于全球平均值 0.6102，处于“非常高”的电子政务发展指数组。电子政务发展指数评估国家层面的电子政务发展状况，是基于电信基础设施指数、人力资本指数和在线服务指数三个归一化指数的加权平均值的综合指数。调查显示，中国到 2022 年达到了“非常高”的在线服务指数水平，达到 0.8876。

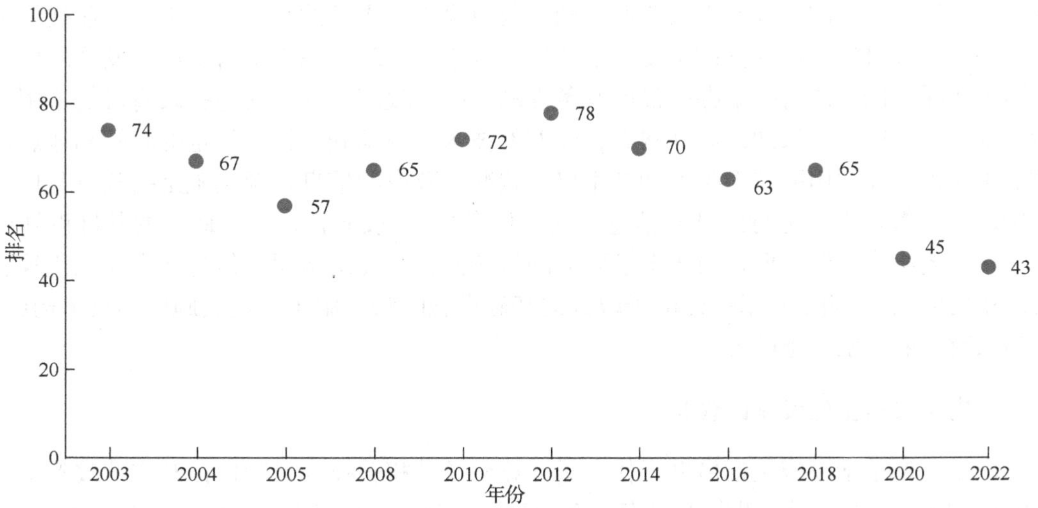

图 2-1　中国在联合国电子政务排名趋势图

请思考：

1. 结合案例，概括数字政府在世界范围发展的特征和差异。
2. 谈谈开放政府数据给中国电子政务发展带来了哪些新机遇。

第 3 章

电子政务的基础设施

电子政务的基础设施是整个电子政务体系的最终信息承载者，为电子政务系统提供政务信息及其他管理信息的传输和交换平台，位于整个电子政务体系结构的最底层。围绕着信息这一核心，电子政务的基础设施从技术上可以分为网络基础设施、政务信息资源目录和政务信息交换体系等多个组成部分。夯实与完善电子政务的基础设施，将有力地促进电子政务的全面发展。

3.1 电子政务基础设施概述

一般而言，政务的基础设施是指政府管理过程中所必需的人力、物力、管理方式、技术和信息资源基础。政府人力资源基础涉及政府工作人员的观念、知识、专业技能和工作态度；政府物力资源基础主要包括政府财政收入、政府用于支持新项目发展的可支配财力状况，以及政府基本办公设施及条件的状况；政府管理方式是指政府可能采用的行政手段、程序和结果的性质和状态；政府的技术资源基础是指在特定的时间和地点，政府可能得到和利用的技术类型和技术更新状况；政府的信息资源基础是指政府管理过程中决策和管理得以进行的基本信息和项目信息[①]。一般而言，电子政务的基础设施应该包括上述所有设施，但是由于电子政务的特殊性，其突出体现为信息技术在现代政府管理中的应用。因此，本章探讨电子政务的基础设施时将着眼于基础设施中的技术构成，而略去对一般基础设施的分析。

3.1.1 电子政务基础设施的含义

电子政务基础设施是指借助现代电子计算机及其相关技术，为保证和支持政务服务系统顺利运行，并且进一步提高政务服务效能，综合运用信息资源、计算机和网络资源、通信和数据库手段以及安全管理规范等围绕政务功能目标实现的有机的系统集成。简要

---

① 杨凤春：《“电子政务实施宝典经验谈”系列之一 “重在政务”的保障——发展电子政务要注重政务基础设施建设》，《中国计算机用户》，2003 年第 7 期，第 20 页。

地说，可将电子政务基础设施理解为为电子政务应用提供实现手段、技术支持和安全保障的计算机软硬件平台。

显然，电子政务基础设施中，信息技术占有重要的地位，是电子政务基础设施中最核心的部分。但是，由于电子政务中所应用的信息技术种类繁多，不同技术对应着不同的政务需求，因而有必要对电子政务基础设施进行科学的分类。

一般而言，可以将电子政务基础设施分为软件设施和硬件设施两类。软件设施是指计算机系统中的程序及其文档，其中程序是计算任务的处理对象和处理规则的描述，文档是为了便于了解程序所需的阐明性资料；硬件设施则是指计算机系统中由电子、机械和光电元件等组成的各种物理装置的总称。

1. 电子政务软件基础设施

（1）网络协议。网络协议是网络之间沟通、交流的桥梁，具有相同网络协议的计算机才能进行信息的沟通与交流。理论上讲，网络协议是网络上所有设备（网络服务器、计算机及交换机、路由器、防火墙等）之间的通信规则，即通信协议的集合，它定义了通信时信息必须采用的格式和这些格式的意义，主要是对信息传输的速率、传输代码、代码结构、传输控制步骤、出错控制等做出规定，制定标准。常见的协议有 TCP/IP[①]协议、IPX/SPX[②]协议、NetBEUI[③]协议等。

（2）操作系统。操作系统是负责计算机软件和硬件直接控制及管理的系统软件，是用户和计算机之间交互的界面。操作系统管理着所有计算机系统资源。当多个程序同时运行时，操作系统负责规划，以缩短每个程序的处理时间。操作系统为应用系统的技术开发提供了标准的接口，同时也为使用者提供了访问与操作界面。常见的操作系统有微软公司的 Windows 系列操作系统、Mac OS X 操作系统、UNIX 操作系统和 Linux 操作系统。其中，Windows 系列可分为个人操作系统和网络操作系统，由于界面友好，其已成为个人操作系统的主流产品；Mac OS X 是苹果电脑的专属操作系统，受制于电脑的硬件架构，在政府领域中应用较少；UNIX 是网络操作系统，适合系统管理员使用；Linux 是源代码公开的个人操作系统，可塑性较强，逐渐成为当前流行的操作系统。

（3）网络管理系统。网络管理系统是一个软硬件结合以软件为主的分布式网络应用系统，其目的是管理网络，使网络高效正常运行。具体而言，网络管理系统是网络管理员通过网络管理程序对网络上的资源进行集中化管理的操作，包括配置管理、性能管理、计费管理、故障管理和安全管理等。一个网络的硬件设备以及匹配的网络管理软件决定了该网络的可管理性和可操作性。一般而言，网络管理都是基于若干管理软件工具来实现对网络充分、完备和有序的管理。

（4）数据库管理系统。数据库管理系统是位于用户与操作系统之间的一层数据管理软件，它能够解决如何科学地组织和存储数据、如何有效地获取和维护数据等问题。数

① transmission control protocol/internet protocol。

② IPX，internet work packet exchange，互联网络数据包交换；SPX，sequenced packet exchange protocol，序列分组交换协议。

③ NetBEUI，NetBios enhanced user interface，NetBios 增强用户接口。

据库管理系统还提供一套数据描述语言和数据操作语言以实现对数据库系统的各种控制，从而构成整个数据库运行的核心。由于数据库管理系统涉及的信息量庞大，设置不当将造成巨大的资源浪费，因此科学地设定数据库管理系统就显得非常重要（一般按照用户数量的多少来确定数据库管理系统的规模）。常见的数据库管理系统有 MySQL、Oracle 数据库系统、Sybase 数据库系统、IBM Informix 系统等。

2. 电子政务硬件基础设施

1）网络基础设施

网络基础设施是电子政务系统实施和运行的基础硬件平台。服务器、存储设备等基础硬件设施通过网络传输介质和网络设备连接起来，形成基础网络层。硬件设施配以相应的系统软件（如操作系统、网络管理系统等）构成网络系统层，向信息资源平台提供数据存储和管理所必需的基础设施。依据适用范围的差别，网络基础设施可分为以下几种。

（1）局域网。局域网是满足政府、企业、学校等通信需要的内部网络，其范围一般在几千米以内。线路上以无屏蔽双绞线为主；拓扑结构上，分为以太网、令牌总线、令牌环网等几种形式。局域网为网络会议、数据挖掘、办公自动化等需要大通信量的应用系统建设奠定了基础。

（2）广域网。广域网是在一个广泛范围内建立的计算机通信网。广泛的范围是指地理范围，可以超越一个城市、一个国家甚至达到全球。因此，广域网对通信的技术要求较高，复杂性也较高。广域网常见的线路连接是以通信运营商提供的公共数字线路为基础，通过专线、帧中继、异步传输等模式，满足网络数据传输、转发等通信处理任务。广域网是电子政务系统纵向、横向连接的基础设施。

（3）国际互联网。互联网是一个由不同类型和规模的独立运行的计算机网络组成的全球范围的计算机网络。互联网由局域网、广域网等各种网络共同组成，这些网络彼此之间通过通信线路将不同的公司、科研机构和政府组织连接起来。互联网是电子政务系统中应用服务系统的主要窗口平台。

2）数据存储与备份

数据存储与备份是为了防止系统出现操作失误或故障导致数据丢失，而将全系统或部分数据集合从应用主机的硬盘或磁盘阵列复制到其他存储介质的过程。数据存储与备份包含备份和管理两个方面：备份是简单的数据复制、保存过程，而管理则是对备份的可计划性、备份的自动化操作、历史记录等的管理，并决定选择什么样的技术进行备份。常见的备份方式有：①定期磁带备份数据，使用远程磁带库、光盘库备份，将数据传送到远程备份中心制作完整的备份磁带或光盘；②远程关键数据+磁带备份，采用磁带备份数据，生产机实时向备份机发送关键数据；③远程数据库备份，就是在与主数据库所在生产机相分离的备份机上建立主数据库的一个拷贝；④网络数据镜像，即对生产系统的数据库数据和所需跟踪的重要目标文件的更新进行监控与跟踪，并将更新日志实时通过网络传送到备份系统，备份系统则根据日志对磁盘进行更新；⑤远程镜像磁盘，通过高速光纤通道线路和磁盘控制技术将镜像磁盘延伸到远离生产机的地方，镜像磁盘数据与主磁盘数据完全一致，更新方式为同步或异步。

数据存储与备份中如何保证数据的完整性和长久性是一个关键问题，在技术上直接反映为如何选择存储备份介质。常见的数据存储备份介质有三类。①磁盘阵列。通过多个较小容量的硬盘连接在智能控制器上，一方面增加存储容量，另一方面有选择性地将数据分布在不同的硬盘之上，从而保证系统数据的完整性。②磁带库。磁带库中的自动加载机是一个磁带驱动器和自动磁带更换装置，它可以从装有多盘磁带的磁带匣中拾取磁带并放入驱动器中或执行相反的过程；磁带机能够支持例行备份过程，自动为每日的备份工作装载新的磁带。③光盘塔或光盘库。由几台或几十台光盘驱动器并联构成，通过软件控制某台光驱的读写操作，形成一个存放几十张到几百张光盘并带有机械臂的光盘柜，满足若干用户的访问需求。

以上介绍的各种基础设施在电子政务系统建设中很常见，作为最简单的一种分类方式，其有助于人们对电子政务系统形成更为直观的认识。但是，从电子政务系统的应用角度出发，电子政务实际上是由不同的应用系统连接整合而成的，不同的应用系统对软件和硬件的需求也各不相同。因此，除了上述软、硬件分类之外，还可以从应用的角度对电子政务基础设施进行一种综合性的分类，即电子政务基础设施包括电子政务内外网、政务信息资源目录和政务信息交换体系等几个方面，下文将对这种分类进行详细的阐述。

3.1.2　电子政务基础设施的特点

电子政务基础设施以信息技术为依托，因而呈现出极强的技术特征，具体包含以下几个方面。

（1）广泛的适应性与渗透性。在信息化时代，信息是一切生产活动、经济活动与社会活动都离不开的要素，更是政府管理活动中的关键要素。而信息技术作为处理信息的关键技术，在信息化时代的重要性越来越明显。当前，信息技术已经广泛地应用于生产制造、办公室业务、通信娱乐、医疗保健、教育、科研、军事、大众传播等多个方面，正因为如此，信息技术也逐渐地深入政府管理活动当中，促成了电子政务的出现。电子政务基础设施作为信息技术的组成部分，不仅可以提高政府的工作效率，降低政府行政成本，还能促进远程教育培训、政务信息公开的适时发展。可以说，电子政务基础设施的应用正在引发政府管理的深刻变革，进而导致公民与政府间沟通方式的改变，以及官民关系的变化。可见，电子政务基础设施对人类社会有着广泛而深刻的影响。

（2）经济效益和社会效益显著。作为信息技术的组成部分，电子政务基础设施沿袭了信息技术的经济效益和社会效益。具体来说，电子政务基础设施中所包含的信息技术，改进了政府管理工具的技术性能，增强了政府的调控能力，提高了政府的实际管理水平，更有利于政府管理活动中的资源优化配置。例如，电子文档的出现大大减少了政府管理活动中纸张成本的支出，经济效益十分显著，并且其不仅使文档更易于复制、保存，还能极大地提高文档中信息的真实性。同时，由于电子文档所具备的高速传递性，政府管理活动中的各种信息可以依托于电子文档，快捷地传递到社会的每一个角落，将政府内部管理的高效性直接转化为良好的社会效应。

（3）极强的时效性。信息本身就具有时效性，时间久远的信息无法产生应有的价值；

同样，作为信息技术组成的电子政务基础设施也具有极强的时效性。过时的基础设施往往脱离电子政务的实际需求，不但不能帮助政府提高管理效率，甚至还有可能成为政府管理活动的包袱。试想，如果当前电子政务应用中仍然沿用电话线拨号上网，那么无论是信息传递速度还是信息的完整性都不能得到有效保障。显然，电子政务基础设施必须依据当前政府管理活动的实际需求适时发展，才能够真正体现其信息技术的时效性。值得注意的是，由于当前信息技术的高速发展，信息技术的发展速度有可能超越政府管理需求的增长速度，但这并不意味着政府管理必须随时调整自身的需求，相反，政府必须明确自身需求以做出正确的主体性选择。

（4）高风险性。信息技术对于人类社会的广泛影响使得人们的日常生活越来越依赖于各种信息技术。电子政务的出现，在一定程度上也显示出政府管理对于信息技术的依赖。但是，我们在看到电子政务基础设施所带来的各种便捷的同时，也必须看到电子政务基础设施与生俱来的脆弱性，即信息技术的高风险性。无论是电子政务基础设施中的网络，还是数据库，甚至是操作系统，都有可能遭受人为的、意外的破坏。设想一下，假如电子政务的网络系统突然瘫痪，整个电子政务系统将会陷入停滞状态，假如政府管理高度依赖于信息技术，那么信息技术的突然失灵将会使政府管理活动出现混乱。

如上所述，电子政务基础设施具备两大类特征，一类是其优势，另一类则是其劣势。我们在完善电子政务基础设施的过程中，必须兼顾这两类特征，不能因为过分强调其优势而忽略了其潜在的危险性，从而造成无法预料的损失。

3.1.3 完善电子政务基础设施的意义

电子政务建设是一个发展的过程，对于其底层的基础设施而言，则是一个渐进的完善过程。电子政务从无到有，意味着政府管理活动中信息技术需求的逐渐增多，进而引发基础设施的不断完善与改进，这体现出信息化社会的发展进程。因此，完善电子政务基础设施的意义十分重大。

（1）促进电子政务建设的发展。电子政务对信息技术的普遍依赖性决定了构筑一个坚实、可靠的技术基础的重要性。电子政务基础设施的不断完善，一方面可以为电子政务中各种应用系统提供更坚实的技术基础，另一方面还可以不断丰富政府管理的信息技术手段，进一步凸显电子政务的优势。值得注意的是，在完善电子政务基础设施的过程中，必须充分考虑到政府管理活动中的实际需求。这是因为，离开需求的指导，技术发展将失去应有的方向，从而造成资源的浪费。

（2）促进信息产业的发展。电子政务基础设施建设需要大量的信息技术作为支撑，无论是硬件方面还是软件方面，都需要大量的资金投入，这将对一个国家的信息产业产生巨大的拉动作用。当今世界上的发达国家，如美国、英国、加拿大等，已经尝到了其中的甜头，而发展中国家由于信息技术起步较晚，基础设施较为落后，同时还不得不严重依赖信息技术发达国家的技术输出，因此，发展中国家以电子政务为契机，拉动国内信息产业发展，不仅意义重大，也是弥补与发达国家之间技术差距的重要手段。

（3）有利于推进标准化进程。电子政务从无到有，显示出信息技术对于当前政府管理活动的渗透，同时也预示着电子政务作为一个新生事物，其建设过程是在摸索中进行的。换言之，电子政务基础设施建设不可能从一开始就有一个完整的、规范的建设战略，需要在实践中不断地改进与完善。以电子公文为例，电子文档被引入政府办公室业务之后，降低了行政成本，提高了行政效率，但同时也产生了规范性的问题，即并不是所有电子文档都具有政府公文的合法效应。这就需要政府管理者依据行政活动的特点，制定电子签名法和电子公文规范，使流转于政府职能部门之间的电子文档成为具有合法效力的电子公文。可见，电子政务基础设施在政府管理活动中的不断渗透，必然会加速推进电子政务标准化建设进程。

3.2　政务内网及政务外网

电子政务网络基础设施是国家电子政务建设的重要基础之一。网络基础设施的建设将直接影响上层的安全基础设施、统一的安全电子政务平台以及各种电子政务应用的顺利展开。

3.2.1　电子政务基础网络的结构模型

我国现行的电子政务基础网络的结构模型可以称为电子政务内外网，其是在原有的“三网一库”模型的基础上调整而来的。三网指内网、外网和专网，一库指政务信息资源库。具体而言，我国电子政务网络系统以统一的安全电子政务平台为核心，共同组成一个有机的整体，包括面向政府内部业务管理和办公的政务内网；通过通信专线和其他政务内网进行数据交换、信息共享和业务协同的政务专网，以及通过公共网络连接到互联网的面向企业和公众服务的政务外网及政府网站。在电子政务内网和外网之间，一般需要物理隔离措施来保证网络安全。电子政务内外网的具体结构如图 3-1 所示。

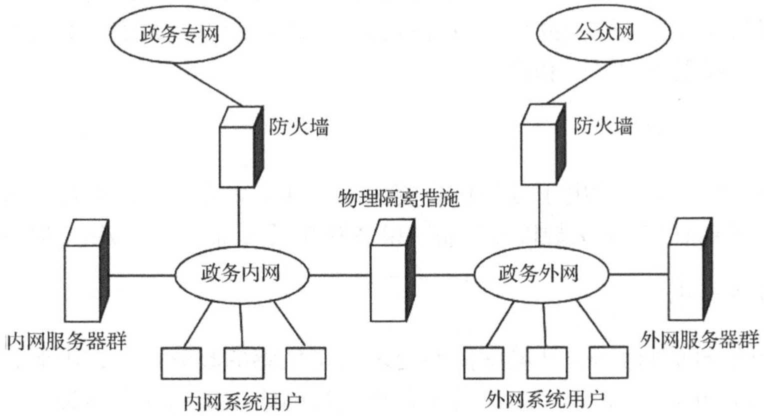

图 3-1　电子政务内外网结构

我国当前电子政务基础网络结构包含以下几个方面的内容。

1. 电子政务内网

电子政务内网通常是在一个较小的地理范围内将各种计算机网络设备互联在一起

的局域网，其上分别运行决策指挥、宏观调控、行政执行、应急指挥、监督检查、信息查询等各类相对独立的电子政务应用系统。通常，物理设备之间的距离局限在几千米范围之内。在内部网上可以实现政府内部的文件流转，工作日程安排、会议安排、财务管理、人力资源管理等政府内部业务的电子化管理。因此，电子政务内网侧重于政府日常协同办公运作，并运用先进的数据交换、共享、采集、发布手段，使得各政府机构在同一平台上传递信息、开展业务，由此，它便可以促进原来分散的业务系统的整合，加速不同部门之间、不同行业之间的信息交流，将网络中的各级政府部门、企事业单位紧密地结合在一起，实现协同政务、资源共享、科学决策。

2. 政务专网

政务专网承载政府系统共建共享的政务信息资源库，通过连接各部门、各地方的内网，形成覆盖从国务院到各部门、各地方的政务资源网络，为政府运转提供最主要的信息服务和业务协同支撑环境。政府间业务专网利用通信专线，实现不同地理位置、跨政府部门之间的内部网络连接。VLAN（virtual local area network，虚拟局域网）技术和VPN技术的广泛应用，很好地解决了政府间业务专网的安全性和连通性的矛盾。通过对VLAN和VPN进行合理的配置和管理，政务专网能够保证各行业业务系统内部的安全，确保政府各协作部门之间、行业机构之间业务沟通的顺畅，实现信息共享范围的可控、协同工作，加强各部门、各行业之间的联系，使政府部门的行动更加协调。

3. 电子政务外网

电子政务外网，又称政务外部网络，一般通过公共通信线路和网络连接到互联网上，门户网站是其主要信息交流平台。各政府部门通过政府门户网站提供对社会公众与企业的信息发布和信息采集；同时，政府门户网站是政府与民众之间最直接的交互平台，是政府管理部门政务公开、网上办事、对外宣传、形象展示以及政府和社会公众交流、受理业务和提供咨询服务的平台和窗口。

4. 政务信息资源库

政府各部门共建共享的电子政务信息资源库，涵盖了党务、政务以及各行业部门的业务数据，比如国家的政策法规以及工商、税务和海关等部门的业务管理信息或数据等。

5. 网络安全技术

由于电子政务的目标运行环境中需要处理大量敏感的政务信息，因此，在统一的安全电子政务平台的网络结构设计中，需要着重进行网络系统的安全性设计。

由于统一的安全电子政务平台采用了统一的核心交换平台和统一的系统接入平台，因此，其为整个系统内部的安全域划分提供了清晰的界定准则：与接入平台以及Web服务的门户系统直接相连的网络系统为非安全的网络，除此之外，其余的内部网络系统均可被视为安全的网络系统。

在安全的网络系统内，系统可以允许敏感的信息进行传输和交换；而对于非安全的网络系统，则需要综合采取物理层、网络层和应用层等多个层面的安全机制。安全和非安全网络系统之间的边界网络及其设备将是整个系统设计的关键，也是系统安全策略的主要实施者。

上述只是对电子政务统一安全信息平台的简要说明，具体的信息安全机制将在第 4 章详细论述。

3.2.2　电子政务内网和外网的技术构造

电子政务内外网的实施需要大量的信息技术支持，除了 3.1 节中介绍的各种信息技术之外，在电子政务内外网中特别重要的技术还有以下两类。

1. 网络接入技术

网络接入技术是计算机终端用户连接电子政务系统的关键接口技术，用户可以选择不同的接入方式，方便、快捷地与电子政务系统形成信息交换。对于电子政务系统建设而言，网络接入技术的好坏决定了电子政务系统运行效率的高低。常见的网络接入技术有以下几种。

（1）拨号接入。在不需要经常连接到网络的政府部门中，可以使用拨号接入方式。这种方式只需要一条电话线、一个调制解调器和一台计算机就可以接入电子政务系统。但是，由于这种接入方式传输效率低、可靠性差，不符合当前电子政务建设的需要，已经逐渐被淘汰。

（2）综合业务数字网（integrated service digital network，ISDN）。ISDN 是使用电话线路传输音频、数据和视频的接入技术。ISDN 在一个线路上创建多条信道，即在一条线路上创建结合多种信号的多路复用数据通道来传输各种数据。需要 ISDN 的用户可以在本地电话公司获取一条 ISDN 线路，它允许终端用户在该线路上连接多个设备，如传真机、计算机和电话等。对于许多基层政府部门来说，ISDN 是拨号接入技术最好的替代方式。

（3）x 数字用户线路（x digital subscriber line，xDSL）。xDSL 是一种通过在现有的电信网络上使用高级调制技术，在用户和电信运营商之间形成高速网络连接的技术，其传输速率可以从 64KB/s 到 52MB/s。xDSL 支持数据、语音和视频通信，并支持多媒体应用。当前，使用频率最高的 xDSL 是非对称数字用户线（asymmetric digital subscriber line，ADSL）。对于个人用户而言，ADSL 可以提供稳定、高速的网络接入速度，实现与电子政务系统之间的信息交流，是公众的首选网络接入技术。

（4）数字数据网（digital data network，DDN）。DDN 是利用光纤数字传输通道和数字交叉复用节点组成的传输网络，可以为用户提供各种速率的高质量数字专用线路和其他新的信息服务，以满足用户多媒体通信和组件中高速计算机通信网的需要。DDN 传输速率高，网络延时小，支持数据、语音、图像传输等多种业务需要，不仅可以和用户终端设备进行连接，还可以和用户网络进行连接，为用户网络互联提供灵活的组网环境。对于拥有一定经济实力的政府部门而言，DDN 可以为政府的电子政务开展提供效率更高的信息传输平台。

（5）光纤到户（fiber to the home，FTTH）。FTTH是将光纤作为高容量干线，将光纤延伸到终端用户的网络接入技术。光纤到户技术在当前的城域网建设中得到了广泛应用，由于光纤到户可以在一定地域内建立起大容量、高速度的传输介质，为基于IP交换的综合业务开展提供了基础支持，因此受到了广泛的关注。就电子政务建设而言，光纤到户技术适用于经济发达地区，它可以为当地电子政务建设的中央设备提供最优质的网络连接，并为当地的用户提供最快的上网速度。

（6）无线网络接入。随着信息化时代的发展，无线网络设备不仅在社会领域中得到了广泛的应用，也对电子政务的建设提出了新的要求，即用户能通过无线上网设备实现与政府之间的信息互动。基于此，无线网络接入技术应运而生。无线网络接入是利用无线网络协议，在数字移动电话、互联网和其他掌上电脑设备、计算机应用之间进行信息传输的接入技术。无线网络接入技术提供了强大的移动数据通信能力，使得任何人在任何地方、任何时间与其他任何人进行任何方式的通信成为可能。由于无线网络接入技术需要网络运营商的技术支持，因此无线网络接入一方面为用户提供更多的接入选择，另一方面也会形成利润巨大的移动增值业务，这将成为当前电子政务建设中一个新的增长点。

2. Web门户平台

我国电子政务建设要求形成统一的Web门户平台，为全社会提供广泛的信息服务平台。Web门户平台包括Web门户服务平台、门户应用服务平台、系统运行维护平台和安全保密服务平台等。

（1）Web门户服务平台。Web门户服务平台主要由Web服务单元和轻量目录访问协议（lightweight directory access protocol，LDAP）构成，其主要功能是接受超文本传输协议（hyper text transfer protocol，HTTP）请求，并返回静态或动态的响应，同时提供相应目录服务的安全调用功能接口。一般而言，Web门户服务平台使用表现层、业务逻辑层和数据访问层相互独立的分层化构件设计结构，提供灵活的系统构建能力和系统性能的动态扩展支持。

（2）门户应用服务平台。门户应用服务平台由管理服务单元、数据服务单元和数据查询服务单元构成。其中，管理服务单元主要负责具体的逻辑管理、分布式计算，同时提供业务的并发控制、安全管理、资源和容错管理等；数据服务单元负责提供数据的查询、更新、索引、高速缓存、查询优化、安全以及多用户存取控制等服务；数据查询服务单元负责数据库的路径查找。门户应用服务平台是电子政务信息服务的直接技术支持。

（3）系统运行维护平台。系统运行维护平台的主要功能是提供对电子政务系统的运行维护，包括业务应用系统的业务逻辑、门户系统的表示逻辑以及门户系统的存储数据的运行维护等。一般而言，系统运行维护平台包括信息审核发布和业务维护两个子系统。信息审核发布子系统主要是对所发布的业务信息进行安全审核，并将审核通过的信息发布到门户系统对应的数据库上。业务维护子系统主要负责对Web服务系统所运行的各类业务应用系统进行运行维护，保证各个应用系统稳定运行，降低出错概率。系统运行维护平台对于普通用户而言是不可见的，它是电子政务系统的专业人员维护系统运行的工具平台。

（4）安全保密服务平台。安全保密服务平台是电子政务信息安全系统的具体组成部分，主要由入侵检测系统、漏洞扫描技术、病毒防治系统、安全审计系统等安全功能单元组成。这些单元以一定的方式有机组合起来，构成一个功能强大的安全保密管理平台。电子政务系统的专业维护人员可以通过这个平台来监视电子政务安全状况，按照发生的危险条件触发快速反应，在整个系统范围内设置安全策略、评估风险及修补漏洞等。

3.2.3　电子政务内外网的隔离

按照当前我国电子政务内外网的基本架构，政务内网与政务外网之间既有区别又有联系。

政府内部信息交换运行在内部的高速网上，属于政务公开和网上交互式办公的内容运行在外网和互联网上，内网和外网之间采用物理隔离。系统保证任何时刻内网和外网均处于物理短路状态，但同时又能将外网信息可控地采集到内网中。可见，政务内外网的物理隔离是实现电子政务安全稳定运行的关键技术，也是政务内外网在技术层面上的重要区别。

1. 电子政务内外网的物理隔离

物理隔离技术作为网络与信息安全技术的重要实现手段，越来越受到政府的重视。物理隔离的概念，简单地说就是让存有重要信息数据的内网和外网不具有物理上的连接，将涉密信息与非涉密信息隔离开来。就其本质而言，物理隔离技术是一种被动的隔离技术，目的是保证内外网络信息的隔离，而信息是保存在存储介质上的，物理隔离就是要保证隔离双方的信息不会在同一个存储介质上，也不会都出现在对方的网络中，且两个存储介质在同一时刻只能有一个在发挥作用。

最彻底的物理隔离方式是安装两套网络和计算机设备，一套对应于内部办公环境，另一套连接外部网络，两套网络互不干扰。工作人员在进行不同的工作时，使用不同的网络和计算机，这样不需要特别的技术就可以实现物理隔离的效果。这种做法最大的缺点是投入费用过高，无论是新建还是改造，都意味着两个网络工程的投入费用，使得成本翻番；此外，由于工作人员需要在不同的网络和计算机设备上来回切换，也增加了工作难度，影响了工作效率。因此，要实现政务内外网的物理隔离，还必须寻求其他的解决方法。当前，比较常见的物理隔离技术有以下两类。

（1）基于双网线的安全隔离卡技术。双网线的安全隔离卡技术需要在政府内部办公的客户端增加一块隔离卡，客户端的硬盘或者其他存储设备先连接到隔离卡，然后再转接到主板上。这样通过该卡，政府工作人员就能控制客户端的硬盘或者其他的存储设备。政府工作人员在选择硬盘的时候，也同时选择该隔离卡所对应的网络接口，连接到不同的网络。就建设成本而言，该技术只需在原有的网络基础设施上增加一条网线和一块隔离卡就能实现，建设成本较低。但是，该技术仍然存在一定的安全隐患：当政府工作人员在客户端机器上交换内网和外网的连接时，存储介质也会发生变化，可能由于误操作而导致不同网络中信息的交叉，失去物理隔离的意义。

（2）基于网络选择器的安全隔离卡技术。与上一种隔离技术不同的是，基于网络选择器的安全隔离卡技术只利用政府内部办公客户端的一个接口，通过网线将不同的电平信号传递到网络选择端，在网络选择端安装网络选择器，并根据不同的电平信号选择不同的网络连接。政府工作人员在处理事务时，无须人为选择网络连接，全部通过处理事务所产生的电平信号自动连接到对应的网络当中。在建设成本上，该隔离技术能够有效利用政府已有的单网线网络环境，无须再次进行网络布线，实现成本较为低廉。同时，由于网络选择器并不安装到政府办公的客户端，因此不会出现由人为失误造成的信息交叉，系统的安全性得到极大的提升。

2. 电子政务内外网物理隔离的意义与缺陷

使用物理隔离技术是当前我国电子政务内外网建设的关键举措，有其重要的战略意义。①系统安全。物理隔离技术能够从物理链路层上切断不同网络之间的连接，确保涉密网络的顺畅运行，而不受外部网络的干扰。因而，保证了整个电子政务系统的高度安全性。②成本低廉。当前所使用的两种物理隔离技术，在建设成本上都无须过多投资。如果物理隔离的成本达到或超过了两套网络的建设费用，那么也就失去了物理隔离的意义。③操作简便。物理隔离技术的应用者是政府工作人员与网络专业技术人员，因此该技术应简单易行、方便用户，让使用者不会因为操作困难而产生抵触情绪。当前常见的物理隔离技术都实现了这一目标。④灵活扩展。物理隔离是具有多种配置的，可以根据现有网络系统的特性，进行灵活改造，并且可以随时随地在现有网络中增加新的设备，不会给现有网络带来任何安全隐患。

物理隔离技术虽然保证了电子政务系统的安全性，但仍存在着一些不足。①手段单一。如前所述，物理隔离技术是一种被动的隔离开关，手段较为单一，缺乏与其他安全技术进行有效配合的手段。②缺乏安全检测。物理隔离技术只是使电子政务内外网实现了物理断路，并不能做到安全状态的检测，容易被非法人员利用而混入内部涉密信息网络。③缺乏内部防范措施。物理隔离技术虽然保证了内部涉密信息网的安全工作环境，但是由于内外网的信息都存储在本地，因此物理隔离技术并不能防止内部工作人员的主动泄密行为。④复核取证难度较大。如果在电子政务内外网中出现涉密信息的泄露，物理隔离技术无法进行复核、取证，确认信息泄露的行为人有较大的困难。

由上可见，作为当前电子政务建设的关键，物理隔离技术可以帮助政府完善电子政务的安全运行环境，但作为一种人工设计的信息技术，物理隔离并不能保证电子政务系统的绝对安全。为了实现电子政务系统的安全运转，防止内网信息的泄露，政府还需要设置相应的安全保障机制，弥补物理隔离技术的种种不足。

3.3 政务信息资源目录

电子政务是伴随着信息经济而出现的，是政府为适应信息经济发展的需要所做的一项重要变革，其目的在于提高政府自身的办公效率和服务水平。无论是上述哪一个目的，电子政务的运行都离不开庞大的后台电子信息资源数据库的支持。只有拥有充足的信息源，政府才能在降低行政成本、提高行政效率等多个方面有所作为。可见，只有构建完善的信息资源，才能使整个电子政务网络平台创造巨大的社会效益和经济效益。

3.3.1　政务信息资源的概念、特征、组成、来源与分类

信息资源是指信息及其载体。信息是事物之间相互联系、相互作用的状态的内容描述。信息指描述的内容，以什么形式描述则取决于载体的性质。载体又称为媒体，是信息从信源到信宿的传递者。载体上反映信息内容的物理符号或信号，在信息处理中被称为数据。因而，数据是信息的物理形式，信息是数据的内容。因此，依据一般意义上信息资源的含义，可以认为，政务信息资源是一切产生于政府内部或虽然产生于政府外部但对政府各项业务活动有影响的信息的统称。

1. 政务信息资源的特征

（1）权威性。政府部门是政务信息的发布机构，是公共事务的管理机构，也是社会中最关键的决策机构，其产生的信息势必具有鲜明的权威性和严肃性。

（2）综合性。政府管理着全社会众多公共事务，各级政府构成一个巨大的、不停运转的大系统，此外，政府还包含不同的职能部门。政府这种纵横交错的形态决定了政务信息资源的多样性及其产生的效益的综合性。

（3）时效性。政府职能决定了其决策权威，同时也表现出政务信息的时效性。与一般意义上的时效性不同的是，政务信息的时效性主要表现为高度的政治敏锐性、决策的超前性和发布的及时性。

（4）共享性。政务信息资源应该为全民所有，在不危及国家利益的前提下，政务信息必须要与公众分享，这是政务公开的缘由所在。同时，在信息流动和共享的过程中，政府还必须注意信息安全和信息隐私的保护。

（5）机密性。政务信息资源当中有相当一部分涉及国家重大方针政策、政府活动、工作部署和社会动态等方面的机密性信息，其机密程度高、意义重大，使用上稍有不慎，就会给国家造成重大的损失。因此，对这一部分信息资源而言，必须保证其机密性，不得使其参与信息共享。

2. 政务信息资源的组成

当前我国政府职能正在由管制职能转向服务职能，而政府主要依靠法律法规、政策，间接调控国民经济和管理社会公共事务。因此，政府职能的转变势必要通过大量的信息来实现。总的来说，政务信息资源主要由以下几个方面组成。

（1）政府决策信息。政府职能的转变，要求政府更多地以立法和政策导向管理社会和经济事务。政府要定期向基层和群众发布政策、法规条例、决策咨询、战略发展报告和总体布局等信息，使社会事务的各个方面根据政府的整体思路和要求开展工作，保证经济和社会发展置于政府的政策范围之内。

（2）政府服务信息。政府的职责之一是积极营造开放公平的社会经济环境，提供高效优质的公共服务，因此，政府为社会各界提供的信息如国际国内重大政治新闻、经济运行分析、热点透视、社情动态、税收征管、统计报表、市场供求信息、预测信息、金融财经信息、科技与人才信息等，成为政务信息资源的重要组成部分。

（3）政府反馈信息。政府反馈信息包括两个方面。一方面来自各行各业、基层群众

和各学科专家学者的批评、建议、意见等；另一方面来自经济和社会发展过程中所出现的新情况、新问题、新动向等。政府反馈信息好坏、及时与否，在很大程度上体现了政府的态度好坏。

（4）政府交流信息。政府之间、政府上级机关与下级机关之间建立起信息渠道，实现彼此之间经常性的横向与纵向的信息交流，以协调各行政机关、行政人员与行政活动之间的关系，消除管理过程中存在的不和谐现象。可见，政府交流信息内容丰富，反映了政府职能划分、权力分配的实际状况，对政府机构的正常运转起到了基础支撑作用。

上述政务信息资源划分的界限并不是绝对的，政务信息资源还可按信息来源分为内部信息和外部信息，按信息状态分为固定信息和流动信息，网络环境下还有文献信息和电子信息之分。因此，政务信息资源是相互包含而交叉的，内容丰富而复杂。

3. 政务信息资源的来源与分类

1）政务信息资源的来源

按信息加工程度，分为初始源与再生源。能直接产生信息的人、事、物通常称作初始源。政务信息的再生源指信息赖以传播的各种物质载体或传输通道，诸如图书、网络等一类信息源被称为再生源，这主要是因为再生源中的信息通常是对初始源中的信息进行加工后二次生成的。

2）政务信息资源的分类

按信息采集空间划分，分为内部来源与外部来源。

政府信息的内部来源主要是指从政府部门和政务处理过程或程序中获取信息。具体包括两大部分采集空间，一部分是直接处理政务的政府各职能部门及其政务程序，另一部分则是产生政府决策信息的内部信息机构。由政府内部信息来源产生的政府信息，通常可称为政府自产信息，它们是政府信息资源的主流，是政府资源开发管理的主要内容。

政府信息外部来源包括：居民以及各基层企事业单位；各种咨询机构、行业部门；公共信息部门；国外政府机构以及信息机构。

3）政务信息资源分级

（1）社会公开类：信息应当向全社会公开。

（2）部门共享类：信息根据各单位工作需要只能在政府部门之间进行共享。

（3）依法专用类：信息根据法律法规由一个部门专用。

3.3.2 政务信息资源的元数据

政务信息资源数量众多且异常复杂，在进行存储的时候必须进行相应的处理，即将复杂的信息简单化，转为存储介质可以接纳的数字符号。这里所探讨的元数据正是这样的数据处理模型，用于政务信息资源的存储、转化。

1. 元数据的概念

元数据是“关于数据的数据”，其抽象定义为“关于数据的结构化处理、描述一个资源的属性的数据、关于数据的信息”。例如，“职工姓名”是职工王海、刘萍等姓名的抽象，这些具体的姓名是业务数据，而抽象的“职工姓名”即为元数据，如图 3-2 所示。

Results　Messages

	订单ID	客户ID	雇员ID	订购日期	到货日期	发货日期	运货商	运货费	货主名称	货主地址	货主城市	货主地区	货主邮政编码	货主国家
1	10248	VINET	5	2016-06-29 ...	2016-07-27...	2016-07-11...	3	32.38	余小姐	光明北路 124 号	北京	华北	111080	中国
2	10249	TOMSP	6	2016-06-30 ...	2016-08-11...	2016-07-05...	1	11.61	谢小姐	青年东路 543 号	济南	华东	440876	中国
3	10250	HANAR	4	2016-07-03 ...	2016-07-31...	2016-07-07...	2	65.83	谢小姐	光化街 22 号	秦皇岛	华北	754546	中国
4	10251	VICTE	3	2016-07-03 ...	2016-07-31...	2016-07-10...	1	41.34	陈先生	清林桥 68 号	南京	华东	690047	中国
5	10252	SUPRD	4	2016-07-04 ...	2016-08-01...	2016-07-06...	2	51.30	刘先生	东管西林路 87 号	长春	东北	567889	中国
6	10253	HANAR	3	2016-07-05 ...	2016-07-19...	2016-07-11...	2	58.17	谢小姐	新成东 96 号	长治	华北	545486	中国
7	10254	CHOPS	5	2016-07-06 ...	2016-08-03...	2016-07-18...	2	22.98	林小姐	汉正东街 12 号	武汉	华中	301256	中国
8	10255	RICSU	9	2016-07-07 ...	2016-08-04...	2016-07-10...	3	148.33	方先生	白石路 116 号	北京	华北	120477	中国
9	10256	WELLI	3	2016-07-10 ...	2016-08-07...	2016-07-12...	2	13.97	何先生	山大北路 237 号	济南	华东	873763	中国
10	10257	HILAA	4	2016-07-11 ...	2016-08-08...	2016-07-17...	3	81.91	王先生	清华路 78 号	上海	华东	502234	中国
11	10258	ERNSH	1	2016-07-12 ...	2016-08-09...	2016-07-18...	1	140.51	王先生	经三纬四路 48 号	济南	华东	801009	中国
12	10259	CENTC	4	2016-07-13 ...	2016-08-10...	2016-07-20...	3	3.25	林小姐	青年西路甲 245 号	上海	华东	705022	中国

图 3-2　元数据示例

政务系统往往是其他公用信息系统的参照体甚至是依据，许多面向公众的应用与信息都需要有很高的信息资源品质。基于这一特点，许多国家的政府机构在建设政务系统时，规定采用一些必须使用的元数据，称为必备元数据，必备元数据需要按规范使用。电子政务系统所有的元数据都可以存储在一个数据库中，这个元数据库（meta database）描述了电子政务系统中所有的信息资源的情况。

元数据是使数据充分发挥作用的重要条件之一。它可以用于许多方面，包括数据文档建立、数据发布、数据浏览和数据转换等。元数据对于促进数据的管理、使用和共享均有重要的作用。原始数据如果没有元数据，就很难有效地进行管理和使用。由于元数据本身就严格，且标准化和结构化程度极高，能够对跨区域、跨机构、跨职能的应用系统进行信息定位，因此，元数据对于建立数据交换网络是十分重要的。网络中心通过设在中心的元数据库，可以实时地连接各个分发数据的分节点元数据库，帮助潜在的用户找到其特定应用所需要的数据，实现数据共享。不难预见，元数据在电子政务中，特别是在各政府部门之间共享交换数据中将扮演重要的角色。

2. 元数据的作用

元数据的主要作用可以归纳为如下几个方面。

（1）描述。元数据最基本的功能就在于对信息对象的内容和位置进行描述，从而为信息对象的存取与利用奠定必要的基础。对信息对象描述的详简、深浅程度，可以随具体采用的元数据格式的不同而各不相同。

（2）定位。由于网络上政务信息资源没有具体的实体存在，因此，明确它的定位至关重要。元数据包含有关网络信息资源位置方面的信息，由此便可确定资源的位置，促进网络环境中信息对象的发现和检索。

（3）搜寻。元数据提供搜寻的基础，在采集信息的过程中，将信息对象中的重要信息抽出并加以组织，赋予语义，并建立关系，将使检索结果更加准确，从而有利于用户识别资源的价值，发现其真正需要的资源。

（4）评估。元数据提供有关信息对象的名称、内容、年代、格式、制作者等基本属性，使用户在无须浏览信息对象本身的情况下，就能够对信息对象有基本的了解和认识，使用户只参照相关标准，即可对信息的价值进行必要的评估，从而将其作为信息存取与利用的参考。

（5）选择。根据元数据所提供的描述信息，参照相应的评估标准，结合使用环境，用户便能够做出对信息对象取舍的决定，选择适合用户使用的资源。

3. 元数据的管理机制

在元数据库已建立起来的基础上，依托元数据进行信息资源的管理，要有明确的信息资源管理部门或岗位，以便担负起信息资源管理的使命。这主要包含以下几个方面。①集中控制和管理数据定义。全部应用程序和数据库管理系统所使用的数据定义的增加、修改和删除，都要集中管理。②规定元数据的变化。对所有元数据和数据定义的变化，都要规定正规的文档和批准手续，任何未经批准的改动都不能进行。③支持数据设计专业人员的工作。特别是支持数据分析员和数据库管理员的工作。④协调数据使用。为部门之间、应用项目之间或各个数据库范围内信息的有效协调和共享提供必要的知识，这会使整个组织中的数据冗余最小，进而大大增加数据的共享程度。

电子政务系统的设计与建设者应认识到，如果使用低质量的元数据将大大降低系统的运行、管理与维护质量，所以在任何情况下，都应当采用标准、一致的元数据。

3.3.3 电子政务信息资源目录体系

当电子政务系统已经拥有了充足的信息量，并且构建了较为完善的元数据库以后，政府部门必须对这些已有的信息资源进行有效管理，充分实现政务信息资源的价值。政务信息资源目录体系就是实现这种功能的结构体系，它以元数据为基础，对处理过的政务信息资源逐一进行标识与分类，实现信息资源的有效管理。

1. 电子政务信息资源目录体系的概念

资源目录体系是数据、文档等资源的管理和控制体系，是记录资源结构和资源属性的数据体系。资源目录体系包括两部分内容，即资源结构和资源属性。资源结构通过树状的目录结构，展现资源之间的相互关系；资源属性实际上是元数据的属性，它描述资源的管理属性（包括来源、去向和版本等），用于控制和管理资源。

资源目录体系用元数据库描述。一般用可扩展置标语言（extensible markup language，XML）格式的数据库来存储资源目录体系，便于资源目录体系与数据标准之间的转换。建设资源目录体系可以实现数据“逻辑集中，物理分散”的分布集中式存储方案。一方面，数据资源在物理上是分散存储的。政府部门、企事业单位的各业务系统采用的数据库和开发方式各不相同，数据的种类、形式、存储方式各式各样，数据编码、数据标准和数据接口也各不相同。另一方面，为了统一使用数据，需要记录数据资源的种类、形式、存储位置、使用对象、主管部门和使用者的权限等各种属性，实现资源的逻辑集中，因此需要建设政务资源目录体系。

此外，通过政务资源目录体系建设，可以建设基于网络的、以跨部门的信息整合为特征的、可供政府和社会快速定位和检索的信息库，使各级信息的使用者在各自的权限内获取全面、准确的信息，全面促进政府信息资源的共享和管理。

2. 电子政务信息资源目录体系的标准规范

制定政务信息资源标准规范是建立政务信息资源目录体系、信息交换体系的核心。政务信息资源标准规范包括数据标准规范、技术标准规范、管理标准规范。

（1）数据标准规范。其主要包括信息资源目录元数据标准、信息资源目录分类代码标准、政务信息资源标识编码规则、信息资源目录交换数据标准等。

（2）技术标准规范。其主要包括目录交换技术标准与接口规范、业务系统设计规范。

（3）管理标准规范。其主要包括目录维护与管理规范、目录管理系统运行与管理规范。

3. 电子政务信息资源目录体系设计

电子政务系统的信息资源目录是对政务信息资源的集中描述，对政务信息资源的共享起标引、检索和导航作用。一般来说，电子政务系统的资源目录体系可以分为共享存储资源目录体系、交换资源目录体系和各下属单位自有资源目录体系三大类。其中，共享存储资源目录体系主要是针对数据共享存储情况进行描述，如数据的内容、来源、存储位置等，共享存储资源目录体系主要包括人口资源数据中心、企业法人数据中心、空间地理数据中心和宏观经济数据中心；交换资源目录体系是对数据的交换情况进行描述，如交换数据的内容、来源，交换的去向等；各下属单位自有资源目录体系主要是对分布在政务网中的数据进行描述，如数据的种类、内容、所属单位和共享的程度等。以上三类资源目录体系从形式上代表了集中共享数据资源、交换共享数据资源和分布私有数据。同时，由于资源目录体系是动态变化的，因此资源目录体系将是一个不断扩充完善的系统。

由于资源目录管理系统应该具有强大的数据存储和处理能力，其存储和管理是基于跨平台的，面向主题的动态交换信息、非结构化信息和元数据，同时还应具备将其他数据存储在关系型数据库或其他数据库内的能力，因此必须选择一种基于跨平台的数据库系统，作为数据中心建设的资源目录管理系统。

3.4　政务信息交换体系

在构建了政府资源信息目录体系之后，就必须进行相应的信息交换，以达到电子政务信息共享的目的。需要注意的是，政务信息交换体系并不是指通信层上的交换，而是在应用层中面向语义、主题驱动的资源交换，以达到资源整合、共享和升值的目的。按照使用范围的不同，电子政务中的信息交换可以分为政府部门内部办公的信息交换、政府部门之间的信息交换，以及政府与企业、公众之间的信息交换三类。这三类信息交换分别对应电子政务中的内网、专网和外网，是电子政务系统中必须设计的信息交换机制。一般而言，政务信息交换体系是由信息交换原理、信息交换技术和信息交换平台共同构成的。

3.4.1 电子政务信息交换原理

电子政务信息交换原理是指在信息交换中的基本标准和方式，其是构建政务信息交换体系的基础。

1. 信息交换标准

要实现电子政务分布式①、异构数据②的交换与共享，需要遵循以下信息交换标准。

（1）元语言标准。元语言是描述其他语言的语言。电子政务的信息表示语言采用XML元语言标准。该标准用来对政务信息语言的语法、编码和命名进行形式化描述，并且该标准是开放的，即程序开发人员可以根据电子政务中信息表示的需要对其进行修改。

（2）信息编码标准。信息编码标准是对字符的编码、字符集定义、字符引用和字体的标示的规定。常见的信息编码标准是以万维网联盟（World Wide Web Consortium，W3C）制定的XML 1.0为基础的，对我国电子政务建设而言，还必须辅以我国自行制定的GB18030—2022字符集标准为缺省字符集和扩展字符集。

（3）元数据标准。元数据标准是为了方便有效地保存、查询和再利用政府信息资源，一般元数据的标示采用了“词汇表”“命名空间”“文档类型定义”等多种实现方式。同时，在异构关系数据库之间还可以通过建立元数据模型，统一数据的语义。

（4）显示标准。在电子政务系统中，需要将数据和数据的显示分开。这样可以将数据加工与不同的输出和显示分开处理，而不会造成HTML中文文档结构的复杂化，且在不同显示设备上，显示的结果都只有一个。当前常用的显示标准是W3C制定的层叠式样单语言和可扩充式样单语言。

（5）解析、转换和封装标准。要实现实时共享交换各种信息，必须具备高效率的数据结构封装、解析和转换的功能，因而需要匹配相应的标准。其中，封装功能是信息在传递过程中采用打包技术，用于保证信息的完整性和传递的便捷性；解析功能是任何系统在接收到信息包之后进行的解释过程，也就是对信息包进行的解包过程，用以确保信息的精确性；转换功能则涉及同一信息资源在不同系统之间传递时的信息格式转换。

2. 信息交换方式

根据环境和需求的不同，信息交换方式可以分为以下三类。

（1）同构分布式数据库之间的信息交换。同构分布式数据库是指多个数据库都使用共同的数据结构，同时零散分布在一定范围之内。在这些数据库之间实现信息交换比较简单，因为信息无须经过转换就可以自由地在数据库之间传递，所以在这种情况下，一

---

① 从概念上讲，分布式应用是指尽管应用程序物理上分散在计算机网络上的各个节点，逻辑上却可以属于同一个应用系统。它具有数据的分布性和协调性两大特点。系统强调节点的自治性而不强调系统的集中控制，且系统应保持数据分布的独立性和透明性；数据进行转移不会影响程序的正确性，使应用程序编写时可完全不考虑数据的分布情况。

② 异构数据是指存储在不同的多个计算机硬件（如大型机、小型机、工作站、PC、嵌入式计算机等）、不同的操作系统（如UNIX、Windows等）、不同的多个数据库（如Oracle、SQL Server等）中的数据集合，可以实现跨平台、跨系统、跨数据库的数据的共享和透明访问，而不影响已经存在的系统和数据库的自治性。

般采用直接调用数据库系统的数据交换功能来实现信息交换。例如，在 Oracle 系统中，可以利用系统自带的快照技术实现信息的交换；在 Sybase 系统中，可以利用复制服务器来实现信息交换。

（2）以中间件服务器实现信息交换。以中间件服务器实现信息交换是一种常见的方式，无论是对异构数据库还是同构数据库都可以使用。中间件是一种独立的系统软件或服务程序，一般位于客户机/服务器的操作系统之上，管理信息资源和网络通信，是连接两个独立应用程序或独立系统的技术。例如，IBM 系统经常利用中间件将信息交换划分为实时处理业务和非实时处理业务，通过不同的服务器达到安全可靠的实时信息交换和异步信息交换的目的。

（3）异构分布式数据库之间的信息交换。在电子政务系统中，大多数情况下实现的是异构数据库之间的信息交换，常见于不同政府职能部门之间的信息交换；同构数据库之间的信息交换仅在职能部门的上下级之间才较为常见。因此，异构分布式数据库是电子政务信息交换的主要对象。当前常用的信息交换方式是使用数据交换器，一般是在各职能部门的服务器中加上工作站适配器，以实现异构信息交换、安全认证、传输前后的打包和解包等功能。

3.4.2　基于异构数据库的信息交换技术

异构数据库的信息交换技术是要实现在各个不同的业务系统，尤其是在异构的、分布式的应用或平台间的数据交换，它将信息孤岛有效连接起来，尽可能地增加数据的使用效率和价值。异构数据库的信息交换技术不仅要克服不同业务系统之间信息平台的异构，更要克服不同业务系统之间的事务集合和业务规则的“异构”。

1. EDI 技术

电子数据交换（electronic data interchange，EDI）是一种用于在公司之间传输订单、发票等作业文件的电子化手段。它通过计算机通信网络，用一种国际公认的标准格式传递贸易、运输、保险、银行和海关等行业信息，实现各有关部门或企业之间的数据交换与处理，并完成以贸易为中心的全部过程，它是 20 世纪 80 年代发展起来的一种新颖的电子化贸易工具。国际标准化组织（International Organization for Standardization，ISO）将 EDI 描述成“将贸易（商业）或行政事务处理按照一个公认的标准变成结构化的事务处理或信息数据格式，实现从计算机到计算机的电子传输”。又由于使用 EDI 可以减少甚至消除贸易过程中的纸面文件，因此 EDI 又被人们称为“无纸贸易”。EDI 技术在经济领域的成熟应用，也使其成为当前电子政务中信息交换的一种基本技术。

1）EDI 系统功能模型和工作原理

在 EDI 中，EDI 参与者所交换的信息客体称为邮包。在交换过程中，如果接收者从发送者处所得到的全部信息包括在所交换的邮包中，则认为语义完整，并称该邮包为完整语义单元（complete semantic unit，CSU）。CSU 的生产者和消费者统称为 EDI 的终端用户。在 EDI 工作过程中，所交换的报文都是结构化的数据，整个过程都是由 EDI 系统完成的。EDI 系统的构成包含以下几个方面。

（1）用户接口模块。业务管理人员可用此模块进行输入、查询、统计、中断、打印等，及时地了解市场变化，调整策略。

（2）内部接口模块。这是 EDI 系统和本单位内部其他信息系统及数据库的接口，一份来自外部的 EDI 报文，经过 EDI 系统处理之后，大部分相关内容都需要经内部接口模块送往其他信息系统，或查询其他信息系统才能给对方 EDI 报文以确认的答复。

（3）报文生成及处理模块。①接收来自用户接口模块和内部接口模块的命令和信息，按照 EDI 标准生成订单、发票等各种 EDI 报文，经格式转换模块处理之后，由通信模块经 EDI 网络发给其他 EDI 用户。②自动处理由其他 EDI 系统发来的报文。该模块在处理过程中要与本单位信息系统相连，获取必要信息并给其他 EDI 系统答复，同时将有关信息发送给本单位其他信息系统。③如因特殊情况不能满足对方的要求，经双方 EDI 系统多次交涉后不能妥善解决的，则把这一类事件提交用户接口模块，由人工干预决定。

（4）格式转换模块。所有的 EDI 单元都必须转换成标准的交换格式，转换过程包括语法上的压缩、嵌套、代码的替换以及必要的 EDI 语法控制字符。该模块在格式转换过程中要进行语法检查，对于语法出错的 EDI 报文应拒收并通知对方重发。

（5）通信模块。该模块是 EDI 系统与 EDI 通信网络的接口，包括执行呼叫、自动重发、合法性和完整性检查、出错报警、自动应答、通信记录、报文拼装和拆卸等功能。

2）EDI 的局限性

EDI 试图通过计算机网络将不同的计算机系统联系起来，将信息按照协议标准制作成统一格式的文件发送给对方，然后接收方按照统一语法格式解读文件，通过计算机实现自动化处理。应当说，EDI 的大范围使用可以减少数据处理费用和数据重复录入费用，从而提高经济效益，但是 EDI 存在的一些缺陷限制了它的普及应用。首先是成本高。传统的 EDI 需要购买或开发专用的数据格式转换软件，需要架设商业服务器控制数据流，并且需要增设网络来确保数据传输的安全性和保密性。成本高使得 EDI 很难规模化、普及化。其次，在实现 EDI 时，不同的业务系统会根据它的不同功能，对标准有选择地进行删减，从而构成了独有的版本，不同版本之间的 EDI 消息不能互相处理。

2. 基于 XML 的信息交换

由于 EDI 技术存在一些缺陷，当前电子政务建设中不得不考虑采取新的办法来获得更加便捷的信息交换，同时还要满足信息标准化的需求，由此，基于 XML 的信息交换技术应运而生。XML 是一种能够以统一的格式描述信息的文本语言，具有可扩展性和自我描述性的特点，它能按照统一的格式显示不同系统来源的信息，也能够进行不同格式之间的相互转化，因此是信息标准化进程的有力工具。

1）工作原理

XML 不依赖于平台和特定应用程序，因此可被应用于异构平台和不同应用程序间的数据交换和集成。允许异构数据系统之间交换数据的一种办法是为所有的输入输出系统制定统一的交换格式。这实际上就是标准通用置标语言（standard generalized markup language，SGML）最初的设计目标，XML 继承了这个理念。其中最关键的就是 XML 能够根据特定的应用定义自己的标签，也可以说这是 XML 最重要的功能。XML 的目标是提供一个与系统、厂商无关的统一解决方案，因此，XML 丰富的格式语言可以用来描述不同类型的信息和数据。

XML 为异构数据系统的信息交换提供了标准格式，为异构数据的交换提供了一种有效途径。通常，系统将 XML 作为数据集成的交换语言，将 Java 作为编程语言，来实现异构的集成。Java 解决了许多平台异构问题，包括硬件和操作系统的异构。XML 本身作为异构系统的信息交换标准，利用文档类型定义（document type definition，DTD）或 Schema（描述和规范 XML 文档的逻辑结构的一种语言）描述标准格式，增强数据转换能力，使得 XML 技术作为异构数据集成的可行方案成为可能。

2）基于 XML 数据交换的优势

不同的应用系统可能会由不同的开发商采用不同的技术在不同的平台上开发出来，如果不能提供一个标准的数据交换格式，不同应用系统间的数据交换将难以进行。统一数据格式将有助于实现不同应用系统间的数据共享和集成，实现大量信息的实时共享和双向交流，而 XML 是数据交换标准化的有力工具。XML 最突出的应用就在于作为信息交换的数据格式技术标准，它本身具有可扩展性、可移植性和结构性的特点。基于 XML 的数据描述格式，它的扩展性和灵活性允许它描述不同种类应用软件中的数据。XML 以一种开放的自我描述方式定义了数据结构，并能在描述数据内容的同时突出对结构的描述，从而体现出数据之间的关系。这种特点使得 XML 在电子政务的应用上具有广泛的前景，并在一定程度上推动了分布式政务处理系统的发展。

基于 XML 的数据交换标准的出现，不仅为业务系统内部，更为使用互联网的业务系统之间提供了一种协调商务处理的迅速、简单、性价比很高的解决方案。

3.4.3　架构面向服务的电子政务信息交换平台

面向服务的电子政务信息交换平台源于面向服务的体系结构（service-oriented architecture，SOA），这是当前信息化建设过程中一项重要的技术革新，被广泛应用于电子商务、电子政务等各个领域。

1. SOA

SOA 是一个组件模型，它通过应用程序的不同功能单元（称为服务）之间定义良好的接口和契约将这些服务联系起来。接口是采用中立的方式进行定义的，它应该独立于实现服务的硬件平台、操作系统和编程语言，使得构建在各种各样系统中的服务能够以一种统一和通用的方式进行交互。对 SOA 的需求来源于需要使业务系统变得更加灵活，以适应业务中的改变。业务系统通过定义明确的关系和保持实现的灵活性，既可以利用现有系统的功能，又能够为未来的变化做好准备，以满足它们之间交互的需求。

SOA 具有以下优势。①SOA 可通过互联网服务器发布，从而突破政府组织内网的限制，实现与供应链上下游伙伴业务的紧密结合。通过 SOA 架构，政府组织可以与其业务伙伴直接建立新渠道，建立新伙伴的成本得以降低。②SOA 与平台无关，减少了业务应用实现的限制。要将政府职能部门的业务伙伴整合到政府的“大”业务系统中，对其业务伙伴具体采用什么技术没有限制。③SOA 具有低耦合性特点，增加和减少业务伙伴对整个业务系统的影响较低，在政府与各业务伙伴关系不断发生变化的情况下，节省的费用会越来越多。④SOA 具有可按模块、分阶段实施的优势，可以成功一步再做下一步，将实施结果对企业的冲击降到最低。

SOA 与现有分布式技术的不同之处在于大多数软件商接受它并有可以实现 SOA 的平台或应用程序。SOA 伴随着无处不在的标准，为政府的现有资产或投资带来了更高的利用性。SOA 能够在最新的和现有的应用之上创建应用；SOA 能够使客户或服务消费者免于服务实现的改变所带来的影响；SOA 能够升级单个服务或服务消费者而无须重写整个应用，也无须保留已经不再适用于新需求的现有系统。总而言之，SOA 借助现有的应用来组合产生新服务的便捷方式，以提供给政府更高的灵活性来构建应用程序和业务流程。

2. 面向服务的电子政务信息交换平台

基于 SOA 体系结构,电子政务信息交换平台必须依据现有的信息交换标准和信息交换技术，围绕各类应用主题，满足部门内信息的纵向汇聚和传递、部门间在线实时信息的横向交接、部门间业务协同等需求，为各级政务部门的业务协同、公共服务和辅助决策等提供信息交换和共享服务。基于此，当前电子政务信息交换平台应当包含以下几个方面。

1）服务结构

服务结构是指在信息交换过程中，可以实现的各种数据控制的汇总。

（1）业务数据的访问控制。在分布式政务业务应用计算环境中，信息交换平台应提供业务数据的访问授权和操作控制，确保数据在使用过程中的安全性。

（2）业务数据的分析处理。信息交换平台应对电子政务系统所采集、存储的各类业务数据进行分析和处理，为政务决策的科学化提供支持。数据分析处理的关键技术主要包括数据挖掘和分析技术，其主要是通过对大量或海量业务数据的综合分析，为科学决策提供数据支持。

（3）业务交换数据的暂存控制。信息交换平台应为经由数据中心交换和分发的业务数据在交换过程中提供暂时存储服务，且根据业务数据的安全级别，提供相应的安全保护机制，并对交换完成的数据，提供进一步的数据销毁机制，防止数据泄露。

（4）业务数据的分发控制。信息交换平台应对经由数据交换中心交换和分发的业务数据进行操作权限审核，从而确保整个数据交换过程以及所交换业务数据的安全性。

（5）可信 SOA 服务的支持。信息交换平台需要提供对可信 SOA 服务的支持，利用可信简单对象访问协议（simple object access protocol，SOAP）技术，可以提供对信息交换平台和后端各政务业务系统的内部数据源之间的可信数据交换功能，从而确保业务数据在交换过程中的机密性、完整性以及交换操作的抗依赖性。

2）安全结构

安全结构主要是为了保证电子政务系统中各种信息交换过程中的信息完整性，避免因信息交换而产生的信息失真现象。

（1）内部安全域划分，即根据所管理的电子政务网络系统的安全级别和重要程度，将信息交换平台的内部系统划分为不同的安全域,并为每个安全域制定相应的安全策略。

（2）系统的接口控制，即从信息安全管理的角度出发，需要对信息交换平台对外的网络管理接口进行访问控制，从而确保数据交换、分发和访问的安全性。

（3）数据操作的安全审计，即对信息交换平台所进行的访问操作进行审计，以便分析和审查。

3）功能结构

功能结构是电子政务信息交换平台功能强弱的直接反映，由于在面向服务的结构体系中，不再使用传统的口令/密码认证机制，容易出现信息资源的分散性和无序性，难以形成集成化的信息满足政府的实际需要。因此，在功能结构方面，信息交换平台必须满足优化统计和分析决策的需要。

（1）数据管理功能。信息交换平台可以提供大容量的数据存储管理支持；提供可靠的数据运行管理功能；提供对 Web 应用和 XML 的接口支持；提供各类管理与分析工具。

（2）XML 支持功能。信息交换平台可以提供本地 XML 数据库支持；提供内建的 XML 开发工具包；提供传统数据库数据的 XML 转换工具。同时，其还必须具有数据仓库的存储功能和数据挖掘分析的功能。

（3）数据安全功能。信息交换平台必须提供基于系统权限、数据权限和角色权限的三级安全结构；提供数据操作接口中的密码算法；提供数据操作的日志和审计功能。

（4）系统性能的可扩展性。信息交换平台可以引入开放的、易于使用的方法，从而扩展具有多媒体数据类型的数据库；可以为数据插件的开发人员提供一组全面的应用程序接口，允许开发人员开发的数据插件具有与开放的数据插件相同的内部访问机制。开发人员可以开发出高度客户化的数据插件，以满足日益增多的多媒体应用在性能上的要求。

本章小结

电子政务基础设施可以理解为为电子政务应用提供实现手段、技术支持和安全保障的计算机软硬件平台。电子政务基础设施的特点是，具有广泛的适应性与渗透性，经济效益和社会效益显著，同时具有极强的时效性和高风险性。

我国现行的电子政务基础网络的结构模型可以称为电子政务内外网，是在原有的“三网一库”模型的基础上调整而来的。电子政务内外网中特别重要的技术有网络接入技术和 Web 门户平台两类。政务内外网的物理隔离是实现电子政务安全稳定运行的关键技术，也是政务内外网在技术层面上的重要区别。

电子政务信息资源目录是实现信息共享的基础，包含资源目录建设标准，以及体系的构成；电子政务信息交换体系是实现信息共享的基本手段，包含信息交换原理、信息交换技术，以及面向服务的电子政务信息交换平台的设计。

关 键 术 语

局域网；广域网；磁盘阵列；物理隔离；政务信息资源目录；元数据；EDI；政务信息交换；SOA。

练习与思考题

1. 完善电子政务基础设施的意义是什么？
2. 电子政务基础设施有哪些基本特点？
3. 电子政务基础网络的结构是怎样的？
4. 政务内外网的技术构造有哪些？
5. 为什么要实施政务内外网的物理隔离？物理隔离有哪些不足？
6. 政务信息资源的元数据有哪些？
7. 政务信息资源的元数据能起到怎样的作用？
8. EDI 技术的工作原理是什么？
9. 电子政务信息交换平台是什么？

案 例

英国的政府数据基础设施①

各部门和社会各界必须投资并保护他们所依赖的数据基础设施。开放数据是这一新兴重要基础设施的基础。当提到基础设施时，许多人可能会想到电力和供水等公用事业，或铁路和道路等交通基础设施。考虑到如何实现更有效和更高效的政府和公共服务以及促进经济增长和社会发展，数据应该被视为与这些能源和运输网络同等重要。数据基础设施可以被认为是：数据资产（如数据集、标识符和寄存器）；允许管理和访问这些资产的标准和技术；为这些资产的使用和管理提供信息的指导和政策；管理基础设施的组织；贡献、维持或受其影响的社区。数据基础设施应该尽可能开放，以使我们从中获得最大价值，特别是由公共部门管理的关键数据集，可以被视为国家公共数据基础设施。

2020 年 9 月，英国政府发布了《国家数据战略》（National Data Strategy，NDS）框架草案以征求公众意见，并根据收到的意见于 2021 年 5 月进行了更新。这个新政策项目探讨了 NDS 的使命 3："改变政府对数据的使用，以提高效率并改善公共服务"。政府若能成功完成这一使命，就能实现使命 1——释放整个经济领域数据的价值。这使得 NDS 的总体目标得以实现，即"帮助各类组织在公共、私营和第三部门取得成功"。通过改变

① 改编自：Mapping data in the UK government: infrastructure，https://theodi.org/news-and-events/blog/mapping-data-in-the-uk-government-infrastructure/，2023 年 10 月 22 日。

对数据的使用方式，政府可以为其他人树立榜样，并展示自己的数据实践如何实现跨部门的数据流动和数据使用。NDS 将“数据基础”作为其支柱之一，涵盖标准、一致性和质量等一些基础设施问题。

英国内阁办公室的其他部门同样承担着基础设施相关的职责：政府数字服务局（Government Digital Service，GDS）负责跨政府联合数据工作，包括“创建跨政府参考架构并识别、启用和标准化对服务交付最关键的政府数据寄存器”以及英国开放政府数据网站 data.gov.uk；政府业务服务局为政府提供一些企业信息，如财务和人力资源数据；地理空间委员会负责监督政府的位置数据，这是经济和社会的关键基础数据。英国统计局负责英国的官方统计基础设施。英国研究与创新署以及研究委员会资助的项目和数据机构，如英国健康数据研究中心（Health Data Research UK，HDR UK）、英国未来健康和行政数据研究中心（Our Future Health and Administrative Data Research UK，ADR UK）负责社会科学和研究数据基础设施。英国统计局的安全研究服务允许安全可靠地访问研究数据，国家网络安全中心为整个政府的数据安全提供支持和指导。在地方政府中，苏格兰政府的数字理事会发挥领导作用，包括“为公共服务的数字化交付奠定基础”，而威尔士数字公共服务中心为数字化工作人员提供标准以及指导、方向和培训。

尽管一些组织和措施是新近出现的，但政府对数据基础设施的控制尝试却由来已久。

2000 年，《电子政务：信息时代公共服务战略框架》（E-Government：A Strategic Framework for Public Services in the Information Age）称，各部门将实施通用标准以实现互操作性。国家信息基础设施（National Information Infrastructure）是英国政府在 2010～2015 年开发的，旨在“包含政府持有的可能产生最广泛和最重大经济和社会影响的数据”。2017 年所颁布的《政府转型战略（2017～2020）》（Government Transformation Strategy 2017 to 2020）承诺到 2020 年建立“国家登记册数据基础设施（政府统一持有的权威清单）”；英国政府数字服务局在寄存器方面的工作于 2021 年未能成功完成。英国国家审计署关于跨政府使用数据面临的挑战的报告强调，“一致的基础设施”是成功的关键条件之一，并声称缺乏战略领导力削弱了之前举措的有效性。

人们也认识到建设数据基础设施的举措可以由具有更具体职责的公共机构领导。英国卫生和社会保障部等负责健康数据基础设施；运输部负责运输数据基础设施；教育部负责教育数据基础设施等。住房、社区和地方政府部负责监管住房数据基础设施以及地方当局管理的数据基础设施，特别值得注意的是其对于“修理管道”的关注。

请思考：

1. 结合案例，谈谈英国数据基础设施建设的内容。
2. 结合案例，谈谈数据基础设施建设的功能和意义。

第 4 章

电子政务信息安全保障

党的二十大报告指出，推进国家安全体系和能力现代化，坚决维护国家安全和社会稳定。[①]在当今信息化时代，信息安全不仅是国家安全体系的重要组成部分，也是构建电子政务的重要保证，电子政务不同于电子商务活动，政务信息比商务信息更加敏感，不仅涉及公民的隐私甚至可能涉及国家安全等诸多内容，同时还直接影响到公共秩序维护、行政监管的准确实施，以及为社会提供的公共服务的质量，与政府管理活动息息相关。由此可见，完善电子政务信息安全保障体系不仅是电子政务建设中的重要环节，更是电子政务能够顺利展开和长远发展的重要保障机制。

4.1 信息安全及安全保障概述

电子政务系统安全也可称为政务信息安全，是信息安全在政务信息化领域的具体表现，涉及政务系统中的计算机安全、网络安全和管理制度安全等方面。

4.1.1 信息安全内涵

狭义的信息安全是指信息不受威胁和危害，包括信息系统的安全、信息数据的安全和信息内容的安全。广义的信息安全是指在一定范围内的社会环境下，信息和网络技术与国家安全因素相互作用所形成的国家安全的一种态势，这种态势描述了国家免受国外信息威胁的能力和以信息手段维护国家综合安全的能力。欧盟对信息安全的定义是：信息安全可被理解为在既定的密级条件下，网络到达的数据以及经由这些网络和系统所提供的服务的可用性、真实性、完整性和秘密性[②]。国际标准化组织对信息安全的定义是：为数据处理系统建立和采取的技术和管理的安全保护，保护计算机硬件、软件和数据不因偶然或恶意的攻击而遭到破坏、更改和泄露。《新世纪领导干部百科全书》（第三卷）

---

① 《习近平：高举中国特色社会主义伟大旗帜 为全面建设社会主义现代化国家而团结奋斗——在中国共产党第二十次全国代表大会上的报告》，http://www.qstheory.cn/yaowen/2022-10/25/c_1129079926.htm，2024 年 7 月 11 日。

② 焦宝文：《政府 CIO 战略管理与技术实施》，清华大学出版社，2004 年，第 146 页。

对信息安全的定义是：针对偶然地或有意地向非授权人员透露或非授权的修改、破坏的信息保护。

综合以上信息安全的定义，可以认为信息安全就是包含了信息环境、信息网络和通信基础设施、数据、信息内容、媒体、信息应用等多个方面的安全。

4.1.2　信息安全基本特征

信息安全基本特征主要表现在真实性、可靠性、完整性、保密性、可用性、不可篡改性等方面。

（1）真实性。真实性是指信息对政务活动内容准确、客观反映的确定性，即保障电子政务系统中的信息能够客观、准确地反映现实。它反映的是主体身份、行为及相关信息的真实有效。

（2）可靠性。可靠性是指系统能够在规定的条件和规定的时间内完成规定的功能特性。它主要表现在硬件的可靠性、软件的可靠性、人员的可靠性、环境的可靠性等方面。

（3）完整性。完整性是指用户未经授权时，程序在被使用或者数据在网络上传输保持不被偶然地或蓄意地添加、删除、伪造、修改、乱序、重放等破坏和丢失的特性。

（4）保密性。保密性是指网络信息不被泄露给非授权的用户、实体或过程的特性，即信息只供授权用户使用。它确保信息不泄露给未经授权的人，或者即便数据被截获，其所表达的信息也不被非授权者理解。

（5）可用性。可用性是指保障电子政务系统正常、有效地运行，并使授权用户得到所需服务的特性。它确保信息及信息系统能够被授权使用者正常使用。

（6）不可篡改性。不可篡改性是指确认信息传送双方是否收到信息的特性。它可以看成身份识别与验证的延伸，保护信息的接收方防止发送人否认已发出信息，保护信息的发送方防止接收方否认已收到信息。

4.1.3　信息安全的目标

信息安全的目标就是要通过技术手段和有效的管理来确保政务信息系统的安全性，集中表现为对信息安全的保护以及对系统安全的保护。具体而言，其包含以下几个方面。

（1）可用性目标。可用性目标是指确保电子政务系统有效地运转并使授权用户得到所需的信息服务。通常，可用性目标是电子政务系统的首要信息安全目标。

（2）完整性目标。完整性目标包括两个方面，即数据完整性和系统完整性。其中，数据完整性是指存储在政务系统中的信息必须具有精确性和可靠性，否则，失真信息在政务系统中的传输会对政府管理产生不可预估的影响。系统完整性是指政务系统自身技术上的完备程度，同时也是保障数据完整的前提条件。

（3）保密性目标。保密性目标是指不向非授权个人和部门暴露私有或者保密信息。不同政府部门对于保密性目标的需求略有不同，一般而言，凡是涉及国家安全机密的部门对于保密性目标要求较高，凡是涉及社会服务的部门对于保密性目标要求较低。此外，也可按照国家对于信息保密的相关法律规章来确定部门中信息保密性目标。

（4）可记账性目标。可记账性目标是指电子政务系统能够及时、真实地记录每一个个体在系统中的全部行为，这是政府在管理电子政务系统时必备的一种策略需求。可记账性目标可以为拒绝承认、威慑违规操作、隔离故障、检测和防止入侵、事后恢复以及法律诉讼等提供技术支持。

（5）保障性目标。保障性目标是为保护电子政务系统信息安全而设置的信息安全技术的集合，保障性目标突出的事实是：对于希望保证安全的信息系统而言，安全保障不仅需要提供预期的功能，还需要保证不会发生非预期的行为。具体而言，保障性目标在于提供并正确实现需要的电子政务功能；在用户或者软件偶然或无意出现差错时，能够提供充分保护；在遭受恶意的系统攻击时，提供必要的防护等。

4.1.4 信息安全建设原则

依据一般电子政务建设的实际情况，信息安全建设原则包含以下几个方面。

（1）先进性原则。电子政务系统安全建设，应该尽量采用国内、国际上最先进或者成熟的计算机软硬件平台、软件设计方法、开放式的体系结构和信息安全技术，使待建系统能够最大限度地适应今后的政务发展变化需要。

（2）可扩展原则。在选择信息安全技术的时候，必须考虑到信息安全技术的扩展性能。因为，电子政务建设过程是一个由点及面的过程，系统的扩展将是不可避免的。信息安全的可扩展性能在保证现有系统安全的基础上，尽量节省投资，并同时实现系统的平滑扩展。

（3）可行性原则。可行性原则是指任何系统的功能与对其所做的投资要成比例。在信息安全领域，没有绝对的安全，对信息安全系统所做的投资，只要小于没有该安全系统所可能带来的损失即可。在实际建设过程中，电子政务信息安全建设不必追求面面俱到，而是应该在风险分析的基础之上，达到适量投入、有效防护的效果。

（4）标准化原则。标准化建设有利于避免重复投资、节约成本、方便管理、提高不同系统之间的兼容性和可扩展性，是确保电子政务信息安全的有效途径。政务信息安全建设中，应该依据标准化指南的规定，统一数据结构，规范网络身份认证系统，使得接入网络的数据接口标准、规范，尽可能地降低信息安全风险。

（5）技术与管理相结合的原则。政务信息安全系统的建设除了有效、可行的技术基础之外，还必须相应地匹配完善的安全管理制度。因为有效的信息安全技术只是在技术上保证了系统中信息安全，并不能抵御系统之外的各种不可预料的因素带来的信息安全风险。这就需要建立完善的安全管理制度，通过技术和制度两者的有机结合，有效地保证政务系统的信息安全。

4.1.5 信息安全保障体系架构

电子政务的安全管理体系是一项系统工程，保障电子政务的安全并不仅仅依靠技术，关键还在于“管理”。电子政务的安全管理可分为两个层面：一个是国家层面的安全管理，即立法和制定相关的技术标准，由执法机关来监督实施；另一个是电子政务系统使用单位的安全管理。从整体上看，电子政务的安全管理首先要进行一定的安全风险评估，确定系统的安全等级和安全策略，其次依据安全风险评估的结果，建立如下管理体系。①建立电子政务的技术保障体系，通过物理、网络和系统及应用层面的安全技术来保障电子政务系统的安全。②建立电子政务运行管理体系，通过对人员、技术和制度的管理来保障电子政务各系统的安全运行。③建立社会服务体系，通过测评认证、应急响应和教育培训服务等来保证电子政务安全。④建设电子政务基础设施体系，通过 PKI（public key infrastructure，公钥基础设施）[①]认证平台、法律法规及安全标准等来保障电子政务的安全。电子政务安全保障体系如图 4-1 所示。

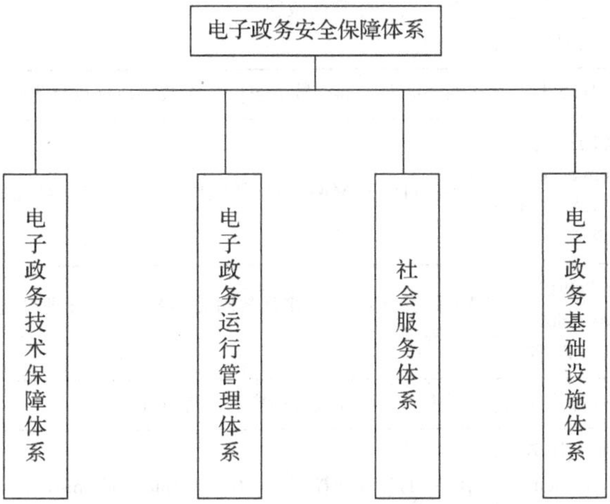

图 4-1 电子政务安全保障体系

本章将围绕电子政务安全保障体系的前四个部分展开，具体探讨电子政务系统中存在哪些信息安全风险和如何防护风险，以及如何在制度上予以匹配。第五部分基础设施体系由于涉及其他章节的内容，因此放在第 3 章、第 7 章、第 8 章中相关的地方具体探讨。

4.2 电子政务信息安全风险评估体系

电子政务的安全技术保障体系是针对计算机网络可能面临的安全风险建立的，而电子政务信息安全风险评估体系则是从风险管理的角度出发，运用科学的方法与手段，系统地分析网络与信息系统所面临的威胁及其存在的脆弱性，评测安全事件一旦发生可能造成的危害程度，提出有针对性的防护措施。

4.2.1 电子政务安全风险分析

在分析电子政务的安全风险时，可以从计算机网络开放系统互联（open system

① PKI 是为网络用户、设备提供信息安全服务的具有普适性的信息安全基础设施。该体系在统一的安全认证标准和规范的基础上提供在线身份认证，核心是解决信息网络空间中的信任问题，确定信息网络空间中各种经济、军事和管理行为主体（包括组织和个人）身份的唯一性、真实性和合法性，保护信息网络空间中各种主体的安全利益。PKI 技术采用证书管理公钥，通过第三方的可信任认证机构（certification authority，CA）认证中心把用户的公钥和用户的其他标识信息捆绑在一起，在互联网上验证用户的身份。

interconnection，OSI）参考模型的各协议层入手。依据协议层的划分，可将电子政务信息安全划分为如表 4-1 所示的类别。

表 4-1 电子政务安全技术 OSI 协议层风险威胁

OSI 协议层	安全威胁	风险描述
1. 物理层	运行环境恶化	由自然和人为的损坏造成的电子政务物理层面的运行环境安全、设备安全、存储介质安全受到的威胁
	设备安全威胁	
	存储介质损坏	
2. 数据链路层	网络嗅探攻击	从网络线路上捕获数据包，从而获得目标信息进行网络攻击
	介质访问控制（medium access control，MAC）地址欺骗	黑客将自己的 MAC 地址伪装成受信任的 MAC 地址来窃取数据包进行攻击
	地址解析协议（address resolution protocol，ARP）攻击	黑客假冒 ARP 广播来代替网关的 MAC 地址进行攻击，导致数据包被丢弃或被修改等
3. 网络层	探测与扫描	利用嗅探工具等进行扫描来获得目标信息
	分布式拒绝服务（distributed denial of service，DDoS）攻击	用假冒的互联网控制报文协议（Internet control message protocol，ICMP）广播包来消耗网络带宽，导致拒绝服务
	IP 地址欺骗	伪造 IP 报头的字段，发送非法数据包进行攻击
4. 传输层	传输控制协议（transmission control protocol，TCP）欺骗	假冒 TCP 报头字段，发送非法数据包进行攻击
	用户数据报协议（user datagram protocol，UDP）欺骗	假冒 UDP 报头字段，发送非法数据包进行攻击
	宏攻击	发送一个 TCP 同步段数据包后不进行确认，使接收方无限等待下去，从而消耗服务器的内存资源
5. 会话层	会话劫持	攻击者试图在连接两台计算机间所建立的 TCP 会话时进行劫持
6. 表示层	格式或加密欺骗	在数据转换格式过程中或进行加密时进行欺骗
7. 应用层	病毒和入侵者	软硬件的漏洞导致传播恶意代码，使入侵者进行攻击
	身份欺骗	攻击者可能会通过暴力破解密码、窃取或伪造数字证书等方式进行攻击
	应用程序泛洪	黑客尽力消耗系统资源，使系统无法正常工作

资料来源：根据杨兴凯的《电子政务》(东北财经大学出版社，2007 年）第 132 页资料改编

根据以上对电子政务 OSI 参考模型各协议层风险威胁的分析，在技术上应对的措施如表 4-2 所示。

表 4-2　电子政务安全技术 OSI 协议层安全措施

安全层面	OSI 协议层	安全措施	安全措施描述
物理层面	物理层	环境安全	依据国家制定的有关标准设计安全照明、不间断供电、温湿度控制、防盗报警、消防报警等
		设备安全	对设备进行定制管理和物理保护、维护保养，确保防电磁信息泄露与截获措施的有效性，以及增强设备抗电磁干扰能力等
		存储介质安全	保障涉密存储介质不被破坏和不被窃取等
网络层面	数据链路层 网络层 传输层	数据加密技术	通过对称和非对称加密技术，保障通信过程信息安全
		隔离技术	通过逻辑隔离和物理隔离技术防止内、外网的连接
		防火墙	通过软硬件防火墙安全策略配置防止黑客入侵
		交换机、路由器安全策略配置	通过特殊过滤技术、端口安全技术、路由选择技术、VLAN 技术、VPN 技术等保障信息安全
系统及应用层面	会话层 表示层 应用层	防病毒系统	防病毒软件常更新升级，防止病毒的入侵
		入侵检测系统	实时监控网络的流量、数据包等传输，检测可疑行为，对违反安全策略的行为和被攻击的迹象发出警报
		漏洞扫描系统	检测主机存在的各种安全漏洞，并为发现的每个安全漏洞提供详尽的检测报告以及切实可行的解决方案
		安全认证技术	防止信息被篡改、伪造，或信息接收方事后否认，保证身份的真实性

资料来源：根据杨兴凯的《电子政务》（东北财经大学出版社，2007 年）第 132 页资料改编

4.2.2　电子政务信息安全风险评估框架与流程

1. 电子政务信息安全风险评估原理

依据我国制定的《信息安全技术　信息安全风险评估方法》（GB/T 20984—2022），电子政务信息安全风险评估原理如下。

（1）根据威胁的来源、种类、动机等，并结合威胁相关安全事件、日志等历史数据统计，确定威胁的能力和频率。

（2）根据脆弱性访问路径、触发要求等，以及已实施的安全措施及其有效性确定脆弱性被利用难易程度。

（3）确定脆弱性被威胁利用导致安全事件发生后对资产所造成的影响程度。

（4）根据威胁的能力和频率，结合脆弱性被利用难易程度，确定安全事件发生的可能性。

（5）根据资产在发展规划中所处的地位和资产的属性，确定资产价值。

（6）根据影响程度和资产价值，确定安全事件发生后对评估对象造成的损失。

（7）根据安全事件发生的可能性以及安全事件造成的损失，确定评估对象的风险值。

（8）依据风险评价准则，确定风险等级，用于风险决策。

信息安全风险分析中主要涉及资产、威胁、脆弱性三个基本要素。每个要素都有各自的属性。资产的属性是资产价值；威胁的属性可以是威胁主体、影响对象、出现频率、

动机等；脆弱性的属性是资产弱点的严重程度。因此，风险评估的主要内容为：①对资产进行识别，并对资产的价值进行赋值；②对威胁进行识别，描述威胁的属性，并对威胁出现的频率赋值；③对脆弱性进行识别，并对具体资产的脆弱性的严重程度赋值；④根据威胁及威胁利用脆弱性的难易程度判断安全事件发生的可能性；⑤根据脆弱性的严重程度及安全事件所作用的资产的价值计算安全事件出现后的损失；⑥根据安全事件发生的可能性以及安全事件出现后的损失，计算安全事件一旦发生对组织的影响，即风险值。

上述信息安全风险评估原理只是原则上的规定，具体到不同的电子政务系统中，需要进行详细的规划与实施，以下将按照电子政务信息安全风险评估的一般流程，具体论述信息安全风险评估的步骤和主要要素的评估方法。

2. 电子政务信息安全风险评估的准备

风险评估的准备过程是政府部门进行风险评估的基础，是整个风险评估过程有效性的保证。政府部门对自身信息及信息系统进行风险评估是一种战略性的考虑，其结果将受到政府部门的业务需求、战略目标、文化、业务流程、安全要求、规模和结构的影响。不同政府部门对于风险评估的实施过程可能存在不同的要求，因此在实施风险评估之前，政府部门应当做到如下几点。

（1）在考虑风险评估的工作形式、在生命周期中所处阶段和被评估单位的安全评估需求的基础上，确定风险评估目标。

（2）确定风险评估的对象、范围和边界。

（3）组建评估团队、明确评估工具。

（4）开展前期调研。

（5）确定评估依据。

（6）建立风险评价准则。

3. 资产识别及其赋值

资产是政府部门直接赋予了价值因而需要保护的东西，其存在形式可能是多种多样的，在电子政务中通常表现为各种信息资产。通常，信息资产的保密性、完整性和可用性是公认的能够反映信息资产安全特性的三个要素。信息资产安全特性的不同也就决定了其信息价值的不同，以及存在的弱点、面临的威胁、需要进行的保护和安全控制各不相同。

1）资产分类

在电子政务中，信息资产往往属于不同的信息系统，对其进行风险评估就必须进行相应的分类，尽可能将所有的信息资产全部纳入其中。资产识别是信息风险评估的核心环节。资产按照层次可划分为业务资产、系统资产、系统组件和单元资产。

2）资产赋值

资产赋值是对信息资产安全价值的估价，而不是以信息资产的账面价格来衡量的。在对资产进行估价时，不仅要考虑资产的成本价格，更重要的是考虑资产对于政府部门业务的安全重要性，即根据信息资产损失所引发的潜在影响来决定。资产估价的过程也就是对资产保密性、完整性和可用性影响分析的过程。影响就是由人为或者突发性引起的安全事件对资产破坏的后果。这些后果可能毁灭某些资产，危及信息系统并使其丧失保密性、完整性和可用性，最终还会导致财产损失、组织形象损失。特别重要的是，即使每一次影响引起的损失并不大，但长期积累的众多意外事件的影响总和可能造成严重损失。

4. 威胁识别及其赋值

信息安全威胁是一种对组织及其资产构成潜在破坏的可能性因素或者事件。无论对于多么安全的信息系统，安全威胁都是客观存在的事物，是信息安全风险评估的重要因素之一。

1）威胁分类

威胁识别的内容包括威胁的来源、主体、种类、动机、时机和频率。

在对威胁进行分类前，应识别威胁的来源。威胁来源包括环境、意外和人为三类。

威胁主体依据人为和环境进行区分，人为的分为国家、组织团体和个人，环境的分为一般的自然灾害、较为严重的自然灾害和严重的自然灾害。

根据威胁来源的不同，威胁可划分为信息损害和未授权行为等威胁种类。

威胁动机是指引导、激发人为威胁进行某种活动，对组织业务、资产产生影响的内部动力和原因。威胁动机可划分为恶意和非恶意，恶意包括攻击、破坏、窃取等，非恶意包括误操作、好奇心等。

威胁时机可划分为普通时期、特殊时期和自然规律。

威胁频率应根据经验和有关的统计数据来进行判断，综合考虑以下四个方面，形成特定评估环境中各种威胁出现的频率。

（1）以往安全事件报告中出现过的威胁及其频率统计。

（2）实际环境中通过检测工具以及各种日志发现的威胁及其频率统计。

（3）实际环境中监测发现的威胁及其频率统计。

（4）近期公开发布的社会或特定行业威胁及其频率统计，以及发布的威胁预警。

2）威胁赋值

威胁赋值应基于威胁行为，依据威胁的行为能力和频率，结合威胁发生的时机，进行综合计算，并设定相应的评级方法进行等级划分，等级越高表示威胁利用脆弱性的可能性越大。威胁能力是指威胁来源完成对组织业务、资产产生影响的活动所具备的资源和综合素质。组织及业务所处的地域和环境决定了威胁的来源、种类、动机，进而决定了威胁的能力；应对威胁能力进行等级划分，级别越高表示威胁能力越强。其中，威胁动机对威胁能力有调整作用。威胁的种类和资产决定了威胁的行为。威胁出现的频率应进行等级化处理，不同等级分别代表威胁出现频率的高低。等级数值越大，威胁出现的频率越高。威胁的频率应参考组织、行业和区域有关的统计数据进行判断。其中，威胁时机对威胁频率有调整作用。

5. 脆弱性识别及其赋值

脆弱性评估也称为弱点评估，是安全风险评估中的重要内容。弱点是资产自身存在的，它可以被威胁利用，引起资产的损害。弱点包括物理环境、组织、过程、人员、管理、配置、硬件、软件和信息等各种资产的脆弱性。值得注意的是，弱点虽然是资产自身固有的，但它本身不会造成损失，它只是在一种条件或环境下可能被威胁利用而造成资产损失。如果没有威胁发生，单纯的弱点不会对资产造成损失。

1）脆弱性识别内容

脆弱性可从技术和管理两个方面进行审视。技术脆弱性涉及 IT 环境的物理层、网络层、系统层、应用层等各个层面的安全问题或隐患。管理脆弱性又可分为技术管理脆弱性和组织管理脆弱性两方面，前者与具体技术活动相关，后者与管理环境相关。

脆弱性识别可以以资产为核心，针对每一项需要保护的资产，识别可能被威胁利用的脆弱性，并对脆弱性的严重程度进行评估；也可以从物理、网络、系统、应用等层次进行识别，然后与资产、威胁对应起来。脆弱性识别的依据可以是国际或国家安全标准，也可以是行业规范、应用流程的安全要求。对应用于不同环境中的相同的脆弱性，其影响程度是不同的，评估方应从组织安全策略的角度考虑，判断资产的脆弱性被利用难易程度及其影响程度。同时，应识别信息系统所采用的协议、应用流程的完备与否、与其他网络的互联等。

2）脆弱性被利用难易程度赋值

脆弱性被利用难易程度赋值需要综合考虑已有安全措施的作用。一般来说，安全措施的使用将降低系统技术或管理上脆弱性被利用难易程度，但安全措施确认并不需要和脆弱性识别过程那样具体到每个资产、组件的脆弱性，而是一类具体措施的集合。依据脆弱性和已有安全措施识别结果，得出脆弱性被利用难易程度，并进行等级化处理，不同的等级代表脆弱性被利用难易程度高低。等级数值越大，脆弱性越容易被利用。

4.2.3 电子政务信息安全风险的确认

依据上述信息安全风险评估流程，最终得出的结果是信息安全的风险值。依据该风险值可以明确不同威胁对资产所产生的风险的相对值，即要确定不同风险的优先次序或等级，风险级别高的资产应被优先分配资源进行保护。

政府部门可以采用按照风险数值排序的方法，也可以采用区间划分的方法将风险划分为不同的优先等级，这包括对可接受风险与不可接受风险的划分，而可接受与不可接受的界限应当考虑风险控制成本与风险（机会损失成本）的平衡。最后，风险的等级应得到组织管理层的评审和批准。

1. 控制措施的选择

政府部门在对风险等级进行划分后，应考虑法律法规的要求、组织自身发展的要求、风险评估的结果确定安全水平，对不可接受的风险选择适当的处理方式及控制措施，并形成风险处理计划。风险处理的方式包括回避风险、降低风险、转移风险和接受风险。控制措施的选择应兼顾管理与技术，具体针对各类风险时应根据组织的实际情况考虑以下几个方面的控制：安全方针、组织安全、资产的分类与控制、人员安全、物理与环境安全、通信与运作管理、访问控制、系统的开发与维护、业务持续性管理等。在风险处理方式及控制措施的选择上，政府部门应考虑发展战略、企业文化、人员素质，并特别关注成本与风险的平衡，处理安全风险以满足法律法规及相关规章的要求。

2. 风险评估文档记录要求

记录风险评估过程的相关文档，应符合以下要求（包括但不限于）。

（1）确保文档发布前是得到批准的。

（2）确保文档的更改和现行修订状态是可识别的（有版本控制措施）。

（3）确保文档的分发得到适当控制，并确保在使用时可获得有关版本的适用文档。

（4）防止作废文档的非预期使用，若因任何目的需保留作废文档时，应对这些文档进行适当的标识。

对于风险评估过程中形成的相关文档，还应规定其标识、存储、保护、检索、保存期限以及处置所需的控制。相关文档是否需要以及详略程度由组织的管理者来决定。

3. 风险评估文档

风险评估文档是指在风险评估过程中产生的过程文档和结果文档，包括（但不仅限于此）以下内容。

（1）风险评估方案：阐述风险评估目标、范围、人员、评估方法、评估结果的形式和实施进度等。

（2）资产识别清单：根据组织所确定的资产分类方法进行资产识别，形成资产识别清单（包括业务资产、系统资产、系统组件和单元资产），明确资产的责任人和责任部门。

（3）重要资产清单：根据资产识别和赋值的结果，形成重要资产列表，包括重要资产名称、描述、类型、重要程度、责任人、责任部门等。

（4）威胁列表：根据威胁识别和赋值的结果，形成威胁列表，包括威胁来源、种类、威胁行为、能力和频率等。

（5）已有安全措施列表：对已采取的安全措施进行识别并形成已有安全措施列表，包括已有安全措施名称、类型、功能描述及实施效果等。

（6）脆弱性列表：根据脆弱性识别和赋值的结果，形成脆弱性列表，包括具体脆弱性的名称、描述、类型、被利用难易程度及影响程度等。

（7）风险列表：根据威胁利用脆弱性导致安全事件的情况，形成风险列表，包括具体风险的名称、描述等。

（8）风险评估报告：对风险评估过程和结果进行总结，详细说明评估对象、风险评估方法、资产、威胁、脆弱性和已有安全措施的识别结果、风险分析、风险统计和结论等内容。

（9）风险评估记录：风险评估过程中的各种现场记录应可复现评估过程，以作为产生歧义后解决问题的依据。

政府部门应根据上述风险评估的文档，在考虑已有安全措施的情况下，结合资产的安全属性受到破坏后的影响得出资产的安全风险值。一旦安全风险值确认，就可以以此为依据，设置电子政务安全防御的措施、制度和采用相应工具，以保障电子政务系统顺畅地运行。

4.3 电子政务信息安全技术

为了应对各种各样的安全威胁，电子政务系统中常常采用一些技术措施来检测、防范系统遭受的各种技术攻击，并及时恢复系统遭受攻击后出现的各种损害，这些技术被称为电子政务信息安全技术。当前，电子政务信息安全技术通常包括密码技术、病毒防护技术、防火墙技术、数字签名技术、身份认证技术、数据保护技术、PKI 和 PMI（privilege management infrastructure，授权管理基础设施）技术等。如果对应于电子政务网络的不同协议层，则可以将电子政务信息安全技术分为物理层面安全技术、网络层面安全技术和系统及应用层面安全技术三类，以下将对这三类技术进行具体探讨。

4.3.1 物理层面安全技术

物理层面保障主要涉及环境安全、设备安全及存储安全。

（1）环境安全是保证各种计算机或电子设备可靠运行的重要因素。如果系统运行环境不能满足要求，就会降低系统的可靠性和安全性，轻则造成数据或程序出错、破坏，重则加速元器件损耗和缩短机器寿命，或发生故障导致不能运行，严重时还会危及设备和人员的安全。因此，电子政务系统的运行环境应按照国家有关标准设计实施，须具备消防报警、安全照明、不间断供电、温湿度控制、防盗报警等能力，以保护系统免受水、火、地震、静电、噪声、虫害等因素的危害。

（2）设备安全的内容包括：对设备进行定制管理和物理保护，如设备的维护保养，设备的报废淘汰处理，通信线缆和通信设备管理，防电磁信息的泄露、截获以及抗电磁干扰等。此外，还应包括场外设备（包括移动设备和固定在工作场所之外的设备）的安全管理。例如，笔记本电脑的使用，通信设备和通信线路安装要稳固牢靠，具有一定的对抗自然和人为因素破坏的能力等。

（3）存储安全是保障重要数据及其存储媒体不被破坏和不被窃取。因此，首先是要加强对含有敏感信息的可移动媒体（如磁盘、光盘、打印文件、存储卡等）的管理，防止被窃取；其次要建立信息存储程序，以保护信息免受未授权泄露和滥用等。另外，还应针对不同类型的媒体建立不同的媒体安全处置方法、审批程序、处置记录等措施。

4.3.2 网络层面安全技术

网络层面安全主要是指网络通信的安全，即政府内网、外网和公网之间通信是安全的。采取的措施主要有数据加密技术、防火墙技术、交换机及路由器的安全策略配置等。

1. 数据加密技术

数据加密技术是最基本的网络安全技术，被誉为信息安全核心，是实现信息保密的一种重要手段，其目的是防止非法用户获取信息系统中的机密信息。数据加密就是一种信息转换过程：转换前的信息易于识别，可直接利用，称为明文；而转换后的信息对于不了解相应解密过程的人来说则难以辨别，称为密文。了解相应解密过程的人，可以通过解密操作，将密文再转化为明文。加密可以有效地对抗信息被拦截以及被窃取。加密过程和解密过程组成了加密系统。对于一个加密系统来说，无论其形式多么复杂，至少应包括以下四个组成部分：一是明文，二是密文，三是解密的算法，四是用于加密和解密的密钥。由此可知，在加密和解密过程中，涉及的内容有信息（明文、密文）、密钥和算法。密钥是一串随机的二进制位串。密钥的长度（即位数）取决于特定的加密系统。数据加（解）密过程如图 4-2 所示。

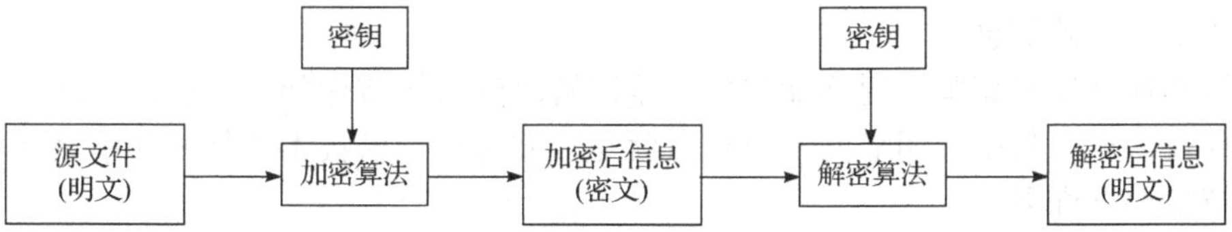

图 4-2　数据加（解）密过程

一般来说，数据加密技术有对称加密技术和非对称加密技术两种基本形式。

1）对称加密技术

对称加密技术，也称为私有密钥加密技术。它是指加密、解密双方在加（解）密过程中要使用完全相同或本质上等同（即从其中一个容易推导出另一个）的密钥，即加密密钥与解密密钥是相同的。使用对称加密技术进行加密和解密的速度很快，效率也很高，但需要妥善保存密钥。这种加密方法历史悠久，也被称为传统密码体制或常规密钥密码体制。它采用相同密钥进行加密和解密，其保密性主要取决于密钥本身的保密强度和密钥传送通道的安全性。由于所有的信息在计算机中都是以二进制位的形式存在的，因此所有的加密算法都可以视为二进制位的操作。常用的对称密码算法可以分为两大类：一类是每次一位地对明文进行操作和运算的，称为系列加密或流加密；另一类是一次若干位一组地对明文进行操作和运算的，称为分组加密。对称加密的典范是数据加密标准（data encryption standard，DES）算法，除此之外，常用的对称加密算法还有国际数据加密算法（international data encryption algorithm，IDEA）、卡莱尔·亚当斯和斯塔福德·塔瓦雷斯算法等。

2）非对称加密技术

非对称加密技术又称为公开密钥加密，是一种使用一对密钥的非对称加密手段。其中一把密钥是公开的，可以让任何人知道，称为公钥；另一把密钥则必须保密，称为私钥。与对称密钥加密算法不同的是，非对称密钥加密算法的加密密钥和解密密钥在本质上是不同的。也就是说，知道其中一个密钥，不可能根据这个密钥推导出另外一个密钥。

依据公开密钥是用作加密密钥还是解密密钥，公开密钥加密系统可分为加密模式和验证模式两种基本的模式。一般来说，既能在加密模式工作又能在验证模式工作的公开密钥加密系统被称为可逆的公开密钥加密系统。有些公开密钥加密系统只能运作于验证模式而不能运作于加密模式，这种系统被称为不可逆的公开密钥加密系统。目前最著名的公开密钥加密系统 RSA［由里斯维特（R.L. Rivest）、沙米尔（A. Shamir）和阿德尔曼（L. Adleman）三位发明者姓氏的第一个字母组成］算法是一种可逆的公开密钥加密系统。

由于传统的对称加密技术是传送秘密信息的唯一手段，保持安全通道和发布密钥的高昂费用将其应用范围限制在能够负担得起这些费用的用户中，如银行或电信部门等，而非对称加密方法可以为普通人提供加密手段以供其使用。公开密钥加密方法的一个主要优点是提供了数字签名的实现手段。数字签名使得信息的接收者能够验证信息来源的真实性，还能够验证信息是否完整。因此，公钥数字签名可以提供身份验证和数据完整性保证。数字签名还提供了不可抵赖的特性，如该特性能够保证信息的发送者无法否认自己确实发送了某信息。

非对称加密技术克服了对称加密技术难以解决的密钥传输问题。然而，非对称加密技术也存在缺点，其中最明显的一个缺点就是，非对称加密技术的加密和解密速度比对称加密技术要慢许多。

2. 防火墙技术

1）定义

防火墙技术指的是一种由软件和硬件设备组合而成、在内部网和外部网之间以及专用网与公共网之间的界面上构造的保护屏障技术。“防火墙”是对获取安全性方法的一种形象比喻，它的作用是通过计算机硬件和软件的结合，使内部网和外部网之间建立起一个安全网关，从而保护内部网免受非法用户的侵入。防火墙主要由服务访问规则、验证工具、包过滤和应用网关四个部分组成。

2）分类

根据所采用技术的不同，一般来说，防火墙可分为三种基本类型，即数据包过滤型防火墙、应用级网关型防火墙和代理服务器型防火墙。

（1）数据包过滤型防火墙。在遵守 TCP/IP 协议的网络中，数据是分解为不同的 IP 数据包进行传输的。数据包过滤型防火墙是应用数据包过滤技术在网络层对数据包进行选择，截获每个通过防火墙的 IP 数据包，并进行安全检查。如果 IP 数据包能通过检查，就将该 IP 数据包正常转发出去，否则就阻止 IP 数据包通过。由于数据包过滤防火墙逻辑简单，价格便宜，易于安装和使用，因此适合安全性要求较低的小型系统。

（2）应用级网关型防火墙。应用级网关位于 TCP/IP 协议的应用层，实现对用户身份的验证，接收被保护网络和外部之间的数据流并对其进行检查。它针对特定的网络应用服务协议使用指定的数据过滤逻辑，并在过滤的同时，对数据包进行必要的分析、登记和统计，并形成报告。数据包过滤型防火墙和应用级网关型防火墙的共同特点是，它们都依赖特定的逻辑判断是否允许数据包通过，这不利于抗击非法访问和攻击。

（3）代理服务器型防火墙。代理服务器是针对数据包过滤和应用网关技术存在的缺点而引入的防火墙技术。其特点是将所有跨越防火墙的网络通信链路分为两段，防火墙内外的计算机系统间应用层的“链接”由两个代理服务器上的“链接”来实现，外部计算机的网络链路只能到达代理服务器，从而起到了隔离防火墙内外计算机系统的作用。此外，代理服务器也对过往的数据包进行分析、注册登记、形成报告。同时，当发现被攻击迹象时其会向网络服务管理员发出警报，并保留攻击痕迹。由于代理服务器工作于网络应用层，因此对不同的网络服务应有相应的代理服务器，常见的有 Web、Socks、FTP（file transfer protocol，文件传输协议）、Telnet 代理等。

3）作用

防火墙是用来加强信息系统内部安全的重要工具，它处于内部网络中，是一个内网监控系统，可以随时监控内部主机的安全状况。其重点是用技术手段强化内部信息的安全管理，利用计算机口令验证、数据库存取控制技术、审计跟踪技术、密码技术等防止对公司机密文件、重要的行业数据、科学发明等机密信息的非法或违规操作，从根本上阻止机密信息泄露事件的发生。它通过一系列的事前预防、事中监督和事后审计等措施，构建严密的内网安全防范体系，有效地防止内网安全事件的发生。

4）弊端

防火墙实现了内部网络的访问控制及其他安全策略，从而降低了内部网络的安全风险，保护了内部网不受外部攻击。但防火墙自身也存在着缺陷：一是防火墙不能阻止来自内部的攻击；二是防火墙不能防止绕过它的连接，如内部用户直接拨号连接到外部网络；三是防火墙不能防止病毒的入侵。

3. 交换机及路由器的安全策略配置

交换机和路由器是网络互联的核心设备，它们的配置会直接影响网络的安全。交换机大多工作在网络的第二层上（某些交换机可以提供第三层功能），用于连接局域网分段，利用 MAC 地址表来转发数据帧。交换机安全不仅仅局限于端口安全、专用 VLAN 安全、数据转发性能、服务质量等方面，同时还包括层过滤、基于端口的访问控制、流量控制、双映像文件等。

路由器一般在网络的第三层工作，是广域网互联设备。路由器提供的安全功能包括访问控制、网络地址转换、身份验证、流量过滤、安全外壳（secure shell，SSH）协议远程管理、配置 VPN、日志功能等。保护路由器自身安全的手段主要包括物理访问、登录账号、软件防护、远程管理以及相应的配置操作等。

4.3.3　系统及应用层面安全技术

系统及应用层面保障主要是保证操作系统和应用服务的安全性。采取的措施主要有防病毒技术、入侵检测系统技术及安全认证技术等。

1. 防病毒技术

计算机病毒是指编制或在计算机程序中插入的破坏计算机功能或者毁坏数据，影响计算机使用，并能自我复制的一组计算机伪指令或者反程序代码。防病毒技术是防范病毒的主要工具，通常是一种软件系统。计算机技术发展越快，计算机病毒技术与计算机防病毒技术的对抗也越尖锐。

1）防病毒技术分类

目前的防病毒技术主要有主机防病毒技术和网关防病毒技术。

第一，主机防病毒技术。它的特点是通过主机防病毒代理引擎，实时监测电脑的文件访问和网络交换，将文件与预存的病毒特征码进行对比，发现病毒就通过删除病毒特征实现解毒或把文件隔离成非执行文件的方式，保护电脑主机不受侵害。主机防病毒是较完善的防病毒技术，但其仍存在缺点。一方面是对主机操作系统（如 Windows）以及用户本身的操作习惯的依赖。一旦操作系统没有及时更新安全补丁，或用户本身忘记升级，主机防病毒措施就会迅速失效。另一方面，每台电脑安装防病毒软件，无论是购置成本还是管理成本都相当高昂。

第二，网关防病毒技术。它的特点是采用“御毒于网门之外”的原则，在网关位置对可能导致病毒进入的途径，如 HTTP、FTP、SMTP（simple mail transfer protocol，简单邮件传送协议）等进行截留查杀，这对于管理规范的网络来说是必要的安全措施。网关防病毒的缺点是必须在网关使用应用代理，大量消耗了网关资源，因此工作在 HTTP 这类环境中的网关防杀可能造成网关吞吐性能的急速下降。基于同样原因，网关防病毒技术难以覆盖所有的交换协议，因此，病毒有可能以特殊的形式通过网关。因此，网关防病毒技术一般工作在 FTP 和 SMTP 环境中，并应与主机防病毒技术相互配合。

2）防病毒技术构建策略

第一，构建综合的安全体系。例如，操作系统、数据库及应用软件等要不断更新及打补丁，不定期地更改它们的用户名和口令等，以完善操作系统和应用软件的安全机制。这样形成的一整套安全机制是最有效的网络安全手段。

第二，采用多层防御体系。防病毒的解决方案应该既具有文件的病毒检测功能，又具有客户机/服务器数据保护能力，也就是覆盖全网的多层次防病毒体系。

第三，防病毒与网络管理相集成。在防病毒保障中，管理是很重要的，应将管理与防范相结合，这样才能保证系统的良好运行。

第四，在网关、服务器上防病毒。这样前端用户根本没有感觉，甚至不知道杀毒的过程，这是比较科学全面的解决方案。

第五，及时更新防病毒软件。防病毒软件永远是滞后于病毒的，由于病毒在不断演变，因此防病毒软件要及时更新补丁，如果防病毒软件不升级更新，对于新出现的病毒就没有防范的功能。

2. 入侵检测系统技术

入侵检测通过对计算机网络或计算机系统中的若干关键点收集信息并进行分析，从中发现网络或系统中是否有违反安全策略的行为和被攻击的迹象。进行入侵检测的软件与硬件的组合就是入侵检测系统（intrusion detection system，IDS）。

1）入侵检测系统的功能

入侵检测系统的功能包括：①监视、分析用户及系统活动；②对系统缺陷进行审计；

③识别攻击行为并触发警报；④对异常网络行为进行分析；⑤评估重要数据或文件的完整性；⑥识别用户违反安全策略的行为。

一个成功的入侵检测系统不但可以使系统管理员实时了解网络系统的动态变化，还能为安全策略的制定提供参考。

2）入侵检测系统的类型

第一，基于主机的入侵检测系统。它考查若干系统日志文件，并将日志文件和常见已知攻击的内部数据库进行比较，若发现异常则发出报警。

第二，基于网络的入侵检测系统。它在路由器或主机上扫描网络分组、审查分组信息，并在一个特殊文件中详细记录可疑分组等。它能够检测该网络上发生的网络入侵。

第三，分布式入侵检测系统。它既通过基于网络的传感器收集网络上流动的数据包，又通过在重要的服务器端安装代理程序来收集系统日志等系统信息，以此寻找、分析可能的攻击数据包并在必要的时候进行报警。它是目前比较先进的、也较有应用前景的一种综合 IDS 技术。

3）入侵检测的方法

对入侵进行检测有很多方法，其中不少还处在发展完善阶段，有的甚至处于研究阶段。比较成熟的入侵检测的方法有基于特征的检测、基于异常的检测和完整性校验。

第一，基于特征的检测。基于特征的检测需要我们事先建立攻击特征信息数据库，然后捕获网络数据包进行解码、对照分析、报警。它可以检测具有普遍特征的攻击，如拒绝服务（denial of service，DoS）或分布式拒绝服务等，但更多的是用于对具有明显特征的攻击进行检测。

第二，基于异常的检测。它根据网络正常时的通信状况建立基线或快照（也可能是本地系统资源利用率的一个基线），当有异常时发出警报，如协议分布异常、罕见协议、特定 IP 地址、通信量及网络利用率异常等。

第三，完整性校验。它在系统完整、正常时对所有文件或关键文件创建完整性校验文件，并在之后定期重新计算，并通过检查新、旧校验文件的一致性来检测是否受到攻击。

3. 安全认证技术

安全认证技术也是保障信息安全的一项重要技术，其目的是防止信息被篡改、伪造，或信息接收方事后否认，这对某些开放环境中的信息系统尤为重要。当前的认证主要采用数字签名技术和身份认证技术。

数字签名是通过一个单向函数对要传送的报文进行处理得到的，用以认证报文来源并核实报文是否发生变化的一个字母数字串。它可以代替手写签名或印章，起到与之相同的法律效用。数字签名算法的基本要求是：①签名者事后不能否认自己的签名；②接收者能验证签名，且其他人不能伪造签名；③双方关于签名的真实性有争议时，应由第三方加以解决。

需要注意的是，数字签名并不是将手写签名图像化再加以数字化存储，它和用户的姓名用手写签名的形式毫无关系，它实际是用了一个私有密钥来变换所需传输的信息。

所以，对于不同的文档信息，发送者的数字签名也并不相同，并且没有私有密钥任何人都无法完成解密。数字签名和手写签名的区别在于，手写签名是所签文件的物理部分，而数字签名是独立的，需要把签名“绑”到所签文件上；手写签名是通过和一个真实的手写签名比较来验证，而数字签名是通过一个公开的验证算法来验证，以阻止伪造签名。

安全认证技术有多种，其中最简单、最常用的是基于口令的认证，即设置用户名（user ID）和口令（pass word）。这种单因素认证的安全性主要依赖于口令的强度，因此，口令的设置往往需要遵循以下规则：长度大于8位字符、大小写字母混合使用、至少包含一个数字、至少包含一个特殊字符、最好不是人或物的名称，也不是用户的电话和生日等方面。身份认证技术是互联网上信息安全的第一道屏障，其目的在于识别合法用户和非法用户，从而阻止非法用户访问系统。

4.4 信息安全运行管理体系

电子政务信息安全保障体系还包括安全运行管理体系。安全运行管理体系包括人员管理、技术管理和制度管理等方面。

4.4.1 人员管理

人员管理主要是指对电子政务系统中从事计算机信息系统工作有关人员的管理。人员安全是安全管理的重要环节，特别是各级关键部门的人员，对网络信息的安全与保密起着重要作用。实际上，大部分安全问题是由人为差错造成的，因为人不仅本身就是一个复杂的信息处理系统，而且会受到自身生理和心理因素的影响，受到技术熟练程度、责任心和道德品质等因素的影响，因此对人员的管理是非常重要的。人员管理主要包括以下几个方面。

（1）人员审查。人员审查必须根据电子政务信息系统所规定的安全等级确定审查标准。人员应具有政治思想可靠、作风正派、技术合格等基本素质，最好是熟悉电子政务的信息范围，了解国家保密事项简单工作程序的人员。

（2）人员培训。应定期对从事操作和维护信息系统的工作人员进行培训，包括计算机操作维护培训、应用软件操作培训、信息系统安全培训、保密知识培训等，保证只有经过培训的人员才能上岗。涉及安全设备操作和管理的人员，除接受上述培训外，还应由相应部门对其进行安全保密专门培训，上岗后其仍需不定期接受安全保密教育和培训，必要时重要专门岗位还要签订保密责任书。

（3）人员考核。要定期对电子政务信息系统所有的技术工作人员从政治思想、业务水平、工作表现、遵守安全规程等方面进行考核。加强技术人员的责任意识和对安全业务知识的学习，对于经考核发现存在违反安全法规行为的人员或发现不适合接触信息系统的人员要及时调离岗位，不应让其再接触系统。

（4）人员调离。对被调离人员，特别是因不符合安全管理要求被调离的人员，必须严格办理调离手续，明确解密期限，进行调离谈话，指明其调离后的保密义务，讲清泄密责任，并收回所有密钥、证件，令其退还全部技术手册、软件及有关资料。同时，部门信息安全主管及时更换所管辖部门的系统口令和机要锁。

（5）人员管理原则。①多人负责原则。尽可能指定两人或更多人员共同参与每项与安全有关的活动，并通过签字、记录和注册等方式证明每项安全活动的过程和内容。②责任分散原则。不让一个人负责全部安全职能，如应用程序开发人员与操作人员工作分离，开发人员不参加日常操作，操作人员不参与开发等。③限制期限原则。工作人员不能永久工作在一个安全岗位，必须经常轮换岗位。

（6）岗位人选。电子政务信息系统的关键岗位人选（如安全负责人、安全管理员、系统管理员、安全设备操作员和保密员等）必须经过严格的政审，并要考核其业务能力。例如，对于系统分析员，不仅要对其进行严格的政审，还要考虑其现实表现、工作态度、道德修养和业务能力等方面。关键岗位的人员不得兼职，要尽可能保证这部分人员的安全可靠。

（7）签订保密合同。对所有进入电子政务信息系统工作的人员，应按照其重要程度，签订相应的保密合同，明确对系统应尽的安全保密义务及解密期限；尽量避免使用外来临时人员和借调人员从事安全岗位的工作；确保其在岗、离岗后一定时期内均不得违反保密合同，泄露系统秘密。

4.4.2　技术管理

技术管理主要是指对保障电子政务信息安全所涉及技术实体的管理。一般来说，它主要是指涉密介质管理、软件系统管理、密钥管理以及技术档案管理等。

1. 涉密介质管理

涉密介质主要是指能够传播涉密媒体的载体。媒体包括各种文件、数据等，泛指一切可以用电子信号存储的东西，如 U 盘、移动硬盘等。涉密介质在信息系统安全中对系统的恢复、信息的保密，甚至在防病毒诸方面都起着十分关键的作用，因此，必须要高度重视对涉密介质的管理。具体管理如下：①涉密介质根据其中信息的最高密级决定介质的密级；②涉密介质应按照同密级纸质文件的管理要求进行登记、审批、收发、传递、存放，由专人负责保管；③涉密介质维修由专人负责，外送维修必须经主管领导审批同意，且须到国家保密主管部门指定维修点维修；④发现涉密介质遗失应立即向本单位及上级保密部门报告，并组织查处，及时将查处情况报告国家保密单位；⑤涉密介质销毁须报主管领导审批同意，由两人以上监督销毁，并做好销毁记录。

2. 软件系统管理

软件系统管理主要是指对涉及电子政务系统的操作系统、网络系统、设备驱动程序、数据库系统、应用软件系统等软件的管理。由于计算机软件系统本身存在着安全漏洞，因此对软件系统的管理同样不可忽视。软件系统的安全管理包含以下几方面的内容：①保护软件系统的完整，防止软件丢失、被破坏、被篡改、被伪造等，其管理问题涉及软件的选择和开发规程、软件安全保密测试、系统漏洞检测与修补、软件加密、防动态跟踪等方面；②保证软件的存储安全，包括保密存储、压缩存储、备份存储，以及系统恢复等重要措施；③保障软件的通信安全，包括软件的安全传输、加密传输、安全下载、用户识别、审计与追踪等；④保障软件的使用安全，包括合法的使用和合理的使用、用户合法性的管理、授权访问、系统的访问控制、防止软件滥用、防止被窃取、防止被非法复制等。

3. 密钥管理

密钥管理主要是指对涉及电子政务信息安全的密钥进行的管理。密钥的泄露将直接导致明文内容的泄露，并且从密钥管理的角度寻找突破比密码破译付出的代价要小得多，因此在电子政务系统中，密钥管理是十分重要的一部分。密钥管理涉及密钥自产生到最终销毁的整个过程，包括系统的初始化、密钥的产生、存储、备份/恢复、装入、分配、保护、更新、控制、丢失、吊销、销毁等内容。密钥管理对安全的要求包括：一是密钥难以窃取；二是密钥有使用范围和使用时间的限制；三是密钥的分配和更换过程对用户透明，而且用户不需要亲自掌管密钥。基于上述三点基本要求，应主要在以下几个环节加强管理。①对于密钥的生成，首先应有专门的密钥管理部门或授权人负责；其次应由随机数生成器产生密钥，并且密钥生成的算法应由有关机构审批。②对于密钥的分发，可以人工分发，也可自动分发，或二者结合。分发过程应采用安全的信道。密钥的传送方式可以是集中传送，也可以是分散传送，即将密钥分解成多个部分，用秘密分享的方法传递，到达后再还原。③对于密钥的验证，不仅应检验密钥是否出错，还应查收密钥传递时附带的一个用该密钥加密的密文（接受者已知明文）。④密钥的保存是密钥管理的重要内容，因为密钥在多数时间是静态的。它可以整体保存，也可以分散保存。⑤对于密钥的销毁，要有相应的管理和仲裁机制。

4. 技术档案管理

技术档案管理主要是指对系统设计研判、开发、运行、维护中所有技术问题文字描述的管理。它反映了系统构造原理，表达了系统的实现方法，为系统维护、修改和进一步开发提供了依据。因此，对它的管理十分重要。具体包括：①借阅、复制技术文档要履行相应的手续，包括申请、审批、登记、归档等必要环节，并明确各环节当事人的责任和义务；②对秘密级以上的重要技术文档应考虑双份以上的备份，并存放于异地；③对报废的技术文档，要有严格的销毁、监视销毁的措施；④各级安全管理机构应制定技术文档的管理制度，要明确管理制度的责任人，对于管理制度要严格执行，对于违反规定的人员一律加以处罚。

4.4.3 制度管理

制度管理主要是指对保障电子政务信息安全的规章制度的管理。完善的规章制度是电子政务安全管理有效实施的保障。电子政务的安全管理制度主要包括以下几个部分。

（1）机房安全管理制度。其包括机房出入管理制度、机房安全防范制度、机房卫生管理制度，以及机房运行操作管理制度等。

（2）系统运行维护管理制度。其包括设备管理维护、维修制度，软件维护与升级制度，用户管理制度，密钥管理制度，定期检查和监督制度，以及各种操作制度等。

（3）操作和管理人员管理制度。其包括岗位的分工制度、权限划分制度、合法操作制度、异常情况报告制度、人员引进和调离制度，以及教育培训制度等。

（4）计算机处理控制管理制度。其包括编制及控制数据处理流程制度，程序软件和数据的管理、复制和存储介质的管理制度，文档日志的标准化制度。

（5）定期检查与监督制度。其包括对系统安全运行的定期检查、对各项规章制度的落实情况的定期检查、对制度执行情况和人员工作情况的监督等制度。

（6）文档资料管理制度。对计算机的各种凭证、单据、账簿、报表和文字资料，也必须制定妥善保管和严格控制的相应规章制度。

此外，电子政务的安全管理制度还应包括网络通信安全管理制度、病毒防治管理制度、安全等级保护制度、对外交流安全维护制度，以及对外合作制度等。

4.5　信息安全保障社会服务体系

信息安全保障社会服务体系中的“社会”，主要是指承担安全保障技术工作的社会专业机构。由于现在很多政府职能已实现了社会化、市场化，因此有关电子政务的技术工作（包括培训、测评等）一般都外包给社会专业机构。信息安全保障社会服务体系中的“服务”，主要是指这些社会专业技术机构为政府的电子政务信息安全服务。信息安全社会服务体系是保障电子政务安全的重要环节，它包括信息安全外包管理服务、教育培训服务、测评认证服务等。

4.5.1　外包管理服务

随着电子商务、电子政务等领域的日益发展，信息安全的外包管理服务变得越来越重要。由于电子政务安全管理具有技术复杂和维护成本高的特点，因而某些电子政务系统通过外包形式，借助信息安全管理服务提供商（managed security service provider，MSSP）进行安全管理。当前，信息安全外包管理服务所能提供的服务主要有如下几种。

（1）信息安全咨询服务。信息安全咨询服务主要是指为电子政务系统信息安全提供咨询的有偿或无偿的服务。它包括整个电子政务系统构建或运行前的整体安全策略咨询，从安全需求分析和安全环境设置到各种安全防护系统的软硬件组合的安全解决方案咨询，以及较全面地为用户提供安全策略、安全规范、安全制度等管理方面的咨询。

（2）安全管理评估服务。安全管理评估服务是从风险管理的角度，对电子政务系统面临的威胁及存在的脆弱性进行系统评价的服务。由于很多安全问题不是技术引发的，而是人为因素造成的，因此，安全管理措施及其运行过程的适用和效率显得十分关键。定期的评估报告可以帮助客户及时调整安全策略、弥补安全漏洞、更新安全系统、改进管理措施等。

（3）数据安全分析服务。数据安全分析服务主要是指电子政务系统为涉及信息安全的数据提供分析的服务。数据分析需要一定的功底，因为数据中包含可能的攻击。信息安全管理外包服务商事先建立自己的知识库，通过知识库分析数据中是否隐藏攻击行为及其攻击模式，判断威胁的严重性级别。

（4）安全技术管理服务。安全技术管理服务主要是指对电子政务系统信息安全的技术管理服务。一般来说，它主要有对网络系统的入侵监测、网络扫描、防火墙的监视与管理、防病毒保护、数据/文件的加密服务等。

（5）应急响应服务。应急响应服务主要是指计算机或网络系统遇到突发性安全事件（如黑客入侵、网络恶意攻击、病毒感染和破坏等）时所能够提供的紧急响应和快速救援与恢复的服务。计算机应急响应小组（computer emergency response team，CERT）除了应对突发性事件，它还提供其他一些服务，如定期或不定期发布计算机网络安全公告、对特定的网络进行安全检查和风险分析、从事有关安全技术研究，以及承担一定的安全教育与培训工作等。

4.5.2 教育培训服务

信息安全教育培训服务针对政府公务员中的信息系统人员的电子政务信息安全教育培训的服务。它是一项很重要的学习任务，是有效管理、应用和维护信息系统安全的重要基础。

（1）教育培训的对象。简言之，教育培训对象包括两类，即信息技术专业人员和非专业人员。第一，专业人员。将专业人员培训为具有信息安全技术专业能力的人才。第二，非专业人员。将非专业人员培训为具备相应的信息安全素养的人士。

（2）教育培训的目标。信息安全教育培训对不同的人员有不同的目标。专业技术人员、安全管理人员、专业研究人员、高级战略人员和非专业人士的能力目标如下。①专业技术人员。专业技术人员需要掌握各种信息安全攻防技术，具有检测和防范黑客攻击、保护和恢复系统的能力。②安全管理人员。安全管理人员需要具备一定的信息安全知识和技术基础，有从事信息系统的安全规划、风险分析、应急响应、安全审计等管理性工作的能力。③专业研究人员。专业研究人员需要具备信息安全理论、技术、产品的研究和开发能力，需要有很高的理论水平、深厚的专业知识及很强的研发能力。④高级战略人员。高级战略人员不一定要精通各项信息安全技术，但需要具备战略管理能力，能从机构层面甚至从国家层面制定信息安全规划，并能组织和指挥实施该规划。⑤非专业人士。非专业人士需要具备一定的信息安全素养。例如，企事业单位领导应具备必要的信息安全意识和安全知识，信息管理人员应具备一定的信息安全知识和基本技能，从事信息服务或信息安全服务的有关人员应具备必要的信息安全知识和技术基础等。

（3）教育培训的层次。信息安全人才的培养应该形成一个层次化的教育培训，以满足不同部门、不同层次的人才需求。具体培训层次如下。①信息安全专业型教育。它是最高层次的教育，主要是培养信息安全领域的专业研发、工程技术、战略管理等方面的人才。我国在这方面已初步具有了一定基础，许多高等院校已经建立了信息安全科学研究及人才培养基地，也开设了以计算机网络安全技术为核心的理论性和技术性的课程。②信息安全应用型教育。它是中间层次的教育，以从事现代信息管理工作的人员为对象。培养的目标是要求他们具备信息安全的基本知识、网络和信息系统安全防范技能、组织机构或系统安全管理的能力等。③信息安全素养教育。它是最基础层次的教育，面向所有社会成员，通过课程、讲座、宣传等多种形式，达到让每一个人都具备必要的安全意识和常规的信息安全自我防范技术的目的。

4.5.3　测评认证服务

信息安全测评认证服务主要是指对信息产品自身的基本安全防护性能的一种评价服务。它所解决的是从产品设计的角度和现实分析产品中存在的安全隐患、安全漏洞，并考虑采取安全防护和抵御攻击的方法。它是国家测评认证工作的新领域。测评认证其实是由一个中立的权威机构体系，通过科学、规范、公正的测试和评估，向消费者、购买者（即需方）证实生产者（即供方）所提供的产品和服务符合公开、客观和先进的标准。

（1）测评认证对象。一般而言，信息产品的安全测评主要面对两类对象。①开发者。信息产品的开发者在试图开发符合用户安全需求的产品时，必须遵循一定的要求和规则。评价开发出来的产品的安全性能，分析其安全保障条件，指出产品实现中的不足和缺陷，确定产品的安全等级，可以为产品开发提供很好的技术支持。②最终用户。在构建网络或信息系统时，用户往往需要有关产品安全性能的采购指南。不同用户构建的信息系统的安全目标不同，需要采用不同级别的安全产品来满足其对信息系统的安全需求，同时降低系统建设成本。

（2）测评认证体系。我国信息安全测评认证体系由三部分组成，如图 4-3 所示。

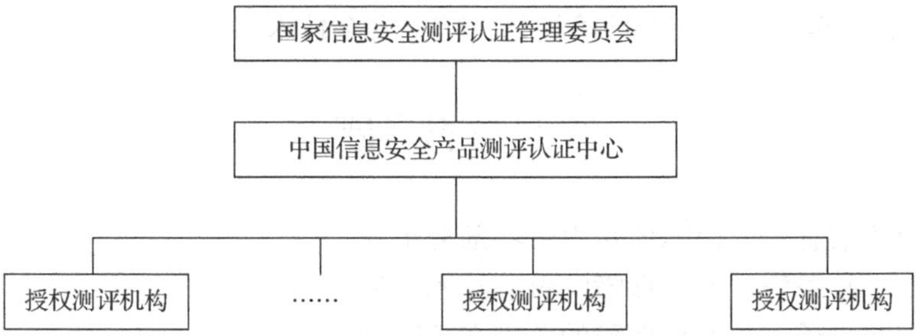

图 4-3　我国信息安全测评认证体系

其具体包括：①国家信息安全测评认证管理委员会。它是经国务院产品质量监督行政主管部门授权，代表国家对中国信息安全产品测评认证中心的测评认证活动实施监督管理的机构。②中国信息安全产品测评认证中心。它是国家级认证机构，对外开展四种国家信息安全认证业务，即产品认证、信息系统安全认证、信息安全服务资质认证和信息安全专业人员资质认证。③授权测评机构。它是中国信息安全产品测评认证中心根据业务发展授权成立的，其测试结果作为国家认证中心的认证基础。

（3）测评认证要求。由于信息安全直接涉及国家利益、安全和主权，各国政府对信息产品、信息系统安全性的测评认证要比对其他产品更为严格。第一，在市场准入上，发达国家为严格进出口控制，通过颁布有关法律、法规和技术标准，推行安全认证制度来控制国外进口产品和国内出口产品的安全性能。第二，对国内使用的产品实行强制性认证，凡未通过强制性认证的安全产品一律不得出厂、销售和使用。第三，信息技术和信息安全技术中的核心技术由政府直接控制，如对密码技术和密码产品，多数发达国家都严加控制。第四，在国家信息安全各主管部门的支持和指导下，由标准化和质量技术监督主管部门授权，依托专业的职能机构提供技术支持，形成了政府的行政管理与专业的职能机构提供的技术支持相结合、相依赖的管理体制。

本 章 小 结

信息安全就是包含了信息环境、信息网络和通信基础设施、数据、信息内容、媒体、信息应用等多个方面的安全。信息安全具有真实性、可靠性、完整性、保密性、可用性及不可篡改性等基本属性。为确保信息安全，需要采取的保障措施涵盖了物理安全、网络安全、系统应用安全以及安全管理等多个层面。

电子政务的安全管理需要通过建立保障体系来进行。这个保障体系包括技术保障体系，即通过物理、网络和系统及应用层面的安全技术来保障电子政务系统的安全；安全运行管理体系，即通过对人员、技术和制度的管理来保障电子政务各系统的安全运行；社会服务体系，即通过测评认证、外包管理和教育培训服务等来保障电子政务的安全。

关 键 术 语

信息安全；安全风险；安全风险评估；信息安全技术。

练习与思考题

1. 电子政务信息安全保障体系由哪些部分组成？
2. 目前电子政务信息安全保障的核心技术有哪些？
3. 如何理解电子政务安全保障的关键在于管理？
4. 社会专业机构如何更好地为电子政务安全提供外部服务？

案 例

国家网络安全新挑战：漏洞百出，如何是好？

2022 年，我国新增了近 25 000 个网络安全漏洞，达到历史新高，并呈现持续增长的趋势。具体来说，截至 2022 年，中国国家信息安全漏洞库（China National Vulnerability Database of Information Security，CNNVD）合计发布漏洞信息 199 465 条，2022 年新增漏洞信息 24 801 条。从漏洞危害及修复情况来看，2022 年新增漏洞中，超危漏洞 4200 个，高危漏洞 9968 个，中危漏洞 10 146 个，低危漏洞 487 个，相应修复率分别为 54.86%、79.65%、76.13%和 91.38%，整体修复率为 77.76%。高危漏洞占比持续上升，漏洞修复率相比 2021 年有所下降，漏洞威胁依然严峻。总体形势进一步变化，呈现出高危漏洞数量达到新高峰、单边管理控制漏洞扰乱国际秩序、网络霸权影响网络空间权益、网络安全总体形势更加复杂严峻等特点。

漏洞风险关乎国家安全，治理漏洞风险是维护国家安全和保障网络安全的必然要求，要着力促进漏洞治理国际合作机制，推动漏洞治理国家机制顺畅，营造良好的漏洞治理生态环境，加强漏洞感知机制和手段建设，加快漏洞标准制定和体系建设，以实现高水平漏洞风险治理自立自强。

2022 年，我国约发生 20 起影响较大、危害较严重的国内网络攻击事件，各行各业均受到波及，教育科研、工业制造、医疗健康三个行业最为突出。其中，2022 年四川省南充市遭受了一次严重的安全漏洞事件，多个团伙利用社保公积金系统漏洞，非法获取公民个人信息 2300 万条,该事件引发了学术界和社会各界对电子政务安全问题的深刻思考。其揭示了电子政务系统在安全防护方面的薄弱性，凸显了信息安全管理、技术保障和组织治理等方面的挑战。对该事件的深入分析表明，政府电子政务系统存在多个安全漏洞，包括但不限于弱密码、未及时更新的软件和操作系统、缺乏有效的入侵检测和防御机制等。这些漏洞为黑客提供了入侵的机会，导致系统面临遭受攻击并泄露信息的风险。

针对这一事件，当地政府采取了一系列紧急措施，包括修复系统漏洞、加强安全防护、加大对电子政务系统的投入等。据 2022 年 12 月 7 日红星新闻报道，南充市公安局顺庆区分局摧毁了多个利用社保、公积金等系统漏洞非法获取公民个人信息的犯罪团伙，犯罪嫌疑人将从四川、广东、河南等地信息系统非法获取的 100 余万条公民个人信息和 300 余个系统漏洞发布至群内，用于交易牟利，已形成多个犯罪链条。此次事件之后政府加强了对相关责任人的问责，推动了政府信息化和安全管理体系的改革。这一事件引起了学术界和社会各界对电子政务安全问题的高度关注。学者们呼吁加强对电子政务系统安全的投入和管理，提高信息安全意识，加强技术人才队伍建设，建立健全的安全管理体系，以应对日益严峻的网络安全挑战。

此外，政府在电子政务系统建设和维护过程中存在管理不善的问题。一些政府部门信息安全意识不足，缺乏专业的技术人员进行系统维护和安全监控，导致了系统安全风险的逐渐积累。政府在投入资金和人力资源方面也存在不足，导致了系统安全保障措施的不完善。

这次安全事件给政府和社会带来了严重的损失，不仅导致了政府信息无法正常发布和查询，也使大量的个人隐私信息和敏感数据遭受泄露，给公民的权益和社会稳定带来了潜在的风险。

这一安全事件为中国电子政务系统的安全问题敲响了警钟，也为政府和社会各界提供了宝贵的经验教训。希望通过各方的共同努力，中国的电子政务系统能够迎接未来的挑战，为政府和社会的发展提供更加安全、高效的信息化服务。

请思考：

1. 结合案例，谈谈电子政务信息安全遭遇破坏的后果。
2. 结合案例，谈谈电子政务信息安全保护可以从哪些方面着手。

第5章

政府内部应用系统

电子政务应用系统主要包括内部和外部应用系统两大部分，其中政府内部应用系统是电子政务的基础和前提。根据《“十四五”推进国家政务信息化规划》，“十三五”时期我国基础设施统筹取得新进展，国家电子政务内网初步建成，实现了31个省（区、市）和新疆生产建设兵团、122个中央国家机关的互联互通。本章主要从政府内部办公系统、协同政务系统及电子监察系统三个方面介绍电子政务针对政府内部的主要应用，分析各大系统的基本构成及其在电子政务中的具体应用。

5.1 政府内部应用系统概述

5.1.1 政府内部应用系统及其地位

政府内部应用系统是指在政府系统各部门内部及其之间利用先进的网络信息技术实现办公自动化、管理信息化、决策科学化和服务一体化的信息系统。其主要内容涵盖政府内部办公自动化系统及其部门之间的协作系统。

1. 政府内部应用系统的内涵

政府内部应用系统是一套面向政府内部的具有较高应用价值的信息系统，要真正理解这一应用系统的特点和功能，必须注意三个方面的内容。

首先，政府内部应用系统是指面向政府内部的电子政务应用。政府一般是指为执行国家权力，进行政治统治并管理国家和社会公共事务的机关。政府有广义和狭义之分，广义的政府指一个国家行使国家权力的全部组织体系，是国家的立法机关、行政机关和司法机关的总和；狭义的政府仅指一个国家的行政机关。本章使用广义政府的概念，即政府不仅包括国家行政机关体系，还包括立法机关和司法机关及其他一些公共组织。因此，政府内部应用系统是指政府内部各机关之间、上下级政府之间、不同地区和职能部门之间以及具体政府机关内部的电子政务应用。

其次，政府内部应用系统的功能在于实现办公自动化、管理信息化、决策科学化和服务一体化。办公自动化主要是指利用各种现代办公设备和信息技术构建人机信息处理系统，创造一种集成智能的办公环境，实现无纸化办公、信息共享和业务协同等。例如，电子公文处理系统就是运用网络信息技术实现数字化公文的创制、流转和归档，属于办公自动化重要应用之一。管理信息化是指依靠管理信息系统进行信息的采集、传输、加工、储存、更新和维护，实现信息共享和信息交换，加强政府内部和各部门之间的信息管理，并提供决策支持。决策科学化主要是指依靠决策支持系统提供的决策信息和决策方案，提高决策者的决策水平和质量，从而实现政府决策的科学化。政府部门的最终价值体现在为公众提供的公共服务上，因此政府内部应用系统最重要的应用之一就在于，通过协同政务系统和政务流程再造打破部门之间的条块分割，实现各政府部门协同工作，用优化的信息化工作流程代替传统的人工流程，从而更有效率地向社会和公众提供集成一体化的公共服务。

最后，政府内部应用系统是一套具有系统性和集成性的应用系统。政府内部应用系统不只是某种具有单一功能的应用软件，而且是由一系列相互衔接、相辅相成的具体应用软件和硬件所构成的系统性的信息系统。而且，政府内部应用系统不只是针对单一政府部门的应用，还是更加侧重于政府系统内部之间（包括立法机关、司法机关、行政机关和党委机关之间以及不同层级政府之间）的互联互通、信息共享和业务协同。

2. 政府内部应用系统的地位

电子政务的实施目标就是建设高绩效的政府，运用信息技术提高政府效率与效能、提升政府决策质量、节约政府运行成本、创新政府流程，从而使公众和企业能够快速、便捷地获得所需的公共产品和公共服务。政府机关要想更好地向社会公众提供公共服务，必须提高政府管理的绩效。政府内部应用系统的主要功能则在于，通过充分利用现代办公设备和信息技术实现办公自动化、管理信息化和决策科学化，打破部门之间的条块分割，实现各政府部门纵横互通，大幅度提高政府管理效能和运行效率，从而使公众和企业能快速方便地享受到一站式服务。政府内部应用系统是电子政务系统的基础，旨在通过信息化技术的使用，有效整合政府内部信息资源，提高办公效率，节约行政成本，从而达到提高政府内部绩效的目的。政府内部应用系统是政府实施管理和提供服务的基础，离开了内部系统的支持，电子政务外部应用系统就变成了一个单纯的信息网站，无法有效地提供公共服务（图 5-1）。

政府内部应用系统的运用要求政府系统内部各应用系统之间具有系统性和协作性。这就需要进行政务流程再造和组织结构重组，克服传统官僚体制中不同机关和不同部门之间相互封闭、各自为政、自成系统、缺乏联通的弊端，打破部门之间的条块分割，实现各政府部门纵横互通，通过构建一种集成性平台在不同部门和应用系统之间实现无缝集成，使它们像一个整体一样进行业务处理和信息共享，从而实现电子政务的实施目标。

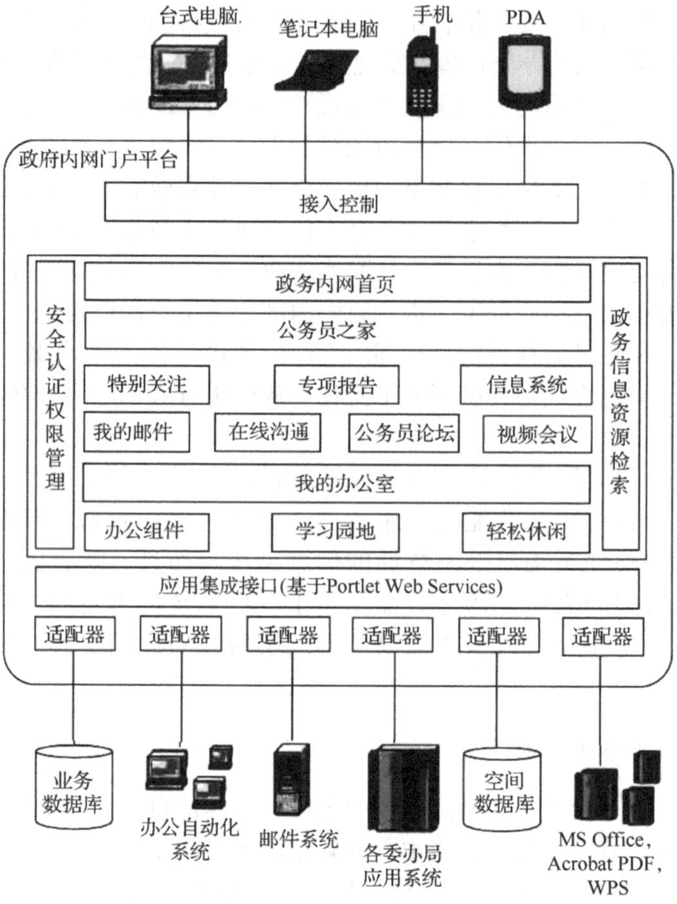

图 5-1 北京市政务内网门户网站（2.1 版本）框架示意

资料来源：《北京市政府的内网平台建设案例》，中国电子政务网，http://www.e-gov.org.cn/egov/web/article_detail.php?id=115624，2012 年 4 月 14 日

5.1.2 政府内部应用系统功能特性

政府内部应用系统以现代信息技术为基础，旨在实现办公自动化、管理信息化、决策科学化和服务一体化，提高管理绩效。它具有以下几项功能特性。

1. 政府内部应用系统具有互联互通性

政府内部应用系统旨在运用现代网络通信技术改善政府内部管理绩效，促使政府机关能够更便捷地向公众和企业提供一站式服务。这就要求各个应用子系统之间、政府系统内部各个机关和各部门之间必须实现互联互通；因为如果系统间、系统内部各子系统间不能快捷方便和高度可靠地实现互联互通，政府内部应用系统就失去了存在的价值，电子政务系统就无法实现其提供一站式服务的目标。政府内部应用系统基于部门间协作系统（如以公文网络传输和协同办公软件等方式实现信息系统与各机关之间的联通和协作），使得多个政府机关可以针对同一事项，利用集成的网络平台进行协同工作。政府内部应用系统的这种互联互通性有利于实现政府部门之间的信息共享和业务协同，同时有助于打破传统政府部门之间的条块分割，实现政府体制的纵横贯通，从而克服“信息孤岛”现象。

2. 政府内部应用系统具有信息共享性

信息社会中政府管理对信息支持的高度依赖性，使政府内部应用系统必须具备有效处理海量数据信息的能力，依靠信息资源管理系统实现对数据信息的管理和利用。同时，信息共享是政府运行的动力，也是政府内部应用系统的生命力所在。政府内部应用系统的信息共享性使政府各个业务部门能在同一时间调用其他部门的数据，如借助政务信息资源目录体系与交换体系实现不同部门应用系统间的信息交换与共享（图 5-2）。

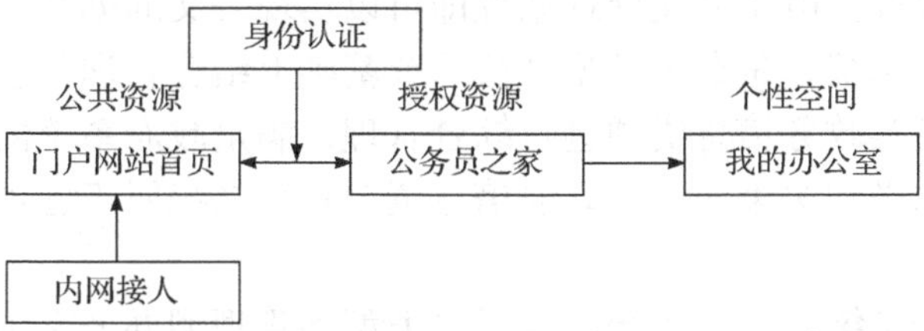

图 5-2　北京市政务内网门户网站（2.1 版本）页面层次示意

资料来源：《北京市政府的内网平台建设案例》，中国电子政务网，http://www.e-gov.org.cn/egov/web/article_detail.php?id=115624，2012 年 4 月 14 日

3. 政府内部应用系统具有高效性

政府内部应用系统的高效性通过两个方面表现出来：一方面是利用现代信息技术取代传统的手工操作，使得政府内部管理具备了自动化和智能化的特征，政府内部办公效率得以大幅度提升；另一方面是内部应用系统在建设过程中，可以用信息技术来取代传统政府内部业务流程中冗余的流程，优化政府内部业务流程，减少人为因素的影响，提高政府内部管理水平。

4. 政府内部应用系统具有安全性

政府机关的管理活动涉及国家安全和公共利益，使政府内部应用系统在安全性方面具有极为特殊的要求。政府内部应用系统要求系统必须在系统合法拥有者的掌控之下，防止非法用户侵入，保证各种数据信息的完整性和真实性，防止数据信息被篡改和窃取，防止各种自然和人为因素对系统正常平稳运行造成损害①。因此，政府内部应用系统本身包含多种安全技术和管理手段以确保系统的安全，如访问控制技术、防火墙技术、身份认证技术和数据加密技术等。

5.1.3　政府内部应用系统基本构成

政府内部应用系统的目的在于运用信息技术，在对政府流程和组织结构进行根本性再造的基础上，促进政府管理绩效的飞跃提升，从而实现政府的服务职能和价值目标。

① 赵国俊：《电子政务》，电子工业出版社，2003 年，第 62～64 页。

该信息系统的构成主要包括三大部分。

1. 内部办公系统

政府管理绩效的提升最终依靠政府办公效率的提高。办公自动化系统是将办公人员与现代网络信息技术和办公设备结合起来所构成的人机信息处理系统，其目的在于创造一个集成的办公环境，实现无纸化办公、信息共享和业务协同，为提升管理效能和辅助决策提供支撑。因此，办公自动化系统是政府内部应用系统的核心组成部分。

政府内部办公自动化系统的类型主要有以下三种。

一是事务型办公系统，主要辅助公务人员完成日常常规性工作活动，如文件流转、档案管理、流程监控等。电子公文处理系统即可以实现公文的创制、流转和归档。

二是管理型办公系统，是在事务型办公系统基础上结合管理信息系统功能的进一步发展，能对大量的各类政务信息资源进行综合管理，满足政府系统内部对信息的共享需求，提高政府管理水平和决策能力。政府信息资源管理系统属于管理型办公系统的应用之一。

三是决策型办公系统，这一系统综合了事务型和管理型办公系统的数据和能力，并集成专家系统（expert system，ES）和人工智能，具有辅助决策的功能。决策支持系统是决策型办公系统的主要应用。

2. 协同政务系统

实现政府系统内部各部门和各层级之间的业务协同，是电子政务内部应用系统的一项主要功能，也是电子政务的核心目标之一。这项功能可以打破政府各部门、各层级间固有的封闭性，从技术上为部门间协作提供保障。通过信息技术构建集成一体化的网络平台将多个政府机构进行连接，可以实现信息共享和业务协同，此时，公众只需进行一次操作便可获得多个政府部门提供的服务，得到一种一站式的服务。协同政务系统就是政府内部应用系统中着重实现这一目标的应用子系统。例如，通过信息资源目录体系和交换体系实现跨部门、跨地区信息资源整合和信息共享的需求，支持各级政务部门的业务协同；通过基于工作流的协同政务系统，实现业务系统的跨部门整合。

3. 电子监察系统

政府运行全过程包括决策、执行和监督，要想通过电子政务内部应用系统的实施来提高政府管理绩效，除了在决策和执行环节上下功夫，还必须在监督一环充分运用信息技术提高监督效能，使政府决策和执行更加具有效能。

电子监察系统正是利用现代网络信息技术将执法监察、效能监察和廉政监察融为一体，在线动态监控各政府部门及其行政人员服务状况，推动行政权力网上公开透明运行、提高行政效能的重要举措。

5.2　内部办公系统

5.2.1　公文处理系统

公文处理是指在公文从创制、流转、存储到转换为档案或毁灭的完整生命周期中，依照特定方法和原则对其进行管理和完善，并实现其功效的行为过程。电子化的公文处理系统将这一系列环节全部实现电子化。公文处理是政府机关最复杂、最重要的办公内容之一，直接体现了政府机关的行政职能，电子公文处理系统也就成为电子政务内部办公系统中最基本也最重要的应用之一。

1. 公文处理系统的构成

电子公文也称数字化公文，是运用计算机系统和现代信息管理技术制发的全数字化形式的公文。公文处理系统主要由以下要素构成[①]。

第一，各类电子公文。其既包括党政机关、企事业单位、群众团体等组织在办理公务中形成和使用的通用公文，如命令、请示和报告等，也包含军事类、司法类、涉外类等专用公文；既有党政机关“红头文件”等法定公文，也有信息类、简报类、信函类、礼仪类和讲话类等非规范性公文。凡是纸质公文类型在电子公文处理系统中都能以电子化形式呈现。

第二，软件系统。其是由公文传输、收文办理、发文办理系统和文档一体化管理系统构成的完整体系，还包括系统控制、安全防范软件、电子版式及电子印章软件系统等。

第三，硬件系统。其包括计算机、打印机、扫描仪、复印机等办公设备，并具备键盘输入、语音输入、手写、扫描输入和网上直接下载、复制、粘贴等功能。机关内部的办公自动化网和外部的传输网络应当互联互通。

第四，制度规范。公文处理系统要求建立规范的收文、发文、传输和文档一体化等管理制度，并要针对电子公文的特点，制定相应的制作排版、电子用印、网络传输、加密控制、流程控制、权限控制和备份等技术规范。

2. 公文处理系统的基本应用

1）电子收文的应用[②]

电子收文处理包括签收、登记、拟办、批办、承办、催办、归档等环节。第一，收文签收、登记。系统自动签收、登记各个来文单位报送的公文，并支持手工登记和对登记公文的修改；来文经登记后，系统自动给来文单位一个回执，以通知对方来文已经收到；系统支持登记人员删除登记信息和修正统计数据。同时，系统具备自动发送到拟办人员的功能，如果拟办人员未签收，则系统支持撤回操作。第二，拟办。将拟办公文通过网络发送给相关负责人，拟办人员可在公文处理单的拟办意见、抄送、办理期限、备注等栏目操作，联系人、联系电话等栏目能自动填入相应内容，点击发送按钮时，该公

---

① 孙厚军：《电子公文处理系统的构成特点与开发应用》，《信息化建设》，2005 年第 11 期，第 20～23 页。

② 赵国俊：《电子政务》，电子工业出版社，2003 年，第 67～68 页。

文处理单能自动进入批办单位信箱。秘书部门领导可以对“拟办人员”提出的意见做出修改，并提请上一环节的领导对拟办意见进行审示，收到上级领导审示意见后，再分送办理。第三，批办。通过网络将公文发给有关批办负责人，批办负责人可以直接在计算机上签署意见，批办完成后，文件自动发送到承办部门或返回公文管理部门。第四，承办。通过网络将公文发给承办部门，如果涉及多个部门，则可以群发送。承办人收到待办文件后按要求进行办理，并在办理后写出办理意见。第五，催办。根据公文所处的处理步骤、办理速度和利用情况，由系统实现自动跟踪催办。第六，归档。将待归档的公文转至档案管理模块，整个收文流程结束。

2）电子发文的应用[①]

电子发文处理包括拟稿、核稿、签发、分发等环节。第一，拟稿。使用文字处理、表处理、图形处理等软件进行电子公文的撰写，而且系统应满足自动编号、转换版式文件、加盖电子印章、确定发放范围和打印份数，以及公文自动加载到数据库发送等需求。它能够个性化地选择每个文件的下发单位，能对下发公文进行催收，并与数据库中内容相关的公文进行链接。第二，核稿。公文通过网络发给审核负责人，经其签署审核意见后，初稿返回拟稿人处修改。第三，签发。公文通过网络发送到签发负责人处，由其签署意见，然后发送给公文管理部门。第四，分发。公文管理部门发文人员点击分发按钮，系统根据预先确定的分发范围，自动分发到相关单位，并能自动记录下发时间、操作人员和接收单位签收的时间、操作人员等信息，自动显示各单位的签收情况，自动将分发的公文加载到数据库中，以供查阅，并根据公文内容，自动生成归档信息，使公文自动进入档案数据库。

3）电子公文传输的应用

电子公文的传输主要是在机关内部依靠局域网实现电子公文从一个部门到另一个部门的发送与接收，在机关之间通过互联网实现电子公文从一个机关到另一个机关的发送与接收。电子公文传输过程，包括对公文进行压缩/解压缩、加密/解密、签名/验证等操作。电子公文经过审批后，按照主送和抄送单位分发，分发时对电子公文进行压缩打包、加密、签名，然后通过网络传输。各单位接收电子公文后依次进行解密、验证签名、解压，其中若某一步没有执行成功则通过传输网络返回传输失败信息，若全部成功则自动返回回执。发送方收到传输失败信息后检测失败原因并进行修正，而后重新传输发送。收到全部的回执意味着传输结束[②]。

4）电子公文归档的应用

电子公文经过办公平台各个系统的流转后，在文件办结时，由各档案部门对所生成的电子文件进行价值鉴定，确定保管期限，点击归档自动导入档案管理系统的待归档文件数据库中。档案员对各档案形成部门移交的纸质文件进行分类、装订、装盒，并与系统自动归档的电子公文相衔接。为了方便用户对档案进行检索，用户可以利用待检索文件的年度和文号，直接点击数据目录树查找该文件；可以根据系统提供的数据检索常用项，直接获得相应的档案数据；可以任意组合查询条件，进行精确检索；还可以输入检

① 孙厚军：《电子公文处理系统的构成特点与开发应用》，《信息化建设》，2005 年第 11 期，第 21～23 页。
② 赵屹：《电子政务环境中电子公文的流程与控制》，《档案学通讯》，2007 年第 1 期，第 47～52 页。

索关键字，对档案数据进行全文检索。

5.2.2　信息资源管理系统

政府系统是信息资源的最大拥有者，开发、管理和利用信息资源是政府日常的主要工作。为使政府部门和社会公众方便快捷地发现、获取所需的政务信息资源，迫切需要建立一套集政务信息资源开发利用、交换共享于一体的信息资源管理系统。信息资源管理系统是指利用计算机硬件系统和软件系统，根据统一的数据标准进行政务信息资源的采集、加工、存储、公开、交换、共享、应用、维护和销毁的管理系统，它能够满足不同部门和业务系统多种模式的数据存取和数据共享需求。

1. 信息资源管理系统的构成

信息资源管理系统主要是通过全面整合政府内各自独立、分散的信息系统内的数据，建立统一的电子政务信息资源处理和交换平台，从而实现政府信息资源的共享。一般来说，这一系统主要包括以下几个子系统。

（1）政务信息资源采集子系统。数据采集人员通过此子系统将收集、发现、提取到的数据录入系统并提交审核。同时，在此子系统中用户还能对新政务信息资源目录进行登记，对已变化的政务信息资源目录提出更新申请，对已失效的政务信息资源目录提出废止申请。与此同时，该子系统还能提供强大的数据整合功能，通过一整套数据标准和数据交换标准，实现原有系统中存储的国家政策、法律法规、公文、总结报告及办公文档等数据向标准数据库的转换；还可利用政务信息资源目录体系对各类政务资源信息进行有效组织和集中管理，便于数据交换与共享。

（2）政务信息资源发布子系统。该子系统主要提供政务信息资源检索查询等功能。用户可以通过该子系统检索查询各类政务信息资源，实现信息发布、领导查询、决策支持、知识库管理、政务信息挖掘以及针对不同用户角色的个性化服务。

（3）政务信息资源管理子系统。该子系统可以对数据生命周期中的草案阶段、试用阶段、标准阶段、废止阶段进行管理，并根据政务信息资源目录体系对政务信息资源目录进行新增、更新、删除管理。

（4）政务信息资源交换子系统。该子系统以政务信息资源目录体系中定义的数据标准为基础，在交换网络中实现跨政府部门业务系统的信息资源传送和处理功能。它还可以利用政务信息资源交换体系，围绕各类政务应用主题，实现政府部门内信息的纵向汇聚和传递，以及部门间在线实时信息的横向交换和业务协同等，为各级政府部门的资源共享和政务协同等提供信息交换服务。

2. 信息资源管理系统的基本应用

信息资源管理系统的任务主要是围绕政府机关信息的采集与整合、信息资源的管理以及内容发布与利用等构建一站式应用平台[①]，便于政府机关与公众能够更便捷、有效

① 赵国俊：《电子政务教程》，中国人民大学出版社，2004 年，第 78～79 页。

地获得各类信息服务。

（1）分布式处理。一站式应用平台以分布式全文检索系统为核心，具有强大的跨服务器、跨平台的分布式处理功能。网络互联并在授权范围内时，用户不论身处何地，只要输入一个检索命令，便能在网络内同时查询所有机关政务信息资源数据库，达到各机关信息资源的完全共享。

（2）信息采集与交换。政务信息资源管理系统可以为电子政务应用系统平台提供多种采集方式。例如，利用 Word 全面整合政府办公中产生的各种数据资源；将高速扫描、光学字符识别（optical character recognition，OCR）与全文检索系统有机结合，对纸质文件进行数字化加工；采集互联网上信息，机关之间可进行基于 XML 标准的信息交换与报送。该系统还可以通过政务信息资源目录体系对政务信息资源进行有效采集和定位，通过政务信息资源交换体系实现各级政务部门的资源共享和政务协同等信息交换服务。

（3）信息资源管理。一站式应用平台除提供对各类电子文档进行数据库管理及全文检索功能之外，还可对图像、音频、视频数据进行压缩存储，并实现与相关文档的自动互联，支持媒体播放。

（4）信息内容发布与利用。信息资源管理系统通过动态信息发布系统将政务信息资源数据库中的信息实时地发布到网络上，进行基于信息内容的分布式全文检索。用户还可以通过信息交换平台对政务信息资源数据库的专题信息资源进行订购，并享受相应的推送服务等。

（5）安全维护。信息资源管理系统提供了基于系统级、数据库级、记录级、字段级的四级安全加密措施，有效保护信息资源库数据的安全，同时，在信息交换过程中进行数据加密传输，满足政府内部应用系统对安全的要求。

5.2.3 视频会议系统

视频会议系统（video conference system）是利用图像压缩编码和处理技术、电视技术、计算机通信技术和相关设备，通过信息传输通道在本地区或远程地区点对点或多点之间进行图像、语音、数据信号双向实时交互式多媒体通信的应用系统。

1. 视频会议系统的发展

视频会议系统是 20 世纪 60 年代由贝尔实验室研制出来的，70 年代陆续投入使用。但当时是以模拟方式传送图像和声音，对信号的进一步处理非常困难，在各方面都不具备良好的推广条件。80 年代，编解码和信息压缩技术的飞跃发展，为视频会议系统的推广提供了条件。90 年代以来，大规模集成电路、压缩算法及视觉生理研究取得了突破性的进展，以及关于视频会议的国际标准的相继制定，使得视频会议系统的发展更为成熟。现在视频会议系统已经成为信息社会不可或缺的工具。

视频会议系统的运用改革了传统的会议形式，创新了会议管理方式，实现了政府会议的网络化、智能化、高效化，大大提高了政府的工作效率。此外，该系统的运用还可以节约会议成本，避免了燃油费、食宿费和会务费等多项支出。依托视频会议系统和移动应急平台，各级政府在处置公共突发事件时，可以运用指挥中心视频、图像等实时传输功能，大大提高了应急指挥调度能力，从而提高了政府应对突发事件的能力。

2. 视频会议系统的构成

视频会议系统由终端设备、传输设备、传输通道及网络管理设备等组成。第一，终端设备主要有编解码器、摄像机、监视器、话筒、扬声器，以及音频、视频合成器等。第二，传输设备由切换、放大、调制解调器接口和图像处理等设备组成。第三，传输通道是会场之间的信号通道，包含全声地点切换设备及电缆、光缆、微波和卫星等多种传输形式。第四，网络管理设备指会场设有组织多点、多会场召开同一会议的核心设备，即多点控制单元及网络管理、测试等设备。

3. 视频会议系统的应用

视频会议系统主要应用在会议发言系统，其包括“圆桌”会议讨论系统、投票表决系统和同声传译系统。

（1）“圆桌”会议讨论系统中，所有话筒之间都用专用线串联起来，最后连接到会议主机，就像在一个不分主次席位的圆桌前开会。在进行大、中型团体会议交流时，会议发言者众多，“圆桌”会议发言系统能保证每个人发言都很方便，同时又便于会议管理。

（2）投票表决系统就是在会议发言系统的每台设备上增加投票表决功能，用来举办选举及投票会议。实现投票表决功能的主要设备有：用来让参会代表进行投票的投票表决器；显示会议议程、代表及会议背景资料、表决结果等信息的资料显示器；用来确认代表身份的代表身份管理器；用来管理复杂的投票表决型会议的投票管理软件。

（3）同声传译系统用于实现国际会议交流。使用不同国家语言的代表坐在一起开会，任何一位代表用任何一种会议工作语言发言时，同声传译员都会进行同声传译。同声传译系统中的译员机可以实现把翻译员所翻译的语言传送到系统中的功能，然后，同声传译系统中的语言分配系统就把同声传译的内容送达每一位参会代表。参会代表可以选听适合的语言，达到会上多种语言无障碍交流的目的。同声传译系统的语言分配系统可分为无线式与有线式两种。无线式设备可流动使用，设备、空间利用率高；缺点是设备昂贵，保密性不如有线式设备。有线式设备便宜、性能稳定、维护费用低、具有保密性；缺点是施工较复杂，不方便流动使用。

5.2.4　决策支持系统

决策支持系统（decision support system，DSS）是辅助决策者通过数据、模型和知识，以人机交互方式进行半结构化或非结构化决策的计算机应用系统。它是管理信息系统向更高一级发展而产生的先进的信息管理系统。

1. 决策支持系统的发展

决策支持系统为决策者提供分析问题、建立模型、模拟决策过程和方案的环境，调用各种信息资源和分析工具，帮助决策者提高决策水平和质量[①]。其功能和特性随着信息技术的发展而不断改进。

决策支持系统于20世纪70年代由美国麻省理工学院的Morton（莫顿）和Keen（基恩）首次提出[②]。它的提出标志着利用计算机与信息支持决策的研究与应用进入了一个新的阶段，并形成了决策支持系统新学科。

Sprague（斯普雷格）于1980年又提出了决策支持系统三部件结构（对话部件、数据部件、模型部件），明确了决策支持系统的基本组成，极大地推动了决策支持系统的发展。这一时期的决策支持系统被称为初级决策支持系统。初级决策支持系统以处理较为复杂的数值性问题为主，其解决问题的途径也以模型导向为主，并未包含决策者的经验、知识，更未包括经过推理、思考而做出的决策。

20世纪80年代末90年代初，决策支持系统开始与专家系统相结合，形成智能决策支持系统（intelligent decision support system，IDSS）。智能决策支持系统充分发挥了专家系统以知识推理形式解决定性分析问题的特点，又发挥了决策支持系统以模型计算为核心的解决定量分析问题的特点，充分做到了定性分析和定量分析的有机结合，使得解决问题的能力和范围得到了很大的发展。智能决策支持系统是决策支持系统发展的一个新阶段。

20世纪90年代中期出现了数据仓库、联机分析处理（online analytical processing，OLAP）和数据挖掘新技术，“数据仓库+联机分析处理+数据挖掘”逐渐形成新决策支持系统的概念，新决策支持系统的特点是从数据中获取辅助决策信息和知识，完全不同于传统决策支持系统用模型和知识辅助决策。

随着计算机网络技术的发展，网络环境的决策支持系统以新的结构形式出现。例如，能供异地决策者共同参与进行决策的群体决策支持系统（group decision support system，GDSS），将分布式的数据库、模型库与知识库等决策资源有机地集成所构建的分布式决策支持系统（distributed decision support system，DDSS）等。

2. 决策支持系统的构成

面向电子政务的决策支持系统是建立在电子政务平台基础上，利用各种模型及技术对政务数据进行定性和定量分析，从而为决策者提供及时、准确、科学的决策信息，解决半结构化或结构化的决策问题的系统。

现今普遍运用的电子政务决策支持系统基本上都是基于数据仓库技术的。所谓数据仓库就是决策支持系统和联机分析应用数据源的结构化数据环境。数据仓库研究和解决从数据库中获取信息的问题。数据仓库的特征在于面向主题、集成性、稳定性和时变性。所以，数据仓库可以为电子政务决策支持系统提供一个全局整合的数据环境，可以提高决策支持系统存储的信息量和基于时间的信息分析能力，从而可以有效提高各级行政机关利用已有的历史数据进行决策的可信度。

---

① 陈文伟：《决策支持系统教程》（第二版），清华大学出版社，2004年，第4页。

② Keen P G W，Morton M S S. Decision Support Systems: An Organizational Perspective. Addison-Wesley, Boston：1978.

3. 决策支持系统在电子政务中的应用

政府既是公共决策的主要制定者和执行者，又是国家信息的最大拥有者，电子政务的建设和发展需要通过建立正确的决策体系和先进的决策支持系统，为各级政府决策提供支持，提高决策的科学性和准确性。

电子政务中决策过程具有以下步骤[①]：①智囊系统利用决策支持系统等信息系统提供的信息，制订各种可行的决策方案；②智囊系统通过电子政务系统提供的平台将决策方案上报给决策系统（一般由负有决策责任的领导担任）；③决策系统将根据决策支持系统生成的决策信息来确定最优的决策方案，并生成必要的决策指令；④决策系统通过电子政务平台把决策指令下发给决策执行系统和监督系统；⑤在监督系统的监督下，由决策执行系统负责贯彻执行决策指令；⑥决策指令的执行情况和结果将通过决策支持系统反馈给智囊系统；⑦智囊系统将根据具体情况向决策系统提供反馈信息或决策修正方案；⑧决策系统针对反馈信息或修正方案确定新的决策，并下发执行。

由此可以看出，把电子政务平台和决策支持系统有机地结合起来，可以大大提高决策的科学性、时效性和适应性。

5.3　协同政务系统

协同政务就是通过再度开发计算机和网络的功能，用信息技术改进传统的政府办公模式，促进政府机构的优化组合和政务流程再造，实现政府各部门的业务协同，从而提高政府工作绩效，并回应公众需求。美国联邦政府甚至在电子政务建设中提出“让人们点击 3 次鼠标把事情办完”的口号，可见协同政务已经成为电子政务发展的新趋势。

5.3.1　协同政务系统的内涵

协同政务系统是一套完整的具有系统性和集成性的应用系统，大致包括体制协同、资源协同和流程协同。

（1）协同政务的开展首先重视体制层面的协调与协同，也就是要求打破原有政府系统内部按部门条块分割的管理体制，强化集中领导，建立总体协调和统筹规划机制。协同政务要求横跨两个或两个以上部门，但政府部门之间协同与企业之间协同存在差异，不但没有经济利益激励，甚至有可能导致既得利益和权力损失，所以一旦涉及自身利益，相关部门会采取各种各样的方法抵制协同。因此，需要从体制上为协同政务的实现奠定基础，如可以建立高层领导和协调机制，保障协同政务流程再造和技术实现过程的顺利进行。

（2）资源协同主要是指政务资源以及信息资源的共享和交换。过去若干年间，我国电子政务建设存在的最大问题就是各部门采取自采集、自用、自成体系的思路，信息资源属于各个部门，形成一座座“信息孤岛”，导致资源重复和浪费，影响行政效率。协同

① 赵国俊：《电子政务教程》，中国人民大学出版社，2004 年，第 84 页。

政务开展的前提条件就是要实现政府信息资源共享，利用信息化手段打破各级政府和部门对信息的垄断和封闭，整合政府信息资源。例如，利用信息资源目录和交换体系策略整合已有信息孤岛，开展部门间的协同工作，实现在线服务的无缝整合[①]。

（3）流程协同关注业务流程的跨组织对接和整合。协同政务系统的主要应用就是使多个政府部门能够在集成的协同政务平台上进行业务协作，从而能够为公众提供“一站式”服务，这就需要在政府业务流程再造基础上，实现业务流程的跨组织运行，保证后端业务系统与前端业务受理平台的有效集成。基于工作流技术的协同政务系统能够将政府工作事务以工作流为线索串通起来，改造与集成现有业务管理系统，实现业务流程的跨部门整合。

5.3.2 政务流程再造

协同政务的价值就是要消除目前电子政务建设中政府职能部门条块分割、各自为政，业务系统纵强横弱、缺乏互联互通的弊端，这就必然涉及组织和业务重构问题，需要从组织上保障协同业务流程再造和技术实现过程的顺利进行。因此，协同政务系统首先要解决的就是政府部门内部、政府部门与部门之间有效互联互通的问题，这就需要通过政务流程再造梳理各政府部门业务流程，简化工作环节，保证业务流程顺畅和后端业务系统全面贯通。

1. 政务流程再造的内涵

政务流程再造（government process reengineering，GPR）的思想与西方发达国家政府再造运动的实践和企业业务流程再造（business process reengineering，BPR）理论有着密切的关系。

1）政府再造与政务流程再造

从20世纪80年代开始，西方发达国家在新技术革命和经济全球化的背景之下，为克服传统官僚制政府管理模式的弊端（如公平与效率的矛盾、政府机构膨胀问题、官僚主义问题、财政危机和信任危机等），掀起了一场被称为“政府再造”的公共管理革命。《摒弃官僚制度》中指出，政府再造就是“对公共体制和公共组织进行根本性的转型，以大幅提高组织效能、效率、适应性以及创新能力，并通过变革组织目标、组织激励、责任机制、权力结构以及组织文化等来完成这种转型过程”。其中一个非常重要的方面就是要求对政府工作流程进行梳理、规范、再造。

那么，如何实施政务流程再造呢？企业业务流程再造为政务流程再造提供了新的思路。

迈克尔·哈默（Michael Hammer）与詹姆斯·钱皮（James Champy）于1993年合著的《改革公司：企业革命的宣言书》中第一次明确地提出了企业业务流程再造的概念。哈默和钱皮在其著作中将业务流程再造定义为：对企业的业务流程（process）进行根本性（fundamental）再思考和彻底性（radical）再设计，从而获得在成本、质量、服务和

---

① 方子昂：《电子政务漫漫协同路》，http://www.e-gov.org.cn/article-37521.html，2006年10月30日。

速度等方面业绩的显著性的（dramatic）改善，使企业能最大限度地适应以“顾客、竞争、变化”为特征的现代企业经营环境。这个定义中，“流程”、“根本性”、“彻底性”和“显著性”是应被关注的四个核心内容。流程是四个关键词中最重要、最关键的词。何谓流程？哈默和钱皮将其定义为：流程是指一系列活动，这一系列的活动将一种或多种输入进行转换，创造出对顾客有价值的产出①。

2）政务流程再造

企业业务流程再造为政务流程再造提供了直接的理论来源，因为管理在这两个领域中有其共同规律，所以在政府管理领域引入企业业务流程再造便有其可能性。政务流程再造即企业业务流程再造的理念和原理在政府中的延伸与拓展。

政府管理活动主要是“有效运用国家权力，将政府的人力、物力、资金、信息等各种资源合理地组织起来，协调政府内部与外部的各种关系，经过组织、领导、控制等一定的行政过程，向社会和公众提供公共产品或服务，以实现国家的职能和目标等一系列活动的集合”②，这些活动中，存在着大量重复性的过程，并且在一定程度上反映着特定管理活动的内在规律性，如果能把同一条件下、同一管理活动的最佳步骤、方法及其先后次序确定下来，形成一种模式，再把它运用于以后的所有同类事务处理过程，就会极大地提高行政效率。这些模式可以被称为政府流程。政府流程是指政府在实施管理的过程中，为达成特定目标所经历的、体现工作规律的稳定的活动步骤的集合③。

政务流程再造就是指在引入现代企业业务流程再造理念和方法的基础上，以“公众需求”为核心，对政府部门原有组织机构、业务流程进行全面、彻底的重组，形成政府组织内部决策、执行、监督的有机联系和互动，以适应政府部门外部环境的变化，谋求组织绩效的显著提高，使公共产品或服务更能获得社会公众的认可和满意④。其具体内涵包括以下几方面。

第一，以流程为中心。传统的政府管理是以职能为中心的，将业务流程人为地割裂开来，容易造成多头指挥，导致效率低下，缺乏整体观念。政务流程再造以流程为中心，排除对流程运行不利的障碍，整合破碎的流程，合并多余的部门及重叠的流程和活动，强调政府各部门之间业务、信息、服务的整合和协同办公，注重整体流程优化的系统性。

第二，以公众需求为核心。传统的政府流程围绕“职能”与“计划”展开，对公众的诉求缺乏了解和回应。流程再造的宗旨，就是要改“职能导向”为“需求导向”，以最大限度地满足公众的需求为核心，在了解公众需求的基础上，从成本、质量、服务和速度等方面改善工作业绩，以提升公众对公共服务品质的满意度，提高政府部门的公信力，实现政务流程再造的价值追求。

第三，以社会管理和公共服务方式创新为基础。政务流程再造是以政府为主体的政府部门在反思传统政府业务流程弊端的基础上，运用网络信息技术，摒弃以任务分工与

---

① Hammer M, Champy J. Reengineering the corporation: a manifesto for business revolution. Business Horizons, 1993, 36（5）: 90-91.

② 宋德福：《中国政府管理与改革》，中国法制出版社，2001 年，第 2 页。

③ 孟庆国、樊博：《电子政务理论与实践》，清华大学出版社，2006 年，第 52～53 页。

④ 姜晓萍：《政府流程再造的基础理论与现实意义》，《中国行政管理》，2006 年第 5 期，第 37～41 页。

计划控制为中心的工作流程设计观念，打破政府部门内部传统的职责分工与层级界限，实现由计划性、串联性、部门分散性、文件式工作方式向动态化、并联化、部门集成化、电子化工作方式的转变，建立以问题诊断为前提，以解决问题为宗旨的服务流程模式。

第四，以综合系统性为特点。政务流程再造既不是工作流程的简化或重组，也不是单纯依靠信息技术实现部门的整合或联动，而是对政府部门的行政理念、发展目标、行为准则、治理模式、制约机制的整体再造。它涉及政府部门内部机构之间、政府部门之间、政府与社会组织之间、政府与社会公众之间的沟通与互动，必然会带来政府部门在组织结构、决策程序、运行机制、评估体系、激励机制等方面的显著变化。

2. 政务流程再造与协同政务系统

对于电子政务来说，“电子”只是手段，“政务”才是核心。要想真正实现电子政务的价值和目标，立足点最终还是要落在政务的发展上，但在信息技术飞速发展的今天，相对滞后的行政管理体制日益成为制约电子政务发展的关键因素之一。因此，电子政务的发展要求行政组织体制必须进行创新以适应时代要求。而且，协同政务作为电子政务发展的新阶段，更是需要在行政管理体制上进行创新，这不单单是优化和简化政府工作流程，而是要根据用户的需求再造政府流程。因此，政务流程再造是协同政务系统实施的组织保障①。

政务流程再造就是要对现实政府的体制、功能和业务流程进行根本性的整合和优化，使其成为一个以公众需求为导向的和服务性的有效政府，并能具有无缝隙性。这些都是实施协同政务所必需的，协同政务系统的建设以政务流程再造为组织保障。

传统政府业务部门的设置是按职能划分的，如财务、环保、工商、税务等，公务的办理也是由当事人到每个部门逐一申办，政府部门工作人员也习惯于这样一套规范的行政方式。而协同政务要求以公众需求为中心，进行“一站式”的服务。例如，某市一个塑胶厂建设审批项目，土地划拨归市自然资源和规划局管，环境问题归市生态环境局管，工厂选址归市自然资源和规划局管，企业纳税归国家税务总局××市税务局管，注册登记归市市场监督管理局管等。要在网上完成审批工作，市自然资源和规划局、市生态环境局、国家税务总局××市税务局、市市场监督管理局等部门的电子政务系统必须要连接起来，分工协作完成项目审批工作。项目审批大致过程如下：企业办事员在项目集中受理中心网站上填写各种申请表格，并将项目申请书以及各种证件、单据、报表等递交给协同政务系统，系统自动进行任务分解，并把办事要求和相关材料传送到各个政府部门，由他们分工协作完成审批任务。审批完以后，系统自动发送电子邮件告诉企业办事员。在这个例子中，各局的应用系统协作完成了项目审批事务，这是一种“协同政务”，企业办事员享受的是“一站式”服务②。

现实情况是，按职能划分的传统政府业务部门是按条线行使职能的，业务系统建设按条线部门进行，政府内部、政府部门与部门之间无法互联互通，使得跨部门之间的业

① 李志刚：《论电子政务发展与政府流程再造的关系》，《理论与改革》，2005年第5期，第33～35页。

② 金江军：《政务也需“协同”整合方是关键！》，http://www.e-gov.org.cn/article-7710.html，2008年9月10日。

务协作难以运行。例如，在市场监管、税务管理方面，市场监管与税务部门在传统上是两个独立的职能部门，但从对企业的监管来看，两个部门的联合管理更有效，而且客观上也需要将其联合起来。例如，一个企业被市场监督管理局吊销执照，可是发票可能还在继续使用，税务部门不易觉察；或者在税务部门吊销了税务登记，市场监管部门的执照可能还在继续使用。这就要求政府进行政务流程再造，打破政府部门“各自为政”的局面，理顺一些涉及多个部门的公共管理体制，关注业务流程和跨部门流程的对接与整合，从组织体制上保障协同政务系统的顺利运行。

5.3.3　工作流管理系统

协同政务系统是要在后台实现多个政府机关之间跨部门的业务协作，从而能够在前台向公众提供“一站式”服务。要想实现部门间业务协同，政府部门内部、政府部门与部门之间就必须能够有效地互联互通，这就需要利用技术手段对现有电子政务系统进行整合。工作流管理系统是协同政务系统中普遍运用的信息技术。

1. 工作流管理系统的概念及功能

1993 年，国际工作流管理联盟（Workflow Management Coalition，WfMC）的成立标志着工作流技术进入相对成熟的阶段。为了实现不同工作流产品之间的互操作，WfMC 在工作流管理系统的相关术语、体系结构及应用编程接口等方面制定了一系列标准，并给出了工作流的定义。工作流，是指一类能够完全或部分自动执行的业务过程，表现为参与者对文件、信息或任务按照规程采取行动，并令其在参与者之间传递①。

工作流管理系统（workflow management system，WfMS）是一个软件系统，它完成了工作流的定义和管理，并按照在系统中预先定义好的工作流逻辑进行工作流实例的执行②。工作流管理系统不是业务系统，而是为业务系统的运行提供一个软件支撑环境。它的基本功能体现在以下几个方面③。

（1）定义工作流，主要指对工作流过程及其组成活动的建模、定义。利用一个或多个建模技术与工具，完成实际的业务过程到计算机可处理的形式化定义的转化。

（2）运行控制，在运行环境中处理工作流过程并为过程活动定序。在完成了过程定序后，所生成的工作流模型将由工作流执行服务软件进行实例创建并控制其执行过程。工作流执行服务对使用工作流模型描述的过程进行初始化、调度和监控过程中每个活动的执行，在需要人工介入的场合完成计算机应用软件与操作人员的交互。这样，工作流执行服务就实现了在模型中定义的业务过程与现实世界中实际过程之间的连接。

（3）运行交互，跟最终用户和 IT 应用工具进行交互。在工作流管理系统的运行过程中，人和应用工具是完成整个业务过程的主体。工作流定义工具、工作流执行服务和任

---

① 胡晓惠、陈欣、周莺：《电子政务实用技术读本》，电子工业出版社，2002 年，第 275 页。

② 肖乐、郎博：《基于工作流管理系统的电子政务系统应用与研究》，《水利电力机械》，2007 年第 29 卷第 1 期，第 60～63 页。

③ 范玉顺：《工作流管理技术基础——实现企业业务过程重组、过程管理与过程自动化的核心技术》，清华大学出版社，2001 年，第 36～53 页。

务表管理器都是为完成业务过程和支持人员工作提供的运行环境和工具。具体的人机交互操作包括：创建、修改和发布业务过程模型；按照工作流任务管理器提供的任务项，完成具体的业务处理工作；检查、监控系统的执行情况，对系统中出现的意外情况进行紧急处理等。

2. 工作流管理系统参考模型

工作流管理系统参考模型定义了工作流应用程序结构之间的接口，这些接口允许程序在不同层次上的交互操作。目前工作流系统产品不下百种，不同的产品其部件的功能不同，为了完成工作流产品之间的交互操作，使其部件接口和数据交换格式标准化就显得特别有必要。图 5-3 是 WfMC 定义的工作流管理系统参考模型，包括工作流的主要部件及其接口①。

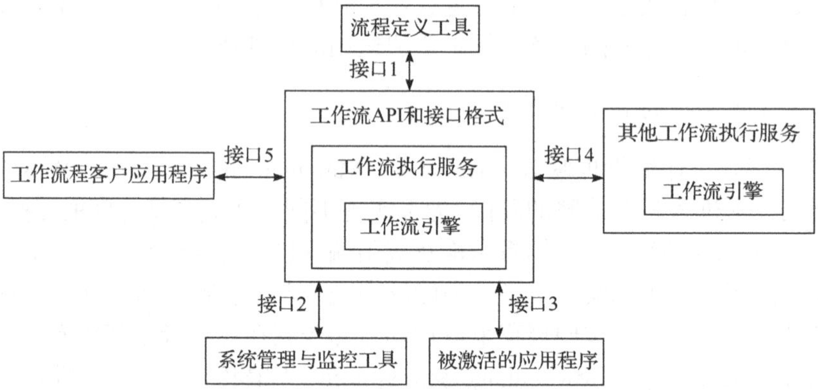

图 5-3　工作流管理系统参考模型

资料来源：马献明、严小卫：《工作流管理系统研究》，《广西师范大学学报（自然科学版）》，2001 年第 19 卷第 2 期，第 26～30 页

（1）流程定义工具。给用户提供一种对实际业务流程进行分析、建模的手段，并生成可被计算机处理的业务流程的形式化描述。流程定义工具通过接口 1 与工作流执行服务交互。接口 1 也称工作流流程定义读/写接口，它为流程定义与工作流执行服务之间的信息交换提供了标准的接口格式和应用程序接口（application programming interface，API）调用。图 5-3 中的 5 个接口统称为工作流 API。

（2）工作流执行服务。工作流引擎作为工作流管理系统的核心部分，主要提供对于工作流定义的解析以及流程流转的支持。通过一个或多个工作流引擎，可以激活并解释执行流程定义的全部或部分业务信息，并同外部的应用程序进行交互来完成工作流程实例的创建、执行和管理，然后生成有关的工作项或任务，通知用户进行相应的处理等。

某些大型的分布式的工作流管理系统需要多个工作流引擎来共同完成，一个大的工作流程可能包含多个子流程，并且某些子流程可能需要其他异质的工作流执行服务来完成。这就需要多个工作流管理系统进行交互协作，而接口4（互操作 API）则为异质工作

① 马献明、严小卫：《工作流管理系统研究》，《广西师范大学学报（自然科学版）》，2001 年第 19 卷第 2 期，第 26～30 页。

流执行服务提供了互联模型、互联一致性及操作元素的定义和标准。

（3）客户应用程序。处理流程实例执行过程中需要人工干预的任务，包括处理时间限制等的一些处理上的细节要求及待处理的数据对象。工作流管理系统为每个用户都维护了一个任务列表，它表示当前需要该用户处理的任务。客户与工作流执行服务通过接口 5（客户应用程序 API）进行交互，接口 5 规范了用户的会话连接、流程控制、活动控制、流程状态、活动状态、任务列表的处理和流程实例的管理等。

（4）被激活的应用程序。在流程实例的执行过程中，被激活的应用程序被调用来对各种应用数据进行处理。接口 3 提供了一些标准的服务 API，如本地调用、远程调用、会话建立、活动管理等。

（5）系统管理与监控工具。负责对工作流管理系统中流程实例的状态进行监控和管理，如用户管理、审计管理和资源控制等。它与工作流执行服务通过接口2（管理与监控 API）进行交互，接口 2 规范描述了流程执行过程中发生的各种事件所捕获和记录的信息格式，如流程实例信息、远程操作信息等。

3. 工作流管理系统在协同政务中的应用

任何政府部门都是一个有机整体，都是以人为中心来运作的，组织内的人、财、物、信息都是紧密关联的，并以与自身相适应的工作流来运转。协同政务系统强调以工作流表单为核心，组织内的各部门和各要素相关联，协同运作来服务整体。从政府业务应用的角度来看，因为工作流管理系统能够“所见即所得”地管理政府日常的业务工作，能够将所有的工作事务以工作流为线索串通起来，形成多事务、多人员、多部门、多组织的协同互动。因此，工作流管理系统成为协同政务系统的核心。

工作流管理系统是一个人机结合的系统，从现今开发的协同软件来看，工作流基本上是作为其中最为核心的功能组件，在公文处理、档案管理、会议管理、人事管理、项目管理等事务上被广泛调用。用户可以通过人机交互界面灵活地设置各类不同管理表单和工作流程，以工作流管理思想为基础，构建与整合各类业务应用系统。从其应用过程来说，工作流管理系统大多经历了政务流程建模、优化政务流程、系统开发和系统执行四个阶段[①]。

（1）政务流程建模阶段。政务流程建模阶段的主要任务是根据政府部门的工作流程建立流程模型（工作流模型），即用计算机可处理的形式来描述工作流程，这是分析流程与实现工作流管理的必要基础。这里要强调政府部门之间的业务协同，即在构建政务流程模型上要充分考虑各个部门之间的沟通与协调，注重跨组织流程的对接和整合。通常应从组织、资源和业务流程几个方面来确定政务流程模型，建立相应的组织图、资源图和流程图。

（2）优化政务流程阶段。流程优化是运用静态或动态的模型分析方法和手段来分析已经建立的流程模型，发现其中可能存在的死锁或瓶颈问题，并在此基础上改进或优化

---

① 肖乐、郎博：《基于工作流管理系统的电子政务系统应用与研究》，《水利电力机械》，2007 年第 29 卷第 1 期，第 60～63 页。

工作流模型，从而达到规范、简化政务流程的目的。

（3）系统开发阶段。本阶段根据优化后的工作流模型建立相应的信息系统、数据库系统来实施工作流管理系统。由于工作流模型的建立方式实现了流程逻辑和应用逻辑的分离，因此可以在不修改具体功能模块实现方式的情况下通过修改流程逻辑来改进系统性能，实现对政务流程的集中管理。

（4）系统执行阶段。本阶段根据优化的工作流模型创建流程实例、调度和控制业务过程中活动的执行。执行过程中，系统监控业务流程和工作流系统的运行情况，并根据运行监控结果对流程实例的执行进行人工干预。

5.4 电子监察系统

电子监察是行政监察机关或政府部门利用现代网络科技手段将执法监察、效能监察和廉政监察融为一体,在线动态监控各政府部门及其行政人员服务状况的新型监察方式。电子监察系统则为这种新型监察方式提供了硬件环境和实施平台。电子监察系统是根据监察机关信息化的迫切需要，为改善业务部门的业务手段，加大监控力度而专门设计开发的计算机网络系统。电子监察系统是一套综合性的应用系统，主要包括行政审批电子监察系统、政府采购电子监察系统和信访办理电子监察系统等。

5.4.1 行政审批电子监察系统

行政审批是行政审核和行政批准的合称。行政审核又称行政认可，是行政机关对公民、法人或其他组织申请事项的合法性、真实性进行审查、认可；行政批准又称行政许可，是指行政机关根据公民、法人或者其他组织的申请，经依法审查，准予其从事特定活动的行为。行政审批的实施程序一般包括申请、受理、承办、审核、批准、办结，即公民、法人或者其他组织从事特定活动依法需要取得行政审批的，应先向行政机关提出申请，行政机关对于申请人提出的行政审批申请，根据相关法律法规决定是否受理，对于受理的事项根据法定条件和程序将申请人提交的申请事项交给相应部门办理，并对材料进行审核，而后在法定期限内按照规定程序做出是否批准的决定，办结该审批事项。

行政审批是各国政府行使行政权力的最直接方式和表现形式之一，然而，监管体制不健全、监管手段落后等使行政审批成为权力腐败的高发区。因此，为从根本上规范审批，除从法治上予以规范外，还需要采用先进的监察手段，行政审批电子监察系统的运用就是这方面的积极探索。行政审批电子监察系统是利用计算机网络等信息化手段建立的专门用于行政监察机关监督各行政部门行政审批实施情况的系统。它是电子政务应用中的一种专业化应用，也是电子监察系统中最核心的组成部分。

1. 行政审批电子监察系统的构成

行政审批电子监察系统主要由三大部分构成，即行政审批业务信息监察系统、视频监控系统、行政审批网站。

一般而言，行政审批业务信息监察系统是利用计算机网络等信息化手段建立的专门用来监察各行政部门行政审批实施情况的电子政务应用系统，采用的是“过程控制应用”的工作原理。其包括：①系统通过数据采集系统与分散的各个行政部门审批业务系统连接，从中采集每一事项审批中从受理、承办、审核、批准到办结的有关数据；②以这些数据为依据，利用软件设计的方法在监察中心的显示屏上再现各个事项审批过程，提供实时监察、预警纠错、绩效评估和信息服务等各种监察业务功能；③利用互联网缩短与公众和企业的距离，提供政务公开、进度查询、投诉举报等各种便捷的信息服务。

视频监控系统通过在行政服务大厅和大厅以外的主要审批服务点安装视频监控设备“电子眼”，从而实现对办公现场的远程视频图像监控，是电子监察系统的一个重要组成部分。

行政审批网站属于外网网站，是政府和公民进行沟通交流的平台，主要提供行政许可信息发布、互动交流、网上投诉、表格下载、法律法规查询等服务，同时接受群众投诉，公民通过互联网就可以登录。

这三部分相互配合构成了行政审批电子监察系统，为最大限度地发挥系统功能提供了有力的保障。

2. 行政审批电子监察系统的基本应用

行政审批电子监察系统主要是通过统一的数据交换平台实时采集各行政部门的行政审批数据，全盘掌握行政审批的运行情况。在采集行政审批业务数据的基础上实现业务自动监控，对超时办理提出“黄牌”“红牌”警告，对违规行为进行监督处理，对行政审批进行绩效评估，从而达到规范行政审批行为、提高行政效能的目标。具体来说，其应用包括以下几方面[①]。

（1）数据采集。行政审批电子监察系统包括行政审批电子监察数据采集系统。数据采集系统按照“数据采集规范”，通过与各行政审批部门的审批业务系统实现数据连接，采集有关数据。其主要采集的数据项包括：审批事项受理基本信息、审批事项办理过程信息、审批事项办结信息、项目推进应用进度信息、监察部门日常处理信息、各下级行政区域的统计分析信息等。一般采取自动采集方式，有两种实现方法：一是通过设置一个中间数据库作为数据交换的媒介，各个审批业务系统先将数据送入这个中间数据库，然后由专门的交换程序从中直接取出数据进行处理；二是通过 Web Service 技术，对于每一项需要的数据，在服务端开发出统一的外部接口，由各审批系统通过此接口报送数据。

（2）实时监控。一方面，运用电子监察数据采集系统与行政审批部门的行政审批业务系统直接对接，自动实时采集每一项行政审批办理过程的信息，使监察机关即时、全面、同步地监控审批实施的全过程；另一方面，视频监控系统和现场录音可对有关行政

---

① 阳天、黄泽琳：《科技:引发行政监察工作新变革——深圳市开发建设“行政许可电子监察系统”》，《中国监察》，2004 年第 24 期，第 13 页；刘晓婧、郑娥：《诠释行政监控新概念——以深圳市行政审批电子监察系统为例》，《法制与社会》，2008 年第 17 期，第 136～137 页；张荣久：《行政许可网上监察系统——一个成功的电子政务案例》，《电子政务》，2005 年第 11 期，第 59～63 页。

审批的主要办公现场情况进行现场监控。电子监察系统可以完成三方面的实时监控。①综合监控。通过数据采集可以全面掌握行政审批的办理情况，根据实际需要进行各种方式的统计分析和综合查询，随时掌握最新的动态数据。②过程监控。系统可以对每一项行政审批的受理、承办、审核、批准、办结环节实施全过程网上监控。③异常监控。主要是对不予受理、不予批准、补交告知以及因审批决定引起行政复议或行政诉讼等情况实施的监控，目的是防止审批过程中发生违规操作的行为。

（3）预警纠错。预警是指所办理的行政审批事项到了法定期限的最后一个工作日，电子监察系统自动发送手机短信，提醒相关业务人员及时办理。在系统发出预警后仍未及时办结的，超过一个工作日的，电子监察系统自动发出黄牌警告，并发出短信通知相关业务科室负责人。电子监察系统已经发出黄牌警告，下一个工作日内仍未及时办结的，电子监察系统自动发出红牌警告，并发送手机短信，通知相关单位的业务分管领导。

（4）绩效测评。系统根据量化标准，自动对各部门、各岗位的行政效能进行打分、考核和排名。例如，深圳市政府制定了《深圳市政府绩效评估指标体系》，依据该标准，从行政业绩、事务性行政效率、执行力建设、行政成本 4 方面共 24 个子项对市政府直属单位进行综合评估。从经济调节、市场监管、社会管理、公共服务 4 方面共 42 个子项对各区政府进行综合评估。以重大工作（以市委、市政府文件形式明确的工作）为主线，对市委、市政府年度重要工作、省级以上重要工作完成情况进行专项评估。该系统克服了人为因素的影响，完全以系统实时采集和监控的数据资料为考评依据，考评结果实事求是、公正客观，具有较强的公信力。同时，考评结果会每月在内网、外网和新闻媒体上向各级领导和社会公布，接受群众和社会各界的监督。

（5）信息服务。系统可为群众、各级领导和监察机关自身提供多种信息服务。系统设置统计分析子系统和综合查询子系统，可以按照固定条件、自定义条件和模糊查询等方式灵活统计和查询行政审批实施的有关信息。

（6）投诉处理。通过电子监察网站接受群众的网上投诉，并结合行政审批电子监察系统的投诉处理子系统相关投诉，投诉处理的结果将作为绩效测评的依据。

5.4.2 政府采购电子监察系统

政府采购是指国家各级政府为从事日常的政务活动或为了满足公共服务的目的，利用国家财政性资金和政府借款购买货物、工程和服务的行为。政府采购有多种方式，如公开招标、邀请招标、竞争性谈判、询价等。不同的采购方式，其采购程序有所不同。从一般意义上来说，政府采购程序包括编制政府采购预算、制订采购计划、实施采购和结算。

政府采购的主体是政府，政府是一个国家内最大的单一消费者，购买力非常大，动用的资金额也非常大，在政府采购过程中很容易滋长政府机关的官僚作风和官员腐败。因此，必须对整个政府采购过程进行有效监控。政府采购电子监察系统正是实现这一目的的有效手段，它能够强化对政府采购项目的监管，推动采购当事人依法采购，提高采购效能。

政府采购电子监察系统主要通过采集政府采购业务系统中各个环节、各单位的信息数据，实时掌握政府采购情况，从而对操作流程、专家管理以及采购计划等情况是否规范进行监察，并在此基础上进行绩效评估、考核[①]。其工作原理和系统结构与行政审批电子监察系统相似，是电子监察系统的重要应用之一。这一系统的基本应用包括以下几方面。

（1）全程监察。根据公开招标、邀请招标、竞争性谈判等不同采购方式，对采购的事前、事中、事后三大环节进行全方位监控。将电子监察数据采集系统与政府采购部门业务系统直接对接，自动实时采集每一项政府采购过程的信息，使监察机关即时、全面、同步地监控实施的全过程。运用电子监察系统和视频监控系统在政府采购中心的招投标大厅、评标室等工作区设置视频监控点，对政府采购进行实时监控。

（2）预警纠错。系统对政府采购活动中的异常、违规情况及时发出“红、黄牌警告”，并予以纠正。例如，政府采购中，如果废标没有给出相应的废标理由，电子监察系统会做出“提示”；如果项目没有列入政府采购计划，则显示“异常”；如果选择中介机构不符合规定，则认定“违规”；如果超出时限，则发出“红、黄牌警告”。

（3）查询统计。系统设置统计分析子系统和综合查询子系统，用户可以按照固定条件、自定义条件和模糊查询等方式灵活统计和查询政府采购的有关信息，包括政府采购招标公告、招标标的内容、采购单位、交付标的时间、采购进展等信息。

（4）绩效评估。系统根据设定的绩效指标和标准，自动对政府采购项目效能进行评估，划分等级。

5.4.3 信访办理电子监察系统

信访是指公民、法人和其他组织采用书信、电话、走访等形式，向各级人民政府、县级以上各级人民政府所属部门反映情况，提出意见、建议和要求，依法应当由有关行政机关处理的活动。对于群众来信，相应信访处理部门要进行收件登记，根据所反映问题的类型转交给相应部门办理并进行反馈。对于群众来访，相应部门要进行接访，并对群众所反映的问题进行调查处理，而后给予答复。信访办理是保证公民权益得到保护、公民呼声得到响应的重要渠道，因此必须督办信访业务的处理。在电子监察系统中，信访办理电子监察系统是其监察功能的主要应用。

信访办理电子监察系统主要监察信访业务的全过程，包括对主要环节的业务数据进行统计、分析、决策，并对信访办理过程中的异常情况进行实时监督、预警，纳入绩效考评和责任追究。系统主要从信访业务办理系统中采集主要环节的信息进行监察，其工作原理和系统结构与行政审批电子监察系统类似[②]。信访办理电子监察系统的主要功能是监督并推动信访业务的处理。其应用包括以下几方面。

（1）全程监察。将电子监察数据采集系统与信访部门业务系统直接对接，自动实时采集信访过程中主要环节的信息，使监察机关实时动态地监察信访业务全过程。

---

① 王量迪：《电子监察系统的余姚实践》，http://news.cnnb.com.cn/system/2008/08/04/005708604.shtml，2008 年 8 月 4 日。

② 王量迪：《电子监察系统的余姚实践》，http://news.cnnb.com.cn/system/2008/08/04/005708604.shtml，2008 年 8 月 4 日。

（2）预警纠错。及时发现和处置信访工作中的异常情况。例如，发生行政机关对属于其法定职权范围的信访事项不予受理的，未在规定期限内书面告知信访人是否受理信访事项的，对信访事项有权处理却在办理信访事项过程中推诿、敷衍、拖延信访事项办理或者未在法定期限内办结信访事项等情况，给予预警、黄牌警告或红牌警告。

（3）查询统计。系统设置统计分析子系统和综合查询子系统，用户可以按照固定条件、自定义条件和模糊查询等方式灵活统计和查询相关信息，如地方来信来访统计表、信访办理进程情况等。

（4）绩效评估。系统根据设定的绩效指标和标准，自动对信访办理效能进行评估，划分等级。

本 章 小 结

政府内部应用系统是指在政府系统各部门内部及其之间利用先进的网络信息技术实现办公自动化、管理信息化、决策科学化和服务一体化的信息系统，其主要内容涵盖政府内部办公自动化系统及其部门之间的协作系统。政府内部应用系统具有互联互通性、信息共享性、高效性、安全性等特性。

政府内部应用系统包括内部办公系统、协同政务系统和电子监察系统。内部办公系统主要包括公文处理系统、信息资源管理系统、视频会议系统和决策支持系统。协同政务系统是一套完整的具有系统性和集成性的应用系统，包括体制协同、资源协同和流程协同。电子监察系统被比较广泛地运用于行政审批、政府采购、信访办理等领域工作的监察。

关 键 术 语

公文处理系统；信息资源管理系统；决策支持系统；政务流程再造；协同政务；电子监察。

练习与思考题

1. 如何理解政府内部应用系统的地位？
2. 政府内部应用系统具有哪些功能特性？
3. 电子公文系统的基本应用有哪些？
4. 信息资源管理系统由哪些要件构成？
5. 决策支持系统的基本结构是什么？
6. 如何理解协同政务的内涵？
7. 如何认识政务流程再造与协同政务系统的关系？
8. 行政审批电子监察系统具有哪些功能？

案　例

广东移动政务办公平台“粤政易”上线 推动数字政府建设①

2020 年 8 月 25 日，“粤政易”APP 正式上线。作为广东数字政府改革建设的重要成果之一，“粤政易”由省统一建设、分级管理，是供省内各级政务工作人员处理公文、信息、事务的移动办公平台，在腾讯政务微信系统的保障下持续助力广东公职人员“掌上办公”。自 2019 年试运行以来，“粤政易”已为广东省 21 个地市、1.8 万家单位，逾 80 万名用户开通账户，累计访问量超 1700 万次，日均工作交流信息 80 多万条，累计交换公文超过 250 万份，公文处理的效率提升超过 40%。

“粤政易”目前已有高清在线会议、重点数据汇聚展示、智慧党建等应用功能。具体来看，高清在线会议功能，有力支撑了全省的远程交流和应急指挥。“粤政易”接入粤视会远程视频协作平台，支持高清流畅的移动音视频会议，可与 PC 端、移动端等视讯无缝衔接。各职能部门可通过粤视会开展多方会议，完成上传下达、移动入会、指挥调度、远程培训、应急巡查等视频互动协作工作。

同时，“粤政易”还打造智能“工作台”，将省内工作重点数据汇聚提炼并可视化呈现，辅助科学高效决策。同时，“粤政易”已开辟出信息汇集平台——“数看广东”“粤政头条”，方便公职人员便捷获取政务信息，掌握经济社会运行情况。“数看广东”涵盖气象资讯及台风路径等民生服务，也开设好差评、政务公开、效能监管等政务数据专栏，有效提升政务服务效能。“粤政头条”开设全省要闻、地市要闻两大板块，为全省公职人员提供丰富的政务、党建、民生及其他信息聚合等服务，打造最具影响力的公务信息资讯聚合平台。

在当下“互联网+政务”时代，政府内部办公系统的政务数据体量大、机密性强，信息管理安全问题值得重视。基于此，“粤政易”构建了政务级安全保障体系，通过一人一密、加盖“水印”、远程数据擦除以及 VPN 隧道等安全保护措施，有效解决手机遗失、截屏、数据传输带来的信息泄露，从网络通信、服务端和客户端等方面对用户数据进行高强度、多层次的加密保护，杜绝了即时通信信息被拦截和窃听的可能。

近年来，除“粤政易”外，广东省不断创新政务服务移动平台和模式，打造了“粤省事”“粤商通”等一批深受社会欢迎的“粤系列”数字政府服务品牌。“粤省事”平台推出两年来，平台注册用户数超过 6500 万，累计上线 1195 项服务。“粤商通”平台为企业提供“一站式、免证办、营商通”贴身服务，截至 2020 年注册企业和个人用户超过 220 万。广东政务服务网上可办事项超过 14 万项，政务服务一体机已在东西北偏远乡镇

① 改编自：《广东移动政务办公平台“粤政易”上线 推动数字政府建设》，http://www.cac.gov.cn/2020-08/27/c_1600085991156988.htm，2020 年 8 月 27 日；《政务微信助力搭建“粤政易”正式上线，打造广东全省公职人员移动办公平台》，http://www.ce.cn/xwzx/gnsz/gdxw/ 202008/26/t20200826_35607480.shtml，2020 年 8 月 26 日。

和村居试点部署900台，打通政务服务“最后一米”，实现群众家门口办事。

党的十八大以来，以习近平同志为核心的党中央从推进国家治理体系和治理能力现代化全局出发，准确把握全球数字化、网络化、智能化发展趋势，围绕实施网络强国战略、大数据战略等做出了一系列重大部署。当前，各级政府业务信息系统建设和应用成效显著，数据共享和开发利用取得积极进展，一体化政务服务和监管效能大幅提升，“办公自动化”“一网通办”“一网统管”“一网协同”等创新实践不断涌现，数字治理成效不断显现，开创了数字政府建设新局面。

请思考：

1. 结合案例，谈谈“粤政易”在政府办公过程中发挥了什么作用。
2. 结合案例，谈谈我国政府内部应用系统的建设意义。

第 6 章

政府公共服务系统

根据《“十四五”推进国家政务信息化规划》，“十三五”时期我国电子政务外网实现了四级骨干网络100%全覆盖，依托已有数据中心基础，形成“1+3”的国家电子政务云数据中心体系，各地方各部门政务云平台建设全面提速，初步形成数云网一体融合的公共基础设施。

政府公共服务系统是指实现政府对公民、企业和社会应用模式的系统，即 G2C 和 G2B 系统。政府公共服务系统旨在对外提供便捷、快速、有效的公共服务，直接体现了电子政务的技术水平和政府部门的服务理念。它主要包括政务公开系统、信息交换系统和电子治理系统三个应用子系统，其中政务公开是基础，信息交换是核心，电子治理是目的，三个系统相辅相成、缺一不可。公共服务系统建立和完善的目标是将政府服务的所有内容都纳入系统，通过优化和完善信息终端系统来提升公众对公共服务体系的认识与接受度，进而促进公众对该系统的广泛使用，推进服务型政府的建设进程。

6.1 公共服务系统概述

公共服务有广义和狭义之分。广义的公共服务是指凡是政府的行为，即不论是从事经济调节、市场监管的活动，还是直接从事社会管理和公共服务的活动，都属于广义的公共服务的范畴。狭义的公共服务则是指那些能直接满足公众的生活、生产活动需求的政府行为。本书使用狭义的公共服务的概念。

6.1.1 公共服务系统及其地位

1. 公共服务系统的组成

在电子政务总体框架中，公共服务系统是对公众和企事业单位的应用系统之一。它是指政府部门根据社会和公众的服务需求，利用互联网技术等为不同对象提供各种具体服务的信息系统①。

公共服务系统由政务公开系统、信息交换系统和电子治理系统三个应用系统组成。其中，政务公开系统主要包括政策法规公开系统、政府信息公开系统、政务流程公开系统；信息交换系统主要包括网上审批系统、网上纳税系统、网上政务咨询系统；电子治理系统主要包括限时办结系统、电子监察系统、网络舆情监控系统。

2. 公共服务系统的工作内容

公共服务系统的工作内容包括综合业务查询、政策类信息、参数类信息、个体性数据、网上咨询服务、网上职介服务、网上审批服务、网上纳税和缴费、信访投诉和政策建议等栏目。各级政府完善公共服务平台建设之后，将政府部门的门户网站接入国际互联网，就可以统一办事程序，提供一站式网络服务。当然，公共服务平台还包括有声的电话咨询服务，主要是根据电话咨询服务中心在公共服务平台中方便、直接、快捷的特点，由政府部门进行规划建设，统一使用专用号码，统一服务流程，统一服务标准，实现人工应答和自动语音查询服务。

我国公共服务平台的建设方向是：统一门户、统一形象、统一流程，由静态查询向动态查询发展，由单向查询向交互咨询发展，由简单查询向事务办理发展，由本地服务向异地服务发展，争取在“十四五”规划期间，实现以下目标：构建统一的门户网站，推动政务服务“一网通办”；整合咨询服务热线，实现“一号响应、服务全城”的“一线通”服务；以及深化政务服务中心功能，打造“只进一扇门、最多跑一次”的“一站式”服务体验，全面提升政务服务效能与民众满意度。

3. 公共服务系统的地位

公共服务系统在政府建设中有重要的作用和不可替代的地位。

（1）公共服务系统有利于提高公共资源整体配置效率。公共服务系统的建立，实际就是统一管理、功能完备、内容标准、格式规范、方便易用、安全稳定的政府公共服务平台的建立。这个系统是上下同步、规范统一的政策法规公开系统、政府信息公开系统和政务流程公开系统，它可以达到整合和引导优质公共资源，提高全社会资源配置效率的目的。

（2）公共服务系统有利于进行信息交换，健全公共服务供给的体制和机制。建设公共服务系统，完善网上审批、网上办税和网上咨询，有利于强化各级政府和政府各部门的责任意识，有利于引导政府树立以公共服务为中心的观念，从而有利于健全公共服务供给的各种体制机制。

（3）公共服务系统有利于实施电子治理。公共服务系统方便公众参与政府管理和监督，从而有利于推动决策的科学化和民主化，有利于提升政府在公众中的公信力。

（4）公共服务系统有利于提高政府管理能力和国际竞争力。在经济全球化、政治多极化和文化多元化日益深入发展的背景下，政府作为社会资源配置最重要的主体，其竞

---

① 吴爱明：《电子政务教程：理论·实务·案例》，首都经济贸易大学出版社，2004 年，第 180 页。

争力已经成为决定国家核心竞争力的重要因素，而政府竞争力又直接取决于其在资源配置中的管理能力和效率。因此，完善政府公共服务系统，提高公共服务水平，已经成为政府不断提升管理效能和竞争力，应对国际竞争的战略性选择。

6.1.2　公共服务系统的功能、特性及主要内容

1. 公共服务系统的功能

公共服务系统的基本功能有信息发布、信息交换与共享、公务处理与监督等。

（1）信息发布是公共服务系统第一位的功能。各国电子政务发展的进程都表明，信息发布是电子政务发展过程中首先实现的功能，同时也是电子政务最重要的功能之一。就电子政务发展的一般规律而言，政府总是从利用和发挥电子政务的这项功能起步，逐步进入信息交互以及网上办公的。

（2）信息交换与共享是网上全程办事代理的关键。公共服务系统可以创新协同办公模式，即打破传统政府各部门独立封闭的工作模式，实现对公众的“一条龙”网上办事服务；而其实质是“面向公众、以人为本”，突破部门界限，延长政府部门的服务链条。

（3）公务处理与监督是利用公共服务系统提高政府机关自身素质的重要方法。公共服务系统可以对业务申请人、承办人、受理与否、办理意见、办理结果等监察点进行全方位、实时的督促、监察，从而对网上办公的不作为、乱作为进行实时监督，及时发现和弥补审批过程中的薄弱环节，确保为民服务的精细化、智能化，提高监察工作的针对性、时效性和科技含量，从而形成高效、公开、透明的网上效能监察机制。

2. 公共服务系统的特性

公共服务系统的特性可以从系统的设计层面和使用层面两个方面来看。

（1）从系统设计的层面来看，公共服务系统具有先进性、可靠性、实用性、安全性、开放性、可扩展性以及可维护性的特性。第一，先进性是指系统采用了当代主流技术，既考虑了应用平台和工具的先进性，又考虑了系统结构和应用设计的先进性，以保证适应政府公共服务发展的需要。第二，可靠性是指系统设计采用成熟、稳定、可靠的技术，保证系统不间断地安全运行。第三，实用性是指根据业务需求和业务流程，从方便用户使用的角度进行系统设计、功能和模块划分，工作流程设计简洁流畅。第四，安全性是指系统建设符合用户对信息安全管理的要求，建立了完善可靠的安全保障体系，对非法入侵、非法攻击和网络计算机病毒应具有很强的防范能力，确保系统具有严格的身份认证功能，并有相应的技术手段对数据安全和操作安全加以保护。第五，开放性是指系统遵循已有的国际标准和国内标准，采用多种先进技术和产品，使系统具有较强的生命力和先进性。第六，可扩展性是指在系统设计时考虑到新技术、新产品的出现对原系统的兼容性；当业务需求、外部环境发生变化时，可以扩展系统的功能和性能。第七，可维护性是指系统具有良好的结构，各个部分有明确和完整的定义，使得局部的修改不影响全局和其他部分的结构和运行。

（2）从系统使用的层面上来看，公共服务系统具有公众性、公益性、不间断性、易使用性、集成性、个体性以及互动性的特性。第一，公众性是指公共服务系统的服务对

象不是政府机关自身，不是某一个特定的企业，也不是社会上某一个特殊的群体，而是包括各类人群和组织在内的所有政府服务对象。第二，公益性是指公共服务系统是政府无偿提供给公众使用的，所提供的服务项目以公众的利益为出发点和落脚点，公众一般只需要支付必要的通信费用，无须为系统的维护和升级支付额外的费用；虽然某些服务项目收取了工本费，但与商业性质的服务相比并不存在赢利的目的。第三，不间断性是指公共服务系统追求的就是 7×24 小时的不间断服务，即全国全时段全天候的服务，突破了传统公共服务的时间和空间限制,可以让公众随时随地地享受政府提供的各项服务。第四，易使用性是指公共服务系统一般都简洁、直观，符合公众的思维方式和工作习惯，适合各种不同层次的人群使用，尽量减少服务的层次和不必要的工作过程，使公众在使用时一目了然，便于快速掌握寻求帮助的操作方法。第五，集成性是指公共服务系统以服务社会为导向，具有很强的集成性特点，通过整合政府不同部门的职能，甚至再造政务流程，让公众享受“一站式”的政府服务。第六，个体性是指社会的多元化造就了个性化的文化特征，公众需要的不再是传统模式下的统一、粗放型的服务，而是能够选择服务项目、针对性地解决问题，并保护隐私的公共服务，现代公共服务系统在个性化服务方面表现优越，完全可以实行“一对一”式的特殊服务。第七，互动性是指公共服务系统在服务主体和客体之间建立了一座良好的互动桥梁，公众可以通过系统对服务的内容、程序发表意见，政府则可以通过公众的意见反馈随时洞悉绩效，并据此改进工作。

3. 公共服务系统的主要内容

公共服务系统的主要内容可以从服务方式和服务对象两个方面来看。

从服务方式来看，公共服务系统的内容主要有：①电话服务，即由政府部门进行规划建设，统一使用专用号码，统一服务流程，统一服务标准，实现人工应答和自动语音查询服务；②网站服务，即由政府建立门户网站，统一门户、统一形象、统一流程，由静态查询向动态查询发展，由单向查询向交互咨询发展，由简单查询向事务办理发展，由本地服务向异地服务发展，为公众提供互联网服务；③窗口服务，即由政府建立行政服务大厅，统一规划、统一部门、统一协调，使社会、公民、法人或者其他组织在办理相关业务时，能够最大限度地体验“一站式”的优质服务；④触摸屏服务，即由政府部门根据社会和公众的需要，选择人口稠密、流动性大的地点建立网络服务终端，便于通过终端机随时随地为公众提供信息服务；⑤卡服务，即由政府制发集多种服务功能于一卡的智能卡，作为政府服务对象的持卡人，可以享受政府多个部门提供的“一卡通”服务。

从服务对象来看，公共服务系统为公众提供纳税服务，包括所得税申报及评估、更新纳税人资料等；提供就业服务，包括登记求职、查询空缺职位、就业培训、职业介绍等；提供个人服务，包括申办出生（死亡）证明、申办结婚（离婚）证书、申请出国（出境）护照、申请建筑许可证件、动迁通知（地址更改）等；提供交通服务，包括申请驾照、汽车注册（新车、旧车或进口车）、道路交通信息服务等；提供公共安全服务，包括防火防盗、治安维护、综合治理等；提供公共信息服务，包括天气预报、公共图书馆在线资源（分类目录、搜索工具）等；提供教育服务，包括义务教育、中等教育和高等教育服务、网上学习（终身学习）社区等；提供医疗服务，包括提供医院服务的项目和情况、医院挂号、医保服务、急救服务等；提供社会安全与福利服务，包括提供失业福利、家庭补贴、医疗费用（支付或报销）以及学生补助金等的申请办理。

公共服务系统为企业提供新公司注册服务，包括登记注册、有关环境的许可证（包括报告）；提供缴纳公司税、增值税服务，包括申报及评估通知等；提供进出口业务服务，如海关申报等；提供商务服务，包括公共服务查询、政府公开采购与支付、中小企业投资指南、更改商户资料、缴付政府费用等。

6.1.3　政府门户网站的建设与发展

政府门户网站，顾名思义就是政府面向公众开启的一扇大门。政府门户网站也被称为“官方”网站，简称为“政府网站”。我国政府网站统一以“gov.cn”为域名后缀。政府门户网站是在政府各部门信息化建设基础上，建立起来的跨部门、综合性的业务应用系统。

1. 政府门户网站的基本功能

就公众和企业而言，认识和了解电子政务，进而在自己的生活、生产和工作中运用电子政务，在很大程度上都是依靠政府门户网站实现的。因此，政府门户网站是政府的形象“窗口”，门户网站建设的质量直接体现政府的工作质量和水平。政务信息公开、在线办事和公众参与是政府门户网站的三大功能。

（1）政务信息公开功能。这是指政府门户网站具有实时发布政务信息，图文并茂地展示政府工作，公示行政事项的办理进度及办理结果，公开财政、采购、人事任免等重要信息的功能。这项功能是政府实现信息公开的重要保证。同时，具有这项功能也便于政府接受公众的监督，保障公民的知情权，并有利于政府树立良好的形象。

（2）在线办事功能。这是指政府门户网站具有虚拟政府办事机构和办事柜台，使办事公众可以足不出户地通过网上办事窗口办理审批、纳税、报税等各种事务的功能。大多数政府门户网站都设置了部门链接，方便要办事的公众通过门户网站迅速地进入部门网站的办事窗口。由于有许多要办事的公众不知道哪个政府部门可以受理自己的待办事宜，因此一些政府门户网站设置了搜索引擎，用户输入关键词后就可以搜索到相关的部门，或直接进入相关页面。另外，在电子政务建设相对成熟的网站，还可以实现“一站式”服务，即办事人从任意一个政府网站的入口进入办事程序，就可以从这个入口逐一进入各个相关机构的办事通道办理完事务。这样的“一站式”服务功能充分体现了政府网站一体化平台的优越性。

（3）公众参与功能。这是指政府门户网站具有的广泛收集公众对政府工作的意见要求，或者建立政策论坛、公众问政、电子投票等功能。一般来说，政府在网上设置专门信箱征询意见，或设置留言板解答公众提问是比较初期的公众参与形式，而建立政策论坛、开发电子投票等功能，则因为其所涉及的不仅仅是技术问题而应用得不够普遍。

2. 政府门户网站的技术框架

政府门户网站是一个多平台的集合，至少要有三个平台。这个综合性的平台支持三类应用系统，同时有两大体系为它们提供保障。

（1）三个平台就是政务网络平台、应用支撑平台和信息发布平台，这三个平台是政府门户网站的基础。其中以宽带网络为核心的政务网络平台不仅是门户网站的载体，也是整个电子政务的载体。应用支撑平台承担各个应用系统之间信息共享和信息交换的职能。信息发布平台则负责政府信息和各应用系统工作结果的发布。

（2）两大体系是指政策法规与保障体系、安全保密体系，这两大体系发挥着支持和保障政府门户网站的建设和顺利运行的作用。政策法规与保障体系为政府门户网站的建设和运行提供法律、经济和管理等方面的保障。安全保密体系是政府门户网站安全可靠地运行、防止外来攻击的重要保护屏障。

（3）三类应用系统是指信息发布系统、公众服务系统和政府各类业务处理系统，它们发挥着实现政府门户网站功能的作用。信息发布系统实现政府门户网站的信息公开功能，具体承担政府信息采集、审核和发布等工作，还可以提供各种事项办结查询。公众服务系统实现政府门户网站的公众参与功能，具体承担收集公众的意见和建议，受理公众投诉，以及将公众意见、建议和投诉直接转交相关职能部门处理，并将处理结果及时反馈给公众等工作。政府各类业务处理系统实现政府门户网站在线办事功能，具体承担受理并处理政府工作部门的各种服务项目，使公众可以方便地在网上办理各种事项。

3. 政府门户网站建设的三个主要阶段

国内外电子政务发展的经验都表明，政府门户网站建设一般都会经过信息发布、双向交流和网上办事三个阶段。这三个阶段的实质就是从政府静态地、单方公布信息，到政府和公众双向互动，再到政府多部门联动回应公众。

（1）信息发布阶段，就是政府建立自己的网站，并将自己的基本职能、政府的工作情况等文字、图片放到网站上的阶段。这个阶段中，政府始终是主动的，在公布什么信息、什么时候公布、以什么形式公布等问题上，政府有绝对的主动权，公众只能被动地接受政府网站公布的信息。1999 年，我国多个部委联合发起的“政府上网”工程，就完成了这个阶段的建设。严格地说，这个阶段的政府网站还不能算是政府门户网站，因为它还不具备“门户”的功能，但这个阶段的建设又是必需的，没有“政府上网”工程，就不会有真正意义上的政府门户网站。

（2）双向交流阶段，就是政府网站进一步完善功能，建立了政府多部门的链接，有的甚至建立了搜索引擎，可以搜索信息及办事部门，所以是政府门户网站初步建立的阶段。这个阶段的政府网站，一般设置了问政窗口，政府会有人员专门回复公众的问题。有的部门还将表单等放在网站上，方便公众下载，甚至在线填报。不过这个阶段实现的只是“一门式”服务，即公众要办事只是不必多跑路，但办一件事仍然需要逐个进入虚拟的政府部门，逐一填写多数内容相同的表格，然后逐一等待回复。

（3）网上办事阶段，这是政府门户网站功能全面拓展阶段。这个阶段的政府门户网站已经实现了“一站式”服务，公众或企业通过政府门户网站可以直接进入业务办理程序，办事人甚至无须知道具体经办部门，只用一次性填写必要的表格，就可以在限定的时间内办结事项。身处门户网站“前台”的公众不需要知道办事过程，完全靠政府各个部门职能的“后台”整合完成。这个阶段已经是真正实现了“电子政府”的阶段，即为了便利前台办事公众，所有的政府业务部门都已经按照业务流程进行了重组，这时的虚拟政府已经完全不同于传统政府。另外，在这个阶段，电子政务不仅使本级政府虚拟化了，而且使网上的政府成为“超级政府”，即网站不仅可以链接国内所有地方、所有级别的政府网站，而且可以链接到外国的政府网站。同时，这个政府网站还是一个巨大的资料库，任何一个公众都可以便捷地从这里获取他想要得到的现在的、历史的、任何领域的权威资料。这个阶段对于大多数国家而言，还是发展的目标。

4. 政府门户网站建设的发展趋势

围绕实现和拓展政府门户网站的基本功能，各国政府的门户网站的发展趋势是完善三个机制，即完善整合机制、发现机制和应答机制。

（1）完善整合机制是完善虚拟政府后台整合职能的机制，这是为了更好地实现对公众的“一站式”服务。政府门户网站与其他各种网站的最大区别，就在于门户网站与各政府职能部门间具有前台—后台关系，即政府门户网站以前台的形式出现，当公众在前台办事时，政府门户网站巨大的搜索引擎不仅可以迅速、便捷地为公众链接到相应的办事部门，而且可以按照办事主体的要求，迅速地对相关业务流程进行整理，并进入这个工作流程，不论公众是从哪个入口进入的，业务流程都可以为他重新整合。显然，完善这样的整合机制，对网站在技术上和管理上都提出了新的要求。

（2）发现机制是“发现”服务对象的机制，这是政府从整合信息到整合服务，把政府网站办成“客户焦点式”政务网的机制。传统的政府机构总是“等客上门”，前期的政府门户网站也不例外。但是建立了发现机制的政府网站却根本不同，在强大的后台客服系统支持下，发现机制旨在依据服务理念，对被发现的需要帮助的公众，进行以“推送式”“关联式”为主要方式的“关怀服务”。这个机制有“客户发现服务”和“服务发现客户”两个层面，第一个层面是“客户发现服务”机制，如通过为老人办理在线退休金转账服务，发现这是需要“服务”的“客户”，然后第二个层面“服务发现客户”机制启动，通过申报表了解到这个老人身边无子女，于是相关“服务”跟进，为这位“发现客户”联系家庭看护、社区联谊、住宅维修、计时家政等全方位的服务项目。显然，“客户发现服务”和“服务发现客户”是两套完全不同的在线服务技术，建立健全这个机制是具有挑战性的。

（3）应答机制是包含了对公众主动关怀式应答和快速反应双重内涵的工作机制。这个机制不同于一般政府门户网站对公众诉求的及时应答，它要求在实现及时应答的同时，根据公民个人资讯迅速生成配套的、细致的、个性化的服务方案，供服务对象选择。这个机制的建立，显然能极大地提高政府的服务水平。

这三个机制在一些国家，如英国、新加坡等，都已经不同程度地实现了，更多的国家正在朝这个方向发展，这些努力已经汇集为一个鲜明的发展趋势。

6.2 政务公开系统

在公共服务系统中构成政务公开系统的子系统主要包括政策法规公开系统、政府信息公开系统和政务流程公开系统。

6.2.1 政务公开系统的基本功能

1. 政务公开的主要内容

政务公开有广义和狭义之分。广义的政务公开，是指包括立法、行政、司法机关在内的一切国家机关，向社会公开所有相关法律法规允许公开的信息。狭义的政务公开，是指政府行政机关向社会公开相关法律法规允许公开的信息。本章使用狭义政务公开的概念。

政务公开的主要内容包括以下几点。①政策法规公开，即权威地发布各级政府的政策法规，这实际也起到了宣传和普及法律法规的作用。②政务信息公开，即及时、准确和有效地发布政务信息，为社会公众或企业提供帮助。提供有效的信息服务，对于防止出现信息真空或信息泛滥，从而保证社会稳定是至关重要的。③政务流程公开，就是将政府的工作流程和方式公之于众，同时也将政务工作置于公民、企业和其他组织的监督之下，以促进“阳光政务”的构建。

2. 政务公开的基本原则

（1）公正、公平、便民的原则。公正就是要求行政机关在政府信息公开过程中，对人对事都讲求公道，不偏私，不歧视；公平就是要求行政机关在政府信息公开过程中平等地对待申请人，做到一视同仁，同等情况同等对待，不同情况不同对待；便民就是要求行政机关提高办事效率，提供优质服务，在政府信息公开过程中向公民、法人和其他组织提供尽可能多的方便。

（2）及时、准确的原则。及时是对政府信息公开时限的要求；准确是对政府信息公开内容的要求。为了达到及时的要求，政府要明确规定不同情形下的政府工作时限。为了达到准确的要求，政府要明确规定公开责任、明确规定澄清责任、明确规定协调机制、明确规定发布审批责任。

（3）不得危及国家安全、公共安全、经济安全和社会稳定（“三个安全一个稳定”）的原则。国家安全是国家的核心利益，涉及国家安全的政府信息不能公开，这是各国的通例。公共安全、经济安全和社会稳定关乎国家整体利益，不能由于政府信息公开而受到损害。同时“三个安全一个稳定”也是一个很大、很严肃的概念，对于哪些政府信息会危及“三个安全一个稳定”，其在信息公开过程中就需要有较高政策观念和水平的领导负责，慎重衡量，严格把关。

3. 政务公开系统的具体功能

在政府公共服务系统中，政务公开系统一般会具有政府信息采编、信息审核、信息发布以及信息管理等几个主要的功能。这些功能由政务公开系统内的相应模块组成。

6.2.2　政府信息采编

信息采编模块具有信息采集、编排，信息管理，以及信息统计等功能。

（1）信息采集、编排。信息的采集、编排就是采编。采编是指对收集到的内容进行编写与整理，之后可以提交发布申请并等待审核的过程。一般会将采编的信息进行分类编写存放。信息按照内容的不同，可以分为法律法规类信息，经济、政治、社会类信息，政务流程类信息等。在信息采编的同时还可设定信息公开的起始及结束的有效时间，超过设定公开时间后，该信息会被自动屏蔽，外网不再能看到。采编模块会提供一个文字编辑的操作环境，如 Word 操作环境，以便采编人员编写内容，包括修改已发布的项目内容，并重新等待审核等。内容采编人员必须有相关采编类型的权限才可以采编，否则其没有访问权限。这样可以避免干扰信息或不实信息上传现象的发生。

（2）采编信息管理。采编信息管理用于管理采编的信息。它的管理范围包括已创建信息，以及通过审核、未通过审核，通过发布、未通过发布等各类信息。管理的方式就是对这些信息进行增加、删除、修改等操作。采编模块存放着所有已创建的信息，管理员可以通过采编管理栏目找出想要查找的信息栏目，并对其进行管理。

（3）采编信息统计。采编信息统计是指对采编及公开的信息数量的统计，具体指在某段时间内对所有采编人员的“采编数量”、“采纳数量”和“采纳数占采编数的百分比”进行系统的统计，让管理人员能够清晰地了解各采编人员的采编情况。

6.2.3　政府信息审核

1. 信息审核的类型

信息审核是由专门审核人员对已申请的采编内容进行审核评定，审核通过后，其内容发送到“信息发布”处等待处理人员处理。政府信息审核模块一般具有分类及审核和反审核的功能。

信息审核的类型包括对待发布信息的形式审核和内容审核两类。信息形式审核包括：审核信息的文本规范性，如检查语法、书写错误等；审核编排格式、样式等；审核待发布信息和图片的相关性等。信息内容审核包括：依据相关法律法规审核信息内容的合法性；依据信息来源审核信息内容的真实性与权威性；依据工作重心、社会环境等的实际情况，审核该内容信息发布的适时性等。

2. 信息分类

对待发布信息进行内容审核时，需要对信息进行分类。不仅要对信息内容所涉及的领域分类（如政治、经济、社会问题等），还要对信息涉及的密级进行分类。例如，党和国家领导人的指示、批示、讲话、活动的信息；涉及政府部门、政府职能部门职责交叉，可能影响部门关系的信息；涉及部门主要领导同志重要讲话、活动的信息；以政府名义对国内外重大事件表态、以政府部门名义发布的公告、重大政务活动，以及涉及舆论导向等敏感事件的信息等。进行密级分类是因为不同密级的信息须经由不同级别或专门负责人员审核，必要时还要送上级领导审定。

3. 审核和反审核

形式审核一般由信息管理中心负责，即由信息管理中心形式审核无误后，再送交内容审核。内容审核时不同内容的信息由不同级别、不同专业的人员进行审核。一般按政府内设机构职责分工设定审核权限。审核“确定”后，就进入“反审核”状态，即不经特别授权不能修改审核的状态。

信息审核避免了内容的不良性或不合法性等现象出现。

6.2.4 政府信息发布与管理

政府信息发布与管理可以是一个模块，也可以是两个模块。其主要功能是信息发布、信息备份、栏目管理。

（1）信息发布。信息发布是对已通过审核的采编内容进行最后的审定，如没有其他异议则管理人员发布通过信息，否则发布不通过。这再一次地确保了信息符合发布要求。

（2）信息备份。信息备份用于存放由采编到发布过程的所有操作信息，以确保日后进行操作核对。

（3）栏目管理。栏目管理是对采编类别进行分类，建立栏目存放相关采编信息，同时也可以对每个栏目的采编、审核和发布的权限进行分配，防止他人乱写、乱发布信息，提高信息的可靠性。

6.3 信息交换系统

信息交换系统中比较成熟且成为基本功能的主要有网上审批、网上办税和网上政务咨询。

6.3.1 网上审批

在传统管理方式下，政府部门职能和地域的分割，再加上层层关卡的书面审核作业方式，给信息共享和沟通协调带来了极大的困难，也给公民、法人和其他组织增加了很多麻烦。为了进一步规范行政审批，依法行政，提高行政效率和服务质量，推进政府职能转变和工作提速，优化经济发展环境，为公民、法人和其他组织提供高效、快捷、优质的服务，在电子政务的虚拟空间里，可以跨越部门间的限制，快速、高效、多方位地实现信息共享和沟通协调，实现政府职能的整合。特别是通过软件技术可以对政府办公和行政审批的流程、时限等进行严格的设定，并可对办公过程和结果进行跟踪和查询，从而起到规范行政行为、强化行政监督的作用。“行政审批系统”可以满足公共政务中心包括行政审批在内的所有业务要求，使公共政务中心作用能在各个方面得到最好的体现，并起到提高服务质量、精简审批环节、提高办事效率、改善投资环境的作用；同时又可让公众迅速了解政府，增加办事透明度，促进廉政建设。

网上审批系统是一个“一门受理、全程代办；数据共享、一表多用；内外结合、协同办公；并联审批、实时互动”的整体平台。该系统运用现代计算机和网络技术，针对政府主要的审批业务，按照《中华人民共和国行政许可法》(简称《行政许可法》)的规定要求，以“统一门户、统一标准、统一管理、集中与分布相结合”为设计原则，在网络上实现政府机构的管理和服务职能，使政府组织结构和工作流程重组优化，超越时间、空间和部门分割的限制，向公众或企业提供高效优质、规范透明和全方位的服务。

网上审批系统不仅实现了网上申请、网上审批、网上反馈等网上功能，而且对部门或服务大厅内办理的业务也实现了信息化的管理，将“网上”和“网下”办理业务都纳入信息系统管理范畴并有机统一。该系统支持不同的审批模式，支持网上受理审批和大厅受理审批，提供了审批监察、领导监督、公众投诉举报、分析统计查询、辅助决策等功能。系统支持企业法人基础数据库的建立，提供数据交换平台，实现不同部门之间的数据交换和数据共享。

1. 网上审批系统的基本功能

行政审批系统主要包括五个主要功能模块，分别是业务建模、我的申请、我的审批、业务跟踪、业务统计（图 6-1）。

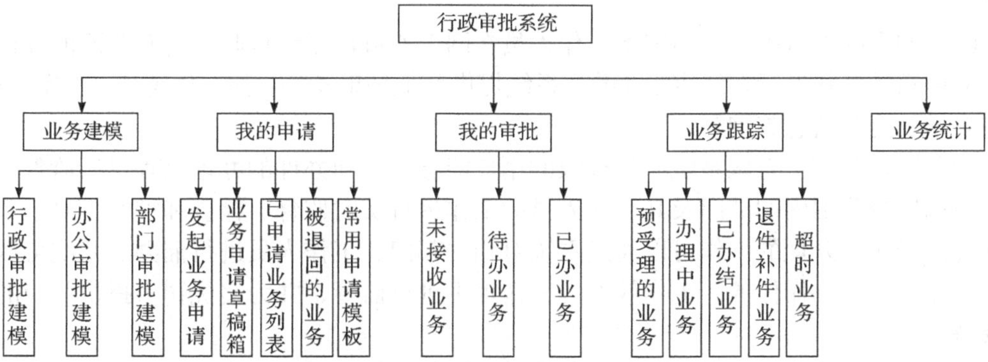

图 6-1 网上审批系统功能示意

（1）业务建模。为了让用户更加简便、快捷地使用相关政务业务，此模块为业务申请的用户预先建立好相关的行政业务，并为每个业务建立好相关联的审批流程，让申请业务能准确地发送到相关业务办理人员处。此模块主要由行政审批建模、办公审批建模和部门审批建模三部分组成。

管理人员可以通过选择不同部门得到不同的工作业务流程，也可以设定流程面向的对象（如个人、机关单位或企业等），同时还可以设定业务的有效时间，让业务更加清晰明了。

（2）我的申请。系统为网上审批业务的申请提供了两个入口：一个是普通用户通过审批网站申请；另一个是政府办公人员可以登录办公系统，通过办公系统内部的“我的申请”进行业务申请，这同时也是办公人员代理普通用户申请的一个入口，这个功能主要是方便业务办理人员的申请，避免重复登录和在审批门户网站与办公系统之间来回切换。该模块主要包括发起业务申请、业务申请草稿箱、已申请业务列表、被退回的业务和常用申请模板五个功能。

（3）我的审批。此模块是让审批人员处理需要审批的业务，或查看本人的业务处理情况，让审批人员更加了解自己的业务审批情况。其主要由未接收业务、待办业务和已办业务三部分组成。

（4）业务跟踪。它是针对所有申请业务的处理情况进行跟踪，让用户更清晰地了解业务的处理情况，并可以对其业务进行催办或督办。它主要由预受理的业务、办理中业务、已办结业务、退件补件业务和超时业务五部分组成。在业务催办或督办的过程中，系统会按规定时间，对审批处理人进行催办或督办，确保业务处理进程正常。

（5）业务统计。业务统计是按业务处于各种处理状态而统计出来的各类业务的处理状态数量，让用户清晰地了解每个处理状态中还有多少个业务未处理或已处理等。

2. 网上审批系统的主要内容

（1）政策咨询：为互联网访问用户提供 7×24 小时及时交互的各种审批事项的申办政策、法律法规、申办流程、申办结果等各种实时信息的查询。

（2）网上办件申请：为办件者提供在互联网上申请办件业务及在线填报申请资料的功能。

（3）网上办件审批：部门审批工作人员在网上通过该系统接收来自互联网的办件申请并对申报的资料进行在线审批工作。系统提供其他辅助功能，如工作统计、工作委托、消息发送、企业信息查询等。

（4）审批监督：有该系统使用权限的用户能够对每项办件的办理过程进行监督；能够对所属监督范围内的部门及其工作人员的工作进行实时监督、检查和控制；对于重要工作和尚未按时办理的工作可以通过系统对相关部门和工作人员进行催办。系统可以对所有工作人员的工作任务、工作效率、工作水平进行监管，并为奖优罚劣提供相应的数据支持。

（5）行政效能监督：系统服务于各级效能监督机构，可以对大厅业务人员的受理情况和审批情况进行监督，并且对不及时办理的情况进行催办提醒。系统提供对公众办理业务过程中发现的不良现象的举报进行电子档案记录和检索功能。

（6）统一信息发布：系统可以将网上受理、行政许可服务大厅受理的办件受理、办理情况，及时通过互联网、手机短信方式发布，并接受各种形式的查询，自动回复查询结果。

（7）后台管理：该系统的主要作用是可以定制每个办件项目的审批环节、受理方式、受理人、办件条件以及其他办件过程规则等内容。在业务流程发生变化或审批人员调整变动时，管理员可通过流程定制模块进行灵活调整。后台管理系统是其他应用系统的管理维护平台。

6.3.2　网上办税

网上办税就是税务部门通过互联网，以远程方式为纳税户办理涉税业务，并方便纳税户通过互联网查询纳税信息及完税情况的一种现代化理税手段。各地各级税务部门网站都设置了网上办税服务厅，它是税务信息系统的一个子系统，是支持税务部门通过现代化的通信网络与纳税人进行互动的服务厅。网上办税的内容主要包括网上税务申报、开业登记、涉税文书申请、涉税通知、涉税信息查询、个人信息管理（包括手机号码变更）、出口退税预受理等。另外，可通过网站信息发布栏目了解最新信息，通过“税法查询系统”了解最新税收政策，通过“在线咨询服务系统”咨询涉税问题等。

网上办税是为了回应纳税人需求，以纳税人满意为原则，以“统一组织、分步实施、先易后难、纳税人自愿、积极引导、服务为本”为工作方案，以丰富的内容和较为完备的功能为目标，力求为纳税人建立全天候、无纸化网上办税环境，从而提升税收征管信息化水平，降低征纳成本，提高办税效率。它是解决当前实体办税大厅办税压力大、纳税人长时间排队等问题，进一步优化纳税服务的技术手段。

网上办税方式符合信息化、现代化的发展趋势，对纳税人而言，具有的主要优点有四个。第一，安全。通信运营商将为纳税人提供基于 L2TP（layer 2 tunneling protocol，第二层隧道传输协议）的 VPN 安全接入服务，确保平台安全、接入安全、数据安全。第二，便捷。在任何能上网的地方都可远程完成有关纳税事宜，可 24 小时使用该系统，避免在办税服务厅较长时间的等候。第三，高效。操作简单，实时性强，中间环节少。第四，经济。可减少往返于税务机关的时间和费用，且不需要向税务机关缴纳任何费用。

1. 实现网上办税的硬件及人员条件

实现网上办税需要一定的硬件和网络条件。第一，需要一台可以登录互联网的电脑，现在一些办税系统已经可以在手机上使用，所以手机也可以是移动终端。第二，如使用网络发票或开具电子缴款书，应具备一台连接到电脑上的打印机。第三，如使用网上认证增值税专用发票和运输发票，还需要配备一台扫描仪。第四，需要有能够熟练操作电脑，熟悉办税业务操作流程的操作人员。

2. 网上办税系统的主要用户

使用网上办税系统的用户主要有三类人员。第一，纳税人。纳税人包括所有使用网上办税系统的公众（无须登录）和纳税人（需登录）；网上办税系统可根据业务需要支持纳税人多账号分权限管理，并根据不同账号权限操作可用业务。第二，税务人员。税务人员通过网上办税系统的后台与纳税人进行交互类服务，如网上文书申请预核、催报催缴、涉税类业务办理的接收和提醒推送等。第三，管理人员。管理人员按职责可分为系统管理人员、技术维护人员和安全审计人员等，权限分配应符合安全要求。

3. 网上办税的业务功能

从总体上看，纳税人日常所需办理的涉税业务主要包括税务登记、申报缴税、文书申请、发票管理、涉税查询、公众服务等内容，以及税务机关提供的主动服务等，还可根据需要提供个性化的服务，一般包括以下内容。

申报纳税：增值税、消费税、企业所得税、个人所得税、地方一般各税种申报、基金（费）申报等税费种申报、税费缴纳等。

资料报送与信息采集：财务报表、重点税源采集、特定专项采集等各类因管理需要向纳税人采集的数据。

发票业务：包括增值税专用发票、普通发票的发放、申请、配送和增值税专用发票最高开票限额审批及发票开具、验旧、认证、抄税等发票相关功能。

涉税申请：包含申请、备案、预申请等涉税业务，业务域涵盖登记、发票（代开）、优惠、认定、证明、退税预审、税务行政救济、纳税人需求管理。

纳税人投诉举报：提供投诉、举报服务。

涉税查询：基本信息、登记认定信息、申报缴纳信息、税收违法行为、退税信息、缴款凭证、发票信息、纳税信用评价记录、财务报表、历史电子凭证等查询及打印。

公众服务：发票查验、纳税信用评价结果公开信息、设立税务登记、完税证明查验、电子缴款凭证查验等。

主动服务：通知公告、涉税提醒、事项办理状态提醒等主动面向纳税人推送的功能服务，支持个性化定制。

税法宣传：提供税收政策法规、热点难点问题、办税流程、专题宣传材料的查阅和推送。

在线咨询：提供网上办税的在线咨询帮助。

资料交换：在单向隔离情况下，提供与税收管理员的离线交流、资料报送。

评价调查：进行纳税人满意度调查、基层评价调查以及使用情况反馈。

个性化业务：办税单位等地方特色业务。

4. 网上办税系统的支持机构

建设网上办税系统需要多个部门的密切合作，主要有以下部门。

（1）税务机关。税务机关受理各自业务管辖范围内纳税户提出的网上申报申请，负责接收和处理网上申报纳税户提交的申报数据，并通过协议扣款的形式直接从指定的税款预储账户中扣缴税款。

（2）服务商。为网上报税提供有偿登录服务和技术支持，负责对合法用户提交的申报数据进行分组暂存，配合相应的税务机关按管辖范围收取申报数据。

（3）银行。纳税户开设税款预储账户的有关商业银行。目前主要涉及中国工商银行、中国农业银行、中国银行、中国建设银行、交通银行、中国邮政储蓄银行及一些城市商业银行、农村商业银行以及外资银行。纳税人可以根据其主管税务机关的要求，到指定的银行办理税款预储账户的开户手续。

（4）电子商务安全证书管理公司。为网上报税用户颁发 CA 数字证书①，为征纳双方

---

① CA 数字证书是在网络上标识用户真实身份及数据安全传输的数字印章或证书。从电子报税过程可以看出，各种报税信息都是通过网络进行传输的，因此，为了确保报税信息在网上传输的安全性，CA 数字证书正确验证申报者的身份，保证申报行为不可抵赖、申报数据不被泄露、篡改，对数据做数字签名与加密之用。

提供安全的第三方认证技术，防止网上申报数据被窃取、篡改造成泄密或损失。CA 数字证书的申请由各主管税务机关受理。

6.3.3　网上政务咨询

随着改革开放步伐的加快，各地各级政务为了创造良好的招商引资软环境，促进区域经济持续发展，在进一步加快政府职能的转变问题上下了真功夫，其中为给投资者和纳税人提供更好的服务而设立“行政服务大厅”就是重要举措。然而，随着咨询和前来办事人员的不断增加，前、后台之间及异地办公与部门之间的协调问题，以及企业的多次往返等，都给大厅工作人员带来很大的工作压力，使政务咨询工作面临诸多困境。需要是变革的最大动力，信息网络技术的兴起和广泛应用，给建立网上政务咨询系统带来了契机，成功地解决了仅靠服务大厅难以满足的咨询需要的各种难题。可以说，网上政务咨询系统就是政府对外展示自身形象的最便捷、最时尚的窗口，好好利用这个窗口，不仅能够促进地方经济社会的发展，还能够提升城市品牌价值和创建地方特色文化。在政府改革的时代背景下，网上政务咨询系统对领导决策的影响日益加深，网上咨询决策创新已经成为当前我国政府改革中的一个重要环节。

网上咨询系统不是摆设，更不是装点门面的。对于公民、法人或者其他组织咨询的各种问题，不论是小还是大、主要还是次要、正确还是错误，作为让人民信得过的政务咨询系统一定要做出及时、准确、权威的答复，一定要引起有关部门的注意和重视，一定要督促有关领导做出决策并落实，否则问题提出了却不能给出满意的解答，问题一多，就积重难返，咨询系统也就名存实亡了。

1. 网上咨询系统的主要内容

我国比较成功的网上政务咨询系统均符合“一站式”服务的标准，能够做到有问必答、有求必应，具体来说主要得益于以下两个方面的措施保障。

（1）“一网式”的网上链接。对于经常“网上冲浪”的公众来说，信息社会给我们的最大困惑不是信息缺乏，而是信息泛滥——需要的信息找不到，找到的总是一些没有价值的垃圾信息。对于政务问题的咨询更是如此，由于各个政务部门的职能不同，不同的政务问题的管理分属于不同的政务部门，因此，在政务咨询系统的设计上必须破解这个难题，千万不能设计得像个迷宫一样，让公众或企业进去之后就一头雾水，弄了半天也找不到要咨询问题的入口，这样就没有建设政务咨询系统的必要。

因此，突破传统政府管理的模式，采用多个行政部门在同一系统平台上联合办公的“一网式”设计思路，把各个政府职能部门、各个办事业务流程全都搬到同一个网络系统上，即将多个行政部门的网络入口通过政务咨询系统加以链接，公众找到了政务咨询系统也就找到了所有行政部门，形象的比喻就是“一网打尽”。

（2）“一表式”的网上整合。各个行政部门之间的协作不是简单地搬到一块儿办公能够解决的，虚拟的网络办公更是如此。因此，要做好“一站式”服务，仅靠“一网式”链接是不够的，否则容易造成问题提出了，但各部门却相互推诿的现象，因而建立“一表式”网上整合就显得十分必要，也就是通过整合行政部门的职责权限，合理界定常见与非常见问题的责任归属，用一览表的形式直观地展现在公众的面前，力争让所有问题件件有回音、件件能落实。

当然，各个行政部门职能的调整，不能仅仅是为了应付网上咨询系统建设的需要而临时凑合，而必须是着眼于全局、着眼于未来，“动真格”的行政改革。这种整合也不应仅限于行政部门职能之间，还可以延伸到数据库共享等技术层面。唯有制度等现实层面的变革，才能导致网络等虚拟层面的整合。“一网式”+“一表式”的“一站式”网上政务咨询系统设计方法合理，采用先进的信息与通信技术，建立了专门的用户操作系统，实现了与多个行政部门办公业务的在线交互，适应了未来“数字政府”管理和服务环境的发展方向，实现了行政各部门的宝贵信息资源为公民、法人或者其他组织所共享。

2. 网上政务咨询系统的工作平台

（1）公民个人及企业咨询工作平台。公民个人及企业咨询工作平台的构成主要是咨询向导功能模块、申请申报功能模块、查看咨询结果功能模块、查看及修改企业信息功能模块。

（2）办公工作平台。办公工作平台的构成主要是办公向导功能模块、任务管理功能模块、工作委托功能模块、工作统计及信息汇总功能模块。

网上政务咨询系统大大促进了政府管理方式的开放性、交互性、统一性、规范性和透明性，为政府廉政勤政、反腐倡廉、提高服务质量和管理效率提供了有效途径。“一站式”网上政务咨询模式在政府管理模式转型方面进行的探索和实践在国内具有创造性，对进一步改善区域投资环境，提高现代化服务水平，更好地实现与国际接轨具有现实意义。

6.4 电子治理系统

电子治理（e-governance）是信息化时代治理的表现形式，是时代发展以及政府治理形态重塑的迫切要求，它已成为电子政务发展的新趋势，给民主、行政和政府内部关系带来了深远的影响。从广义上来理解，电子治理有两方面的含义：一是应用电子的理论、技术与方法对社会、政治、经济、文化等各个方面以及人类与自然的各个层面进行上下互动的管理；二是对一切与电子有关的事务与情况（或者说，一切应用“电子”的事务与情况）进行主动的、积极的管理。狭义上的“电子治理”主要是指：以政府为主体的组织利用信息通信技术对公共事务领域进行治理。本章从狭义上理解电子治理的概念，因此，电子治理系统就是政府主导的公共治理系统，主要包括限时办结系统、电子监察系统和网络舆情监控系统。

6.4.1 电子治理系统的基本功能

虽然政府仍然是电子治理系统的核心主体，但非政府组织（non-governmental organization，NGO）以及社区自治组织等在电子治理中的作用也不可忽视。面对电子治理中多元治理主体间的复杂关系，运用网络技术与信息技术，塑造一个在共同的虚拟平台上彼此互动、充分协作的网络治理结构就成为必然的选择。这种网络治理结构的塑造必将是个庞杂的系统工程，需要在权力配置、技术发展、运行机制等各个方面做出长期的变革，可以预见，未来的电子治理系统必将是一个以公民社会为核心、以网络与信息技术为平台的动态性、柔性化、电子化的网络治理结构。总体来说，电子治理系统的基本功能可以概括为如下几个方面。

1. 平台对接，增强信息沟通效果

当政府和公众、企业站在同一网络平台上，政府电子治理才有意义，因此政府机构必须积极采用互联网技术构建政府电子治理系统。如果政府无视给现代社会带来深刻变化的互联网技术而另起炉灶、另行一套，必定不能实现信息渠道的“无缝连接”，必定封闭服务内容、脱离服务对象。只有在国家的统一规划下，在互联网技术的基础上整合建立统一网络平台，采用统一的 IP 地址划分和域名解析，使政府电子治理网络能够为每个用户提供基本信息功能，才谈得上实现深层次、实质性的政府电子治理服务。

信息公开是政府获得公信力的重要前提，社会公众只有充分了解和掌握了信息，才能够确认政府是否依法办事、公平公正，才能相对理性地参与公共事务管理。在电子治理系统中，政府通过诸如听证聊天室、在线对话、民意调查和政策咨询等方式能够直接与公众、企业沟通，不仅是单向的信息发布，还允许公众、企业提出要求以获得特定信息；不仅提供已成为定论或不具时效的信息，还提供诸如政策制定过程的信息。信息沟通实现了政府与公众、企业的对话，沟通超越了建立在信息层面的简单意义，建立起关于政府管理的知识体系，这有助于更完善地进行治理。

2. 资源共享，跨越数字化鸿沟

资源共享是电子治理系统建设过程必须牢牢把握的原则，是提高政府效能的有力举措，否则就会重复建设，造成人民财产的巨大浪费。对于构建电子治理系统而言，我们所称共享的资源既有物质的又有非物质的，主要包括信息资源、经济资源、政治资源、社会资源、教育资源和文化资源等；我们所称资源的共享，不仅是指政府和公众、企业之间的共享，更蕴含着政府资源与不同阶层的公众、不同类型的企业之间无差别的共享之意。

在信息公开、资源共享的社会里，尤其值得电子治理系统关注的就是数字化鸿沟问题。因为社会利用信息技术参与公共事务治理的前提是信息技术的普遍服务，电子治理的本义就是促进社会对公共事务的共同治理。可是，现实社会中所谓的电子民主、电子政务往往被那些经济基础雄厚、信息技术全面的人掌控，相反，那些最需要信息资源的人却由于缺少信息技术而被排除在外。这种数字化鸿沟所产生的悖论，使电子治理失去了根本要义，使电子治理系统面临着最大的挑战。实践证明，数字鸿沟的背后是社会经济的鸿沟，资源共享可能促进社会经济鸿沟的弥合。而要让这些人获得信息技术不仅仅是使他们获得电脑，还要对其进行技能的培训。

3. 双向互动，促进数字化民主

电子治理涉及公众如何影响政府、立法机关，以及公共管理过程的一系列活动[①]，电子治理系统对推进民主进程有直接的影响。数字化民主可以理解为在新的技术环境条件下，提升公众参与地位和提高参与质量的手段。在这种意义上，数字化民主能够体现为一种公众对在线参与和咨询的新的选择权。因此，电子治理有助于诸如网上投票、在线互动等活动的展开，这些形式为公民参与决策过程提供了操作平台。显然，网络投票是实践数字化民主的一种方式，同时也是信息化时代推动和增强公众民主参与的切实可行的方法。

政府与公众、企业之间多向互动，共同促进数字化民主是现代治理理论的一个积极主张，也是电子治理追求的一个主要目标。公众通过互联网探讨公共问题，并对政策制定产生影响是近年来的重要社会现象，但这种影响有多大、有多久等都是不确定的。为了使参与制度成为电子治理创新发展的一个重要保障，必须建立电子治理系统的参与机制，它主要涵盖三个方面的内容：一是建立网络参与公共决策章程，二是建立网络化质询规则，三是建立网络化公共表决制度。

4. 网络保障，维护国家公共安全

网络是一个虚拟世界，但是这个虚幻的空间里又的确隐藏着活生生的个人，好人与坏人共存，真实信息与虚假信息共存，人们的参与热情可能会因为敌对分子、虚假信息的诱导，而成为妨碍其理性决策的阻力，这反过来又会降低人们参与的信心。因此，电子治理系统的重要任务就是保证网络社会的健康发展，维护网络的多元价值，防止“暴民式”霸权。

在政府信息化建设过程中常常遇到过分强调本地方、本部门的特殊性，固守传统的管理方式不更改的情况，其实质就是无视信息标准化、信息安全性的本位主义，对于电子治理系统建设害处很大。信息安全涉及国家利益，关系国家安全，信息保障已是现代电子治理系统的一个重要功能。所以，政府电子治理的信息安全建设是国家行为，而不是政府机构的自主行为，只有在国家有关主管部门的统一领导下，依据国家有关主管部门的标准、规范和要求建立，才能构建真正有效的信息安全屏障。

5. 观念革命，促进经济社会发展

观念的变革是取得一切成就的根本，信息社会尤其如此。电子治理系统建设取得的巨大成绩，首先就是源于观念的转变，当然，电子治理系统的进一步发展反过来又催生了观念的进一步变革，以致我们难以判断是技术引发了观念，还是观念引发了技术，总的来说，电子治理系统及其与观念变革之间的互动作用对于经济社会的发展是大有裨益的。

这里两个观念的革新值得注意。其一是电子治理要以人为本。电子治理新范式下强调以人为本，注重公民广泛参与、行政公开透明、政府与公民互动、公共部门与私营部

① 王浦劬、杨凤春：《电子治理：电子政务发展的新趋向》，《中国行政管理》，2005 年第 1 期，第 75～77 页。

门合作等，是一种不同于传统管理体制和机制的新的治理模式。其二是电子治理需要市场化。政府电子治理的市场化已经成为世界各国政府电子治理发展的一个重要趋势，其中一个重要方面是企业和民间的投资日益成为政府电子治理资金来源的一个重要渠道，另一个重要方面是政府必须采取措施，使已经建成的政府电子治理系统工程广泛地为企业和居民所用，从而充分发挥已经建成的政府电子治理应用系统的效用。

总之，电子治理系统是一项复杂的系统工程，具备着特有的信息源优势及网络、技术和人才优势，发挥着工商、交通、邮政、教育、科研、银行等各种行业所具有的职能，当前的迫切任务就是将各种职能加以科学整合，为公众、企业提供电子化政府服务、电子化商业服务。

6.4.2　限时办结系统

限时办结制是指政府部门对公民、法人或其他组织办理相关事项、咨询相关内容的公共服务，按照政策和公开承诺的规定标准，在承诺的时限内办结或者予以答复的制度。实行限时办结制的目的是确保工作落实，维护公民、法人或者其他组织利益，端正工作作风，提高工作效率，优化经济发展环境，促进经济社会更好更快发展。限时办结系统就是根据限时办结的要求，通过信息化技术手段规范体现政府部门的服务承诺。

1. 限时办结系统的功能特点

从行政管理的角度来看，限时办结系统具有创新、效能和减负三大特点，系统的应用创新了管理体制，促进了政务流程的精简甚至再造，解决了信息系统进行文书流转和项目层层审批的问题，减轻了个人或相关组织在办理事务过程中的负担。从信息技术的角度来看，系统还具有直观、简洁、不可随意性、灵活性、补救性、可更新性等功能特点，在实际工作中还具有便于查询相关资料的作用，实现了对各项服务承诺的全过程监控。

2. 限时办结系统的主要内容

（1）行政审批。传统的行政审批，往往直接关乎各条块分割的管理部门的利益，一些管理费用实际上转移到公民、法人或者其他组织的头上，使公民、法人或者其他组织不堪其累却无可奈何，由此形成行政管理方面的痼疾。现在将必要的行政审批事项置于限时办结系统之中，是市场体制下政府职能转变的重要标志，其实际意义更在于为公民、法人或者其他组织进一步减负，进一步营造良好的投资环境。

（2）行政复议。传统的行政复议制度由于行政复议机构不统一、相对独立性不够，以及复议机关不依法履行职责而随意做出维持决定的行为使复议制度流于形式。现在重新构建行政复议的听证、质证、调查、调解等制度，将行政复议作为限时办结系统的内容并置于社会和公众广泛监督之下，使行政复议制度在解决行政争议中真正发挥作用，必将对建设法治政府、构建社会主义和谐社会起到促进作用。

（3）行政赔偿。尽管我国目前有关行政赔偿方面的法律文献不少，但是赔偿的范围、标准和程序等方面规定模糊，使行政相对人的合法权益受到侵害时不能及时获得赔偿。

现在将行政赔偿作为限时办结系统的内容，不仅从程序上保证了行政赔偿的合法性，还能够使行政相对人在社会公众舆论之下获得更多的援助。

（4）信访事项。信访是指公民、法人或者其他组织采用书信、电子邮件、传真、电话、走访等形式，向各级人民政府、县级以上人民政府工作部门反映情况，提出建议、意见或者投诉请求，依法由有关行政机关处理的活动。信访工作作为限时办结系统内容，必须急群众之所急，讲究的就是时效，对可以及时答复的应详细讲解。对于申（投）诉举报的事项，该系统更加可以发挥网络系统的优势，各方协作、共同取证，便于尽快立案、结案。

3. 限时办结系统的约束机制

（1）时间约束机制。限时办结系统的最基本要求就是限时，否则名不副实。对于不同的项目内容，时限的要求是不一样的，需要根据实际情况，遵循合法、合情、合理的原则灵活设置时限承诺。但不论具体情况怎样，时间上必须有刚性约束，如果确有例外情况，需要郑重说明。

（2）回执约束机制。限时办结系统要公开、透明，不能是一个“暗箱”，按照有事认真办、加紧办，办完及时反馈的要求，建立限时办结系统的回执机制十分必要，也就是要让公民、法人或者其他组织随时知晓办事的进展。

（3）考评约束机制。考评制度是监督限时办结系统运行状况的最好手段，政府部门组织相关部门或者邀请公众、企业作为考评的主体，按照一定的考评指标体系进行全方位的考核评估。考评的重点是限时办结情况、服务过程情况、办结质量情况三个方面内容。

（4）奖惩约束机制。对于限时办结工作中成绩突出的部门或个人，要作为为人民服务的重要窗口或典型加以宣传表彰，予以精神鼓励和物质奖励；对不重视限时办结事项的部门或个人，经查实无故超过承诺服务时限，不遵守限时办结制度的直接责任部门或人员，要根据情节轻重情况分别给予不同等次的行政处分。

可见，限时办结系统不单单是事务办理时限的问题，其实质是依法办事和对公民、法人或者其他组织负责的问题，直接体现着政府的作风和形象。各级政府部门要提高对推行限时办结系统的认识，将推进限时办结系统建设与扩大政务公开、反腐倡廉和转变政府作风等工作结合起来，与进一步强化政府履行社会管理、公共服务职能的工作结合起来。对已经确定的办理项目，一定要简化程序，缩短时间，严守承诺，确保在限定的时间内办结，真正做到执政为民和为公众办实事。

4. 限时办结系统建设概况

限时办结制度在我国行政管理系统中推行的时间不长，刚性的制度规定并不完善，更谈不上系统的设计和建设。目前，我国的限时办结系统主要设立在工商、税务、银行、交通、土地、电力等关系国计民生的部门，这些事务烦琐、细致、政策性强，直接体现着公民、法人或者其他组织最关心、最直接、最现实的利益诉求。所以，在上述部门快速建立起比较完善的限时办结系统，既符合我国信息技术发展现状，又适应了社会发展的需要。

当然，今后还要进一步解放思想，将局部推行限时办结系统的成功经验加以总结，推广到其他公共服务部门，使每个部门的工作都能够做到及时、有效、公平、公正，从而提高行政效能、提升服务质量。

6.4.3　电子监察系统

为了对行政审批等流程性业务进行跟踪和管理，以及对各职能部门进行绩效管理，我国各级纪律检查委员会和监察部门积极引进国外管理经验和管理技术，开发和研制了各自的电子监察系统，主要用于信息跟踪统计和展示。

1. 电子监察系统的主要功能

电子监察系统的四个主要功能分别是过程监察、异常监察、信息发布及咨询投诉监察、绩效管理。

（1）过程监察。过程监察主要针对行政审批业务从申请到办结的全过程跟踪，包括预警、黄牌警告、红牌警告。

（2）异常监察。异常监察是相对于异常业务而言的，主要是监察在审批业务过程中提交的资料不齐全等问题。而对被退回的业务进行专项监察，能起到对特殊情况下的业务的督促作用。

（3）信息发布及咨询投诉监察。信息发布主要是针对公众网、在线审批监管平台的信息发布量进行监察和统计。咨询投诉监察主要包括咨询和投诉两个部分，这是两个便民窗口，主要通过统计报表和统计图进行展示说明。其业务办理情况对政府信息至关重要。

（4）绩效管理。绩效管理是对所有纳入统计的职能部门进行工作考评，以积分形式评估，如服务满意程度、业务办理的效率等都在考评范围内。绩效管理是政府管理的标尺、处罚的依据、提高办事效率的保障，也是转变政府形象的重要举措。

2. 电子监察系统的特点

（1）详尽的信息跟踪。跟踪信息落实到流程的每一个环节，包括所有操作、人员、时间、状态等各种相关信息；充分反映行政审批五大标准环节，即网上申请、网上受理、网上审核、网上审批、网上办结。

（2）丰富的报表统计。行政审批、信息发布及公文流转等业务多状态的报表统计，包括办理中统计、办结统计、黄牌统计、红牌统计等。

（3）形象的图形展示。为各类统计报表提供对应的饼图、条形图、柱状图等多种图样展示。

6.4.4　网络舆情监控系统

舆情是公众对现实中各种社会现象、问题所表达的态度、意见和情绪的总和。网络舆情与一般社会舆情有许多相同之处，所不同的地方在于，网络舆情是互联网上反映出来的对现实中各种社会现象、问题所表达的态度、意见和情绪的总和。网络舆情的表现方式主要有新闻评论、BBS 论坛、博客、播客、新闻跟帖及转帖等。

1. 网络舆情的特点与网络舆情监控的意义

网络的开放性、虚拟性，以及信息传播的高速性，决定了网络舆情具有直接性、多元性、扩散性、突发性和偏差性等特点，即网民可以直接通过 BBS 论坛、博客、新闻跟帖、转帖等方式，随时“爆料”新闻，并强化某些有倾向性的观点，所有的网民都可以针对某个事情发表各自不同的见解。这种网络舆论的形成往往非常迅速，一个热点事件的存在，加上一种情绪化的意见，瞬间就可以成为点燃一片舆论的导火索。另外，网络上的发言者身份隐蔽，并且不受约束，缺乏有效监督，容易使得网络成为一些网民宣泄个人情绪的空间，因此网络舆情的形成往往事先没有征兆。此外，网络言论隐身性特点，也容易导致不真实的言论扩散。

中国互联网络信息中心 2023 年 9 月公布的第 51 次《中国互联网络发展状况统计报告》显示，截至 2023 年 6 月，中国网民规模达到 10.51 亿人，其中手机网民规模达到 10.47 亿人。互联网普及率达到 74.4%，较 2022 年 12 月提升 1.4 个百分点。网民中使用手机上网的比例为 99.6%，与 2022 年 12 月基本持平①。

如此众多的网民，使得政府监控网络舆情的意义变得非常重要。一方面，积极的、客观的网络舆情是民众反映诉求、监督政府工作的有效形式，政府可以通过对网络舆情的监控，了解民意、征询民意，引导民众，控制舆论，监督工作并揭发腐败；另一方面，消极甚至恶意的网络舆论可能会以讹传讹，扰乱民心，煽动民意，甚至“绑架”民意；对于这样的舆情，如果监控不力，将对社会公共安全形成威胁。对相关政府部门来说，如何加强对网络舆论的及时监测、有效引导，以及对网络舆论危机的积极化解，对维护社会稳定、促进国家发展具有重要的现实意义，也是创建和谐社会的应有内涵。

2. 网络舆情监控系统的功能

网络舆情监控系统是指通过整合互联网信息采集技术及信息智能处理技术，实现对互联网海量信息自动抓取、自动分类聚类、主题检测、专题聚焦，实现网络舆情监测和新闻专题追踪等功能，以便能够形成有关网络热点、动态、网民意见等的实时统计、报告、图表等分析结果的软件工具。

网络舆情监控系统主要包括互联网信息采集系统、舆情分析浏览系统，还可以包括搜索引擎数据管理系统。第一，互联网信息采集系统采用元搜索与信息雷达技术，针对特殊客户进行特定领域的信息采集。第二，舆情分析浏览系统的主要功能包括热点识别、自动分类、聚类分析、倾向性分析与统计、主题跟踪、信息自动摘要功能、截取证据、趋势分析、突发事件分析、报警提醒、统计报告生成。第三，搜索引擎数据管理系统主要功能是对收集到的信息进行预处理，对搜索引擎数据集进行阶段性的数据维护。该系

① 《第 51 次〈中国互联网络发展状况统计报告〉发布》，https://news.gmw.cn/2023-03/03/content_36403545.htm，2023 年 9 月。

统具有自动采集功能，支持多种互联网协议，即该系统支持对任意网页内任意数据的精确采集；支持各种监测对象，可以实时监测微博、新闻、公共聊天室、搜索引擎、应用程序、报刊网站等。该系统可以直接监测全球范围内几千个新闻网站，可以根据关键词自动采集出文章标题与正文。

3. 网络舆情监控系统的特点

（1）按需定义。网络舆情监控系统可以按照监控主体的需要，自定义监控范围。例如，按行业、按地域、按信息发布时间等，自定义监控信息的内容；自定义监控信息级别；自定义监控信息方式，手工与自动监控相结合；自定义规则实现对文字、图片、视频、论坛、博客、评论等信息的监控；自定义或自动扫描管辖段的网站。

（2）自动工作。网络舆情监控系统可以自动重点跟踪异常内容变动频繁的网站或信息来源；自动保留计算机无法判别的意识形态内容进行汇总反馈；实现信息判别的自我学习和信息库自动升级。

（3）跟踪监控。网络舆情监控系统可以按照自定义的监控范围、内容、级别等，按照自定义的信息采集频率，自动扫描目标信息源，能够及时发现目标信息源的最新变化，并以最快的速度采集到本地数据库。同时，它还可以对热点话题进行信息跟踪，跟踪的具体内容包括信息来源、转载量、转载地址、地域分布、信息发布者等相关信息元素。

（4）支持多种网页格式。网络舆情监控系统可以采集常见的静态网页（HTML/SHTML）①和动态网页（ASP/PHP/JSP）②，还可以采集网页中包含的图片信息，支持多种字符集编码，支持整个互联网采集。网络舆情监控系统元搜索模式以互联网搜索引擎的结果为基础，并利用特定信息采集器直接面向互联网定制内容进行直接采集，用户只需要输入搜索关键词就可以了。

（5）统计与报告。网络舆情监控系统可以根据新闻出处权威度、评论数量、发言时间密集程度等参数，识别出给定时间段内的热门话题，并进行倾向性分析与统计；能够根据文档内容自动抽取文档摘要信息，包括文本信息摘要和网页信息摘要两个方面；能够通过图表展示监控词汇和时间的分布关系以及趋势分析，包括地域信息分布，转载量与转载网站类型等；能够根据舆情分析引擎处理后的结果库生成报告。

本 章 小 结

公共服务系统具有信息发布、信息交换与共享、公务处理与监督等基本功能。从系统设计的层面上来看，公共服务系统具有先进性、可靠性、实用性、安全性、开放性、可扩展性以及可维护性的特性。从系统使用的层面上来看，公共服务系统具有公众性、公益性、不间断性、易使用性、集成性、个体性以及互动性的特性。政府门户网站是在

---

① HTML：hypertext markup language，超文本标记语言；SHTML：server-side includes hypertext markup language，服务器端包含指令的超文本标记语言。

② ASP：active server page，动态服务器页面；PHP，hypertext preprocessor，超文本预处理器；JSP，Java server pages，Java 服务器页面。

政府各部门信息化建设基础上，建立起来的跨部门、综合性的业务应用系统。

公共服务系统由政务公开系统、信息交换系统和电子治理系统三个应用系统组成。其中政务公开系统主要包括政策法规公开系统、政府信息公开系统、政务流程公开系统；信息交换系统主要包括网上审批系统、网上纳税系统、网上政务咨询系统；电子治理系统主要包括限时办结系统、电子监察系统、网络舆情监控系统。

关键术语

门户网站；政务公开；网上审批；网上办税；电子监察；网络舆情监控。

练习与思考题

1. 什么是公共服务系统，它有怎样的地位和功能？
2. 政务公开的主要内容是什么？
3. 信息交换系统的基本功能有哪些？
4. 网上审批系统的基本功能有哪些？
5. 什么是电子治理，它的基本功能有哪些？
6. 限时办结系统的主要内容及其约束机制有哪些？
7. 电子监察系统的主要功能及其特点有哪些？
8. 网络舆情监控系统的主要功能有哪些？

案　例

深化无差别“一窗受理、集成服务”政务服务新模式 创新推动“互联网+政务服务”改革①

2022 年 10 月，四川省市场监督管理局高分通过了国家标准化管理委员会委托四川省市场监督管理局开展的试点项目终期评估，先后被评为全省政务服务标准化示范单位和全省“一件事一次办”“无差别综合窗口省内通办”试点单位、全省“川渝通办优质窗口”、“成都市优质服务示范窗口”和“成都市国际化营商环境建设先锋班组”。现如今已取得以下成效。

（一）工作机制规范化，保障服务环境公平可及

一是通过标准化试点建设工作，建立优化了标准化培训、监督检查、窗口巡查、考核奖惩、责任追究、服务改进、窗口单位联系协调等机制，实现“一切工作有程序，一切程序有控制，一切控制有规范，一切规范有依据”。二是审批项目按标准全面公开，办

① 《深化无差别“一窗受理、集成服务”政务服务新模式 创新推动“互联网+政务服务”改革》，http://sc.people.com.cn/n2/2023/0406/c407541-40366691.html，2024 年 8 月 16 日。

件流程实行标准化管理，从接件受理到审核办结，全方位规范了审批行为，大大减少了“权力寻租”空间和廉政风险。三是通过推动“最多跑一次”改革和优化营商环境，建立形成“最多跑一次”“一网通办”“跨区域通办”等标准规范并组织实施，全区“办事难、反复跑”的现象大为减少。四是建立形成了包括《政务服务帮代办服务规范》《政务服务“一次事一次办”服务规范》《涉外服务规范》《政务服务中心自助服务规范》等符合中心特色的服务标准，将标准化理念、方法和手段融入政务服务的全领域和全过程。

（二）审批流程科学化，“无差别”综合窗口提高办事效率

大力推行“一窗受理、集成服务”审批服务新模式，将原商事登记、社会事务、投资建设、城市管理等 4 大类别共 27 个服务窗口，精简为 12 个“无差别”综合窗口，每个窗口均无差别受理 400 余项“综窗”业务，实现“无差别”全科受理。目前，入驻政务服务中心的行政审批局事项全部纳入综合窗口办理，跨系统、跨部门、跨业务协同管理，形成了“前台综合受理、后台分类审批、统一窗口出件”的“一窗受理”新模式。由各入驻窗口单位对综办事项进行细化梳理，建立健全了相应办事指南体系，并通过业务培训与规范服务，实现了前台窗口收件人员从“专科受理”向“全科受理”的转变，后台审批人员从“单部门受理”向“多部门协同办理”的转变，为广大办事群众提供“一站式”优质服务。截至目前，“一窗受理”办理事项覆盖率达到 96%以上。

（三）大厅建设智慧化，“互联网+政务服务”水平不断攀升

一是积极探索“锦即办”（智慧政务）党建工作品牌，创新“零差别受理一窗综办、零见面审批一网通办、零距离办成一事帮办、零差评口碑一次办好”的“零一”政务服务模式。所有进驻事项办事指南也同步上线“锦即办”智慧政务查询平台，依靠智慧政务大厅分析系统可对窗口办件量、办事人群年龄段、人均办理次数、大厅等待人数、高峰时段人数、等待时间、办理时间、服务满意率、网上预约率等数据进行分析，将工作数据化、可视化，为群众提供针对性精准服务。二是打造“24 小时一网通办自助服务大厅”，以智慧政务云为基础，以人工智能无人受理终端为核心，为办事群众提供智能导办、视频咨询、人证核验、材料智审、自助交件等 12 大主题服务，实现政务服务“不打烊”。锦江区“一网通办、一窗受理、综合管理”一体化智慧政务服务体系入选《2020 年度四川省网上政务服务能力第三方评估报告》“政府特色创新”专栏，为全省唯一入选的区县案例。

（四）异地办事协同化，“川渝通办”添彩双城经济圈

积极响应落实成渝地区双城经济圈建设重大部署，研制形成《政务服务“跨区域通办”服务规范》和《“川渝通办”工作实施细则》，建立健全“川渝通办”重大项目绿色通道制度，率先与重庆市渝中区签订合作框架协议，开通锦江渝中营业执照“一网通办”试点，促进两地线上线下融合办理，实现“就近交件、形式审查、材料流转、属地办理、邮寄送达”跨区域办理服务模式。截至 2023 年 4 月，已累计为川渝两地办事群众提供咨询服务 1300 余次，协助川籍群众办事 200 余次，累计发出证照 1200 余个，异地邮寄证照 1000 余次。在省政府政务服务和公共资源交易服务中心主办的“川渝通办”评优活动中，获得“优质窗口”荣誉称号。

（五）标准经验品牌化，持续扩大服务影响力

通过政府信息公开平台、公共网络及媒体，多渠道积极宣传和报道中心政务服务标准化建设相关工作和成效。目前，已有多家主流媒体、公众号对锦江区政务服务中心政务服务工作进行正面宣传报道，相关工作信息也被市委办公厅每日要情、市营商环境简报采用。同时，吸引了来自江苏省淮安市、湖北省监利市、安徽省六安市和省内东部新区、四川省德阳市旌阳区、宜宾市珙县等各地各级考察学习。

（六）服务质量目标化，进一步提升群众满意度

一是优化《政务服务质量满意度评价规范》，多举措、多维度开展政务服务质量满意度评价活动，通过设置意见箱、发放问卷调查、开通公开监督投诉热线、设置微信公众号线上投诉板块、引进窗口业务电子评价器等方式，全面了解社会各界和办事群众对政务服务工作的真实感受。二是全面落实政务服务“好差评”制度。积极对接省一体化平台“好差评”接口，全面优化数据归集共享、分析处理和业务协同办理机制，推动实现各类政务服务评价数据实时上报、集中管理、分类交办、快速处理、集中评判等系列工作的完善。在政务服务满意度评价中，群众满意度超过95%，公众投诉明显减少，群众满意度较试点前显著提升。

请思考：

1. 结合案例，谈谈“一窗受理、集成服务”政务服务新模式在政务服务供给过程中发挥了什么作用。

2. 结合案例，谈谈如何进一步完善政府公共服务系统从而为公众提供更好的服务。

第7章

电子政务的法律法规体系

电子政务法治建设既是电子政务发展的内在要求，也是电子政务良性发展的重要保障。各国电子政务发展的经验之一，就是在加强电子政务硬环境建设的同时，加强对电子政务法治软环境的建设。本章从电子政务法律法规体系的界定入手，从构建电子政务法律法规体系的角度，基于国际电子政务法律建设的视域，介绍构成各国电子政务法律法规体系的主要法律和法规。最后介绍我国电子政务法律法规体系建立的沿革、现状和后续完善。

7.1 电子政务的法律法规体系概述

7.1.1 电子政务法律法规体系的构成

1. 法律和法规

法律（law）和法规（regulation）是两个既有联系又有区别的术语。法律有广义和狭义的区分，广义的法律是指国家立法机关制定和认可并以强制力保证其实施的行为规范的总和；狭义的法律则特指国家立法机关制定和颁布的行为规范。法规是指国家行政机关制定的规范性文件。例如，国务院制定和颁布的行政法规，省、自治区、直辖市人民代表大会及其常务委员会制定和公布的地方性法规。省、自治区人民政府所在地的市，经国务院批准的较大的市的人民代表大会及其常务委员会，也可以制定地方性法规，这些地方性法规报省、自治区的人民代表大会及其常务委员会批准后施行。

2. 电子政务法律法规体系的内容

电子政务法律法规体系（system of e-government laws and regulations）是指专门调整现代信息技术在公共行政中应用的范围、条件、方式、地位和效力等事项的法律规范的总称，是行政法体系中一个相对独立的部门[1]。

---

① 高家伟：《论电子政务法》，《中国法学》，2003年第4期，第65页。

世界各国在电子政务建设中都注重相关法律法规的建设，其中美国电子政务发展程度最高，电子政务法律法规建设也相对完备。美国的电子政务法律法规主要包括五类法律文件：一是实施电子政务的基础性法律和文件；二是以信息公开和隐私权保护为主要内容的法律和文件；三是以电子商务为主要内容的法律和文件；四是以计算机安全为主要内容的法律和文件；五是以知识产权保护为主要内容的法律和文件①。这五大类法律文件从整体上构成了美国电子政务的法律法规体系。其他国家在电子政务领域的立法虽有不同，但通常包含这五类基本的法律法规。

结合国际电子政务法律法规的实践，本书认为，一个系统的电子政务法律法规体系需要包含如下五方面主要内容：①规范电子政务行为及电子政务标准化的法律法规；②规范政府信息公开、信息共享和信息安全的法律法规；③规范信息化知识产权保护的法律法规；④规范电子商务的法律法规；⑤其他的配套法律法规。

一般来说，在当前国际电子政务法律法规体系中，信息立法是电子政务立法的核心内容；信息安全立法是电子政务立法的重点；促进基础设施建设的立法是电子政务立法的基础；而电子商务与网络知识产权的立法又是电子政务立法的必要补充。

7.1.2 电子政务法律法规体系的特征

同其他法律部门相比较，电子政务法律法规呈现如下特征。

1. 电子政务法律法规体系的调整对象具有特定性和特殊性

调整对象的特定性指的是电子政务法律法规专门调整现代信息技术在公共行政中应用的范围、条件、方式、地位和效力等事项以及由此发生的社会关系。电子政务法律法规体系，作为相对独立于行政法体系的法律部门所调整的对象，不再是一般意义上的行政法所调整的对象。具体地说，电子政务法律法规体系调整的是基于电子政务行为而产生的特定的社会关系，其内容主要包括现代信息技术在公共行政中的应用范围、应用条件、行为方式、行为效力、法律责任等事项，以及由此发生的各种社会关系。电子政务法律法规体系调整的核心仍然是上述法律关系中的权利和义务关系。调整对象的特殊性，是指电子政务法律法规所调整的对象不同于一般的行政法所调整的行政主体与行政相对人之间的关系。发生在电子政务过程中的行为和关系是在网络环境下被虚拟化的关系，其行为方式、作用对象、行为程序以及行为主客体之间的权利义务都有别于传统行政环境下的行政行为，这种调整对象的虚拟化使得电子政务法律法规调整的对象呈现出有别于非电子政务行为的某些特殊性。

2. 电子政务法律法规立法形式和立法模式的特殊性

在立法形式上，从西方电子政务立法实践来看，大多数国家在电子政务立法领域都采用成文法的形式，这有别于英美法系在其他立法领域以判例和习惯作为法律的渊源的共性特征。即使是传统英美法系下的国家，也都采用成文法的形式加强电子政务领域的

---

① 杨建生、廖明岚：《美国电子政务立法及启示》，《社科纵横》，2007 年第 22 卷第 3 期，第 91～93 页。

立法。在一贯重视成文法建设的大陆法系国家，电子政务的立法更是体现在大量成文法律法规的出台上。产生这一现象的根本原因在于，电子政务调整对象的特殊性和特定性，导致将传统的习惯、判例作为法的渊源是不可行的。

在立法模式上，电子政务法律法规大多采用分散与统一相结合的立法模式。立法相对完备的美国也无法在电子政务立法领域出台一部规范所有电子政务行为的统一规范，反而是将电子政务领域的法律规范以分散的单行法律文件的形式出台。在电子政务立法欠完备的国家，这种分散性的立法现象就更加突出。以美国为代表的许多国家，在电子政务立法条件成熟的情况下，及时出台了电子政务领域的相对统一的法律。例如，美国在 2002 年就颁布了《电子政府法》以及《电子政府法实施指南》等配套法律，韩国也出台了类似的法律。电子政务法律法规体系分散与统一相结合的立法模式体现了当前各国电子政务高速发展和修复完善的现状，这是因为电子政务法律法规调整对象的动态性。尽管如此各国电子政务立法都致力于出台一部统一的电子政务法律来对本国的电子政务的运行进行系统的规范。

3. 电子政务法律法规体系与其他部门法的强交互影响性

电子政务法律法规体系的调整对象虽然特定而且特殊，但是这并不意味着电子政务法律法规体系就具有完全的独立性。相反，电子政务法律法规体系的独立地位并不能得到很好的确定，反而和其他部门法所调整的对象发生深刻的联系，从而使电子政务法律法规同其他部门法发生较强的交互影响性。

实践中，很多国家的电子政务法律法规体系常常和其他法律领域发生交叉。这种交叉从根本上说是信息化时代中人们生活、社会交互关系复杂化的结果，这使得电子政务立法和其他部门法发生了交互影响。未来的电子政务立法从范围上看会逐渐扩大到更广阔的社会领域，逐渐与其他的部门法产生更深层的联系和影响。

4. 电子政务法律法规具有鲜明的技术性和极强的依赖性

电子政务行为是依靠现代计算机和通信技术而建立在虚拟网络空间中的。电子政务的运行及电子行政行为的准确性与安全性都必须有一定的技术措施作保证。例如，在电子签名中要使用的密钥技术以及在电子认证中使用的电子证书等都是技术规则的应用。将这些保护电子政务行为安全高效运行的技术规则转化为法律，对电子政务行为双方当事人的权利义务的行使和保护有着极其重要的作用。同时，网络自身的存在与发展也离不开某些技术标准，由于网络协议的技术性和标准化，电子政务活动的双方当事人如果不遵守这些技术标准，根本无法在网络上进行电子政务活动。所以说，电子政务法一个很重要的特点就是技术性。

电子政务法的依赖性源于网络技术的复杂性。在网络世界中，行政机关与行政相对人的有些行政行为往往需要第三方的技术支持。例如，在电子政府采购中，投标的企业资质需要电子认证机构出具的电子证书给予证明，企业自己出具证明文书不具有法律效力。正是网络技术的复杂性，决定了电子政务法不同于其他行政部门法。

5. 电子政务法律法规呈现极强的动态性

电子政务法律法规调整的核心是信息技术在公共行政过程中发生的各类行为和关系。信息技术从 20 世纪 90 年代以来逐渐发展并广泛应用于各国政务活动领域。电子政务法律法规也随之不断出台、修订和完善。在这一过程中，电子政务法律法规体系极大地体现了高频度变化的特征。当前，我国为构建国家数据管理体制机制，形成数字治理新格局，加快完善与数字政府建设和数据治理相适应的法律法规框架体系，建设公平规范的数字治理生态，构建科学、高效、有序的数字治理格局，强化数字经济、数字社会、网络空间等治理能力。

随着信息化时代的到来和信息技术本身的不断革新，信息化进程会进一步影响到社会生活的每一个角落，信息化革命会进一步改变人类的生活方式、行为方式，进而直接冲击传统的行为模式。在这样的环境下，电子政务领域的革新必然继续深入，电子政务法律法规体系的构建也必然不断地发展和完善。"变则通，不变则废" 是未来电子政务法律法规体系不断完善的一个基本原则。

7.1.3 电子政务法律法规体系建设的意义

电子政务法律法规体系的建设是各国电子政务发展的重要内容，其建设水平的高低是衡量各国电子政务发展水平的重要标准，其建设和完善是保障各国电子政务良性发展的必要手段。电子政务法律法规体系建设的意义具体体现在如下几个方面。

1. 有利于规范电子政务活动，促进政府职能的转变

保障电子政务的良性发展取决于电子政务法律法规的建立。法治化要求社会行为的发生和调整要有良好的制度作为规范的前提。只有这样人们的社会行为才不至于在彼此冲突中消耗社会资源和损害个体利益。各国电子政务发展过程中的一条成功经验就是在将信息技术应用于政务领域的同时，通过构建完备的立法体系来规范电子政务活动。从美国和欧洲的一些电子政务发展比较成熟的国家来看，它们在发展电子政务的过程中，法治建设一般先于电子政务实践，做到了制度先行的法律法规体系的建立要求，这也是这些国家电子政务能够有序发展的重要原因。

从另一个层面看，各国电子政务的发展必然促成政府在职能范围、行为方式、行为程序等方面发生有别于传统模式的变化。政府职能的调整和转变需要在良好的法治环境下才能更好地实现。电子政务法律法规体系的建设有利于促成这个转变的实现，最终为电子政务的健康、快速、持续发展提供有力保障。

党的二十大报告指出，"坚持全面依法治国，推进法治中国建设"，加快建设 "网络强国" "数字中国" ①。法治政府建设是全面依法治国的重点任务和主体工程。《国务院关于加强数字政府建设的指导意见》指出，加强数字政府建设是适应新一轮科技革命和产业变革趋势、引领驱动数字经济发展和数字社会建设、营造良好数字生态、加快数字

① 《习近平：高举中国特色社会主义伟大旗帜 为全面建设社会主义现代化国家而团结奋斗——在中国共产党第二十次全国代表大会上的报告》，https://www.gov.cn/xinwen/2022-10/25/content_5721685.htm，2024 年 8 月 16 日。

化发展的必然要求，是建设网络强国、数字中国的基础性和先导性工程，是创新政府治理理念和方式、形成数字治理新格局、推进国家治理体系和治理能力现代化的重要举措，对加快转变政府职能，建设法治政府、廉洁政府和服务型政府意义重大。

2. 有利于维护政府权威性

电子政务将传统的政府的形象和行为方式无形化和“虚化”，使政府在一定程度上进入“虚拟”角色。从形式上看，政府可能从前台转入幕后；从行为方式看，政府的行为可能从直接作用转入间接管理；从管理过程看，政府可能会从过程控制转入结果控制。这些变化使得政府可能从传统行为模式下的“强”政府转入信息技术运用下的“弱”政府，也就是说，电子政务对传统政府的权威性发起一定的挑战。在这种情况下，法律法规的健全是确保政府权威存在的必要手段。

在 e 化政府时代，政府权威的维护更加依赖完备的法治体系、严格的执法系统以及公正的司法体系，否则政府的权威性和严肃性在政府“虚拟”状态下难以实现。在电子政务实施过程中，各国都试图加强电子政务领域内的法律法规体系的建设，保证和维护政务制度的权威性。电子政务法律法规体系的构建是各国在电子政务环境下维护政府权威性，履行政府职能的客观要求，也是实现电子政务管理目标的必要手段。

党的十八大以来，以习近平同志为核心的党中央高度重视法治政府建设和数字政府建设。2021 年 8 月，中共中央、国务院印发了《法治政府建设实施纲要（2021—2025 年）》，其中第九部分专门论述“健全法治政府建设科技保障体系，全面建设数字法治政府”，提出要“坚持运用互联网、大数据、人工智能等技术手段促进依法行政，着力实现政府治理信息化与法治化深度融合，优化革新政府治理流程和方式，大力提升法治政府建设数字化水平”[①]。2022 年 4 月 19 日，中央全面深化改革委员会第二十五次会议审议通过了《关于加强数字政府建设的指导意见》。习近平总书记在主持会议时强调，要全面贯彻网络强国战略，把数字技术广泛应用于政府管理服务，推动政府数字化、智能化运行，为推进国家治理体系和治理能力现代化提供有力支撑[②]。

3. 有利于维护公众对政府的信任，保障政府和公众的合法权益

电子政务是以公共服务为出发点，通过电子化渠道加速政府之间、政府部门与社会之间的相互沟通和联系。信息技术的运用使得政府的行为方式和行政程序都有别于传统的政府行为模式。这可能导致公众对政府的信任危机。正因如此，完备的电子政务法律法规体系的构建是电子政务过程中维护公众对政府信任的必要保障，只有完备而强有力的法律体系才能在电子政务模式下建立起公众对政府的信任。全面建设数字法治政府，必须加快形成完备的数字法律制度体系。良法是善治之前提。[③]高质量立法是数字政府

①《中共中央 国务院印发〈法治政府建设实施纲要（2021－2025 年）〉》，https://www.gov.cn/zhengce/2021-08/11/content_5630802.htm，2024 年 8 月 16 日。

②《习近平主持召开中央全面深化改革委员会第二十五次会议》，https://www.gov.cn/xinwen/2022-04/19/content_5686128.htm，2024 年 8 月 16 日。

③《中共中央关于全面推进依法治国若干重大问题的决定》中明确指出：“法律是治国之重器，良法是善治之前提。”

建设的重要依据和保障。

政府与公众信息的沟通和交流在电子政务环境下会变得更开放，但是计算机和网络的安全问题一直是困扰电子政务发展的重要障碍。如何构建一个可靠的安全保障体系，保证国家机密的安全，保护个人信息和个人隐私不受侵犯，抑制有害信息的传播，成为全球关注的焦点。同时，公众在网络中面临着个人资料被窃取和被非法扩散的危险，公众在网络环境下的知识产权和其他民事权利可能面临新的威胁。面对上述问题，电子政务发展程度高的国家都是坚持“两条腿”走路。一是靠计算机技术和网络技术的发展和完善来保障信息交流的安全性，但是技术具有中立性，因此这不能解决所有安全问题和侵权问题。二是靠完备的法律法规制度的建立来规范和引导电子政务环境下各社会主体的行为。通过法律法规体系及司法的严肃性、权威性和强制性来保障政府和公众的合法权益是各国电子政务发展过程中的共识。

4. 有利于减少法律冲突和矛盾，避免不必要的法律纠纷

电子政务导致人们行为方式的转变和行为环境的改变，由此而产生的新的社会关系使得任何一个国家的法律体系在面对电子政务环境下复杂的社会行为调整的时候都显得严重滞后。电子政务法律法规的建立和已有的法律体系之间也可能存在着冲突甚至是矛盾。在法律范畴的概念中，一个词语往往有其比较固定的含义，容不得半点含糊和犹豫；但是，针对科学技术的法律概念，尤其是在信息技术等高新技术领域，这种情况变得相对复杂，再加上科学技术日新月异的变化，一些法律指代的确定性和固定性受到了挑战。例如，近年来，在著作权法领域，由于信息网络传播作品的广泛运用，著作权法中“复制”的概念开始变得模糊和难以确定。又如，作为具有特定调整对象的电子商务法律法规，其本身很可能和其他法律部门或者具体的法律发生冲突或者不协调。也就是说，在信息网络技术领域，网络的虚拟性、复杂性、多样性和灵活性，与一个国家的法律体系中的法律术语的明确性、固定性和稳定性不相适应，产生了法律术语如何适应网络信息动态性、复杂性的问题，同时也产生了一些与网络信息相关的法律术语冲击整个国家法律体系的问题。因此，构建完备的电子政务法律法规体系是解决上述适应性问题和冲突问题的必由之路。

当前，互联网、大数据、云计算、人工智能、区块链等数字技术加速创新，日益融入经济社会发展各领域全过程，也对政府治理法治化提出了新的更高的要求，但相关数字法律制度还存在时间差、空白区。有关部门要坚持问题导向，完善数字立法规划，突出数字立法重点，通过法律解释推动现有法律延伸适用到数字领域，及时制定完善互联网、大数据、云计算、人工智能、区块链等相关法律制度，构建与我国数字经济与社会发展相适应的数字法律制度体系，充分发挥立法对数字政府建设的引领、推动、规范和保障作用。

5. 有利于依法行政，构建服务型政府

电子政务法律法规体系的构建是实现行政法治过程的重要内容。电子政务领域是当前我国行政领域发展和改革的重要领域和关键地带。可以推断，未来我国行政管理领域

的变革在技术上都将伴随着电子政务的发展而发生嬗变。因此，行政法治建设的一项非常重要的内容就是加强电子政务法律法规体系的建设和完善。随着电子政务的推行和发展，电子政务将促使传统的政务行为方式产生更深层次的改变，这种改变将直接导致更多新的行政关系的产生，而这些关系的产生必须有新的电子政务法律法规来加以规范和调整，这是依法行政的本质要求。毫不讳言，在当前和今后，没有电子政务的法治化，就没有行政的法治化，更遑论依法行政。一言以蔽之，电子政务法律法规体系的构建是依法行政的必然要求，也是行政法治的重要内容。

同时，电子政务法律法规体系的构建也有利于政府更好地执政为民、服务于民，实现服务型政府的目标。实践证明，没有法治的政府服务就不能真正实现服务于民的政务。健全的法治体系是实现服务型政府的重要前提和有力保障。特别是电子政务过程中，信息化技术的运用本身是为了运用尖端的技术更好地提高行政效率、节约行政资源，归根到底是为了使政府更好地为公众服务。但是，如前所述，由于技术的中立性，如果没有健全法治的保障，那么这种期望终究只是泡影。

6. *有利于保护信息安全，促进电子政府健康、有序发展*

在信息技术高度发达的今天，为什么会出现网络间谍多次进入美国五角大楼的机密资料库，以及我国政府网页被攻击等犯罪行为呢？这是因为虽然信息技术目前已非常先进，但还远远没有达到完美的程度。电子计算机信息系统作为国家电子政务的载体和工具，虽然有助于提高工作质量和效率，但在网络黑客高手面前，仍存在被击溃的危险。作为国家安全的重要组成部分，信息安全关系到国家的根本利益。尤其是“9・11”恐怖事件发生以后，恐怖主义威胁着全球的和平与稳定，我们更应时刻提高警惕，加强对信息安全的保护。除了不断提高网络技术以弥补自身漏洞之外，我们还应充分发挥法律的威慑力和惩罚的作用，打击这些无法无天的网络犯罪者，使他们在严厉的法律制裁面前悬崖勒马。

在电子政务建设中，立法必须先行。“制度重于技术”，决定电子政务信息系统能否有效运转的因素不仅是信息技术，更是制度、组织结构、规则与标准，当然最终还是人，而这些因素都需要合理有效的法律制度安排。伴随我国电子政务建设的推进，相关法律法规出台的滞后已经在很大程度上制约了电子政务的发展。保障电子政务发展的法律法规不够完善，政府信息化缺乏基本的法律和制度保障。一套完整、统一的法律和制度体系是电子政府健康、有序发展的迫切要求。

习近平总书记强调：“要切实保障国家数据安全。”[①]数据是国家基础性战略资源，没有数据安全就没有国家安全。在坚持运用数字科技手段建设“智慧法治”的同时，必须防范数字科技发展带来的风险，保障数据安全，建立健全数据安全治理体系。2021 年，《中华人民共和国数据安全法》、《中华人民共和国个人信息保护法》以及《关键信息基础设施安全保护条例》等的出台，标志着我国数据安全治理体系已经基本形成。

① 《切实保障国家数据安全》，https://www.cac.gov.cn/2018-07/10/c_1123102336.htm，2024 年 8 月 16 日。

7.2 电子政务的基本法律法规

7.2.1 各国（国际组织）规范电子政务行为及电子政务标准化的法律法规

电子政务不只是利用现代信息科技手段实现政府办公自动化，而且是利用现代信息技术对政府开展的业务进行全面改造，涉及政府结构、政府运作模式、政府业务流程、政府管理以及服务于企业和社会的方式与手段等多方面的改变[①]。

在这个过程中，电子政务行为本身有别于传统的政府行为，因此这种行为带来的新的社会关系是需要调整和规范的，这是行政法治的必然要求，也是电子政务良好运行的客观要求。各国（国际组织）在发展电子政务的过程中，都在加强规范电子政务行为本身的法律法规建设。这些法律法规通常从电子政务行为的要件、行为的程序、行为的效力等方面加以系统规范。

1. 美国

美国是世界上最早提出建立电子政务的国家，也是迄今为止电子政府发展水平最高的国家之一。早在 2003 年联合国进行的“全球电子政府调查”就显示，美国电子政务准备度指数（e-government readiness index）达到了 0.927，排名第一。这得益于美国联邦政府出台的一系列规范电子政务行为的法律文件。美国 1993 年出台了规范绩效考核的《政府绩效与结果法案》；1995 年出台了《电子签名法案》《互联网税务自由法案》《文书削减法》[②]；2000 年 6 月，时任美国副总统的戈尔提出将建立电子政府放在“第二次美国独立革命”的高度，随后通过了《国际与国内电子签名法》；2002 年，时任美国总统的布什签署了《2002 电子政府法案》（E-Government Act of 2002）[③]，后配套颁布了《电子政府法实施指南》；2003 年颁布《美国反垃圾邮件法》。其中，2002 年 12 月 17 日签署的《电子政府法案》是规范美国电子政务行为的一部较系统的统一法案。从整体上看，美国政府颁布的这些法律文件主要是与政府的一般信息行为相关的一些法律和文件，其中主要包括规范电子政务实施主体及其程序的组织法和程序法。这些法案的颁布为美国电子政务的发展营造了良好的法治环境。

2. 欧盟

欧盟有相互承认和遵守的电子政务方面的共同规则，以此来减少各国电子政务行为的冲突和摩擦。同时，各主权国家也保留自己的法律制度，以此来规范和引导本国电子政务的发展。统一的政策、共同遵守的指令和国家独立的法律，构成了欧盟国家在电子政务立法领域的实践。这充分体现了欧盟国家区域立法合作与各国单行立法相结合的电

---

① 王满船：《国外电子政务相关立法及其对我国的启示》，《中国行政管理》，2004 年第 9 期，第 66～69 页。

② 美国早在 1980 年就通过了《文书削减法》，1995 年进行了修订，1998 年又出台了《政府文书削减法》。

③ 《电子政府法案》是美国颁布的一部统一规范电子政务行为的法案，主要规定了电子政务的目的、意义、标准化和实施电子政务的主体责任及电子政务的运营规则等重要内容，是美国电子政务立法高度发展的标志。

子政务立法特征。

欧盟自成立以来已经制定并推出了关于构建新型科技信息社会的一系列政策，如《有关实施对电信管制一揽子计划的第五份报告》《电子通信服务的新框架》《电子欧洲——一个面向全体欧洲人的信息社会》《关于聚焦电信、媒体、信息技术内容及相关规范的绿皮书》。除了政策性文件以外，欧盟还陆续发布了一系列用于规范指导各国电子政务行为和标准的“指令”，以建立欧洲的信息法律法规体系，主要包括《电子签名统一框架指令》《卫星广播指令》等。

在规范政务行为和标准化的立法方面，各成员国在欧盟统一法律规范的指导下，出台了一些旨在促进本国信息化发展的法律规范。例如，德国 1997 年颁布了《信息与通信服务规范法》和《数字签名法》；意大利 1997 年也颁布了《数字签名法》，2000 年发布了《电子信息与文书法》等；法国 1997 年发布了《互联网宪章》。

3. 日本

日本于 20 世纪 90 年代末开始推动电子政务的发展，2000 年 3 月正式启动了“电子政务工程”，制定和实施了一系列有关电子政务行为和标准化的法律制度。主要包括：1988 年颁布《关于对行政机关所持有之由电子计算机处理的个人信息加以保护的法律》；1998 年发布了《关于使用电子计算机制作的国税有关账簿文件的保存方法等之特例的法律》；1999 年发布了《关于犯罪搜查而进行通信监听的法律》《关于禁止不正当接入等的法律》；2000 年颁布了《关于部分修改〈商业登记法〉的法律案》《关于电子签名及认证业务的法律》《建立高度信息通信网络社会的基本法》（即《IT 基本法》）；2002 年颁布了《行政程序中与信息通信技术之应用有关的法律》《伴随着〈行政程序中与信息通信技术之应用有关的法律〉的施行，对相关法律进行修改的法律》《日本电子签名与认证服务法》等。

日本是一个很注重成文法的国家，在电子政务法律法规建设中也不例外。在上述法律法规中，《IT 基本法》对信息化社会事业的推进及其相关法律关系进行了宏观的规范和调整，是日本电子政府法律体系中的一部较全面和系统的法律。同时可以看出，日本就电子政务法律关系开展了大量的微观立法活动，来规范和调整电子政务法律关系。这些微观领域的立法是日本相关立法领域的重要补充。

4. 新加坡

新加坡是全世界最早推行“政府信息化”的国家之一，也是全球公认的电子政务发展较为领先的国家，在服务广度上仅次于美国，在服务深度上位居全球第一①。新加坡从 1981 年就开始发展电子政务；1986 年推行“国家 IT 计划”；1989 年开始建设科技岛；1992 年提出了 IT 2000 计划；2000 年启动了 e 化政府第一次行动计划；2003 年启动了 e 化政府第二次行动计划，提出了“欣喜的顾客，联网的国民，联网的政府”。与此同时，新加坡政府还制定和颁布了一系列电子政务法律。

1998 年，新加坡政府修订了《滥用计算机法》颁布了《远程医疗法》《数字签名法》。

① 李正华：《国外电子政务的立法及其启示》，《信息网络安全》，2006 年第 7 期，第 18～21 页。

这三部法律分别规范了使用计算机犯罪的行为界定及法律责任的追究，远程医疗服务的程序和权利义务，数字签名的程序、要件及其效力等问题。1998年，新加坡政府出台了《通信和多媒体法》，该法律是新加坡政府电子政务立法领域内的一项基础性法律，对电子通信方式和多媒体信息的相关问题做了全面规定。近年来颁布的《电子政务活动法》《个人数据保护法》表明新加坡政府正不断加强电子政务法律法规的制定规划工作。

5. 韩国

韩国政府从1987年开始在行政、金融、教育研究、国防、公安五大重点领域重点全面推行政务信息化，近年已成为世界的“领跑者”。《2022联合国电子政务调查报告：数字政府的未来》中，韩国排名第三。也就是说，在193个受调查的联合国会员国中，韩国的电子政府发展是处于靠前位置的①。

韩国规范电子政务行为和标准化的法律主要有：韩国政府1999年颁布的《电子签名法》《对公众机构的公众档案管理条例》；2000年颁布的《数字内容管理条例》；2001年颁布的《缩小数字鸿沟条例》《保护主要信息基础设施条例》。此外还有一系列关于各种标准化的法律。

各国电子政务行为和标准化的构建构成了各国电子政务法律法规的基础性法律，这些法律大多从统一或者单项的角度对电子政务行为方式、行政程序、行为效力、行为标准等方面做了基本的规范，是各国电子政务法律法规体系的主要内容，它们为各国电子政务的发展提供了基本的法律框架，构成各国电子政务法律法规体系的主体。

7.2.2 各国（国际组织）规范政府信息公开、信息共享和信息安全的法律法规

“透明政府”已经成为许多国家的法律原则。在各国（国际组织）电子政务公开方面，大多数国家都在实践“以公开为原则，以不公开为例外”的透明政府原则。电子政务的发展要求建立一个信息资源共享的网络平台，加速信息传播的速度和广度，为行政效率的提高和公众获取有用信息提供强大的信息资源库。信息公开和信息共享在促进电子政府发展过程中发挥了重要的作用，但是信息安全问题与之相伴而生。制定信息公开方面的法律的目的在于规定公共机关对其保有和管理的信息源有公开的义务，规定公民要求公开的必要事项，以保障公民的参政权和知情权以及加强公开行政和政策运行的透明度。而隐私权的保护问题是电子政务发展过程中必然出现的问题，在信息化的推进中，一方面要增强个人信息利用的有效性，另一方面还要加强对个人信息的保护。“隐私权保护法”已成为许多国家实施电子政务的重要法律依据，“隐私权保护法”是规范政府信息行为和公民隐私权保障的基本法律。因此，规范信息公开、信息共享和信息安全的法律制度建设是电子政务立法过程中的一个重要内容，其中信息安全立法是各国电子政务立法的重点。

1. 美国

美国在规范政府信息公开、信息共享和信息安全的法律制度建设方面始终走在世界

① 杨光：《网络强国战略对电子政务发展提出新要求》，《计算机与网络》，2014年第40卷第16期，第4～5页。

的前列。美国是世界上最早提出并通过法规对隐私权予以保护的国家，美国在 1974 年通过《隐私法案》(Privacy Act)，1986 年颁布《电子通信隐私法案》，1988 年又制定了《电脑匹配与隐私权法》及《网上儿童隐私权保护法》(Children's Online Privacy Protection Act)。1996 年，美国政府出台了《电子信息自由法案》(修正案)。此外，美国政府还颁布了一系列以计算机和网络安全为主要内容的法案，主要包括《计算机保护法》《网上电子安全法案》《反电子盗窃法》《计算机欺诈及滥用法案》《网上禁赌法案》等。

2. 欧盟

欧盟各国都重视信息公开和信息共享，以及由此引发的信息安全和个人隐私保护的法律问题。欧盟已出台了相关的框架文件、指令和各国的单行法律。其中，框架文件主要包括：为了配合经济合作与发展组织的《关于隐私和个人资料的跨国境流动的保护指引》而制定的《关于在自动运行系统中个人资料保护公约》；1995 年通过、1998 年 10 月生效的《关于个人资料的运行和自由流动的保护指令》；1997 年 7 月欧盟委员会个人资料保护工作组制定的《关于个人资料向第三国传递的第一个指导——评估充分性的可能方案》；1999 年欧盟部长会议在关于互联网隐私保护备忘录中规定了《关于在信息高速公路上收集和传递个人资料的保护指令》。通过这些框架文件，欧盟试图将其确立的信息共享和网络隐私保护标准提升为国际标准。除了政策性文件以外，以“指令”形式出现的规范性文件主要包括《关于数据库法律保护的指令》《电信部门的隐私保护指令》《软件保护指令》等。

各主权国家也加强相关法律法规的建设。瑞典早在 1973 年就颁布了《瑞典国家数据保护法》，该法是世界上第一部保护计算机数据安全的法律。在对信息公开和信息安全的管制中，德国和法国都规定了互联网服务提供商(Internet service provider，ISP)提供信息的安全责任，出台了相关规定严格管制信息的安全性和合法性。

3. 日本

日本在信息化进程中也加强了政府信息公开、信息共享和信息安全的法律法规的建设。其在 1988 年颁布的《关于对行政机关所持有之由电子计算机处理的个人信息加以保护的法律》中，就对政府处理公众个人信息的行为进行了初步规范。1999 年 5 月颁布的《关于公开行政机关所保留的信息的法律》是日本政府规范政务公开的一部较全面的法律。2001 年制定的《关于特定电信服务提供者之损害赔偿责任限制与信息发送者资料披露法》中也有信息发布的相关规定。2003 年制定的《关于保护行政机关所持有之个人信息的法律》加强了对政府保护公民隐私责任的立法规定。2003 年 5 月 30 日制定并实施的《关于保护个人信息的法律》加强了公民个人隐私在信息传递过程中的保护力度。

4. 新加坡

新加坡资讯通信媒体发展局(Information Media Development Authority，IMDA)全权负责政府首席信息办公室(Government Chief Information Office，GCIO)工作。GCIO 的作用相当于新加坡政府的首席信息及技术官。GCIO 主要行使如下职能：为政府信息化整体规划提供技术领导；为政府制定信息产业标准、政策、指导方针及程序；开发、实施及管理整个政府的信息系统并将之理念化。新加坡对信息公开和信息安全与隐私保护方面的立法非常重视，相关法律文件包括：①1998 年修订的《滥用计算机法》是一部确保计算机安全使用的法律，对于规范用户合法使用计算机，降低计算机使用过程中违法犯罪行为起到积极作用；②《信息安全指南》和《电子认证安全指南》是新加坡政府信息安全的两个重要法律文件；③新加坡政府制定的《信息公开法》明确规定了政府政务信息公开的内容、程序和范围。新加坡政府 2012 年制定的《个人数据保护法》对电子政务活动中和其他网络信息传递中的个人隐私权加以界定和保护。

5. 韩国

韩国政府在规范政府信息公开、信息共享和信息安全的法律法规建设方面的单行立法也取得了一定的成就，相关法律法规主要包括：①1999 年出台的《对公众机构的公众档案管理》规范了政府对公众隐私的保护；②2000 年制定的《数字内容管理条例》对政府、企业和个人信息的管理进一步进行了规范；③2001 年出台的《关于建立信息安全与个人信息隐私权的条例》是韩国政府在信息安全和个人信息隐私保障方面的单行法律。此外，韩国政府还出台了《计算机保护法》和《信息、通信网络、信息安全促进法》，这两部法律是韩国信息安全立法领域针对计算机运行安全及网络、信息安全的引导性法律。

7.2.3 各国（国际组织）规范信息知识产权的法律法规

电子信息技术的高速发展，加快了信息的传播，信息的传播速度、广度和深度同传统的传播方式相比，发生了巨大的变化。在“信息高速公路”上，知识产权的保护已经有别于传统民事管理中的知识产权问题。发明专利的侵权、商标的侵权、电子盗窃、版权侵权等正以新的形式泛滥和蔓延。这就对各国（国际组织）制定信息化背景下的以知识产权保护为主要内容的法律法规提出了迫切的要求。电子政务发展程度高的国家和电子政务发展中国家都面临着知识产权立法问题。

1. 美国

美国在 1998 年 10 月颁布了《千禧年数字版权法》。该法是美国规范数字版权领域内的核心法律。其中明确规定了以下内容。①世界知识产权组织版权条约的实施。明确规定禁止破坏著作权之保护体系及保护著作权管理的完整性，违反者将被追究刑事、民事责任。②网上著作权侵权责任限制。规定国际互联网服务提供者传输信息时发生他人通过网络侵害著作权的责任问题，免除传输信息的服务提供者的责任。③计算机维护与修理之著作权豁免。规定免除因为网络传输而产生的录音作品的复制行为的侵权责任，另外扩大对于图书馆以及备份存档的合理使用空间。④某些原创设计的保护。《千禧年数字版权法》是美国数字版权重要的单行法律文件。除此之外，《反域名抢注消费者保护法》《联邦商标淡化法和联邦商业间谍法》《反电子盗窃法》《美国发明人保护法》等都是针对数字知识产权颁布的法律文件。从整体上看，美国在相关领域的立法处于世界领先地位。

2. 欧盟

欧盟在数字知识产权保护中试图达成统一的框架，在此基础上各主权国家通过立法来规定各主权国家范围内的数字知识产权的问题。例如，以“指令”形式出现的框架文件有《著作权、出租权指令》《软件保护指令》等。各主权国家在知识产权保护方面大多采用严格管制的手段来实现。例如，德国明确了信息提供商提供的主页有侵犯他人知识产权时，信息提供商要负连带责任。

3. 日本、新加坡、韩国

日本、新加坡、韩国正在加强规范数字知识产权保护方面的立法，从整体上看，这些国家的知识产权立法已初见成效。例如，日本的《IT 基本法》中，涉及数字知识产权的立法规范问题；新加坡在电子政务立法领域也涉及一些知识产权领域的规范问题；韩国颁布实施的《音乐、视频、游戏产品法》《计算机程序保护法》中也有大量关于数字知识产权问题的规范。

7.2.4　各国（国际组织）规范电子商务的法律法规

信息技术的应用对社会经济领域产生了深刻的影响，传统的商业模式正在发生深度改变，新兴的电子商务正是信息技术对商业领域深度影响的结果。在瞬息万变的信息化时代，法律总是落后于技术和产业的发展已是不争的事实。在一日千里的信息技术领域，这些技术和产业发展得一前一后、一快一慢，就产生了法律空白、法律盲区、法律滞后甚至法律障碍。在这个过程中，很多商业行为和模式得不到法律的调整和支持。各国（国际组织）在电子政府发展的过程中，都面临着电子商务发展对政府行为模式的改变和挑战问题。这种现象在电子政务、电子商务与信息化领域可以说比比皆是，尤其是市场准入这一类规则方面，旧规则以旧的商业模式为基础，新的商业模式很难再适用于旧规则。如果不适时进行调整，尤其是从立法的角度加以调整和规范，那么旧模式就会阻碍电子商务的发展。基于此，电子政务发展程度较高的国家将规范电子政务法律法规的建设作为电子政务法律法规体系构建的重要内容。

1. 美国

美国联邦政府 1997 年出台了《全球电子商务政策框架》。该框架法案指出为了消除电子商务在行政和法规方面的障碍，政府应该采取如下政策：①鼓励政府认可和接受正式的电子通信（即合同、公证文件等）；②鼓励国内和国际规则的协调一致以便支持电子签名和其他身份认证的可接受性；③建立电子注册处；④推动建立其他形式的适当的、有效的国际商业交易的纠纷调整机制；⑤确立软件和电子数据的可交易性、使用权限和权利转让框架；⑥制定相关标准和合同履行规则。基于该框架，美国政府出台了系列规范电子商务具体法案，对电子商务活动中个体的相关权利、个体的隐私保护做了相关规范。

2. 欧盟

欧盟在电子商务领域的立法正在被日益重视。以“指令”形式出台的《欧洲电子商务提案》和《关于内部市场中与电子商务有关的若干法律问题的指令》是欧洲共同体在电子商务领域的重要区域性规范。电子商务的本质决定了电子商务的相关服务必须逐步显现国际化的趋势，与电子签名相关的认证服务也毫不例外。针对这一趋势，欧盟《关于内部市场中与电子商务有关的若干法律问题的指令》分别在第 3 条和第 7 条中对电子认证服务的市场准入、电子认证服务管理的国际协调进行了规定。这两个区域性规范的实施，对欧盟成员国内部的电子商务行为进行了较全面的调整，对规范欧盟成员国之间的电子商务活动、减少各国电子商务交易的摩擦和冲突起到了积极作用。

在统一法律的指导下，各主权国家也加强了电子商务领域的立法。例如，德国、意大利等国颁布的《数字签名法》对电子商务活动中的认证问题拟订了法律规范；爱尔兰颁布了单行的《电子商务法》。

3. 日本、韩国、新加坡

日本一贯比较重视电子商务的立法，特别注重解决电子商务立法同其他法律文件的冲突问题。2000 年日本颁布了《关于部分修改〈商业登记法〉的法律》《部分修改商法等的法律案》《关于电子签名及认证业务的法律》，这三部法律都涉及一些规范电子商务中市场准入、交易行为和行为效力认证的规则；2001 年日本颁布了《伴随着实施部分修改商法等的法律而出现的调整相关法律的法案》《关于部分修改〈不正当竞争防止法〉的法律案》《关于限制特定电子通信劳务提供者之损害赔偿责任以及公布发信者信息的法律案》；2002 年日本颁布了《关于部分修改有关特定商务法律施行规则的省令》。上述法律或法律修订案的颁布在很大程度上为日本电子商务的运行提供了良好的法治软环境。

此外，新加坡和韩国在电子商务领域也颁布了相关的法律文件。新加坡在这方面的法律文件主要有：1997 年颁布的《数字签名法》，1998 年颁布的《电子交易法》等。韩国在这个领域的法律主要有：1999 年颁布的《电子商务框架条例》，2002 年颁布的《电子商务用户保护法》，2003 年颁布的《电子商务用户保护指南》等。此外，韩国的《贷款交易法》《产品义务法》《电子单证法》等也涉及相关的内容。

7.3 中国电子政务法律法规体系及其完善

7.3.1 中国电子政务法律法规体系建设的沿革

20 世纪 90 年代以来，随着网络技术的成熟和应用，电子政务浪潮席卷全球，我国电子政务也应运而生，从总体上说，我国电子政务发展起步晚、底子薄。按照我国电子政务发展历程，结合电子政务法律法规建设概况，截至目前，我国电子政务法律法规体系的构建过程大致可以分为如下三个阶段。

1. 萌芽阶段：20 世纪 90 年代

20 世纪 80 年代初期，我国正处于从计划经济向市场经济转轨的初期，电子政务的实践还没有展开。1984 年，国务院批准国家计划委员会（简称国家计委）成立信息管理办公室，负责推动国务院有关部委的信息系统建设工作。1986 年，国务院批准设立了国家经济信息系统领导小组和国家经济信息中心，负责国家信息系统的规划和建设。各部、委、局和地方省、市、县相继成立了信息中心。一般认为，在这个阶段我国真正意义上的电子政务还没有出现。因此，在这个阶段，信息化立法仅限于电信安全与信息资源分配、机构与行业管理方面，而且大多以文件和指导意见等形式出现，有关电子政务的单行法律甚至是法规都还没有出现。

20 世纪 90 年代以后，我国的政府信息化建设正式进入萌芽发展阶段。1996 年，国务院成立了国务院信息化工作领导小组，加强了对全国信息化工作的统一领导，大大推动了政府信息化建设。2001 年底，我国确定全面启动国家电子政务建设工程。国家“十五”规划指出实施一批信息化重大工程，推进政务、金融、外贸、广播电视、教育、科技、医疗卫生、社会保障和公用事业等领域的信息化进程。国家各部委、各地区将电子政务建设作为本部门信息化建设的重要突破口，在全国掀起了一个政府信息化的浪潮。

在电子政府萌芽阶段，我国电子政务法律法规建设在实践中有了一定的发展，在计算机技术的应用和信息管理领域出台了一些法规。1991 年通过了《计算机软件保护条例》，这是我国第一个关于计算机的法律。1994 年 2 月 18 日国务院颁布了《中华人民共和国计算机信息系统安全保护条例》，这是我国第一个关于计算机信息安全的法规。该法规详尽地规定了保护对象、保护重点、违反条例所承担的法律责任等，制定了安全保护制度，由公安机关行使监督职权。1997 年 12 月 30 日，经国务院批准，公安部施行了《计算机信息网络国际联网安全保护管理办法》，该办法加强了对国际联网的安全保护和管理，维护了从事国际联网业务的单位和个人的合法权益和公众利益。此外，我国还颁布了《中华人民共和国电信条例》、《互联网信息服务管理办法》、《中国互联网络域名注册暂行管理办法》、《中国互联网络域名注册实施细则》以及《关于维护互联网安全的决定》等一系列规范。在这一阶段，我国初步建立起电信行业管理法律体系和互联网网络管理法律体系，但这些立法偏重于解决因互联网产生的技术层面的问题而非政务本身，立法层次较低，大多属于行政法规或部门规章。

2. 成长阶段：20 世纪 90 年代末至 2009 年

20 世纪末以后，我国电子政务发展进入一个快速发展的时期。1999 年 2 月，多部委正式启动了“政府上网”工程，在这个背景下，2000 年 9 月 25 日国务院发布了《互联网信息服务管理办法》，10 月 8 日信息产业部发布第三号令《互联网电子公告服务管理规定》，11 月 6 日国务院新闻办公室和信息产业部联合发布了《互联网站从事登载新闻业务管理暂行规定》。同年 12 月 28 日全国人民代表大会常务委员会颁布了《关于维护互联网安全的决定》，这是我国网络立法的标志性法律文件。

2001 年 8 月，国务院信息化工作办公室成立，这标志着我国真正进入了电子政务的规范建立阶段。

2002 年 7 月，国家信息化领导小组讨论通过了《国民经济和社会信息化专项规划》，这是我国发展电子政务的第一部国家重要规划。同年 8 月，国家信息化领导小组讨论通过和公开发布《关于我国电子政务建设指导意见》，明确了电子政务建设的指导思想、原则、主要目标、主要任务、主要措施，从而将电子政务建设推进到一个全新的整体规划和发展的阶段。在此指导下，有关部门先后制定和执行了一些行政法规和规章制度，如2002年颁布的《中国互联网络域名管理办法》《关于过渡期内域名注册管理的通告》《中国互联网络信息中心域名争议解决办法程序规则》《中国互联网络信息中心域名争议解决办法》等。

2003年8月，全国人民代表大会常务委员会通过了《行政许可法》，这是我国电子政务立法领域的一件大事，它是最早站在法律的高度对电子政务予以认可的规范。《行政许可法》第二十九条第三款规定，"行政许可申请可以通过信函、电报、电传、传真、电子数据交换和电子邮件等方式提出"。第三十三条规定，"行政机关应当建立和完善有关制度，推行电子政务，在行政机关的网站上公布行政许可事项，方便申请人采取数据电文等方式提出行政许可申请；应当与其他行政机关共享有关行政许可信息，提高办事效率"。《行政许可法》的实施为政府行为特别是电子政务行为提供了规范的前提，是一部确立电子政务行为标准的基础性法律。该法律于2004年7月1日起施行。

2004年是我国电子政务立法领域取得突破的一年。8月全国人民代表大会常务委员会通过了《中华人民共和国电子签名法（草案）》。该法解决了虚拟网络环境下的认证和行为效力问题，它的颁布和实施为包括PKI等技术在内的电子政务发展提供了强有力的保障。

2006年被业内人士称为"电子政务务实年"，至此，我国电子政务建设也进入一个相对平稳和理性发展的阶段。2006年5月，国务院出台了《信息网络传播权保护条例》（国务院令第468号）。

2007年4月国务院颁布了《中华人民共和国政府信息公开条例》（简称《政府信息公开条例》），该法规自2008年5月1日起施行，是我国在电子政务立法中取得的又一次实质性成果。

3. 长成阶段（2010年至今）

2011年11月《中华人民共和国电子政务法（专家建议稿）》（简称《电子政务法（建议稿）》）正式发布，促进了我国电子政务标准化体系和立法体系的逐步完善，也是我国电子政务正式进入立法"长成"阶段的标志。这部《电子政务法（建议稿）》是国务院信息化工作办公室委托中国社会科学院法学研究所历时三年完成的，在我国的电子政务发展历程中还是有划时代意义的大事。

《电子政务法（建议稿）》规定，电子政务立法的目的是推动信息技术应用，促进跨部门合作，提高公共管理的水平和透明度，更好地为公民、法人或者其他组织提供信息与服务。立法遵循的原则是权利原则、公众中心原则、行政机关信息共享原则、跨部门合作原则、个人信息保护原则、深化应用原则、保障安全原则等。

《电子政务法（建议稿）》共分六章，第一章总则，第二章电子政务项目建设，第三章信息技术应用，第四章电子政务保障与促进，第五章法律责任，第六章附则。这种结构既考虑了我国当前电子政务实践中的具体问题，也考虑了当前相关立法的缺陷，体现了多重任务并重的原则，也强调了电子政务发展必经的三个阶段。与国外电子政务立法相比，国外同类立法大多集中在信息技术应用这一块，一般均不涉及前端的建设与后端的保障与促进。《电子政务法（建议稿）》这种结构的基本特点在于，充分考虑了中国电子政务发展的阶段性特点，以求规范与促进并重，硬件与软件同时到位。

总体来说，我国的电子政务立法还远不能满足电子政务实践的发展，加快相关立法任重道远。

7.3.2　中国电子政务法律法规体系建设的现状

从电子政务发展的历程来看，我国电子政务的发展在 20 世纪 80 年代是打基础阶段，90 年代是初步发展阶段，进入 21 世纪后，我国电子政务也进入快速发展的阶段。与此同时，在我国电子政务实践的过程中，电子政务法律法规体系的建设也在同步进行。从现状来看，我国在电子政务的某些领域的立法已取得了一定成果。

1. 规范电子政务行为及电子政务标准化的法律法规

规范电子政务行为及电子政务标准化的法律法规是电子政务领域内的基础性法律法规，这些法律法规通常构成了电子政务基本的法治环境，是各国都必须重视和首先建立的基本规范。我国在相关领域的立法已经初见成效。

（1）计算机管理的相关法规。1991 年发布的《计算机软件保护条例》是我国第一个关于计算机的法律规范性文件，我国分别于 2001 年和 2013 年对这部条例做了修订。条例对计算机软件著作权的内容、归属、存在的时间、许可使用和转让，以及相关的法律责任做出明确规定，它保护了计算机软件著作权人的权益，调整了计算机软件在开发、传播和使用中发生的利益关系，鼓励计算机软件的开发与应用，促进了软件产业和国民经济信息化的发展。

（2）《行政许可法》和《电子签名法》是我国电子政务立法领域重要的基础性立法。这些规定从法律的高度给予电子政务以认可和推进。《电子签名法》是我国第一部真正意义上的信息化法律，在信息化立法原则方面有诸多创新，确立了功能等同、技术中立及当事人意思自治等原则，对今后的立法产生了深远的影响①。它首次肯定了电子签名与文本签名的同等效力，规定了电子认证服务提供者应当具备的条件、遵循的程序，以及提供服务时和服务暂停或终止后应尽的义务，它还规定由国务院信息产业主管部门实施监督管理，并明确了相关的法律责任。这部法律为电子交易的安全提供了保障。虽然《电子签名法》仅适用于电子商务领域，但是在政务活动方面，其已授权国务院和国务院规定的部门依据该法制定使用电子签名、数据电文的具体办法。

2. 规范电子政务网络环境的法律法规

在电子政务网络环境的治理上出台的相关法规，主要包括网络管理、网络服务和网络域名管理三个领域。

---

① 马海群、宗诚：《电子政务的立法状况、法律框架及核心问题》，《中国图书馆学报》，2006 年第 2 期，第 42～45 页。

（1）在网络管理方面。我国 1997 年发布了《计算机信息网络国际联网安全保护管理办法》，该办法对国际互联网建设的布局、资源利用和管理进行了统筹规划，要求国际互联网采用国家统一制定的技术标准、安全标准、资费标准、实施分级管理等，以利于国际互联网提高服务质量和水平，资源共享和健康发展。

（2）在网络服务方面。2000 年 9 月 25 日，国务院发布了《互联网信息服务管理办法》，对互联网信息服务概念进行了界定，并将其分为经营性和非经营性两类，对两类互联网信息服务活动的不同管理办法做出相应的规定，规定由国务院信息产业主管部门和省、自治区、直辖市电信管理机构，依法对互联网信息服务实施监督管理，同时明确了相关的法律责任。同年 10 月 8 日信息产业部发布了第三号令《互联网电子公告服务管理规定》，该法规界定了电子公告的内涵，规定了提供电子公告服务的市场准入制度，规范了电子公告信息发布的行为，明确了相关的权利义务和违反该规定应承担的法律责任。为了规范互联网新闻传播行为，国务院新闻办公室和信息产业部联合发布了《互联网站从事登载新闻业务管理暂行规定》，它规定了在我国境内，符合规定的新闻单位网站和综合性非新闻单位网站登载新闻应当遵循的实体性和程序性规则、网站义务和法律责任以及管理部门。2002 年 8 月施行的《互联网出版管理暂行规定》中规定，互联网出版的内容不真实或不公正，致使公民、法人或者其他组织合法利益受到侵害的，互联网出版机构应当公开更正，消除影响，并依法承担民事责任[①]。

（3）在网络域名管理方面。由于我国在域名设置方面之前一直没有一个统一的标准和规定，因此各地方政府网域名各式各样，甚至存在利用域名犯罪、恶意盗用域名等情况。鉴于此，我国加强了在网络域名方面的立法。1997 年颁布了《中国互联网络域名注册暂行管理办法》《中国互联网络域名注册实施细则》。2002 年又颁布了《中国互联网络域名管理办法》《关于过渡期内域名注册管理的通告》《中国互联网络信息中心域名争议解决办法程序规则》《中国互联网络信息中心域名争议解决办法》等有关网络域名管理的行政法规和部门规章。2006 年重新修订的《中国互联网络信息中心域名争议解决办法》颁布实施。这些法规对域名及域名注册服务机构的管理做了详细规定，明确了域名注册、变更和注销应遵循的规则，也为因互联网域名的注册或使用引发的争议提供了相应的解决办法。根据相关规定，工业和信息化部负责我国互联网络域名的管理工作，域名争议则由中国互联网络信息中心认可的争议解决机构受理解决。

3. 规范政府信息公开、信息共享和信息安全的法律法规

2007 年 1 月国务院通过了《政府信息公开条例》，该法规自 2008 年 5 月 1 日起施行[②]。《政府信息公开条例》共 5 章 38 条，确定了政府信息公开“公平、公正、便民”的原则，它囊括了政府信息公开的执行部门及其具体职责，公开的范围、方式、程序，对信息公开工作的监督和保障及相关的法律责任等方方面面的内容。《政府信息公开条例》的颁布标志着我国信息公开法规建设已初见成效，“阳光政府”在电子政务过程中有

① 刘爱君：《易趣：赢了官司有话要说》，《法制日报》，2002 年 12 月 25 日。

② 2019 年进行了修订。

了法治保障。

据相关统计，截至 2024 年，与信息安全直接相关的法律有 100 余部，涉及网络与信息系统安全、信息内容安全、信息安全系统与产品、保密及密码管理、计算机病毒与危害性程序防治、金融等特定领域的信息安全、信息安全犯罪制裁等多个领域；从形式看，有法律及相关的决定、司法解释及相关文件、行政法规、法规性文件、部门规章及相关文件、地方性法规与地方政府规章及相关文件多个层次。与此同时，与信息安全相关的司法和行政管理体系迅速完善。例如，1994 年我国颁布了第一部计算机安全法规——《中华人民共和国计算机信息系统安全保护条例》。国家保密局下发的《关于加强政府上网信息保密管理的通知》对信息安全从技术、人员、管理各方面做出了非常详细的规定。2000 年 12 月全国人民代表大会常务委员会颁布了《关于维护互联网安全的决定》，系统地总结了网络违法和犯罪的典型行为，将网络违法和犯罪的行为共分为 6 大类 18 项，对保障互联网的运行安全，维护国家安全和社会稳定，维护社会主义市场经济秩序和社会管理秩序，保护公民、法人和其他社会组织的合法权益，具有重大的意义，是我国互联网信息安全立法的标志性法律。2019 年 10 月十三届全国人大常委会第十四次会议正式通过《中华人民共和国密码法》，旨在规范密码应用和管理，促进密码事业发展，保障网络与信息安全，维护国家安全和社会公共利益，保护公民、法人和其他组织的合法权益。

4. 其他相关配套法律法规

在电子政务相关配套法律法规的建设方面，我国亦取得了显著成效。开展电子政务必然要依赖于相关功能的电脑软件，我国的《软件产品管理办法》对我国境内软件产品的开发、生产、销售、进出口活动进行了规范，为电子政务拥有稳定的软件支持创造了条件。电信网络也是政府开展电子政务的有效平台。2000 年 9 月国务院颁布了《中华人民共和国电信条例》，该条例共有 7 章 80 条，将电信业务分为基础电信业务和增值电信业务，确立了政企分开、破除垄断、鼓励竞争、促进发展和公开、公平、公正的电信监督管理原则，还确立了技术可行、经济合理、公平公正、相互配合的电信网间互联原则，对电信市场、电信资费、资源，以及电信服务、电信建设、电信安全和相关的罚则等做出了系统的规定，为规范电信市场的秩序、维护电信用户和电信业务经营者的合法权益、管理电信网络和保障信息安全提供了制度保障。《公用电信网间互联管理规定》对我国境内经营基础业务的经营者在电信网间的互联范围、经营者的互联义务、互联网点的设置及互联网费用的分摊结算、互联网工程建设和网络管理、互联争议的协调处理及法律责任等做了细致的规定。此外还有《电信用户申诉处理暂行办法》《电信网码号资源管理办法》《电信网间互联争议处理办法》《电信服务质量监督管理暂行办法》《通信行政处罚程序规定》等，为电信经营和服务行为的管理以及权利的救济提供了法律依据，使电信网络经营者和用户的权利得到了保障。

7.3.3 中国电子政务法律法规体系的完善

从我国电子政务法律法规体系的建设历程和现状来看，虽然我国目前已经具备了基本的电子政务法律法规体系，但是同发达国家的电子政务立法相比，我国相关领域的立法还处于初级阶段，存在着诸多不足，在某些领域甚至还存在着法律空白。因此，完善我国电子政务法律法规体系势在必行。

1. 中国电子政务法律法规体系完善的原则

在电子政务立法过程中，在学习借鉴发达国家成功经验的同时，更要立足我国电子政务发展的实际情况，坚持走有中国特色的立法道路。因此，我国电子政务立法必须坚持如下原则。

（1）政府中立原则。这是指国家在有关电子政务的立法、执法和司法中保持超然的中立地位，避免因管制过度而限制现代信息技术在公共行政中的发展和应用，不得因电子政务的推行损害民族文化的多样性。在多元化的现代国家，政府的角色由传统的公共利益代表者逐步转向不同利益冲突的协调者，因此，政府的中立性已经成为有关国家职能、机构和活动方式设计的制度性原则。对电子政务立法而言，政府的中立性主要表现在技术和文化两个方面。技术的中立性是指鉴于现代信息技术日新月异的发展速度，国家的立法和执法应当保持适度放任，容忍现代信息技术在处于不同发展水平的国家、地区、民族中采取不同的应用范围和方式；除非出现破坏人类基本价值的情形，否则不得限制。文化的中立性是指国家不得因现代信息技术的普适性而忽视民族文化的多样性，相反，现代信息技术只是不同民族之间进行文化交流的一个平台，在这个平台上，不同的民族文化具有同样的地位，政府在应用现代信息技术过程中应当予以同样的尊重。为此，应当承认现代信息技术应用范围和方式的多样性。政府的中立性是电子政务得以发展的保障，反过来，电子政务的发展也将促使政府的“心胸”越来越宽广、“眼界”越来越开阔。

（2）弹性化原则。这是指电子政务应当使政府管理具有更强的适应性和回应力，体现不同地方、行业的特色，满足公民日益增长的个性化需求，实现无缝隙的公共服务。弹性化的关键是在明确有形政府和电子政府区别的基础上确立两者之间的协调互补关系，根据不同的公务需要确定采取的组织形式，增强公共组织灵活调整弹性。为此，必须对政府进行扁平化、社区化的改造。扁平化是指将信息技术传统的上级、下级、公民之间金字塔式的权力支配关系改造为处于同一个平面的信息交流与合作关系，将传统的单向信息传递模式改造为分散的多方向的信息传递模式。社区化是指借助信息技术建立政府内部机构、非政府组织、公民之间的互动式信息交流社区。

（3）透明度原则。这是指用现代信息技术武装起来的政府应当越来越透明，政府的技术化水平越是上升，其透明度就应当越高。这里需要注意的是，现代信息技术在公共行政中的应用并非一定会使政府变得透明，政府滥用现代信息技术的可能性客观上是存在的。防止技术滥用的主要办法是进行目的控制和过程控制。目的控制表现在确立效率、民主、公正等法治目标的支配地位，电子政务只是实现这些目标的手段，其本身不是目的，因此只能在法治的框架之内发展。过程控制的主要措施是政府公开和公民信息权，即政府应用现代信息技术进行管理的过程应当处于关系人和公众的监督之下，政府应当采取信息发布、BBS 公示牌、关系人参与等方式确保公民的知情权。

（4）注重全球一体化原则。世界经济一体化，使得“法律全球化不仅有条件，有可能，而且有必要，更是一种发展趋势”。由于信息化是建立在诸如互联网的国际互联基础之上，人类信息社会就是全球范围内的各国一体的信息化。因此，信息化的法律和政策就必然具有国际化属性，具体表现为有关的“国际游戏规则”。从各国电子政务立法趋势可以看出，发达国家越来越重视立法在国际范围内的统一性和标准化。因此，我国在制定政策和法律时，也应注意与国际接轨，积极借鉴和吸收世界各国和国际组织在电子政务法律环境建设方面的经验，要特别注意和现有国际规则的兼容，包括在立法宗旨、指导思想、表述方式、技术规范和具体法律规定等方面的兼容；要主动参与国际规则的创设，以维护我国的实际利益。同时，又要强调我国的特色，主要是指我国社会制度、作为发展中国家和转型国家以及我国社会主义政治文化的特色，这些特色对我国电子政务立法影响很大。只有在主动参与、合作和创设的过程中做到既尊重国际标准和惯例，积极主动融入全球一体化的国际信息化发展的大环境中，又体现中国特色和国情，才能从根本上促进我国电子政务的快速发展。

2. 中国电子政务法律法规体系完善的途径

完善我国电子政务法律法规体系应重点做好如下工作。

（1）为电子政务立法拟定立法规划草案。任何法律法规体系的完善和建立都是一个渐进的过程。要保证这一过程健康地、持续地发展下去就必须有一个基本合理的、可调整和修正的立法规划。当前需要解决的问题是从总体上构造一个初始的立法框架，这个“框架”作为总体的雏形，可以根据现实国情的不断发展而不断完善。由于一部法律的出台需要经过非常复杂严肃的程序，因此不可能同时对电子政务的各方面进行法律规制，只能对必不可少的环节和呼吁最多的方面先行重点立法，然后逐步推进。同时，对一些需求迫切、条件相对成熟的领域，拟定立法规划草案，提出立法对策。这项工作可以从两方面来进行。一方面，针对出现的问题，对已有的与电子政务关系密切的法规进行必要的修改和补充，同时对电子政务进程中出现的新问题进行研究，确立立法课题，提出成形方案，在实践验证中不断完善。另一方面，要从现实需要出发，寻找一些相对成熟的领域，尽快着手立法工作，在不断暴露和解决问题的实践过程中对这些法规进行修正。同时在实践的基础上，自下而上地不断完善初始的立法框架。

（2）加强对已有的电子政务法律法规的梳理和调整。现有的法律法规中存在一些阻碍电子政务发展的障碍性规定，这就要求我们修改、补充和废除某些原有的法律法规。因此，我们应该在现有电子政务法律体系的基础上，参照我国电子政务立法的发展现状，对现有的法律法规进行必要的梳理和调整。第一，对我国现有的电子政务方面的法律法规进行全面的梳理。根据一定的标准、原则、现实需要以及我国电子政务的目标，明确哪些需要改动，哪些需要立法，哪些需要调整、修改、完善和补充，哪些需要废止。这是一项非常重要的基础性工作。第二，对不利于电子政务发展建设的法律法规进行调整，同时健全相关法律法规。电子政务应随着社会的不断发展进行制度创新，而制度创新仅靠政府自身的努力是远远不够的，因为电子政务的不断创新要求全面变革政府工作的内容、方式和程序等，这项工作是重大而严肃的，因此还必须依靠法律。当然，在电子政务的实施过程中，我们还必须随着电子政务的发展对其相关法律法规作相应的调整，这就要求有关部门必须关注法律文本以及法律文本背后的制度设计，完善、修改相关的法律法规。

（3）将已成熟的法规或规章上升为法律。对于那些条件成熟的政府法规或规章，我们应该总结实施过程中的经验教训，把其上升为法律，以增强法律效力。在政府信息公开方面的立法进程就是如此。刚开始在政府信息公开立法条件不成熟的条件下，我国制定了《政府信息公开条例》，其对规范政府信息公开行为能够起到重要作用，但是“条例”属于行政法规范畴，等待条件成熟，由最高权力机关全国人民代表大会在《政府信息公开条例》基础上制定《政府信息公开法》，其在法律效力上自然要比条例高。实践证明，这种思路是对的，比较符合我国实际情况。这种前进步子可能更稳当，也是大家更能接受的行政模式、行政行为方式的改变路径，立法阻力也会少一些。我们在完善和建立电子政务法律法规体系方面采用这一方法既符合我国国情，也会使我国电子政务法律法规体系的完善与建立之路更平坦。

（4）针对电子政务方面的立法空白，加强、加快立法。电子政务法律体系建设在其完善和建立的过程中总会出现各种各样的漏洞，这要求我们要在既考虑国情又借鉴他国经验的基础上，进行全面立法，构筑起完善的电子政务法律体系，为电子政务提供一个公正、透明、和谐的环境；在电子政务方面的立法空白领域，制定新的法律法规。从实际发展情况和电子政务发展需要来看，电子政务立法应解决的问题包括：①加快推进电子政务基本法建设；②加强政府信息方面的法律法规建设；③加强对电子政务的核心性、运行性法律法规的空白立法；④加强电子政务技术法建设。

本章小结

电子政务法律法规体系是指专门调整现代信息技术在公共行政中应用的范围、条件、方式、地位和效力等事项的法律规范的总称，是行政法体系中一个相对独立的部门。它具有鲜明的特征，在各国电子政务发展过程中起到构建电子政务发展必备的法治软环境的作用，意义重大。

世界各国（国际组织）在发展电子政务的同时都加强了电子政务法律法规体系的建设，美国、欧盟、日本、新加坡、韩国在电子政务立法领域都取得了突出的成就，构建了适合本国（地区）电子政务环境要求的法律体系。各国（国际组织）电子政务法律法规体系的构建大多包含了一些最基本的范畴。

我国电子政务法律法规体系建设已经取得了重要成果：我们已经制定了规范电子政务行为及电子政务标准化的法律法规，制定了规范电子政务网络环境的法律法规，制定了规范政府信息公开、信息共享和信息安全的法律法规，以及其他相关配套法律法规。

关键术语

电子政务法律法规体系；电子签名法。

练习与思考题

1. 电子政务法律法规的特征是什么？
2. 电子政务法律法规体系的构成有哪些？
3. 完善我国电子政务法律法规体系必须遵循的原则是什么？
4. 我国电子政务法律法规体系完善的途径是什么？

案　例

敢于向网络诽谤说“不”[①]

一段 9 秒钟的偷拍视频、一场子虚乌有的对话、几十张伪造的聊天记录，让仅仅是去楼下取了个快递的谷女士成了“出轨快递员”网络造谣事件的主角。

2020 年 7 月，浙江省杭州市余杭区的谷女士在去小区驿站取快递时被郎某偷拍，之后郎某、何某分别饰演谷女士和快递员两个角色，炮制了暧昧聊天记录并发到微信群。

不知情的网友陶某将该视频与截图整合后，传到了另一个微信群。对话和视频很快被网友转发，在互联网上发酵。对谷女士来说，噩梦也从此开始，她的生活彻底被打乱了。

2020 年 8 月 7 日，谷女士向当地公安机关报了警。8 月 13 日，杭州市公安局余杭区分局发布警情通报称，嫌疑人郎某与何某为博眼球，捏造暧昧微信聊天内容，并将摄录的视频和聊天内容截图发至微信群，造成不良社会影响，依法对郎某、何某诽谤他人行为分别作出行政拘留 9 日的处罚。

尽管警方及时辟谣，媒体也作了澄清报道，不实的信息却未停止传播。更让谷女士害怕的是，这个让她无端背负的负面新闻成了她甩不掉的“包袱”。“事情发生后，我被当时所在职的公司劝退了，至今处于失业状态，精神和身体状态也一落千丈。”2020 年 8 月至 12 月，此事经多家媒体报道并引发网络热议，其中仅微博话题“被造谣出轨女子至今找不到工作”阅读量就达 4.7 亿、讨论 5.8 万人次。“我甚至不知道在这样的‘社会性死亡’中，我是否可以再活过来。”谷女士说道。

事发后，郎某和何某在网上发布了一个道歉视频，却仅仅表示自己“开了个玩笑”。加害者如此轻描淡写，让谷女士不能接受：“这根本不是想解决问题或者认识到自身错误的态度。”

2020 年 10 月 26 日，谷女士选择用法律武器维护自己的合法权益，向杭州市余杭区法院以郎某、何某涉嫌诽谤罪提起了刑事自诉。

证据的收集也在进行中，谷女士出具的微信公众号文章浏览量的公证书和搜集到的群截图显示，统计群聊人数超过了 5 万人。她的代理律师认为，根据相关司法解释，诽

---

① 改编自:《2020 年度十大法律监督案例之四：同网络诽谤“较真”，你不是单打独斗！》，https://www.spp.gov.cn/spp/zdgz/202102/t20210204_508457.shtml，2021 年 2 月 4 日。

谤信息实际被浏览点击的次数达到 5000 次以上，可认为情节严重，证据已经达到了情节严重的标准。

等待了一个多月，谷女士收到了“人生至暗时刻”的第一个好消息：2020 年 12 月 14 日，余杭区法院决定立案，并依法要求杭州市公安局余杭区分局提供协助。

更让谷女士没想到的是，2020 年 12 月 25 日，根据杭州市余杭区检察院建议，杭州市公安局余杭区分局对郎某、何某涉嫌诽谤罪立案侦查。

检察机关认为，案发以来，相关视频材料不断在网络上传播、发酵，案件情势已经发生了变化，郎某、何某的行为不仅损害了被害人人格权，而且经网络社会这个特定社会领域和区域得以迅速传播，严重扰乱网络社会公共秩序，给广大公众造成不安全感，严重危害社会秩序，依据刑法第 246 条第 2 款之规定，应当按公诉程序予以追诉。

2021 年 1 月 28 日，浙江省检察院检察长贾宇在浙江省十三届人大五次会议上作检察工作报告时，提到了此案进展，公安机关已结束侦查，目前已经移送杭州市余杭区检察院。“这起案件是司法机关对普通民众在网上受到侮辱诽谤以公诉程序查处的首起案件，是浙江省司法机关维护公民正当权益、落实民法典人格权保护的积极作为，也是浙江省司法机关通过办案让法律的原则规定得到体现，维护网络秩序、维护社会秩序的自觉。”贾宇强调，“新时代，网络社会，诽谤犯罪成本必须加大，公民维权成本必须降低”。

此前，最高人民检察院也释放出了同样的信号。2021 年 1 月 10 日，在第十五次全国检察工作会议上，最高检党组书记、检察长张军表示，在民法典贯彻实施的大背景下，怎样更好保护公民的民主权利、人格权？要考虑网络时代的特殊性，让人民群众“感受”到公平正义、有安全感，维护网络社会的良好秩序。

2021 年 2 月 26 日，杭州市余杭区检察院正式向杭州市余杭区法院提起公诉，2021 年 4 月 30 日，杭州市余杭区人民法院依法公开开庭审理被告人郎某、何某诽谤一案。

法院经审理认为，被告人郎某、何某出于寻求刺激、博取关注等目的，捏造损害他人名誉的事实，在信息网络上散布，造成该信息被大量阅读、转发，严重侵害了被害人谷女士的人格权，影响其正常工作生活，使其遭受一定经济损失，社会评价也受到一定贬损，属于捏造事实通过信息网络诽谤他人且情节严重，二被告人的行为均已构成诽谤罪，公诉机关指控的罪名成立。法院对公诉机关建议判处二被告人有期徒刑一年，缓刑二年及辩护人提出适用缓刑的意见，予以采纳。法院当庭宣判，分别以诽谤罪判处被告人郎某、何某有期徒刑一年，缓刑二年。

这一次，司法机关堂堂正正地将“保护”打在了网络公屏上，让权益受到侵害的人们更加勇于拿起法律的武器维护自身的权益，心存侥幸的网络造谣者也休想再逍遥法外！

喜讯频传，再次出现在镜头前的谷女士露出了久违的微笑。有网友留言：“看到她露出了笑容，我也再次相信了正义。”

相关法律专家表示：这起案件为检察机关关于自诉转化为公诉案件的法律监督提供了一个范例，启动公诉程序追究刑事责任，对全社会具有积极、正向的标杆作用。它既向全社会传达了网络空间不是“法外之地”，彰显了政法机关依法惩治网络乱象、维护互联网安全、保护人民合法权益的坚定决心，还激活了相关自诉和公诉程序衔接的条款，使得刑法第 246 条的立法本意得以实现。

请思考：

1. 结合上述案例说明我国网络空间治理现状如何？如何完善？
2. 请谈一谈在数字时代我国电子政务法律法规体系建设的多维价值。

第 8 章

电子政务的标准体系

影响电子政务发展的因素众多，包括技术手段的可靠性、国家法律的认同程度、安全管理的严格程度、电子政务相关标准的成熟程度等。其中，电子政务相关标准的成熟程度是衡量电子政务发展的根本因素，它为电子政务顺利有序的开展及电子政务效益的发挥提供了必要的基础。从某种程度上讲，电子政务标准是推动电子政务社会化发展的关键。

8.1 电子政务标准体系概述

电子政务标准是电子政务活动的各种规范、协议、技术范本、政府文件、法律文书等的集合，通过对电子政务中可重复性事物和概念的统一规定，以科学、技术和经验的综合成果为基础，从而最大化社会效益。电子政务标准化则是制定电子政务标准的过程，其目的在于确定实施电子政务建设的标准。简而言之，电子政务标准化的最终结果就是电子政务标准。

8.1.1 标准化与电子政务标准化

1. 标准化

标准化是指为在一定的范围内获得最佳秩序，对实际的或潜在的问题制定共同的和重复使用的规则的活动，包括制定、发布及实施标准的过程。标准化的意义是改进产品、过程和服务的适用性，防止贸易壁垒，促进技术合作。

标准化的问题由来已久，在不同的领域中有不同的具体表现。例如，在我国市场经济建设中，标准化表现为为了促进技术进步、改进产品质量，对工业产品、规格、质量、等级或者安全卫生等需要有统一的技术要求。又如，信息工作标准化，通过对信息技术及其信息产品的标准制定，达到文献工作标准化、系列化和通用化，实现信息交流和资源共享。

2. 电子政务标准化

电子政务标准化旨在有目的、有目标、有计划、有步骤地建立起联系紧密、相互协调、层次分明、构成合理、相互支持、满足需求的标准体系的构建过程。电子政务标准化应本着“统筹规划、面向应用、突出重点、分工协作”的方针，依托现有资源和信息化工作的基础，坚持自主制定与采用国际标准相结合，加强与示范应用的有机结合，适时推出电子政务标准，指导电子政务的实施，为电子政务建设提供强有力的支持、保障与服务。

就其内容而言，电子政务标准化包含以下几个方面。

（1）标准化总体设计。标准化总体设计包括：确定电子政务标准化目标；确定电子政务标准体系框架；建立电子政务标准化管理机制；制定电子政务标准化指南。

（2）建立和完善标准体系。其内容包括：确定我国可用的标准；研究确定拟采用的国际标准和国外先进标准；制定所需的共性、基础性、关键性标准；适时调整标准体系及重点标准的制订与修订工作。

（3）加强标准贯彻实施力度。其实施内容包括：制定标准贯彻措施，加强贯彻的管理与检查；开发相应的标准应用辅助工具；与工程应用紧密结合，推行试行标准并根据试行情况对标准进行完善；建立标准符合性评定机制，确保标准实施的有效性；完善标准咨询与服务体系。

3. 电子政务标准化的必要性

电子政务的建设依托于电子政务标准化的实施，电子政务标准化可以有效降低电子政务建设的成本投入。电子政务是一项横跨各部委办局、纵深至地方基层单位的庞大的系统工程。在这样一个系统工程建设中，通过统一技术要求、业务要求和管理要求等标准化过程，可以使整个工程及相关环节建设在全国范围内有章可循、有法可依，形成一个有机的整体，避免盲目和重复，降低成本，提高效益，从而规范和促进电子政务的有序、高效、快速和健康地发展。

电子政务标准化对电子政务的建设具有直接的导向作用。电子政务的建设必须坚持“统筹规划、统一标准”的方针，通过标准化的协调和优化功能，保证电子政务建设少走弯路，提高效率，确保系统的安全可靠。统一标准是互联互通、信息共享、业务协同的基础。电子政务标准化则将电子政务的各个业务环节有机地连接起来，并为彼此间的协同工作提供技术准则。电子政务标准化决定了电子政务的总体目标，并最大限度地满足电子政务建设工程需求。

8.1.2　电子政务标准体系的结构

按照我国电子政务的发展现状和规划目标，充分考虑标准体系的纵横关系，当前电子政务标准体系结构如图 8-1 所示。

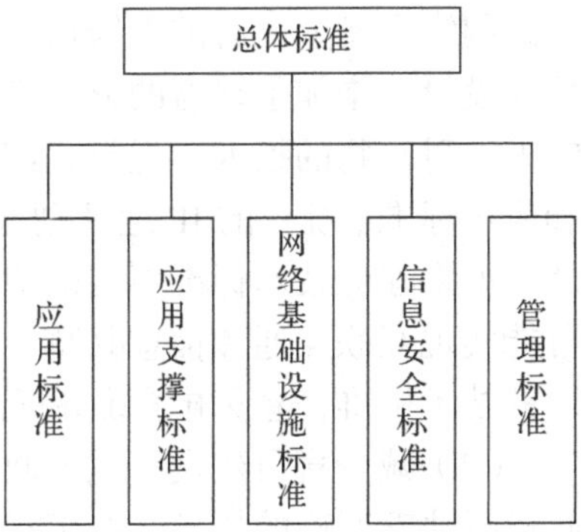

图 8-1　电子政务标准体系结构

电子政务标准体系结构由两个层面、六个部分组成。

（1）总体标准。总体标准是电子政务建设的核心，规定了电子政务建设的总体目标。具体而言，包括电子政务总体性、框架性、基础性的标准和规范。

（2）应用标准。应用标准是电子政务基础数据的标准，主要有数据元、代码、电子公文格式和流程控制等方面的标准。

（3）应用支撑标准。应用支撑标准是电子政务应用程序的软件标准，包括为各种电子政务应用提供支撑和服务的标准，主要有信息交换平台、电子公文交换、电子记录管理、日志管理和数据库等方面的标准。

（4）网络基础设施标准。网络基础设施标准是电子政务运行的系统硬件标准，包括为电子政务提供基础通信平台的标准，主要有基础通信平台工程建设、网络互联互通等方面的标准。

（5）信息安全标准。信息安全标准是电子政务安全体系的具体构成，包括为电子政务提供安全服务所需的各类标准，主要有安全级别管理、身份鉴别、访问控制管理、加密算法、数字签名和 PKI 等方面的标准。

（6）管理标准。管理标准是电子政务建设的项目管理标准，包括为确保电子政务工程建设质量所需的有关标准，主要有电子政务工程验收和信息化工程监理等工程建设管理方面的标准。

以上电子政务的标准结构体系中，总体标准作为第一个层次处于核心地位，是电子政务建设的总体目标。在第二个层次中的各个标准可以看作总体标准的细化：网络基础设施标准是电子政务的建设基础；应用标准和应用支撑标准是基于网络基础设施标准上的软件建设规定；信息安全标准涉及电子政务建设的安全体系，在软件上对应用标准和应用支撑标准做出规定，在硬件上对网络基础设施标准做出规定；管理标准则是将前几项内容当作工程建设的不同阶段，从项目管理的角度做出的硬性规定。

8.1.3 电子政务标准体系的意义

电子政务标准体系的意义深远，将对我国电子政务系统工程的建设起到直接指导作用，同时还能消除当前电子政务建设中的种种弊端。具体而言，其包含以下几个方面。

（1）避免重复建设。当前我国许多地方仍倾向于将注意力放在采用最新型、最高性能的网络设备上，有的地级市的规划和方案仅网络规划资金就高达数亿元，这样的重复性建设投入增加了政府的财政负担。建设电子政务是一个庞大的系统工程，意味着巨大的人、财、物的投入，但是，国际互联网并没有统一网络平台，它依靠统一的网络协议和应用标准、统一的 IP 地址划分和域名解析，在全球范围实现互联互通和信息共享。显然，如果建立技术标准不同的应用系统，即使是建立在同一个很小的局域网内，仍然不可能实现互联互通和信息共享。所以，深入结合本地实际，遵循国家有关管理规定和统一的技术标准，建设电子政务标准体系，将极大地减少电子政务建设中的重复投资问题。

（2）减少盲目建设。电子政务在我国的兴起是从各地试点开始的，各地在建设电子政务时缺乏明确的指导，在工程建设上各自为政，虽然突出了地方特色，但是却很难实现不同级别政务系统的互联。究其原因，各地方政府在建设电子政务时，盲目规划技术标准，寻求不切实际的高标准，造成了大量的财力浪费。可见，建立统一的电子政务标准体系，有利于我国自上而下统一各地电子政务系统，整合各级政府的信息资源，逐步实现信息化建设中的信息共享目标。

（3）指导建设管理。电子政务是政府业务与信息技术密切结合的产物，要确保行政领导的信息化战略得到可靠的规划、建设、使用、维护、升级和长远发展，与其他地方和部门的电子政务系统有机整合、协同服务、相互支持、共同提高，就需要建设良好的技术管理机制。事实上，管理机制的成形与电子政务的系统标准联系密切，没有成熟的标准体系，也就不可能形成成熟的管理队伍和管理机制，电子政务系统即使建立起来也难以稳定运行，更谈不上长远发展和互联整合。因此，制定完善的电子政务标准体系，将极大地促进我国电子政务建设中管理制度的制定。

8.2　电子政务应用标准

电子政务应用标准，又称为电子政务应用业务标准，是对电子政务中传输的各种数据、信息的技术规定，决定了电子政务系统中传递的数据格式。电子政务应用标准包括数据元标准、编码标准、电子公文标准和业务建模标准四个方面。电子政务应用标准能够保证电子政务系统运行过程中数据的统一性，省去了不同数据之间的相互转换的麻烦，从而提高电子政务的运行效率。

8.2.1　数据元标准

1. 数据元

数据元，又称数据类型，是指通过定义、标识、表示以及允许值等一系列属性描述的数据单元。其在特定的语义环境中被认为是不可再分的最小数据单元，一般来说由三部分组成。①对象类，是数据元定义的对象，包括思想、概念或真实世界中的事物的集合，它们具有清晰的边界和含义，其特征和行为遵循同样的规则。对象类是人们希望研究、搜集和存储它们的相关数据的事物，如汽车、人、房屋、订单等。②特性，是数据元标识描述的对象，即对象类中的所有成员共同具有的一个有别于其他的、显著的特征。特性是人们用来区分和描述对象的一种手段。特性的例子包括颜色、性别、年龄、收入、地址等。③表示，是数据元被表达的方式。表示与数据元的值域关系密切，涉及数据元的允许值，即一个数据元的值域指数据元的所有允许值的集合。

依据上述数据元的构成，电子政务数据元就是指政务活动过程中涉及的所有数据单元。电子政务数据元是属于政府业务这一特定领域的数据元。它的概念和结构遵循一般数据元的概念和结构，是通用数据元的一个子集，并具有自身的特点。

2. 数据元标准构成

电子政务数据元标准体系由两大部分组成：一是设计和管理规范，主要阐述电子政务数据元的设计和管理的方法，如数据元框架、数据元表示规范、数据元设计方法、数据元注册和管理等；二是数据元公共目录，依据第一部分规定的数据元设计和管理规范制定的电子政务数据元形成目录。按照这两部分的内容，电子政务数据元标准结构如图 8-2 所示。

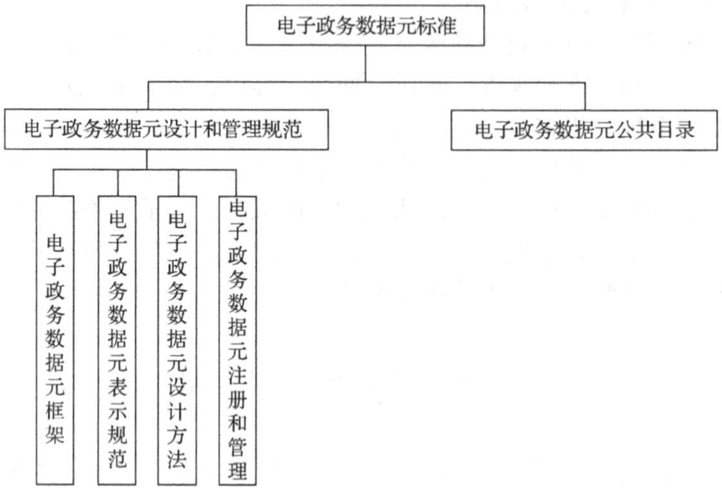

图 8-2　电子政务数据元标准结构

电子政务数据元标准的实施是为了实现有效的信息共享，使得用户在使用电子政务数据元时得到一致的理解而不出现偏差。上述标准体系显示，电子政务数据元标准的关键在于数据元的标识，只有按照标准规范的方式表示数据元才能避免应用信息资源上的理解误差。一般而言，数据元的标准表示方法是对数据元属性的严格规定，这些严格规定的属性也被称为电子政务数据元的元数据，主要包含以下六个方面的内容：①标识类属性，描述电子政务数据元标识的属性，包括中文名称、英文名称、中文全拼、内部标识符、版本、注册机构、同义名称、语境八个属性；②定义类属性，描述电子政务数据元语义方面的属性，包括定义、应用约束两个属性；③关系类属性，描述各电子政务数据元之间相互关联和（或）数据元与数据元概念、对象、实体之间关联的属性，包括分类方案、分类方案值、关系三个属性；④表示类属性，描述电子政务数据元表示方面的属性，包括对象类词、特性词、表示词、数据类型、数据格式、值域、计量单位七个属性；⑤管理类属性，描述电子政务数据元管理与控制方面的属性，包括状态、提交机构、批准日期三个属性；⑥附加类属性，在上面未能详细描述的其他属性，包括备注一个属性。

考虑到电子政务数据元是反映电子政务活动的数据单元，因此它的制定和完善不是一蹴而就的，而是应该通过一种维护管理机制逐步地去完善，并通过不断更新反映政务活动的最新需求。

3. 电子政务数据元标准的应用场合和主要作用

数据元是有效实现和增进跨系统和跨环境数据共享的基础，可以解决政务部门之间基础数据的传输、共享与处理问题。数据元标准在电子政务建设中主要应用在以下场合。

（1）在信息系统建设中，规范和统一数据采集与应用标准。在信息系统建设中，通过数据元标准规定数据元的名称、定义、允许值等属性，可以形成数据元字典。按照数据元字典来建设数据库能够使数据库的内容和结构得到规范，保证信息系统建设中数据采集与应用标准的规范与统一，减少重复建设，满足应用系统开发的需要。同时，对数据元和数据元字典实行标准化的注册登记制度，可以更有效地支持数据管理，使系统开发者在整个软件开发生命周期中保证数据使用的一致性和可追溯性，为信息资源共享提供基础，促进信息化应用水平的提高。

（2）支持信息系统的集成。随着信息化程度的逐步深入，电子政务新旧系统的集成、不同业务系统的集成都对数据的统一性提出了要求，在信息系统集成的过程中，不可避免会遇到各类数据库的协同问题，统一的基础数据也是进行协同工作的基础。数据元标准能够为不同系统多种模式的数据存取和数据共享提供数据转换格式和编程接口。

（3）提供数据的规范描述，保证数据的一致性，为数据的共享和交换提供基础。电子政务应用系统所要处理的对象主要是数据，数据元标准为数据用户和管理者阐明了共享数据所必需的数据元特性中的一个基本集。使用统一的数据元标准来描述、定义、规范这些系统所要处理的数据，能够为系统间的数据共享、数据交换提供一个公用的信息接口。各政务部门在进行数据环境建设时如果都按照标准来做，数据的格式就可以做到一致，共享数据的用户对数据元的含义、表示和标识能够形成一个共同的理解，避免产生歧义和误解。

8.2.2　编码标准

编码标准是确定信息发布和应用的技术标准，规定了信息的构成以及表示方式，在电子政务系统中为用户使用信息、应用信息提供方便。从应用的角度出发，编码标准实际包含三个方面的内容：一是信息分类，为信息编码提供基础；二是信息编码，原则上确定分类信息的构成；三是编码方法，通过规范化的方法确定信息的构成。

1. 信息分类

信息分类是根据信息内容的属性或特征，将信息按一定的原则和方法进行区分和归类，并建立起一定的分类体系和排列顺序。

信息分类有两个要素：一是分类对象，二是分类依据。分类对象由若干个被分类的实体组成。分类依据取决于分类对象的属性或特征，分类的科学性直接决定了信息编码的质量，因此信息分类必须遵循以下基本原则。①科学性。应该选择事物或概念（即分类对象）最稳定的本质属性或特征作为分类的基础和依据。②系统性。将选定的事物、概念的属性或特征按一定排列顺序予以系统化，并形成一个科学合理的分类体系。③可扩延性。通常要设置收容类目，以保证增加新的事物或概念时，不打乱已建立的分类体系，同时，还应为下级信息管理系统在本分类体系的基础上进行延拓细化创造条件。④兼容性。应与相关标准（包括国际标准）协调一致。⑤综合实用性。分类要从系统工程角度出发，把局部问题放在系统整体中处理，达到系统最优，即在满足系统总任务、总要求的前提下，尽量满足系统内各相关单位的实际需要。

2. 信息编码

信息编码是给事物或概念（信息）赋予具有一定规律、易于计算机和人识别处理的符号所形成的代码元素集合。代码元素集合中的代码元素对应于具体信息，也是信息的符号表示，即编码对象的代码值。

电子政务中所有类型的信息都能够进行编码。通过对信息编码，可以达到以下目的：一是标识，其目的是要把编码对象彼此区分开，在编码对象的集合范围内，编码对象的代码值是其唯一标志；二是分类，信息编码的分类作用实质上是对类进行唯一标识；三是参照，信息编码的参照作用体现在编码对象的代码值可作为不同应用系统或应用领域之间发生关联的关键字。

依据信息编码的定义，信息编码应当遵循如下基本原则。①唯一性。在一个分类编码标准中，每一个编码对象仅应有一个代码，一个代码只表示一个编码对象。②合理性。代码结构应与分类体系相适应。③可扩充性。代码应留有适当的后备容量，以适应不断扩充的需要。④简明性。代码结构应尽量简单，长度尽量短，以便节省机器存储空间和减少代码的差错率。⑤适用性。代码应尽可能反映编码对象的特点，适用于不同的相关应用领域，支持系统集成。⑥规范性。在一个信息分类编码标准中，代码的类型、代码的结构以及代码的编写格式应当统一。

3. 编码方法

编码方法应以预定的应用需求和编码对象的性质为基础，选择适当的代码结构。在决定代码结构的过程中，既要考虑各种代码的编码规则，又要考虑各种代码的优缺点，还要分析代码的一般性特征，选取合适的代码表现形式，研究代码设计所涉及的各种因素，避免潜在的不良后果。常见的信息编码方法有以下几种。

（1）无序码编码。无序码是将无序的自然数或字母赋予编码对象。此种代码无任何编写规律，是靠机器的随机程序编写的。无序码既可用作编码对象的自身标识，又可作为复合代码的组成部分（复合代码的其他部分则以其他编码规则为基础）。

（2）缩写码编码。这种代码的本质特性是依据统一的方法缩写编码对象的名称，由取自编码对象名称中的一个或多个字符赋值成编码表示。缩写码能有效用于那些相当稳定的，并且编码对象的名称在用户环境中已是人所共知的有限标识代码集，如对国家名称等信息就可使用缩写码。

（3）组合码编码。组合码也是由一些代码段组成的复合代码，这些代码段提供了编码对象的不同特性，与并置码不同的是，这些特性相互依赖并且通常具有层次关联。组合码经常被用于标识目的，以覆盖宽泛的应用领域。例如，我国居民身份证号码就是组合码编码方式：整个 18 位组合码共分四段，前两个代码段标识了编码对象（公民）的空间和时间特性，第三个代码段则依赖于前两个代码段所限定的范围，第四个代码段依赖于前三个代码段赋值后的校验计算结果。

8.2.3 电子公文标准

电子公文是行政活动中的重要载体，是指基于 XML 的电子文档格式的设计和各种纸面文件格式的设计。电子公文依靠网络技术和信息技术进行高效的自动化处理，是政府机关处理公务和行政管理的重要工具，也是适应政府机构改革、建立高效率政府运行机制、加快经济社会发展的迫切需要。

1. 电子公文的主要内容

按照电子公文处理的过程，电子公文可以划分为两类。

（1）收文处理的公文和材料。一般有文件、电报、信函、内部刊物、资料等文字材料。收文可分为阅件、办件两种。阅件处理包括签收、登记、分发、存档过程；办件处理包括办件的签收、登记、分发、拟办、领导批示、办理、催办存档过程。

（2）发文处理的公文。一般是指办公系统实现单位内部发文的审批、签发过程的自动化，提高公文流转效率，是实现各级政府部门、企事业单位无纸化、自动化办公的重要环节。发文包括拟稿、审稿、会签、核稿、签发、编号、排版、用印、打印、发送、统计、查询、归档等环节。具有发文权限的人可以进行发文拟稿，在拟稿的过程中具有修改功能。在发文过程中还有公文监督和控制，即每个公文在办理过程中，都有一个指定的监控人员负责整个公文的办理流程，并可以随时对公文进行监控。

电子公文代表了政府的权力的运行状况，具备公权力权威性，这就要求在规定场合规范使用电子公文。一般而言，电子公文的应用有以下两种类型。

（1）用于在同构或异构的信息系统之间进行结构化政务信息的交换和共享。电子政务中会涉及政府部门与部门之间（如税务与工商之间）、政府部门内部（如中央政府机构和各地方政府机构之间）以及政府部门与企业、公众之间在应用系统层直接进行连接、实时的信息交换。因此，信息交换的技术模式大致可以分为中央信息交换、平级信息交换、分层中央信息交换三种。无论采取何种交换模式，都要避免因参与信息交换部门的增减而改变其他部门的原有系统。这样，就会涉及在不同的应用平台间、不同软件开发系统间进行信息交换，由于 XML 非常适于在互联网上使用，因此它为在分布式和异构系统间的信息交换提供了独立于平台、语言和应用软件的工具。

基于 XML 的电子文档格式设计，可以让用户按照统一的流程、统一使用 XML 语法设计符合规范化要求的电子文档格式，这样能够让在各种同构或异构信息系统之间进行数据交换和共享的双方或多方（应用到应用、应用到人和人到应用等）对所交换的数据进行无歧义的理解和处理。电子政务文档格式设计方法为电子文档的设计者、信息系统开发人员、进行信息交换的各方在设计电子文档格式时提供了可供遵循的指南和方法，也可供其他电子政务信息化建设者和信息系统开发人员参考。

（2）政务工作中对纸面文档格式进行规范，以便提高政府形象、树立政府权威，更好地服务于社会。电子政务建设是从传统行政方式逐渐过渡的，因此在相当长的时间内，政府办公方式还会是半传统半电子相结合的工作方式，要同时采用纸面文档和电子文档，同时，某些纸面文档也是对应的电子文档的设计基础，因此纸面文档格式的设计、标准的制定对于政府的各项工作具有非常重要的意义。纸面文档格式设计可供遵循的标准主要有两个：政府公文格式设计可遵循 GB/T 9704—2012《党政机关公文格式》，其他纸面文档格式设计则遵循 GB/T 17298—2009《国际贸易单证格式标准编制规则》。

2. 电子公文标准的主要内容

电子公文标准是对电子政务中传输的各种电子公文的构成的技术规定，包括以下几个方面的内容。

（1）电子公文界定。国务院办公厅正式颁发的《电子公文传输管理办法》中给出了电子公文的定义：电子公文是指通过国务院办公厅统一配置的电子公文传输系统处理后形成的具有规范格式的公文的电子数据。《电子公文传输管理办法》因为首次明确规定了电子公文与相同内容的纸质公文具有同等法定效力而显得十分重要。而在《基于 XML 的电子公文格式规范》标准第一部分“总则”中，从技术的角度将电子公文定义为“以数字形式存储于磁带、磁盘、光盘等载体，依赖计算机系统阅读、处理并可在通信网络上传输的公文”。

（2）电子公文管理制度标准。同纸质公文一样，电子公文也需要依靠严格的管理制度才能保证其有效性。纸质公文管理有一套标准化的制度，多年来行之有效，电子公文也需要建立标准化的管理制度。目前关于电子公文的管理制度有《电子公文传输管理办法》《电子公文归档管理暂行办法》等，这些文件对电子公文的生成、发送、接收、归档做了具体规定。电子公文的管理制度都尽量沿用纸质公文的管理制度，这样既能沿袭纸质公文管理的成功经验，也容易被有关人员掌握使用，而且无须对现行各项管理制度作大幅度修订。这也是需要用数字纸张技术来构建电子公文的原因所在，因为利用数字纸张技术可以使电子文件具备与纸质文件基本相同的特性，从而能够基本沿袭原有的关于纸质文件的管理制度。

（3）电子公文元数据标准。电子公文元数据，也就是通常所说的公文要素，如文号、发文单位等，甚至连正文文字也可视为元数据。电子公文因安全加密而难以在不具备相同安全机制的信息系统之间交换，但元数据却具有相当好的可交换性，而且检索查询也仅需要元数据即可。因此，通常的做法是不同信息系统之间只互相交换公文元数据，利用这些元数据对公文进行管理，需要浏览、打印公文时再通过相应接口调用相应程序进行。可见，公文的元数据标准化具有十分重要的意义。

（4）电子公文显现、打印标准。电子公文是一定要呈现给人看的，经过打印则可以还原成纸质公文。这两个操作是电子公文的主要使用方式，也是处理电子公文的各信息系统需要经常进行的操作。对于有法定效力的电子公文，根据国家有关安全保密部门的要求，是不能公开其存储格式的。对这些电子公文的显现、打印操作，可以进行调用接口的标准化工作，使不同的信息系统都能通过统一的调用接口完成电子公文的显现、打印操作；对其他电子公文，既可同样使用上述标准化的调用接口，也可采用《基于 XML 的电子公文格式规范》中规定的电子公文的显现格式。

8.2.4 业务建模标准

业务建模是对政务活动中可重复的业务进行的数学模型抽象，是智能化办公的基础。业务建模标准是在描述现有业务流程的基础上，对流程进行规范与改进，并将未来的流程表述清楚，为软件开发人员提供清晰的软件流程、设计相应软件系统打下坚实的基础。

1. 业务建模与流程设计的关系

（1）业务建模技术提供了一个一致的业务表现形式，提供了交流的手段，使得工作人员能更好地描述业务与表达需求，使软件开发人员更容易理解用户的日常业务，为更好地描述已有流程和明确需求奠定了基础。

（2）业务建模技术帮助工作人员和软件开发人员建立详细的业务模型，实现业务流程分析和设计的可视化，为规范与改进业务流程提供了基础素材，降低信息化项目的实施成本，提高信息化项目的效益。

2. 业务建模的标准过程

（1）确定建模范围和业务种类框架。在确定建模范围时，需要主要负责人参与到建模设计之中，这样可以确保建模的目标与决策者的期望相一致。在所确定的建模范围中，确定组织发起了哪些业务，而每种已经形成了若干业务流程的业务将构成业务种类框架。如果每个业务流程同时描述很多事项，很容易造成过高的期望值，不便于后续的建模；另外，如果每个业务流程描述的事项太少，又会造成业务流程太多，反而看不清业务的组成。

（2）通过调查收集业务素材进行分析。框架和范围确定后，分析员要与业务领域专家进行广泛交流，对相关业务进行深入的调研。收集业务素材的主要步骤有：业务分析员制定详细的调研表格；将调研表格发放给业务领域专家；业务领域专家填写调研表格，并将自己所做的业务描述清晰；业务分析员收集调研表格，进行建模工作。

（3）利用基本建模过程建立业务模型。根据收集的调研表格和业务领域专家的交流，可以得到大体业务模型，其过程包括：根据建模方法，描述单位组织分工和职责等内容，体现任务分工的责任化；描述部门或岗位之间的业务往来流程等内容，体现业务管理中业务运行的程序化；业务信息内容和处理方式的描述包括了对业务信息的增加、读取、修改等权限，体现了信息处理的精细化。

（4）根据建模指标对模型进行评审。通过业务领域专家对模型的评审，纠正模型中存在的问题，使业务模型描述得更加精确。初期的模型可能存在与现在或未来的工作不一致的地方，通过评审可以找到模型中这些不符合之处，再通过重新收集素材、确定模型、反复修改逐步完成整个模型。在业务模型评审过程中，不仅可以对流程模型进行检查以确定其对业务过程描述是否正确，同时可以结合实际，改变现有业务流程。

（5）完善整个业务模型，形成建模文档。根据建模的原则和基本建模过程，不断地根据业务要求建立业务模型，同时通过不断地评审对模型进行确认，以逐步求精的方式构造最终的业务模型。这样在建模结束时，不仅可以得到符合要求的业务模型，同时在此基础上将要开发的软件系统的可行性也会以可执行的形式明确表现出来。建模结束时，应该得到包括主要建模图、相关业务解释的主要文档。在完成的业务模型中，包括了信息化需求定义的重点内容，即功能定义、数据定义和流程定义等。

3. 业务建模过程的基本类型

在收集到足够的业务素材后，就可以进行相关业务建模工作，形成由建模图组成的业务模型。常用的基本建模类型有三种，即以业务分工分析为出发点进行建模的过程、以业务流程分析为出发点进行建模的过程和以业务信息分析为出发点进行建模的过程。每种建模过程都由描述业务分工、描述业务流程、描述业务信息等基本建模活动组成，并在建模过程中对主要指标和主要文档做出要求。应当指出的是，实际业务建模过程往往是上述三种基本建模类型的有机组合，很少会只应用单一建模类型。

1）以业务分工分析为出发点的基本建模过程

以业务分工分析为出发点的基本建模过程是根据业务建模的实际需要，从一个单位的业务分工描述开始，完成对这个单位的业务描述。它主要有两种流程分支，第一个分支是描述业务分工、业务信息和业务流程，第二个分支是描述业务分工、业务流程和业务信息，如图 8-3 所示。

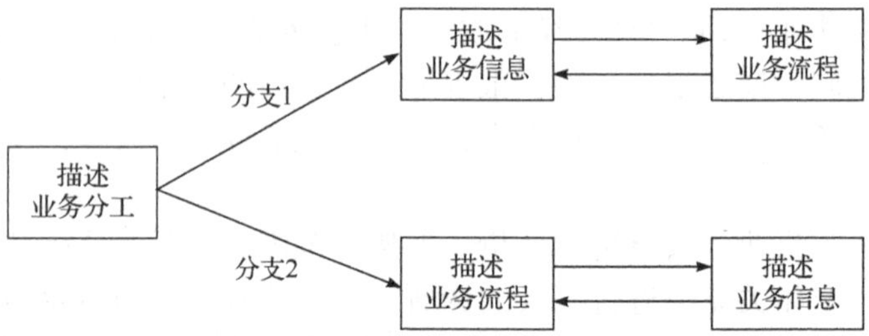

图 8-3　以业务分工分析为出发点的基本建模过程示意

以业务分工分析为出发点进行业务建模时，先从业务分工素材比较齐全的业务部分开始描述，建立清晰的单位业务分工描述，如果业务信息种类及其样式素材（如表格等）比较齐备，就选择第一个分支，即描述完业务信息后再描述业务流程，否则就选择第二个分支，即通过描述业务流程来发现业务信息，进而描述业务信息。实际上，描述业务信息和业务流程并不是独立进行的，而是一个相互交叉和反复的过程。

2）以业务流程分析为出发点的基本建模过程

以业务流程分析为出发点的基本建模过程是根据业务建模的实际需要，从业务流程的描述开始，完成业务建模工作。它主要有两种流程分支，第一个分支是描述业务流程、业务信息和业务分工，第二个分支是描述业务流程、业务分工和业务信息，如图 8-4 所示。

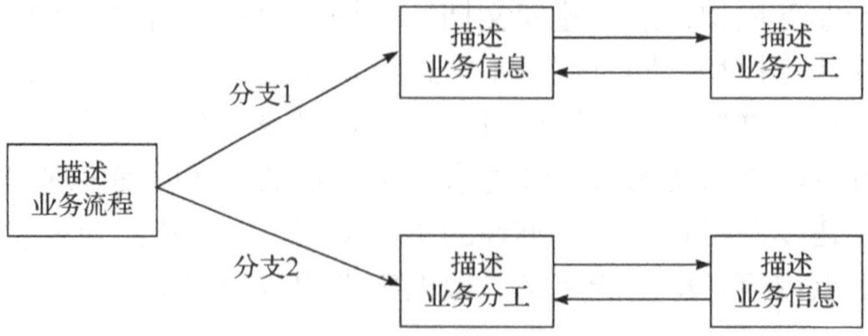

图 8-4　以业务流程分析为出发点的基本建模过程示意

以业务流程分析为出发点进行业务建模时，先从占主导地位的业务流程部分开始描述，按业务步骤建立业务流程模型，此后，如果业务信息种类及其样式素材比较齐备，就选择第一个分支，描述业务信息后再描述业务分工，否则就选择第二个分支，描述业务分工后再描述业务信息。描述业务信息和组织分工并不是独立进行的，而是一个相互交叉和反复的过程。

3）以业务信息分析为出发点的基本建模过程

以业务信息分析为出发点的基本建模过程是根据业务建模的实际需要，从业务信息的描述开始，完成业务建模工作。它主要有两种流程分支，第一个分支是描述业务信息、业务分工、业务流程，第二个分支是描述业务信息、业务流程、业务分工，如图 8-5 所示。

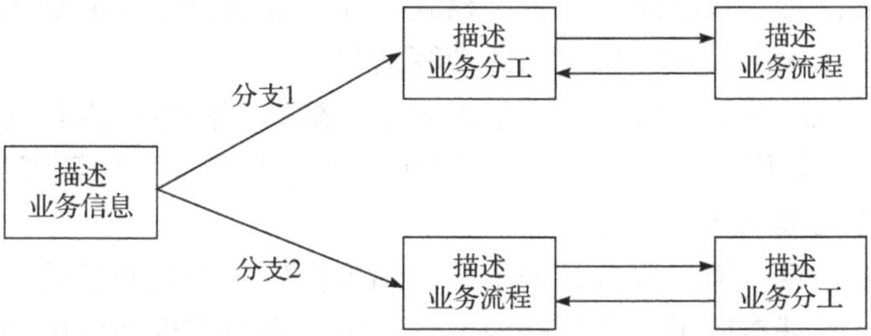

图 8-5　以业务信息分析为出发点的基本建模过程示意

以业务信息分析为出发点的建模过程是根据业务建模的实际需要，从业务信息的整理开始，建立清晰的业务信息模型，此后，如果业务分工素材比较齐全、明确，就选择第一个分支，描述业务分工后再描述业务流程，否则就选择第二个分支，描述完业务流程后再描述业务分工。描述业务信息模型、描述业务分工模型和业务流程模型并不是独立进行的，而是一个相互交叉和反复的过程。

8.3　电子政务的应用支撑标准

应用支撑标准是电子政务应用程序的软件标准，主要为电子政务的应用层解决资源共享、信息交换、业务访问、业务集成、安全可信和可管理等电子政务应用的共性和关键问题。

8.3.1　信息交换标准

信息交换是指不同的用户和系统之间在语义层上的信息互通，涉及信息表示、消息和信息格式转换等内容。信息交换标准是对电子政务系统中信息交换所做的技术规定，包括信息交换的类型、格式、传递方式等内容。信息交换标准实现的是信息从一个系统到另一个系统之间的传递与处理，在电子政务系统中处于基础支撑地位。一般而言，信息交换标准包含以下两项内容。

1. 消息服务

消息服务是信息交换的一个重要环节。消息服务作为一个基础服务被单独提出来，是很有现实意义的。一方面，各种不同的应用系统需要进行数据交换，如果没有统一的报文封装格式，每个系统都需要创建和维护多种报文格式以便与其他应用系统交流；另一方面，底层物理网络的多样性（Internet、GSM[①]、PSTN[②]等），需要有一种统一的机制实现不同网络之间的数据交换，既能屏蔽物理网络协议，又能实现不同物理网络之间的信息融合。另外，不同的应用系统或者不同业务所需要的数据格式不会相同，即使所使用的数据元是一致的，数据的组织方式也可能不同，因此需要实现不同数据格式之间的转换。消息服务是一个软件，它以一种可靠的、异步的、松散耦合的、与语言无关的、与平台无关的方式在分布式应用系统之间为传递消息提供支持，能起到以下几个方面的作用。

（1）统一封装信息。只有统一了封装格式，才可能进行统一的交换，就像邮政信函业务，其前提条件是大家必须按规定格式填写信封。

（2）统一网页地址编码。统一的地址编码是屏蔽物理网络的内在需求，也是进行统一信息交换的基础。如何设计一套统一的、简单易用、易扩展、易管理的地址编码体系，是实现信息交换的关键问题。

（3）可靠传输信息。消息服务是为上层应用提供信息交换服务的，所以将信息可靠地传输到目的地址是基本要求。也就是说，消息服务必须实现通信中间件的功能，而现有的 IP/TCP/HTTP 等协议并没有实现此功能。

（4）高效传输信息。信息交换关心的是信息的传输与交换，而不是信息本身的含义。为了实现高速的信息交换，需要将信息的表示与交换分开，同时采用专门的信息交换设备来提高性能。信息服务正是基于上述目标实现的，为应用层提供了良好的、高效的信息传输基础，使得应用层无须担心信息的失真问题而专注于提高服务质量。

2. 信息格式转换

信息交换的最终目的是使得信息交换的双方可以按照自己的语义来理解发送和接收的信息。消息服务解决了消息传输的问题，为应用系统传输不同格式的数据。在电子政务的应用中，由于不同的应用系统表示数据的格式千差万别，因此应用系统在分布式的网络环境中进行交流通信时，应该采取一致的数据格式，把不同文档格式的信息转换为统一的文档格式。例如，XML 是不同格式的数据进行统一交换的最好的中间语言。但是，XML 也是一种可扩展的语言，如果采用的语言结构格式不同，所表示出来的数据也是不一样的。

事实上，XML 也是近年来才得到 IT 界的广泛认同，政府、企业所采用的数据格式基本上还是其他非 XML 格式，因此，信息格式转换服务将是信息交换服务中的另外一个比较重要的服务。为了实现信息格式的转换，需要完成以下工作。

（1）统一元数据。无论是采用 XML 还是二进制的数据或是简单文本文件，信息都是由一些基本单元组成的，如果组成信息的基本单元都不同，信息格式的转换就无

---

① GSM：global system for mobile communications，全球移动通信系统。

② PSTN：public switched telephone network，公共交换电话网络。

从谈起。

（2）统一信息标识语言。元数据的统一将信息的组成元素确定了，但是元素的组成形式是千差万别的。如果每个企业和政府机构都要面向不同的信息格式，转换工作量将是巨大的，而且，新的格式还可能随时出现。因此，要有一个统一的信息描述语言。毫无疑问，XML 是首选语言。

（3）统一语言结构。XML 可以有不同的文档结构方案和不同的语言结构方案，显示出的语言结构也不尽相同，因此必须在不同语言结构方案中进行统一或者规定转换格式，以达到信息转换的目的。

8.3.2　置标语言标准

严格地说，置标语言是置标技术在编程语言中的应用。置标技术是指在文本信息中加入标记，以指明文本的各个组成部分是什么、如何处理的技术。例如，通讯录中的这些字段——“姓名:”“地址:”“电话:”，它们标识后续各部分对应某人姓名、地址和电话。人们必须按一定的约定使用一套描述符号来对文本进行置标，这套描述符号就是置标语言。文本经过置标，其结构就可被计算机理解，并且，置标过的各个部分可以形成语义连接。这样，文本的浏览不必按照从前往后的线性次序进行，而可以采取多维的导航和交互的方式进行。电子政务中应用的主要是 XML。以下以信息显示为例，简要介绍 XML。

XML 是一种具有数据描述功能、高度结构性及可验证性的置标语言，XML 1.0 规范是由 W3C 于 1998 年 2 月发布的。XML 允许用户自行定义标记和属性，并可以依照所定义的标记与属性的语法来开发应用程序，可以通过标记来描述数据，或配合属性来辅助描述数据。因此，XML 十分适合作为对象的描述语言；并且，由于可以借助验证规则来规范一个 XML 文件的内容和结构，因此 XML 又很适合用于做 B2B 或 B2C 的数据交换格式。

（1）XML 核心和基础标准。这些标准是居于核心地位，并且几乎被其他所有 XML 相关标准采用的一组标准。这些标准是由 XML 核心工作组制定的，为 XML 标准提供最为本质的支持，主要包括：①命名空间（namespace），即一组具有结构的名称的集合，保证用户文件使用的名称是独一无二的；②XML Base，用于指定相对统一资源定位器（uniform resource locator，URL）的绝对路径，与 HTML 中的 Base（基准）标记功能相似，不同的是，XML Base 的指定是通过元素的 xml:base 属性指定的，前缀 xml 用于表示命名空间；③XML Information Set，通用的 XML 信息集，定义了处理模型与语法，提供描述 XML 文档内容通用语法。

（2）XML 相关标准。相关标注为 XML 文档的处理提供了有效的方法与规则，主要有：①去中心化标识符（decentralized identifier，DID），其目的是使用正式的语法定义 XML 文档的结构和允许值，并保存设计者添加的内容；②XML Schema（架构），其目的在于使一个应用程序的不同模块间能够相互协调，并对文档结构、属性、数据类型等进行约束。

8.3.3 数据处理标准

在应用支撑技术中，数据处理是对数据（包括数值的和非数值的）进行分析和加工的技术过程，包括对各种原始数据的分析、整理、计算、编辑等的加工和处理，其目的在于系统地整理和存储地理数据，减少冗余，发展数据处理软件，充分利用数据库技术进行数据管理和处理。因此，电子政务的数据处理标准主要由数据库技术、数据库系统和中间件技术构成。

1. 数据库技术

电子政府的应用系统需要处理大量数据资料，如今能够有效地管理大量数据的技术就是数据库技术。数据库技术可以使人们方便而充分地从收集到的大量数据资源中获得有用的信息。了解数据库必须明确以下相关概念。

（1）数据是描述事物的，包括数字、字符、声音、图像以及能输入计算机并能被计算机程序加工处理的信号的集合，是数据库存储的基本对象。

（2）数据结构。数据结构是指数据的组织形式或数据之间的联系。如果用 D 表示数据，用 R 表示数据对象之间存在的关系集合，那么数据结构 DS 就可以表示为 DS=（D，R）。

（3）数据库。数据库是利用计算机存储和管理的具有一定数据组织结构的相关数据的集合。数据库中的数据是结构化的，没有有害的和冗余的数据；数据的存储独立于使用它的程序。大部分数据库中的数据是可以被多个用户共享的。

（4）关系数据库。数据库通常按照不同的数据结构和组织方式分为层次型、网络型和关系型。关系数据库以二维表的形式组织和存放数据。这种二维表有两部分信息需要存放在数据库中，一是表的格式，二是表的内容。对应于某个关系模型的所有关系的集合，就称为关系数据库。

近年来，随着技术的发展，面向对象的技术得到广泛应用，对象数据库已经成为当今数据库发展的主流，因而在电子政务的数据处理中，也出现了对象关系型数据库这一新的应用类型。

2. 数据库系统

当所有数据采集完成以后，经过加工和整理就会以适当的方式存在于系统当中，构成数据库系统。

（1）数据库系统。数据库系统一般指引进数据库的计算机应用系统，至少应包括数据库、硬件、应用系统和用户四种成分。

（2）数据库管理系统。数据库管理系统是介于用户或数据库应用系统和操作系统之间的一类数据管理软件。它负责数据库的建立、使用、维护等工作，使用户能够方便地定义数据和使用数据，并保证数据的安全性和完整性，管理多用户并发使用。目前有多种数据库管理系统可供选择，用户可以根据具体的应用环境要求和数据量的大小做出选择。一般来说，对于小型数据库系统或单机应用环境，可以选择 Microsoft Access 数据库；对于中等规模的数据库系统，可以选择 Microsoft SQL Server 或 MySQL；对于大型数据库系统，Oracle 数据库为首选。

（3）数据库应用系统。数据库应用系统是用户为了解决某一具体领域的实际问题而开发的数据库软件系统，为了给用户提供方便的人机界面，使用户正确地使用数据库中的数据，开发一个功能完善、操作简单、界面友好和稳定可靠的应用程序十分必要。它是数据库系统建设的必要步骤。

3. 中间件技术

中间件是一种独立的系统软件或服务程序。分布式应用软件借助中间件在不同的技术之间共享资源。中间件位于客户机服务器的操作系统之上，用以管理信息资源和网络通信。必须明确的是，中间件是一类软件，而非一个软件，不仅能实现互联，还能实现应用系统之间的相互操作。中间件屏蔽了底层操作系统的复杂性，使程序开发人员面对一个简单而统一的开发环境，减少程序设计的复杂性，有利于程序开发人员将注意力集中在自己的设计上，减少了技术上的负担。

依据我国电子政务建设的现状，中间件技术通用的标注包括以下几种。

（1）消息中间件。消息中间件基于队列和消息传递技术，通过提供异步的消息传送、消息订阅与发布及可靠数据传输等多种消息通信机制，支持分布式环境中的应用系统程序之间的松耦合的集成。

（2）交易中间件。交易中间件提供联机事务处理类应用系统运行和管理所需要的通信、资源访问控制、事务管理、高可用性和均衡负载等各种关键的服务，提供在分布、异构环境下大规模事务处理的可靠运行平台。交易中间件已经成为三层分布式应用系统开发、部署与运行管理的最基本的平台。

（3）数据访问中间件。数据访问中间件负责连接异构的本地或远程物理数据源（数据库、文件系统等）、传送服务请求以及执行模式转换等，为各种物理数据源提供相应的驱动程序，从而帮助应用程序对异构信息源进行高效、一致和全局的访问。

（4）远程过程调用中间件。远程过程调用中间件允许一个系统像调用本地函数或例程一样执行其他系统提供的服务功能。

上述中间件的分类并非互相独立，也不能覆盖所有中间件，它们仅仅代表了现有的多数中间件所属的类型。

8.3.4 支撑服务标准

在应用支撑技术中，技术的最终目的在于提供各种相应的服务。应当说，这些服务多为纯技术服务，对于普通电子政务用户而言，这些服务是不可见的，因而称之为支撑服务。应用支撑服务标准是对支撑服务的类型以及相关内容所做的规定，以保证电子政务提供一致性的服务。按照应用服务标准的规定，应用支撑服务包括信息表示、消息服务、事务处理、流程控制、数据访问、目录服务、安全服务和管理服务等。

（1）信息表示。为电子政务应用系统及其他支撑服务提供的信息描述服务，即按照一定的标准或规范对信息进行描述和组织，便于电子政务应用系统和其他支撑服务对信息进行解析或提取。信息表示主要应用于信息的自描述性、可扩展性和多语言支持等内容。

（2）消息服务。为电子政务应用系统实现各种格式的信息从一个地方传递到另外一个地方的功能服务，是信息交换的重要部分。消息服务主要涉及信息的统一封装、路由、可靠传输以及传输效率和可管理性等内容。

（3）事务处理。事务处理是一种构建可靠应用、确保应用中的所有数据操作达成一致并保证数据从一个有效状态变换到另一个有效状态的处理机制。传统的分布式事务处理系统中严格要求所有的操作要么都成功，要么都失败，并具有严格的属性约束。

（4）流程控制。流程控制是按一定的程序规则，对不同的执行者之间的信息传递和任务执行的控制。流程控制主要涉及流程定义、流程解释执行以及流程监控等。

（5）数据访问。数据访问是在网络环境中为访问各种异构数据资源提供的统一服务。数据访问主要涉及数据资源定位、数据访问接口、数据映射、数据查询和数据集成等内容。

（6）目录服务。目录服务是在网络环境中，定位和标识各种数据资源和数据处理资源，并提供搜索功能和权限管理功能的服务机制。

（7）安全服务。安全服务是在信息安全基础设施之上，为应用提供的安全可信服务。安全服务主要涉及信息安全、鉴别和身份认证、授权和访问控制以及审计和日志等内容。

（8）管理服务。管理服务是对应用支撑环境中的各类资源及处理进行监控、管理和维护服务。

支撑服务是跨领域的、与具体业务无关的、通用的基础服务，应用系统一般通过应用开发接口或声明性的描述来使用上述服务。

8.4 网络基础设施标准

在当今网络技术下，电子政务网络采用基于 IP 技术的基础设施。网络基础设施标准主要规定了我国 IP 网络的网络结构和网络组织原则、业务分类、寻址要求、IP 网传输层要求、IP 城域网基本要求、网络性能和服务质量要求、网络管理和安全要求、网络互通要求、计费和结算要求、同步要求、主要组网设备基本要求等。

8.4.1 网络建设规范

在电子政务建设中，如果缺乏统一规划，各地网络基础设施标准不一，就会导致各地电子政务之间的互联性较差，这就要求按照通用标准规范建设网络。

1. 网络基础标准

（1）YD/T 1170—2001，IP 网络技术要求——网络总体。标准主要规定了我国 IP 网络的网络结构和网络组织原则、业务分类、IP 网传输层要求、IP 城域网基本要求、网络性能和服务质量要求、网络管理要求、网络安全要求、网络互通要求、计费和结算要求、同步要求、主要组网设备基本要求等。

（2）YD/T 1171—2015，IP 网络技术要求——网络性能参数与指标。标准规定了支持 IPv4 的 IP 网络性能参数和 IP 网络性能指标，以及对每个网络段应该提供的性能指标的要求。适用于具有一个或多个网络段的端到端路径，所定义的 QoS 类型适用于终端用户与网络服务提供商之间以及网络服务提供商之间的 IP 网通信，可作为 IP 网络规划、工程设计、运行维护以及相应设备的引进、开发的技术依据。

（3）YD/T 1190—2002，基于网络的虚拟 IP 专用网（IP-VPN）框架。标准规定了基于 IP 网络的虚拟 IP 专用网的业务定义，并分别定义了虚拟路由器（virtual router，VR）模式的业务体系、边界网关协议（border gateway protocol，BGP）背负模式的业务体系及虚拟私人拨号网络（virtual private dialup network，VPDN）接入模式的业务体系。内容包括 VPN 业务的组网与设备要求、业务定义、实现要求、业务体系等。

（4）YDC 007—2002，城市宽带网框架。标准规定了城市宽带网的网络结构和网络组织、业务分类、IP 地址分配和域名系统层次结构、城市宽带网传输层要求、城市宽带网接入层基本要求、网络服务质量要求、网络管理要求、网络安全要求、网络互通要求、计费和结算要求、宽带用户管理、同步要求、主要组网设备基本要求等。适用于城市范围内综合宽带网络。

2. 组网标准

（1）IP over SDH 组网标准。第一，YD/T 1100—2013：同步数字体系（SDH）上传送 IP 的同步数字体系链路接入规程（LAPS）测试方法。其包括同步数字体系（synchronous digital hierarchy，SDH）上传送 IP 的 LAPS（link access procedure, synchronous）测试规范。标准规定了 SDH 上传送 IP 的 LAPS 协议的一致性的测试方案适用于 SDH 上传送 IP 的 LAPS 协议的测试 6。第二，ITU-TG.783、G.709、G.707。其规定了 SONET[①]/SDH 物理层帧格式和开销。IP over SDH 具有较小的封装开销和较高的传输效率，适合组建专门承载 IP 业务的数据网络以及需要长距离传送情况下的组网应用。

（2）IPover 以太网标准。第一，GB/T 15629.3—2014，信息技术 系统间远程通信和信息交换 局域网和城域网 特定要求 第 3 部分：带碰撞检测的载波侦听多址访问（CSMA/CD）的访问方法和物理层规范，其规定了以太网各部件，如物理媒质、接口、设备、协议、通信流程、性能、网管功能等的标准。以太网为基础网之一。第二，YD/T 1160—2001 接入网技术要求——基于以太网技术的宽带接入网标准规定了基于以太网技术的宽带接入网的网络结构与功能、业务承载能力、物理媒质、接口、设备、协议、通信流程、性能、网管功能、供电和环境。适用设备与用户侧设备之间接口的物理层采用 100 Base-X/1000 Base-X 技术，链路层采用 IEEE 802 以太网技术，并且用户侧设备与用户之间接口为以太网接口的公用电信网的接入网，也可用于专用网。

3. 网络设备标准

（1）核心路由器标准。YD/T 1097—2023，路由器设备技术要求 核心路由器。本标准规定了核心路由器的技术要求，包括功能特性、通信规程、协议要求、路由协议、接

① synchronous optical network，同步光网络。

口类型及特性、性能指标要求、定时和同步要求、可靠性和可用性要求、操作维护功能以及安全、环境等内容。

（2）边缘路由器标准。YD/T 1096—2023，路由器设备技术要求 边缘路由器。本标准规定了边缘路由器的技术要求，包括功能特性、通信接口、通信协议、性能指标、运行维护以及环境要求等。

（3）多协议标记交换（multiprotocol label switching，MPLS）标准。YD/T 1162.1—2015，多协议标记交换（MPLS）技术要求。标准规定了 MPLS 的基本技术以及在网络层和链路层的功能、性能参数、标记封装和分发、流量工程等方面的要求。该标准适用于 MPLS 边缘节点设备、MPLS 域内节点设备和 MPLS 与特定链路层技术相结合的设备。

（4）以太网交换机标准。YD/T 1099—2013，以太网交换机技术要求。本标准规定了以太网交换机的技术要求，包括功能指标、通信协议、通信接口、环境要求等。本标准中以太网交换机是指拥有以太网接口的局域网交换机，下文中出现的所有未指明的交换机均特指以太网交换机。

（5）无线局域网标准。GB 15629.11—2003，无线局域网媒体访问控制和物理层规范。标准规定了局部区域范围内用于固定式、便携式与移动式站（点）无线连通性的 MAC 和物理层（physical layer，PHY）规范。为局域内需要快速部署的自动装置、设备或站点提供无线连通性，它们可以是便携的或手持的，也可以是车载的。为了局部区域通信，该标准也为管理机构使用一个或多个频段提供了标准化方法，明确地描述了设备在自组网和基础结构网中进行操作所必需的功能和服务，同时也描述了这些网络内的站的移动性特征。该标准定义了 MAC 规程，以支持异步 MAC 服务数据单元（MAC service data unit，MSDU）交付服务；并定义了几种由 MAC 控制的 PHY 信令技术和接口功能。该标准允许符合标准要求的设备在一个 WLAN 内能操作，而该 WLAN 可与多个重叠覆盖的 WLAN 共存。该标准还描述了要求和规程，以便为在无线媒体上传送的用户信息提供保密，并对设备进行身份鉴别。

（6）xDSL 标准。YD/T 1323—2004，接入网技术要求——不对称数字用户线（ADSL）。该标准根据我国国内实际情况采用离散多音频（discrete multi-tone，DMT）调制方式，适用于一对线的用户环境，允许同时提供普通传统电话业务（plain old telephone service，POTS）信道与一系列数字信道。数字信道为不对称速率：在网络至用户方向，包括全双工低速信道和单工高速信道；而相反方向只提供低速信道。ADSL 是目前国内用得最多的一种接入手段。

除上述标准外还有其他一些网络设备标准，在此不一一列举。

8.4.2 网络维护管理标准

在网络维护管理协议产生以前的相当长的时间里，管理者要学习从不同网络设备获取数据的各种方法。因为各个生产厂家使用专用的方法收集数据，相同功能的设备，不同的生产厂商提供的数据采集方法可能大相径庭。在这种情况下，制定标准的紧迫性越来越明显。

1. 网络维护管理总体标准

当前，国际通行的电子政务建设遵循的网络维护管理总体标准是 RFC 2570

Introduction to Version 3 of the Internet-standard Network Management Framework（第三版互联网标准网络管理框架介绍），该标准框架基于简单网络管理协议（simple network management protocol，SNMP），广泛应用于基于 TCP/IP 的互联网网络管理。SNMP 的提出，为互联网的网络维护管理提供了一个指导性标准，有利于形成互联网世界中标准统一的基础架构，我国电子政务建设也遵循该项标准。

SNMP 采用了 Agent/Manager 管理模型。一个 SNMP 代理（Agent）能够回答来自 SNMP 管理站（Manager）的关于管理信息库（management information base，MIB）中定义信息的各种查询。每个提供 MIB 信息给管理站的网络设备都有一个 SNMP 代理。SNMP 代理和管理站通过标准消息通信，采用 UDP 作为传输层协议，如图 8-6 所示。

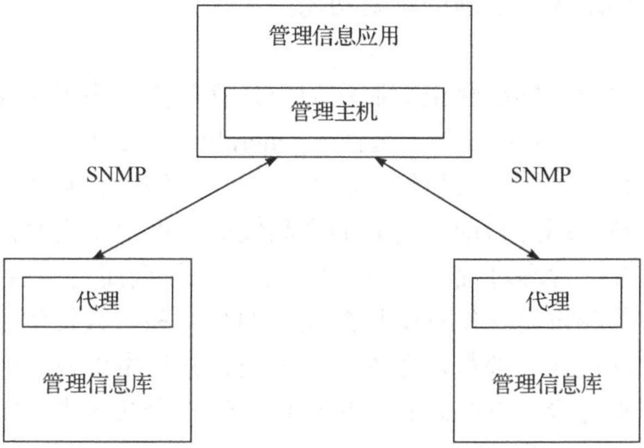

图 8-6　SNMP 管理模型示意

2. 网络维护管理标准协议

1）SNMP 协议

SNMP 协议已经成为事实上的标准网络维护管理协议。由于 SNMP 首先是互联网工程任务组（Internet Engineering Task Force，IETF）的研究小组为了解决在互联网上的路由器管理问题提出的，因此许多人认为 SNMP 在 IP 上运行的原因是互联网运行的是 TCP/IP 协议，但事实上，SNMP 是被设计成与协议无关的，所以它可以在 IP、IPX①、AppleTalk、OSI 以及其他用到的传输协议上使用。SNMP 是由一系列协议组和规范组成的，它们提供了一种从网络上的设备中收集网络维护管理信息的方法。从被管理设备中收集数据有两种方法：一种是轮询（polling）方法，另一种是基于中断（interrupt-based）的方法。

SNMP 使用嵌入网络设施中的代理软件来收集网络的通信信息和有关网络设备的统计数据。代理软件不断地收集统计数据，并把这些数据记录到一个 MIB 中。网管员通过向代理的 MIB 发出查询信号可以得到这些信息，这个过程就叫轮询。为了能全面地查看一天的通信流量和变化率，管理人员必须不断地轮询 SNMP 代理，每分钟就轮询一次。这样，网管员可以使用 SNMP 来评价网络的运行状况，并揭示出通信的趋势，如哪一个网段接近通信负载的最大能力或正使通信出错等。先进的 SNMP 网管站甚至可以通过编

① IPX：Internetwork packet exchange，互联网包交换协议。

程来自动关闭端口或采取其他矫正措施来处理历史的网络数据。

如果只是用轮询的方法，那么网络维护管理工作站总是在控制之下。但这种方法的缺陷在于信息的实时性，尤其是错误的实时性。多久轮询一次、轮询时选择什么样的设备顺序都会对轮询的结果产生影响。轮询的间隔太小，会产生太多不必要的通信量；间隔太大，而且轮询时顺序不对，那么关于一些大的灾难性事件的通知又会太慢，就违背了积极主动的网络维护管理目标。

与之相比，当有异常事件发生时，基于中断的方法可以立即通知网络维护管理工作站，实时性很强。但这种方法也有缺陷，它会产生错误或自陷，需要系统资源。如果自陷必须转发大量的信息，那么被管理设备可能不得不消耗更多的时间和系统资源来产生自陷，这将会影响到网络维护管理的主要功能。

2）CMIP 协议

作为国际标准，由国际标准化组织制定的公共管理信息协议（common management information protocol，CMIP）着重于普适性（generality）。CMIP 主要针对 OSI 七层协议模型的传输环境而设计，采用报告机制，具有许多特殊的设施和能力，需要能力强的处理机和大容量的存储器，因此目前支持它的产品较少。但由于它是国际标准，因此发展前景很广阔。在网络维护管理过程中，CMIP 不是通过轮询而是通过事件报告进行工作，由网络中的各个设备监测设施在发现被检测设备的状态和参数发生变化后及时向管理进程进行事件报告。管理进程一般都对事件进行分类，根据事件发生时对网络服务影响的大小来划分事件的严重等级，网络维护管理进程很快就会收到事件报告，具有即时性的特点。

与 SNMP 相比，两种管理协议各有所长。SNMP 是互联网组织用来管理 TCP/IP 互联网和以太网的，由于实现、理解和排错很简单，因此受到很多产品的广泛支持，但是安全性较差。CMIP 是一个更为有效的网络维护管理协议，把更多的工作交给管理者去做，减轻了终端用户的工作负担。此外，CMIP 建立了安全管理机制，提供授权、访问控制、安全日志等功能。但由于 CMIP 是由国际标准化组织制定的国际标准，因此涉及面很广，实施起来比较复杂且花费较高。

3. 网络维护管理新技术

在过去的十几年中，通信技术快速发展，网络正在向智能化、综合化、标准化发展，先进的计算机技术、异步传输模式（asynchronous transfer mode，ATM）交换技术、神经网络技术正在不断被应用到网络中，给网络维护管理提出了新的挑战。与之相适应，网络维护管理也在逐渐成熟并日臻完善。下面对网络维护管理技术的一些新趋势进行简单的介绍。

（1）远程网络监控（remote network monitoring，RMON）技术。网络维护管理技术的一个新的趋势是使用 RMON。RMON 的目标是扩展 SNMP 的 MIB-Ⅱ，使 SNMP 更为有效、更为积极主动地监控远程设备。RMON MIB 由一组统计数据、分析数据和诊断数据构成，利用许多供应商生产的标准工具都可以显示出这些数据，因而它具有独立于供应商的远程网络分析功能。RMON 探测器和 RMON 客户机软件结合在一起在网络环境中实施 RMON。RMON 的监控功能是否有效，关键在于其探测器是否具有存储统计历史数据的能力，当 RMON 正常运行时，无须不停地轮询即可生成一个有关网络运行状况趋势的视图。当一个探测器发现一个网段处于一种不正常状态时，它会主动与网络维护管理控制台的 RMON 客户应用程序联系，并将描述不正常状况的捕获信息转发。

（2）基于 Web 的网络维护管理技术。随着 Web 的流行和技术的发展，可考虑将网络维护管理和 Web 结合起来。基于 Web 网络维护管理系统的根本点就是允许通过 Web 浏览器进行网络维护管理。

基于 Web 的网络维护管理模式（Web-based management，WBM）的实现有两种方式。第一种方式是代理方式，即在一个内部工作站上运行 Web 服务器（代理）。这个工作站轮流与端点设备通信，浏览器用户与代理通信，同时代理与端点设备之间通信。在这种方式下，网络维护管理软件成为操作系统上的一个应用。它介于浏览器和网络设备之间。在管理过程中，网络维护管理软件负责将收集到的网络信息传送到浏览器（Web 服务器代理），并将传统管理协议（如 SNMP）转换成 Web 协议（如 HTTP）。第二种实现方式是嵌入式。它将 Web 功能嵌入网络设备中，每个设备有自己的 Web 地址，管理员可通过浏览器直接访问并管理该设备。在这种方式下，网络维护管理软件与网络设备集成在一起，网络维护管理软件无须完成协议转换，所有的管理信息都通过 HTTP 协议传送。

在未来的 Intranet（企业内部网）中，基于代理与基于嵌入式的两种网络维护管理方案都将被应用。大型企业通过代理来进行网络监视与管理，而且代理方案能充分管理大型机构的纯 SNMP 设备；对于小型办公室网络来说，内嵌 Web 服务器的方式则是理想的管理方案。将这两种方式混合使用，更能体现二者的优点。

现在人们花费许多精力扩展 Web 的范围和能力，但要让 Web 真正应用于网络维护管理，以取代传统的网络维护管理模式，还需要国际标准化组织、网络设备供应商、网络维护管理系统供应商和用户做大量的基础工作。

8.4.3　信息安全标准

电子政务信息安全标准从总体上划分为四大类，即基础标准、技术与机制标准、管理标准和评估标准，在每一大类的基础上，按照标准所涉及的主要内容进行细分。电子政务信息安全标准体系框架如图 8-7 所示。

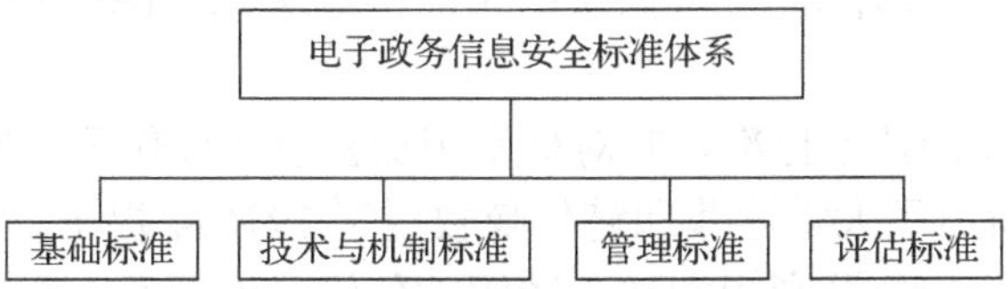

图 8-7　电子政务信息安全标准体系框架示意

其中，基础标准分为安全术语、安全体系与模型标准、保密标准和密码技术标准四类。基础标准中的保密标准和密码技术标准是相对成熟的。基础标准主要对信息安全领域最基本的内容进行约定，是其他信息安全标准制定、使用的基础。技术与机制标准分为标识与鉴别、授权与访问、管理技术、物理安全四类标准。技术与机制标准通过规定信息安全相关技术领域的基本技术机制，为不同安全产品和系统的互操作性、兼容性、一致性奠定基础。技术与机制标准一般不涉及具体的实现细节，而集中于对通用的、基础性的安全机制进行规定。管理标准主要是对信息安全涉及的管理方面的安全措施进行规定。评估标准则是根据安全产业的需求，针对安全产品与系统的技术要求与测评准则制定的标准。评估标准分为基础评估标准、安全产品评估标准和系统安全评估标准。

1. 国家保密标准

国家保密标准是为指导涉及国家秘密的信息系统的处理信息而制定的保密防范和保密检查标准。所有涉及国家秘密的电子政务信息系统建设都必须按照国家保密标准的要求进行建设。

国家秘密信息对于国家安全和利益具有极其重要的意义，是国家信息安全保护的核心。涉密信息系统是处理国家秘密的信息系统，是关系到国家安全和利益的信息系统，是国家信息安全工作的重中之重。

国家保密标准分为技术标准和管理标准，技术标准主要包括电磁泄漏发射防护和检测、涉密信息系统技术要求和测评、安全保密产品技术要求和测试方法、涉密信息消除和介质销毁、其他技术标准（包括保密会议室移动通信干扰器技术要求和测试方法、信息安全技术电子文件安全管理标准等），管理标准主要包括电子文件管理、涉密信息系统管理、实验室要求等标准。现有的国家保密标准从技术和管理两方面涵盖了保密防范和保密检查工作所需，既包括了传统保密工作所需要的标准，如保密会议的安全要求、涉密信息消除和介质销毁、电子文件保密管理等；也包括了信息化和高技术发展条件下保密工作所需要的标准，如涉密信息系统技术要求和测评、信息安全保密产品技术要求和测试方法、涉密信息系统管理、瞬态电磁脉冲发射监控技术（transient electromagnetic pulse emanation surveillance technology，TEMPEST）等。

2. 密码技术标准

（1）对称密钥加密技术标准。对称密钥加密也被称作秘密/专用密钥加密，即发送和接收数据的双方必须使用相同的密钥对明文进行加密和对密文进行解密运算。最著名的对称密钥加密技术标准是数据加密标准（data encryption standard，DES）。DES 是一种使用 56 个数据位的密钥来操作 64 位数据块的块加密算法，由 IBM 公司推出，可同时对大量数据进行快速加密。

（2）非对称密钥加密技术标准。非对称密钥加密也被称作公开密钥加密（public key encryption），由美国斯坦福大学迪菲和赫尔曼教授于 1976 年提出。它主要指每个人都有一对唯一对应的密钥——公开密钥和私有密钥。公钥对外公开，私钥由个人秘密保存，在使用过程中，用公钥进行加密，用私钥进行解密。公开密钥加密技术解决了密钥的发布和管理问题，公开密钥体制的建设是开展电子政务的前提。

（3）报文摘要算法（message digest algorithm）。报文摘要算法是指采用单向 Hash（散列或直接音译为哈希）函数对需要加密的明文提取摘要，产生具有固定长度的单向散列值的一种算法。其中，散列函数是将一个不同长度的报文转换成一个数字串（即报文摘要）的公式，该函数不需要密钥，公式决定了报文摘要的长度。

（4）加密通信协议。安全套接层［协议］（secure sockets layer，SSL）是一种保护Web 通信的工业标准，主要目的是提供互联网上的安全通信服务。SSL 基于强公钥加密技术以及 RSA 的专用密钥序列密码，能够对信用卡和个人信息、电子商务和电子政务提供较强的加密保护。SSL 在建立连接过程中采用公开密钥，在会话过程中使用私有密钥。在每个 SSL 会话（其中客户机和服务器都要被证实身份）中，要求服务器完成一次使用服务器专用密钥的操作和一次使用客户机公开密钥的操作。

8.5　电子政务管理标准

电子政务管理标准是从工程建设方的立场出发，提出了电子政务系统建设时，如何进行标准化工程管理的相关规程和工作建议，旨在向将要或正在进行电子政务工程建设的领导或人员明确相关的标准化规定，以保证电子政务系统的成功建设。从严格意义上说，电子政务管理标准是涉及电子政务工程建设过程中标准环节的规定，而不是对每个环节的结果设定预先标准予以检验。这是因为，不同级别的电子政务建设工程大小不一，业务领域也各有不同，无法完全统一。从工程建设环节来看，电子政务管理标准环节一般包括软件工程管理、监理与验收管理、测试与评估管理、项目审计管理四个环节。

8.5.1　软件工程管理

软件工程标准是电子政务建设成功的前提，软件工程管理是电子政务建设工程的前期阶段，电子政务项目的建设方须向相应的政府管理部门提交立项申请报告及可行性研究报告，待相应部门批准及项目资金到位后，开展下一阶段工作。

1. 项目可行性论证

（1）现状分析。对现状的分析主要包括对建设方目前信息化应用水平的分析，如目前计算机软硬件设备及网络通信状况的分析，目前信息技术人员配备及组织机构设置状况的分析等。

（2）项目的建设目标。根据电子政务工作要求和对现状的分析，确定系统建设的总体目标、分阶段的实施目标以及各阶段的时间进度等。

（3）项目实现的功能。根据系统总体建设目标和分阶段目标的要求，细化系统所要实现的各项功能。对功能的定义要全面、完整和准确。

（4）遵循的标准体系。按照国家的有关规定，任何一种工程项目建设都需要制定相应的标准体系，其中包括政策法规、管理规定、技术设计标准和验收标准等。在项目的整个生命周期，都应按标准体系的要求进行。凡不符合现行标准的勘察、测量报告，均不得报出；凡不符合现行标准的设计文件，均不得审批；凡不符合现行标准的原材料、半成品、成品和设备或工程质量，均不得使用和安装或验收。

（5）项目建设投资、运营维护费用估算及资金筹措。根据工程项目功能的定义，对整个系统的配置和运行维护人员配备进行粗略的估计，估算出整个系统的建设总投资和每年的运营维护费用，作为投资决策的依据。另外，也需对项目的资金来源、资金筹措方式进行说明。

（6）项目的效益分析。效益分析一般包括经济效益分析和社会效益分析，从电子政务工程建设的自身特点来看，经济效益，特别是直接经济效益一般都不存在或无法估计，因此，要重点分析系统建设所带来的社会效益和间接经济效益，并以此作为项目投资的依据。

（7）项目风险评估。与其他信息化工程一样，电子政务工程建设也存在着各种各样的潜在风险。因此，应在立项阶段认真研究分析项目中可能存在的各种风险，如政策风险、环境风险、技术风险、实施风险、运营风险等，并制定相应的预防规避措施，防患于未然。

2. 软件工程项目咨询

当前在我国电子政务建设过程中，政府部门会碰到各种各样的困难，比较突出的有：政府对信息化建设的概念模糊，政府对信息化建设的需求模糊，政府并不明确电子政务建设的目标等。在这种情况下，政府就有必要寻求咨询，明确电子政务建设的目标。

电子政务咨询是针对各级政府部门在信息化建设过程中存在的各种问题提出建议，通常是一种有偿服务。电子政务咨询内容包括帮助政府部门制定电子政务发展战略，帮助政府部门制定电子政务项目规划和实施方案，帮助政府部门解决电子政务项目产品选型、方案遴选等问题。

电子政务项目咨询的目的可以概括为：帮助政府部门了解和认识电子政务、为待建项目确定恰当的目标、寻找合理的实施路线，获得可行的解决方案。事实上，电子政务项目咨询是咨询者与专家、技术人员互动的过程，而不是单纯的提问一解答过程，随着互动的深入及认识的逐渐深化，待建的信息系统将逐步从模糊变得清晰。

8.5.2 监理与验收管理

与一般工程建设一样，电子政务建设应加强电子政务工程监理的规范化管理，确保电子政务工程的安全和质量，而验收管理则是电子政务系统投入应用前的关键步骤。

1. 软件建设工程监理的概念

软件建设工程监理，是指具有相应资质的监理单位受工程项目建设单位的委托，依据国家有关工程建设的法律、法规，经建设主管部门批准的工程项目建设文件、建设工程委托监理合同及其他建设工程合同，对工程建设实施的专业化监督管理。实行建设工程监理制，目的在于确保工程建设质量、提高投资效益和社会效益。

2. 监理内容

软件建设工程监理的中心任务可归结为“三控二管一协调”。

（1）“三控”是指工程项目的目标控制（管理），就是控制经过科学的规划所确定的建设项目的工程进度、工程质量及工程造价三大目标。这三大目标是相互关联、相互制约的目标系统。三大目标控制是监理方必须贯彻始终的中心工作。

（2）“二管”是指建设工程的合同管理和工程信息管理。合同包括施工总包合同与分包合同、各类订货合同、工程建设监理合同、勘察设计合同与勘察设计文件、各种招投标文件等；工程信息由监理工程师对所需的技术信息进行收集、整理、存储、传递、应用等一系列工作。

（3）“一协调”是指监理方为实现工程目标，对建设过程中出现的各种矛盾，如各部门之间的关系问题、合同争议问题、现场各工种进度不一致问题、各工种相互结合部位不交圈问题、工程拨款不及时问题、设计功能变更对建设计划带来影响问题、设计与施工矛盾、市政工程与本建设工程配合不到位等问题，需在甲方的支持下，通过监理工程师同有关各方进行组织协调工作，使问题逐一得到处理。

总之，建设工程监理具有技术管理、经济管理、合同管理、组织管理、资质审查和协调工作等多项业务职能，因此监理工作的责任很重、难度很大。只有严格履行监理合同，甲方授予监理方三大目标控制的相应权力，并给予信任和支持，以保证监理方公正、独立、自主地发挥监理作用，才能顺利完成工程建设任务。作为监理方必须依法执业，既要维护甲方的权益，又不能损害乙方的合法利益。

3. 竣工验收

总监应组织专业监理工程师，依据有关法律法规、工程建设强制性标准、设计文件及施工合同，对乙方报送的竣工资料进行检查，并对工程质量进行竣工预验收。对存在的问题，应及时要求乙方整改。整改完毕由总监签署工程竣工报验单，并应在此基础上提出工程质量评估报告。工程质量评估报告应经总监和监理公司技术负责人审核签字。

对需要进行功能试验的工程项目，监理应督促乙方及时进行试验，并对重要项目进行现场监督检查，应认真地审查所交的试验报告单，必要时请甲方和设计单位参加。

监理部应参加由甲方组织的竣工验收，并提供相关监理资料。对验收中提出的整改问题，监理部要求乙方进行整改。工程质量符合要求后，由总监会同参加验收的各方签署竣工验收报告。施工阶段整个工程项目竣工验收后，在工程质量保修期间内（一般为一年），监理单位应留驻必要的监理人员，负责对乙方修复的工程质量逐项进行验收和签认。

8.5.3　测试与评估管理

电子政务系统建成之后不能马上投入使用，还必须经过测试和评估阶段。在这一过程中，标准主要通过规范的管理过程来体现。

1. 测试阶段管理工作

测试阶段管理工作一般包括以下环节。①工程承建方提交初验申请书和初验测试方案。②工程建设方和监理方核实工程的完成情况，审查初验申请，并出具初验申请意见书。③当初验申请获得批准后，成立工程初验委员会指导整个工程初验工作。一般工程初验委员会必须包括工程建设方、工程承建方和工程监理方的工作人员。④初验委员会对承建方提出的初验测试方案进行评审，审核初验测试方案的合理性和科学性。⑤初验测试方案获得批准后，建设方、承建方和监理方按照测试方案的实施安排进行初验测试，并最终形成初验测试报告。⑥初验测试委员会评审测试报告，判定工程是否实现预定的功能、达到预定的性能，核定初验是否完成。如初验不合格，承建方应整改，再初验通过。

2. 试运行阶段管理工作

系统试运行的目的是发现系统潜在的问题，试运行周期可根据所建系统在合同中加以明确。第一，工程建设方建立完整的系统试运行记录，并及时通报试运行状态。如出现问题，承建方应采取纠正措施解决问题，同时形成有关备忘录。第二，在系统试运行结束时，建设方、承建方应就系统试运行的情况编制系统试运行报告，作为工程终验的依据。

在上述工作完成之后，由监理方协助承建方提出终验申请，如果符合系统预设功能、性能满足设计要求，并彻底解决了现存问题，则正式进入系统终验。建设方、承建方、监理方三方共同组成评估小组，对系统进行再次评测，以最终的测试结果决定是否终验。

8.5.4 项目审计管理

随着技术的进步与社会的发展，社会对审计的要求越来越高，需求也越来越多，电子政务项目审计即是其中一例。由于电子政务的投入巨大、影响深远，因此，其项目审计工作日益引起人们的关注。一般认为，电子政务项目审计是收集并评估证据以判断一个计算机系统是否有效做到保护资产、维护数据完整、完成组织目标，同时最经济地使用资源。

1. 审计的作用

电子政务项目审计可以保证被审计单位信息系统及其处理、产生的信息的真实性、完整性与可靠性，以及政策遵循的一贯性。例如，在电子政务中，政府部门在虚拟空间进行政务活动，政务信息的真实性、可靠性、完整性以及双方声明的政策能否一贯地得到遵循将会直接影响到政府运转。但是，信息的使用者往往不能亲自对信息的质量做出审查，因此需要一个可信赖的第三方为此提供鉴定。电子政务项目审计师以其独立的身份，对被审计单位的信息系统及其输出的信息进行审计。

2. 审计内容

由于电子政务项目审计对象的特殊性及高技术性，电子政务项目审计在此基础上，结合自身审计对象的特性与发展，提出了更多的审计方法与审计程序。电子政务项目审计是一个获取并评价证据，以判断信息系统是否能够保证资产的安全、数据的完整以及有效率地利用组织的资源并有效果地实现组织目标的过程。

信息系统审计包括对信息系统建设过程的审计，更重要的是对信息系统的运营审计。只要信息系统在运行，审计活动就一直存在。信息系统工程监理的过程是可见的，即项目成本、进度和质量与目标出现的偏差是可见的，可以及时纠正。但信息系统审计对信息系统的安全性、可靠性与有效性的认定具有不可预见性，这也正是信息系统比工程项目复杂的主要原因。

本 章 小 结

电子政务标准是电子政务活动的各种规范、协议、技术范本、政府文件、法律文书等的集合，通过对电子政务中可重复性事物和概念的统一规定，以科学、技术和经验的综合成果为基础，从而最大化社会效益。电子政务相关标准的成熟程度是衡量电子政务发展的根本因素，它为电子政务顺利有序的开展，以及电子政务效益的发挥提供了必要的基础。

一般而言，电子政务标准涉及总体标准与具体标准两个层次。其中，具体标准包括应用标准、应用支撑标准、网络基础设施标准、信息安全标准和管理标准五个方面的内容。这五个方面从内容上看，可以分为两类，一类是具体实施的硬性指标，包括应用标准、应用支撑标准、信息安全标准、网络基础设施标准等，是通过国际通行的惯例和实践活动总结出来的；另一类是实施过程的标准环节，即电子政务管理标准，旨在为电子政务提供统一的建设过程指导。电子政务的各项标准相互联系，共同为电子政务的成功建设奠定坚实的技术基础。

关 键 术 语

电子政务标准；电子政务应用标准；应用支撑标准；信息安全标准；网络基础设施标准；管理标准。

练习与思考题

1. 简述电子政务的总体标准体系。
2. 电子政务应用标准由哪几部分构成？
3. 电子政务应用支撑标准由哪几部分构成？
4. 电子政务信息安全标准有哪些基本内容？
5. 电子政务网络基础设施标准包含哪些基本内容？
6. 电子政务管理标准由哪几部分构成？

案　例

《国家电子政务标准体系建设指南》发布[①]

2020 年 6 月，市场监管总局办公厅、中共中央办公厅机要局、国务院办公厅电子政

① 改编自：关于印发《国家电子政务标准体系建设指南》的通知，http://www.cac.gov.cn/2020-06/20/c_1594216799185647.htm，2020 年 6 月 20 日。

务办公室、中央网信办秘书局、国家发展改革委办公厅、工业和信息化部办公厅等六部门联合印发《国家电子政务标准体系建设指南》(下称《指南》)。《指南》提出，标准化是电子政务落实和推广的基础和前提，是整个电子政务发展的重要组成部分;《指南》强调，推动电子政务标准化发展，优化电子政务标准体系，完善电子政务标准，突破关键技术标准，强化标准实施与监督，增强电子政务标准化服务能力，为推进国家电子政务健康协调可持续发展、走有中国特色电子政务发展道路，推进国家治理体系和治理能力现代化，提供有力支撑。

《指南》按照“急用先行，循序渐进”的原则从总体标准、基础设施标准、数据标准、业务标准、服务标准、管理标准、安全标准等七个部分构建起国家电子政务标准体系框架，相关架构如图 8-8 所示。

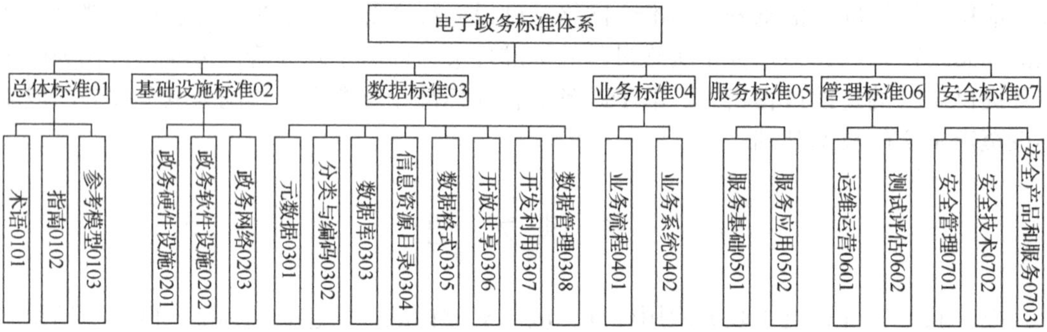

图 8-8 国家电子政务标准体系

其中，总体标准主要包括电子政务总体性、框架性、基础性的标准规范，如术语、指南、参考模型等；基础设施标准包括政务硬件设施、政务软件设施和政务网络等标准；数据标准主要包括元数据、分类与编码、数据库、信息资源目录、数据格式、开放共享、开发利用、数据管理等标准；业务标准主要包括业务流程、业务系统等标准；服务标准主要包括服务基础、服务应用等标准；管理标准包括运维运营以及测试评估标准；安全标准包括安全管理、安全技术与安全产品和服务标准。

此外,《指南》进一步针对制约电子政务发展的主要矛盾和突出问题，围绕政务数据开放共享、公共信息资源开发利用、电子文件及“互联网+政务”等重点工作，提出相应的标准子体系框架和建设重点。各重点工作的标准子体系由国家电子政务标准体系裁剪而成，选取国家电子政务标准体系中的相关类目，组成各重点工作的标准子体系。标准子体系中的标准属于国家电子政务标准体系。

(一)政务数据开放共享标准体系

政务数据开放共享标准体系由数据标准、业务标准、管理标准及安全标准构成，目的是解决长期以来困扰我国政务信息化建设的“各自为政、条块分割、烟囱林立、信息孤岛”等问题，标准体系架构如图 8-9 所示。

政务数据开放标准建设重点如下。

政务信息资源共享：政务信息资源目录体系，政务信息资源共享体系，政务信息资源共享评价，政务数据共享平台等标准。

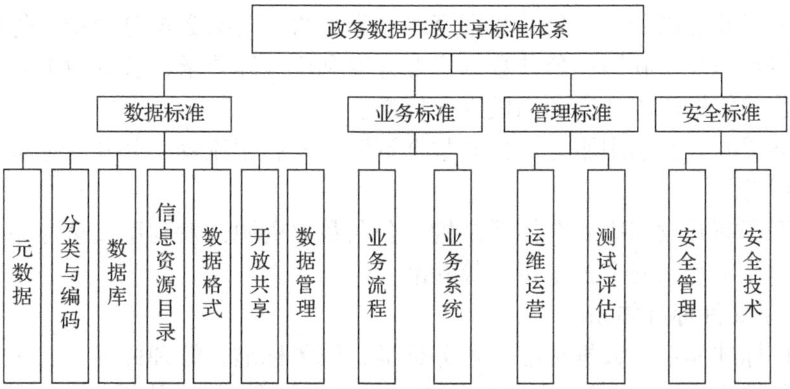

图 8-9　政务数据开放共享标准体系

政务信息系统整合共享：政务信息系统技术参考模型，政务信息系统基本要求，政务信息系统评价、运维管理等标准。

政务信息资源开放：政务数据开放共享，政务信息资源开放评价，开放数据格式技术规范、开放数据服务规范等标准。

政务数据管理：政务数据管理能力成熟度模型，政务数据管理指南、政务数据服务、数据安全等政务数据管理标准。

（二）公共数据资源开发利用标准体系

公共数据资源开发利用标准体系由数据标准、业务标准、服务标准、管理标准及安全标准构成，重点是对公共数据资源开发利用范围、流程、安全等提出规范性要求，标准体系架构如图 8-10 所示。

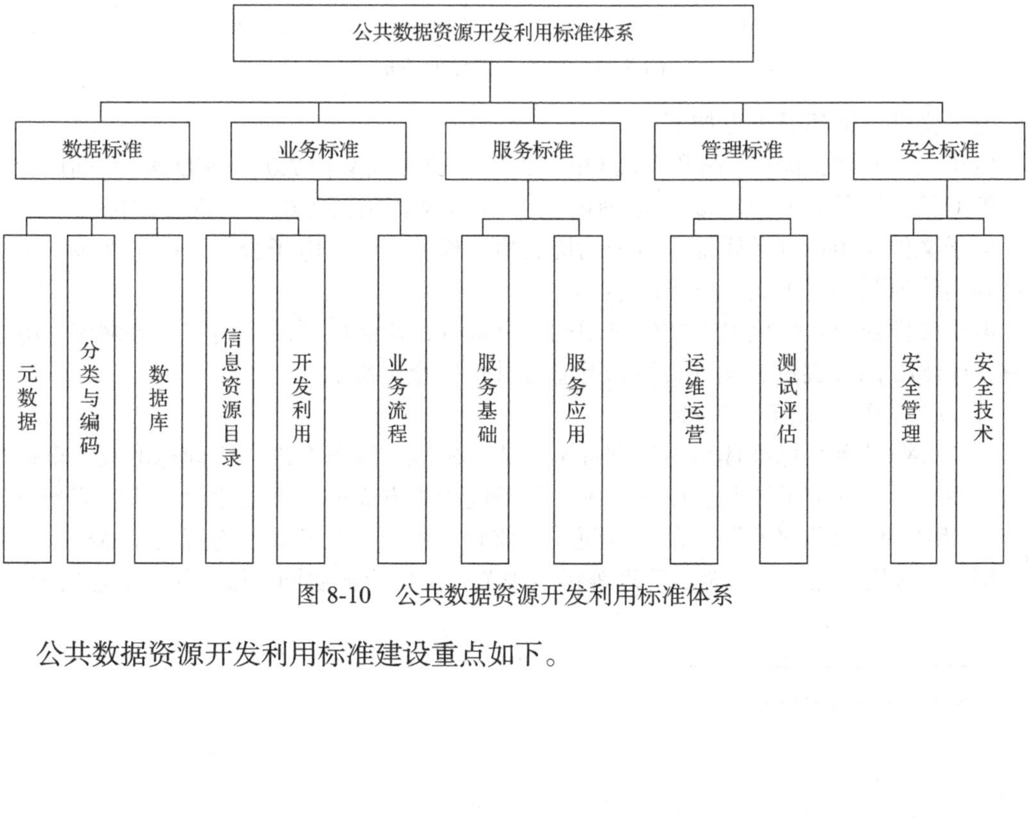

图 8-10　公共数据资源开发利用标准体系

公共数据资源开发利用标准建设重点如下。

公共数据资源分级分类：公共数据资源分类方法，公共数据分级指南等标准。

公共数据资源开发利用：公共数据资源开发利用总体要求，公共数据资源开发利用业务流程，公共数据资源开发利用模式等标准。

公共数据资源开发利用服务：公共数据资源开发利用流程、公共数据资源开发利用服务质量等标准。

公共数据资源开发利用安全体系结构：公共数据资源开发利用安全体系设计要求，公共数据资源开发利用安全技术指南等标准。

（三）电子文件标准体系

电子文件标准体系由数据标准、业务标准、服务标准、管理标准、安全标准构成，重点研制文件格式、电子印章、文件传输协议等通用标准，标准体系架构如图 8-11 所示。

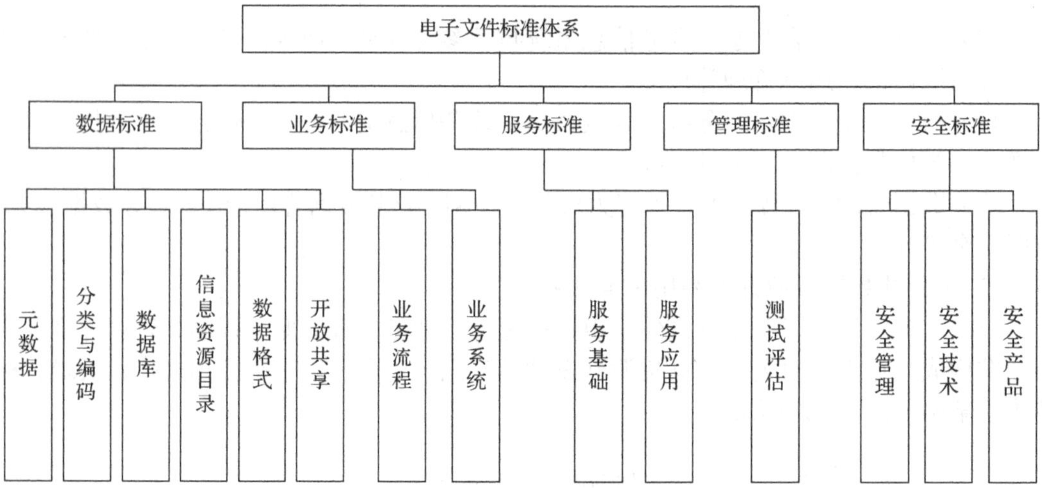

图 8-11　电子文件标准体系

电子文件标准建设重点如下。

电子文件基础：继续研制和发展 OFD[①]2.0（开放版式文档 2.0）、OFD/A（长期保存）、OFD/E（工程制图）、OFD/Geo（地理信息）、流式文档格式等电子文件基础标准。

电子文件应用：电子凭证、电子病历、检测检验报告、电子合同、电子保单、电子图纸和离线地图等电子文件应用标准。

电子文件安全：强化电子文件应用的安全基础，研制电子政务内网、外网统一电子印章，HTML 网页签章、文件夹解密等基础共性安全标准。

（四）“互联网+政务”标准体系

“互联网+政务”标准体系由数据标准、业务标准、服务标准、管理标准及安全标准组成，致力于加强电子证照、业务系统、服务应用等方面的标准化建设，研究完善业务系统、“互联网+政务服务”平台、“互联网+监管”系统、政务服务终端的总体框架、数据、接口、应用、运维、安全、管理等标准规范，实现业务协同、服务统一、监管有力，

① open fixed-layout document。

标准体系架构如图 8-12 所示。

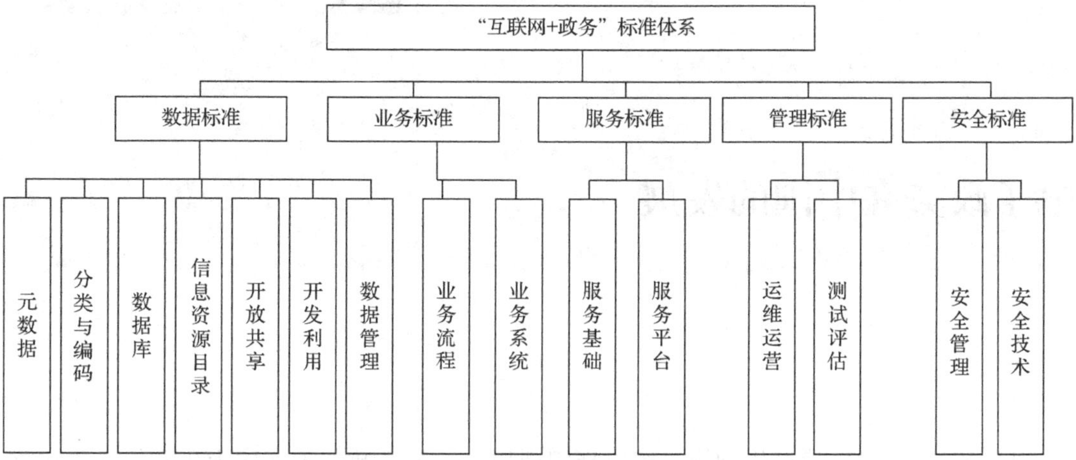

图 8-12　“互联网+政务”标准体系

“互联网+政务”标准建设重点如下。

业务系统：政务办公系统、业务协同系统的架构、功能、数据、接口、管理等标准。

政务服务基础：电子政务业务流程，电子证照应用等电子政务服务基础标准。

政务服务平台：政务服务平台技术架构、功能、数据、接口、管理等标准。

“互联网+监管”系统：“互联网+监管”系统的数据、管理、业务机制、运行维护和安全保障等标准。

政务服务终端：政务服务移动端、政务服务自助终端的技术、接口、测试、评价等标准。

请思考：

1. 根据案例，谈谈《国家电子政务标准体系建设指南》对推进我国电子政务建设的现实意义。

2. 结合案例，谈谈新时期如何更好地推进电子政务标准化的建设工作。

第 9 章

电子政务在中国的发展

自 2001 年国家信息化领导小组重新组建以来，电子政务不仅成为我国信息化战略的重中之重，也成为我国经济、社会整体发展战略的重要组成部分。但是，我国在发展电子政务的二十多年时间里，也碰到了许多问题，这就需要我国在电子政务的发展问题上，认清现实国情，准确定位电子政务的发展目标。

9.1 中国发展电子政务的基本条件

电子政务是国家信息化过程中的一个重要环节，需要若干前提条件才能实施。离开了这些基本条件，电子政务的建设就会因严重地偏离预期目标而造成大量的资源浪费。

9.1.1 经济社会的转型

发展电子政务是一国综合国力的直接反映，电子政务的发展离不开综合国力中最显见的经济社会的支撑。如果没有强有力的经济基础作保证，电子政务的发展将失去最基本的根基，陷入停滞不前的境况。我国自改革开放以来，经济上已经取得了长足的进步，尤其是进入 21 世纪以来，经济社会的成功转型直接促进了电子政务建设。加快建设网络强国、数字中国是顺应信息革命潮流的战略选择。习近平总书记指出："信息化为中华民族带来了千载难逢的机遇"[①]、"当今时代，数字技术、数字经济是世界科技革命和产业变革的先机，是新一轮国际竞争重点领域，我们要抓住先机、抢占未来发展制高点"。[②]具体而言，其重要性包括以下几个方面。

（1）改善市场经济的宏观调控需要电子政务。改革开放之后，我国政府对经济领域的管理观念与方式已经发生了重大的转变，但是处在社会主义初级阶段的市场经济体制

---

① 《【网络强国】习言道｜"信息化为中华民族带来了千载难逢的机遇"》，http://politics.people.com.cn/n1/2022/0829/c1001-32514070.html，2024 年 8 月 30 日。

②《习近平主持中央政治局第三十四次集体学习：把握数字经济发展趋势和规律 推动我国数字经济健康发展》，https://www.gov.cn/xinwen/2021-10/19/content_5643653.htm，2024 年 8 月 20 日。

还很不完善，需要政府对其实施有效的宏观调控，以保证经济有序、持续、健康和稳定地发展。电子政务作为一种崭新的政府管理工具，可以帮助政府收集、分析、整理和预测各种经济信息，正确识别市场经济中的各种问题，制定更加科学、合理的政策，有效实施经济领域的宏观调控，从而改变我国过去在市场宏观调控中，由于信息缺乏而导致错误决策的不利局面。这就要求我们必须站在把握信息化时代新机遇、构筑国家竞争新优势的高度，切实增强“现代化建设、信息化先行”的责任感、使命感、紧迫感，加快推进网络强国、数字中国建设，努力抢占发展制高点、赢得战略主动权。

（2）中小型企业的成长有赖于电子政务。发展中小型企业，是我国实现经济快速增长的重要发展战略，也是我国发展对外贸易与增加就业的重要措施。但是，中小型企业如果循规蹈矩，依靠自身谋求发展，则很难在较短时间内做大做强，这时就需要政府通过高效的服务促进中小型企业的成长。电子政务作为当代政府服务的主要窗口，能够为中小型企业的快速成长提供有力的帮助。可见，信息化社会中，电子政务的发展将极大地促进我国中小型企业的成长。

（3）我国信息产业的完善有赖于电子政务。当前，信息产业已经成为各国经济领域中的朝阳产业，以其快速增长性得到各国政府的广泛关注。我国的信息产业起步较晚，从时间上看，基本上是与我国入世同步的，因此可以说，我国信息产业的发展是伴随着经济全球化而出现在人们视野中的。但是，我国信息化社会建设启动较晚，使得信息产业在发展的过程中面临着需求短缺的现象，进而使得信息技术更新较慢，资金投入总量不足。电子政务的出现，为我国信息产业的发展提供了一个有利的契机。电子政务发展中所涉及的基础设施、安全技术、操作软件等，都为我国信息产业的发展提出明确的指向。只要我国的信息产业抓住这些契机，将自身做大做强，就可以减少我国在信息化过程中对外国信息技术的严重依赖。党的二十大报告强调，“坚持面向世界科技前沿、面向经济主战场、面向国家重大需求、面向人民生命健康，加快实现高水平科技自立自强。以国家战略需求为导向，集聚力量进行原创性引领性科技攻关，坚决打赢关键核心技术攻坚战。加快实施一批具有战略性全局性前瞻性的国家重大科技项目，增强自主创新能力”[①]。要深入贯彻落实党的二十大关于加快实现高水平科技自立自强的战略要求，着力优化顶层设计，开展信息领域关键核心技术体系化布局，以体系化优势弥补单点弱势。

（4）适应经济全球化需要发展电子政务。当前，经济全球化是不可逆转的趋势，我国已经从中获得了巨大的收益，但同时我国经济领域中与经济全球化不一致的地方也逐渐凸显出来。例如，经济全球化要求我国的经济发展必须融入全球市场，并且逐步开放自身的市场，参与全球竞争；但是由于缺乏国际市场中的信息，我国许多企业难以在国际竞争中获益，甚至还可能出现相反的结果。显然，上述局面的出现要求我国政府必须有所作为。电子政务是我国政府指导企业参与全球竞争的重要渠道。可见，电子政务的发展将极大地提高我国在国际竞争中的适应力。上述经济社会的转型状况显示，我国的现实国情已经和计划经济时期大不相同，我国的经济、社会正朝着融入世界的方向发展，

① 《习近平：高举中国特色社会主义伟大旗帜 为全面建设社会主义现代化国家而团结奋斗——在中国共产党第二十次全国代表大会上的报告》，http://www.qstheory.cn/yaowen/2022-10/25/c_1129079926.htm，2024 年 8 月 20 日。

具备了较好的现实基础。当电子政务已经在全球范围内展开的时候，我国理应伴随这股潮流，参与电子政务的建设与发展。当前，世界之变、时代之变、历史之变正以前所未有的方式展开。在这场大变局中，数字技术成为重组全球要素资源、重塑全球经济结构、重构全球竞争格局的关键力量，数字领域成为大国竞争的最前沿和新赛场。面对新的战略环境，只有聚焦高水平自立自强，加快网络强国、数字中国建设，带动突破信息领域核心技术、产业链供应链安全等关键“卡脖子”问题，不断提升信息化数字化发展的自主创新能力，才能在危机中育新机、于变局中开新局。

9.1.2 政府职能的转变

政府职能转变，是指国家行政机关在一定时期内对社会公共事务管理的职责、作用、功能的转换与发展变化，涉及管理职权、职责的改变（对哪些事务负有行政管理权责，管什么，管多宽，管到什么程度），管理角色（主角、配角等）的转换，管理手段、方法及其模式的转变等。具体而言，包括以下几个方面。

（1）公共服务供给方式的转变需要电子政务。当前，我国已经明确提出建设服务型政府，这意味着传统的管制型政府中的具体管理方式将发生重大转变。具体而言，我国政府必须以公民、社会为本位，在整个社会民主秩序的框架下，通过法定程序，为社会提供公共物品和公共服务。其中，服务型政府中最重要的转变将是公共服务提供方式的转变，即由传统的依托于政府机构的服务方式转变为当前依托于信息化技术手段的服务方式。显然，电子政务的发展能够及时回应公民的实际需求，提供更加快捷的公共服务，同时还能极大地推动我国服务型政府的建设进程。增进人民福祉是信息化发展的出发点和落脚点。党的二十大报告强调，“维护人民根本利益，增进民生福祉，不断实现发展为了人民、发展依靠人民、发展成果由人民共享，让现代化建设成果更多更公平惠及全体人民”①。自党的十八大以来，我国信息化服务的均衡性和可及性大幅提升，数字政府、数字社会建设成效显著，推动公共服务更加普惠均等，加速普及网络服务。

（2）政府管理效率的提高依赖于电子政务。如何提高政府的管理效率，是一个长期争论不休的问题。一般认为，要实现高效的政府管理，就必须对政府的组织结构以及职能进行调整，即实施行政改革。然而，我国自改革开放以来多次实施的行政改革都没有完全实现提高政府管理效率的目标。究其原因，有两个方面：一是简单地将行政改革等同于行政机构的减少；二是历次行政改革措施普遍缺乏明确的技术支持。电子政务的出现，在一定程度上改变了我国行政改革的思路，使得政府将改革的重点放在了管理技术的更新上。同时，信息技术自身的快速传递性，极大地提高了政府的管理效率。可以预见的是，随着电子政务的进一步发展，我国政府的管理效率将得到有效的提升。数字政府是数字中国的重要组成部分和核心枢纽，通过国家治理手段和治理模式的数字化转型，数字政府能够引领驱动数字经济、数字社会、数字文化和数字生态文明全方位协同发展，以数字化转型推进生产方式、生活方式和治理方式变革。

---

①《习近平：高举中国特色社会主义伟大旗帜 为全面建设社会主义现代化国家而团结奋斗——在中国共产党第二十次全国代表大会上的报告》，http://www.qstheory.cn/yaowen/2022-10/25/c_1129079926.htm，2024 年 8 月 20 日。

（3）政府职能的转变需要电子政务。进入 21 世纪以来，全球信息化社会的发展使得各国政府的管理对象中，都出现了许多崭新的领域，如电子交易、网络欺诈、信息技术犯罪等。我国也面临着同样的问题，这些传统政府职能无法涵盖的新领域，要求我国政府职能必须做出新的调整。从调整的结果上看，新的政府职能意味着新的管理手段，管理信息网络中的新兴公共事务，必然依托于信息技术管理方式。《全国一体化政务大数据体系建设指南》对加强政务大数据体系作了系统部署，并提出五个基本原则：坚持系统观念、统筹推进；坚持继承发展、迭代升级；坚持需求导向、应用牵引；坚持创新驱动、提质增效；坚持整体协同、安全可控。为建设全国一体化政务大数据体系，着重推进"八个一体化"，即统筹管理一体化、数据目录一体化、数据资源一体化、共享交换一体化、数据服务一体化、算力设施一体化、标准规范一体化、安全保障一体化。电子政务从无到有，本身就反映出政府职能在信息化社会中的转变趋势，反过来讲，政府职能转变成功与否也依赖于电子政务的发展完善程度。

（4）公共部门人力资源的更新要求实施电子政务。近年来，随着我国高等教育的普及，进入政府机构中工作的人力资源素质得到了普遍的提高。电子政务的实施，可以避免传统人事管理的种种弊端，将公共部门人力资源管理纳入科学、合理的轨道；同时，由于当前公共部门人力资源对信息技术的适应性较强，电子政务的实施也更能够发挥他们的才能，提高政府的工作效率。

（5）民主行政建设要求实施电子政务。民主行政与传统的管制行政不同，要求管理对象（即公民）能够广泛参与到政府的管理过程中来，以实现政府管理活动的合法性。建设民主行政的关键在于，不让公民苦于参与渠道的缺失，将自身的利益诉求及时反映给政府，使政府对某些公共事务回应更及时。电子政务作为一种高效的沟通手段，能够在政府与公民之间架起有效的交流平台，增强政府的回应性与合法性，促进民主行政的实现。政府可积极运用互联网创新基层党组织和群团组织活动方式、机制和载体。充分运用信息化手段，拓展群众参与基层治理渠道，推动基层组织建设和信息发布、政策咨询、民情收集、民主协商、公共服务、邻里互助等事务网上运行。打造"互联网+群防群治"体系，提升监管部门对公众举报线索的网络核查和快速处理能力。

上述政府职能的转变显示，无论是政府的管理内容、管理方式，还是扮演的角色，都需要在实施行政活动时进行必要的创新。创新可以是体制上的，也可以是技术层面的。显然，电子政务作为一种崭新的管理方式，为我国政府职能的转变提供了一个有利的契机。

9.1.3　现代化建设的成就

进入 21 世纪以来，我国现代化建设取得了令人瞩目的成就，为当前我国电子政务的建设奠定了坚实的基础。

（1）综合国力显著提升为电子政务发展提供了资金支持。2023 年，我国 GDP126.06 万亿元，经济总量居世界第二位，进出口贸易总额居世界第一位，外汇储备量世界第一。经济社会的基础设施建设突飞猛进，国家发展经济和抵御各种风险的物质技术基础大大增强。社会主义市场经济体制初步建立并日益完善，更具活力、更加开放的经济体系正在形成，市场在资源配置中的基础性作用显著增强，新的宏观调控体系框架初步形成。2023年，我国实际利用外资额1632.5亿美元。我国经济增长成为推动世界经济增长的重要力量，1979年至2023年我国经济年均增长8.9%，远高于同期世界经济3%的平均增速，我国对世界经济增长的年均贡献率为24.8%，居世界第1位。上述经济领域的成功转型，确保了我国财力充沛，使我国在发展电子政务过程中不至于出现资金短缺的现象。

（2）政治体制改革为电子政务发展奠定了政治基础。我国社会主义民主政治建设取得重要进展，人民代表大会制度、中国共产党领导的多党合作和政治协商制度进一步健全和完善，许多民主党派人士担任政府职务。基层民主建设取得重大进展，以农村村民委员会、城市居民委员会和企业职工代表大会为主要内容的基层民主自治制度开始形成。中国特色社会主义法治体系建设取得显著成就，2018年3月11日，第十三届全国人民代表大会第一次会议通过《中华人民共和国宪法修正案》，这是我国现行宪法的第五次修正。依法治国方略得到深入贯彻，以宪法为基础的中国特色社会主义法律体系在逐步完备。这些都为电子政务的发展提供了坚实的基础，满足了电子政务发展的实际需求。

（3）行政体制改革为电子政务发展指明了方向。近年来，我国行政体制改革取得了长足的进步，从服务型政府、大部制建设、都市圈建设到政务公开、编制透明化、听证制度等重要措施的出台，均显示出我国在行政体制改革中正逐步走向正轨，政府的管理模式正在发生重大转变。党的十八届三中全会通过的《中共中央关于全面深化改革若干重大问题的决定》则首次提出了国家治理体系和治理能力现代化等重要概念①。加快建立国家统一的经济核算制度，编制全国和地方资产负债表，建立全社会房产、信用等基础数据统一平台，推进部门信息共享。这既肯定了信息技术在未来国家治理体系中的重要作用，为我国电子政务的发展指明了发展方向，同时也表明电子政务未来的应用领域将更加具体，摆脱对国外信息化建设的简单借鉴的尴尬状态，定位于符合我国实际国情的治理工具，切实有效地提高政府的管理效率和服务效益。信息化发展法律政策框架基本形成，数字市场改革开放步伐加快，数字监管服务优化提升。《中华人民共和国网络安全法》《中华人民共和国电子商务法》《网络安全审查办法》等颁布实施，信息技术与网络安全标准化、学科建设、人才培养等取得积极进展，网络安全保障能力显著增强。

（4）信息产业成长为电子政务发展奠定了技术基础。我国信息产业虽然起步较晚，但是通过参与全球化竞争分享信息技术成果，在进入21世纪后已经得到了长足的发展。在我国"十四五"规划中，加快数字化发展，建设数字中国成为规划中的重要内容。截至2023年底，累计建成开通5G基站总数达337.7万个，5G移动电话用户达8.05亿户，5G-A技术研发和应用取得突破。1000Mbps及以上接入速率的固定互联网宽带接入用户达1.63亿户，比上年末净增7153万户。IPv6保持良好发展势头，活跃用户数达7.78亿户，移动网络IPv6流量占比达60.88%。我国算力基础设施综合水平稳居全球第二，提

①《中共中央关于全面深化改革若干重大问题的决定（全文）》，https://www.qinfeng.gov.cn/info/1022/14141.htm，2024年8月20日。

供算力服务在用机架数达到 810 万标准机架，算力总规模超过 230EFLOPS①。我国全球创新指数排名从 2015 年的第 29 位跃升至 2020 年的第 14 位。集成电路、基础软件等部分关键核心技术取得突破。2019～2022 年，我国成为全球最大专利申请来源国，5G、区块链、人工智能等领域专利申请量全球第一。信息技术产业进一步做大做强，电子信息制造业增加值保持年增长 9%以上，软件业务收入保持年增长 13%以上。战略性技术产业生态不断优化。虽然当前我国信息产业结构和内生性技术还存在若干不足和缺陷，但不可否认的是，我国现有信息产业的快速发展为我国电子政务建设提供了极为有利的技术基础。

9.2　中国电子政务建设的历程

我国的电子政务建设也是信息化和全球化催生的产物。为了适应全球信息化的发展趋势，适应加入世界贸易组织的需要，适应深化改革和扩大开放的需要；为了促进政府职能转变，促进建设公开、透明的服务型政府，促进高效廉洁政府的建设，我国在“九五”计划期间正式启动了电子政务的建设。按照通行的观点，电子政务建设一般分为五个阶段，分别是起步阶段、互动阶段、强化阶段、交易阶段和全面整合阶段。但是，不同国家的国情不同，在电子政务建设方面也会存在着差异，即电子政务发展环境对发展阶段有限制作用，政府不能忽视电子政务发展的现实条件和环境，一厢情愿地加快电子政务的阶段演进。依据我国的现实国情，我国电子政务建设历程大体分为以下三个阶段。

9.2.1　电子政务建设的筹备阶段

从时间上划分，我国电子政务建设的初始阶段大约始于 20 世纪 80 年代，我国党政机关开始实施的信息化建设，主要是进行信息化建设的筹备工作。

（1）筹备信息机构。1984 年，邓小平题词“开发信息资源，服务四化建设”，国家计委经国务院批准成立了信息管理办公室，负责推动国务院有关部委经济信息系统的建设工作；1987 年经国务院批准，国家计委将计算中心、预测中心和信息管理办公室三个机构合并，正式组建国家经济信息中心，负责国家经济信息系统的规划与建设。20 世纪 80 年代的后 5 年，政府投资 200 多亿元先后建设了 12 个国家级政府信息系统，包括经济、金融、铁路、电力、民航、统计、财税、海关、气象、灾害防御等领域；有 40 多个部委成立了信息机构，配备了计算机等设备，开发各类数据库 800 多个。

（2）推行办公自动化。1985 年启动的“海内工程”正式开始在政府机关中推行办公自动化，这一时期的办公自动化主要处在信息技术的单机应用和分散开发阶段。例如，在办公室工作中引入微机打字和管理文件，有的地方政府开始使用小型电脑。考虑到办公自动化对标准化、网络化的要求和为防止重复开发造成的浪费，国务院办公厅分别于 1987 年 8 月和 1988 年 3 月召开了全国政府办公厅系统办公自动化工作会议暨全国政府

---

① FLOPS，floating-point operations per second，每秒浮点运算次数。一个 EFLOPS（exaFLOPS）等于每秒一百亿亿（10^{18}）次的浮点运算。

办公厅系统软件交流会和办公自动化研讨会，成立了全国政府办公厅系统办公自动化工作指导协调小组和技术咨询小组，从而使得全国行政首脑机关办公自动化建设开始走向有组织、规范化的道路。

（3）数据通信网的启动。国务院办公厅组建的全国第一代数据通信网于 1989 年启动，到 1990 年 10 月，国务院与全国各省级政府间全面实现了全国政府系统第一代电子邮件系统的应用。1992 年 5 月，国务院办公厅下发了《关于建设全国行政首脑机关办公决策服务系统的通知》，明确提出 3～5 年时间，在全国范围内初步建成全国行政首脑机关办公决策服务系统，并从 1993 年开始每年下发《全国行政首脑机关办公决策服务系统年度建设指导书》，具体部署和指导当年工作。国务院办公厅还组织全国各省、自治区、直辖市政府办公厅成立了全国政府系统办公自动化协作网及其理事会、技术咨询组，进一步完善了全国政府信息化建设的协调机制，有力地推动了全国政府系统办公自动化和信息网络化的发展。

9.2.2 电子政务建设的启动阶段

电子政务建设的发展阶段开始于 20 世纪 90 年代中后期，这一时期美国的电子政务已经初见成效。我国也在全球化的推动下，积极筹措电子政务的建设，其标志性事件是“政府上网”工程。这一阶段我国主要是进行有限范围的试点工作，为全面启动电子政务建设奠定基础。

（1）三金工程。三金工程于 1993 年底正式启动，1994 年正式实施，包括金桥工程、金关工程和金卡工程。三金工程拉开了我国信息化建设的序幕，其重点是建设信息化的基础设施，为重点行业和部门传输数据和信息，目标是建设我国的“信息准高速国道”。其中，金桥工程是我国信息化的基础设施，主要为金关工程、金卡工程以及后来的国民经济信息化工程提供网络支持服务和网络增值服务。在实施内容上，三金工程主要是调节经济和监管市场。

（2）“政府上网”工程。全国各级政府机构普遍利用互联网技术，是从 1999 年正式启动“政府上网”工程开始的。事实上，自互联网引入我国后，国内一些政府机构便积极探索将互联网用于政务活动。例如，1998 年，青岛市政府在互联网上建立了我国第一个严格意义上的政府网站——青岛政府信息公众网；1998 年 5 月 17 日第 30 个世界电信和信息社会日时，我国在 gov.cn 下注册的域名数为 145 个；1998 年底，有关方面正式决定发起“政府上网”工程，一些部委将 1999 年定为政府上网年。1999 年 1 月，由中国电信和国家经济贸易委员会[①]经济信息中心牵头，联合 40 多家部委（办、局）信息主管部门在北京召开政府上网工程启动大会，政府上网工程主网站 www.gov.cn 也开始试运行。中国电信对上网的政府机构专门出台了优惠政策，包括在一定期限内减免接入专线月租费、相关通信费和主机托管费，组织互联网服务商（ISP 和 ICP[②]）免费为政府上网

① 2003 年，随着国家经济贸易委员会的部分职能和国务院经济体制改革办公室一同并入国家发展计划委员会，改组为国家发展和改革委员会。

② ICP：internet content provider，互联网内容提供商。

制作部分主页，以及对相关人员免费提供培训等。政府上网工程得到了各地政府部门的积极响应。

（3）电子政务建设早期蓝图。为进一步规范电子政务的发展，2000 年，国务院办公厅下发了《关于进一步推进全国政府系统办公自动化建设和应用工作的通知》，提出了用 3～5 年的时间建设“三网一库”的任务，即不断完善各地区、各部门机关内部的办公业务网（内网），完善以国务院办公厅为枢纽的全国政府办公业务资源网（专网），逐步建立基于互联网的面向社会的政府公众信息网（外网），共建共享政府办公业务信息资源数据库。2001 年，国务院办公厅制定的《全国政府系统政务信息化建设 2001—2005 年规划纲要》再一次明确了以“三网一库”为基本架构的我国政府系统政务信息化建设目标，提出“以需求为导向，以应用促发展；统一规划，协同发展；资源共享，安全保密”的指导原则。

9.2.3　电子政务的全面建设阶段

“政府上网”只是电子政务建设的基础工作，实现了信息发布，但远没有达到系统整合的目标。经历了几年的建设之后，政府信息门户网站的数量急剧增长，问题也随之而来。越来越多的人感到，单个政府网站的建设并没有改变原有公共行政机制，相反，可能还将原有的弊端移植到了虚拟网络之上。因此，有必要规范我国电子政务建设的内容，深化电子政务建设。2002 年 8 月，国家信息化领导小组《关于我国电子政务建设指导意见》正式下发，为我国电子政务建设做出新的部署，从而开启了我国电子政务的全面建设阶段。

（1）调整和加强了全国电子政务建设的领导体系。国家电子政务建设领导体系调整后的新格局是：包括电子政务在内的整个信息化工作由国家信息化领导小组统一决策和领导，电子政务建设协调小组负责研究和协调中央级网络建设中的重大问题，国务院信息化工作办公室负责制定电子政务总体规划，同时也负有协调、指导和推进电子政务建设的职责；电子政务的具体工作由国务院办公厅牵头，组织有关部门研究提出电子政务的实施方案。《关于我国电子政务建设指导意见》还明确了党的工作业务系统建设方案应由中共中央办公厅研究提出。

（2）在保证电子政务其他功能的同时，开始强调其公共服务功能。我国电子政务的起点是办公自动化，2000 年曾提出政务信息化的目标是“为宏观管理、科学决策服务”（国办发〔2000〕36 号文件），而后提出要筹建政府公众信息网站（国办发〔2001〕25 号文件），之后又提出要进一步规范外网建设，积极推进网上为民办事和部署应用示范试点。《关于我国电子政务建设指导意见》将电子政务建设同增强政府工作的科学性、协调性和民主性，改善和加强政府的公共服务能力结合起来，并明确把“积极推进公共服务”作为“十五”期间电子政务建设的八大任务之一。

（3）调整电子政务的具体建设目标。《关于我国电子政务建设指导意见》调整了国务院办公厅过去关于电子政务“三网一库”的提法，改成了建设“内网外网平台、12 个业务系统、4 个基础数据库”的规划框架；同时，强调电子政务建设与政务改革相结合。《关于我国电子政务建设指导意见》要求，电子政务建设必须紧密结合政府职能转变和管理体制改革。电子政务建设不是把政府原有业务简单搬到网上，相反，它离不开行政改革，离不开政务流程的规范和优化。考虑到电子政务是一个非常复杂的系统工程，我国政府明确提出了“十五”期间电子政务的建设重点：建设统一网络平台、建立标准、健全法治，建设和整合关系国民经济和社会发展全局的业务系统。

（4）夯实电子政务的基础性工作。政府部门间的网络和业务的整合进一步发展，如海关、公安、交通、质检等跨部门信息整合应用的“大通关”电子口岸平台建设，财税、银行与商业网点的联网应用。电子政务信息共享和业务协同的宣传进一步加强，让越来越多的政府相关人员提高了认识；各级政府重视电子政务的相关培训，国务院办公厅专门建立培训基地，轮训各部委和各地方政府电子政务的分管领导、技术主管和技术骨干；相关的法律法规和技术标准建设取得突破性进展，如《电子签名法》已于2004年8月由全国人民代表大会通过，2005年4 月1日正式施行，一些地方出台了政府信息公开的法律，国家电子政务标准体系建设项目一期工程已于2005年完成，并取得了一系列成果；电子政务相关的密钥管理、社会征信体系等其他基础性工作也取得了一定的进展。

（5）深化前期建设成果。2002年8月5日，我国政府发布了《国家信息化领导小组关于我国电子政务建设指导意见》，明确表示：要继续完善已取得初步成效的办公业务资源系统、金关、金税和金融监管（含金卡）四个工程，促进业务协同、资源整合；启动和加快建设宏观经济管理、金财、金盾、金审、社会保障、金农、金质、金水八个业务系统工程建设，业务系统要统一规划，分工负责，分阶段推进。

（6）推进数字政府建设。习近平总书记多次强调，“没有信息化就没有现代化”①。信息化是“四化”同步发展的加速器、催化剂，深刻阐释了信息化和中国式现代化的内在关系。当前，中华民族伟大复兴战略全局、世界百年未有之大变局与信息革命时代潮流发生历史性交汇，数字中国建设成为推进中国式现代化的应有之义和必然选择。党的二十大报告指出，要加快建设“网络强国、数字中国”②。习近平总书记深刻指出，加快数字中国建设，就是要适应我国发展新的历史方位，全面贯彻新发展理念，以信息化培育新动能，用新动能推动新发展，以新发展创造新辉煌③。2023年2月，中共中央、国务院印发了《数字中国建设整体布局规划》④，从党和国家事业发展全局和战略高度，提出了新时代数字中国建设的整体战略，明确了数字中国建设的指导思想、主要目标、重点任务和保障措施。建设数字中国是数字时代推进中国式现代化的重要引擎，是构筑国家竞争新优势的有力支撑。

---

①《中央网络安全和信息化领导小组第一次会议召开》，https://www.gov.cn/xinwen/2014-02/27/content_2625112.htm，2024年8月29日。

②《高举中国特色社会主义伟大旗帜 为全面建设社会主义现代化国家而团结奋斗——在中国共产党第二十次全国代表大会上的报告》，https://www.gov.cn/xinwen/2022-10/25/content_5721685.htm，2024年8月29日。

③《深入贯彻落实党的二十大精神 以数字中国建设助力中国式现代化》，https://www.gov.cn/xinwen/2023-03/03/content_5744216.htm，2024年8月29日。

④《中共中央 国务院印发〈数字中国建设整体布局规划〉》，https://www.gov.cn/xinwen/2023-02/27/content_5743484.htm?eqid=83d7b3d400022cf200000 0046491c508，2023年2月27日。

9.3　中国电子政务建设的显著成就

我国电子政务历经二十余年的发展，已经取得了许多显著的成就。

9.3.1　信息基础设施建设的成就

信息基础设施建设是电子政务建设的基础，没有信息基础设施的支撑，电子政务就失去了最基本的载体。国家信息化领导小组通过推行电子政务、振兴软件产业、加强信息安全保障、加强信息资源开发利用、加快发展电子商务等一系列工程项目，极大地促进了我国信息基础设施建设的发展与完善。

（1）网络基础设施实现跨越式发展。我国网络基础设施经过多年的发展，已经成为支撑经济社会发展重要的基础。截至 2024 年 6 月，我国域名总数为 3187 万个，其中国家顶级域名“.CN”数量为 1956 万个，占域名总数的 61.4%，连续十年位居全球第一[①]。我国建成全球最大规模光纤和 4G 网络，5G 商用全球领先，截至 2024 年 6 月，中国互联网普及率达 78.0%。从 2015 年到 2020 年，固定宽带家庭普及率由 52.6%提升到 96%，移动宽带用户普及率由 57.4%提升到 108%。城乡信息化发展水平差距明显缩小，全国行政村、贫困村通光纤和通 4G 比例均超过 98%。北斗三号全球卫星导航系统开通。

（2）信息产业高速发展。进入 21 世纪以来，我国信息产业持续快速发展，对经济增长贡献度稳步上升。《2006—2020 年国家信息化发展战略》显示：2005 年信息产业增加值占 GDP 的比重达到 7.2%，对经济增长的贡献度达到 16.6%。电子信息产品制造业出口额占出口总额的比重已超过 30%。我国已掌握了一批具有自主知识产权的关键技术。部分骨干企业的国际竞争力不断增强。我国数字经济实现跨越式发展，数字经济总量跃居世界第二，2020 年数字经济核心产业增加值占 GDP 比重达到 7.8%，数字产业化基础更加坚实，数据赋能赋智作用日益凸显。2020 年电子商务交易额达到 37.21 万亿元，成为居民消费的重要渠道。

（3）信息技术应用效果显著。我国应用信息技术改造传统产业不断取得新的进展，能源、交通运输、冶金、机械和化工等行业的信息化水平逐步提高。传统服务业转型步伐加快，信息服务业蓬勃兴起。金融信息化推进了金融服务创新，现代化金融服务体系初步形成。电子商务发展势头良好，科技、教育、文化、医疗卫生、社会保障、环境保护等领域信息化步伐明显加快。

（4）信息资源开发利用取得重要进展。我国基础信息资源建设工作开始起步，互联网上中文信息比重稳步上升，信息资源开发利用水平正在不断提高。信息惠民便民水平大幅提升。“互联网+政务服务”应用广度和深度快速拓展，国家政务服务平台基本建成并开通服务，全国政府网站集约化水平显著提升。

（5）信息安全工作逐步加强。我国已经制定并实施了国家信息安全战略，初步建立

---

① 第 54 次《中国互联网络发展状况统计报告》，https://www.cnnic.net.cn/n4/2024/0829/c88-11065.html，2024 年 8 月 29 日。

了信息安全管理体制和工作机制。基础信息网络和重要信息系统的安全防护水平明显提高，互联网信息安全管理进一步加强。设立全球首家互联网法院，国家“互联网+监管”系统初步建成。

（6）信息化基础工作进一步改善。信息化法治建设持续推进，信息技术标准化工作逐步加强，信息化培训工作得到高度重视，信息化人才队伍不断壮大。全国范围内政务服务事项基本做到标准统一、整体联动、业务协同，线上线下相融合的政务服务模式全面推广，全国一体化政务服务能力显著提升。

上述成就显示，我国信息基础设施建设已经积累了一些基本经验：坚持站在国家战略高度，将信息化作为覆盖现代化建设全局的战略举措，正确处理信息化与工业化之间的关系，长远规划，持续推进。坚持从国情出发，因地制宜，将信息化作为解决现实紧迫问题和发展难题的重要手段，充分发挥信息技术在各领域的作用。坚持把开发利用信息资源放到重要位置，加强统筹协调，促进互联互通和资源共享。坚持引进消化先进技术与增强自主创新能力相结合，优先发展信息产业，逐步增强信息化的自主装备能力。坚持推进信息化建设与保障国家信息安全并重，不断提高基础信息网络和重要信息系统的安全保护水平。坚持优先抓好信息技术的普及教育，提高国民信息技术应用技能。“十四五”时期信息化发展，要立足新发展阶段、贯彻新发展理念、构建新发展格局、推动高质量发展，突出重点，集中资源，着力在深化创新驱动、优化要素资源配置、支撑共建共治共享、促进健康和谐共生、防范化解风险等方面取得突破，推动实现更高质量、更有效率、更加公平、更可持续、更为安全发展。

9.3.2 政府内部应用系统建设的成就

政府内部应用系统建设是指应用于政府部门内部的、对外不公开的各种办公业务系统和数据库系统，按照当前电子政务内外网的划分，政府内部应用系统属于典型的政务内网建设的内容。由于我国推行政府内部业务信息化的时间较早，取得的成就较之于政务外网建设成就要多一些，主要包括以下几个方面。

1. 办公自动化系统

我国自20世纪90年代中期开始推行的第二代办公自动化系统，以网络技术和协同工作技术为主要特征，实现了工作流程自动化，即将收发文从传统的手工方式转向工作流程自动化方式；实现了政府不同职能部门间的工作流程自动化，使不同部门及其工作人员间的协作大大加强，使政府办公的效率得到较大的提高。而且，以互联网为基础，办公自动化系统实现了移动办公，政府资源的利用不再受通信技术的限制，从而凸显了电子政务的第一步——政府内部的电子化和网络化办公。

当前我国正在推行的办公自动化系统是第三代办公自动化系统，是融信息处理、业务流程和知识管理于一体的应用系统。它以知识管理为核心，提供丰富的学习功能与知识共享机制，确保使用者能随时随地根据需要向专家学习、学习组织中现有知识，使员工在办公自动化系统中的地位从被动向主动转变。通过它，不仅可以全面实现从手工办公到无纸办公的过渡，还可以实现政府信息的网上共享和交流，协同完成工作事务，并尽可能充分利用各种信息资源，提高政府的工作效率。

2. 政府信息资源管理

自电子政务提出以来，政府部门对信息管理的理念就发生了重大的转变，由过去的独占变为共享，通过信息共享使信息在社会经济发展中发挥重要作用。我国的电子政务建设正是基于信息共享的理念而展开的，除去体制因素的约束，信息资源的管理有力地打破了部门之间的壁垒。

我国在“十五”时期启动了人口基础信息库、法人单位基础信息库、自然资源和空间地理基础信息库、宏观经济数据库的建设，这为电子政务的深入实施奠定了坚实的基础。近年来，许多政府机构也十分注重数据库的建设，并取得了一定的成绩，初步满足了电子政务下的政府信息资源管理的需要。例如，截至 2023 年，北京市政务数据资源网已囊括经济建设、信用服务、财税金融等在内的 20 个主题，涵盖北京市所有政府部门；江苏省开发的一批实用性强、应用范围广、动态更新的大型数据库，包括国民经济宏观信息、政府法规、国土资源、投资环境及人口信息等。

我国在信息网络建设方面也初具规模，政府信息网络的建设发展迅速，中央各个政府部门大都建立了自己的信息网络，一些地方政府也建立了自己的信息网络。据统计，截至 2023 年，中国政府网已与 31 个省、自治区、直辖市政府和 16 个副省级市政府联网，网址可一键导航。中央和省级政府普遍建设了内部网，部分地、市、县的政府信息网络建设也取得了很大进展，这些网络在各个政府机构的政府信息资源管理中发挥了重要作用。

3. 决策支持系统

决策支持系统是从数据库中找出必要的数据，并利用数学模型的功能，为用户生成所需信息的系统。决策支持系统在实践中对解决决策问题，特别是对于复杂系统和问题的求解，具有重要作用和意义，所以受到各国政府和各管理层的重视。当前，我国应用决策支持系统的领域主要体现在以下几个方面。

（1）宏观经济管理领域。从 20 世纪 80 年代开始，我国政府斥巨资对国家经济信息系统进行开发，以支持宏观经济管理。该系统包括了分布于全国各省、市、乡的 100 多个相对独立的子系统，用于评估和比较不同区域或整个国家的社会、经济和生态系统指标，模拟、预测发展趋势并分析政策所产生的影响。同时，许多不同层级的政府公共管理部门也开始开发决策支持系统以支持它们的工作和决策，如税务管理、劳动就业、产业管理、城市环境管理、土地管理等。

（2）水资源规划和防洪防汛决策支持系统。我国南方洪涝灾害频繁，国家各级政府和机构一贯对防治洪涝灾害十分重视，与此同时，我国北方的大部分地区又干旱缺水，因此，水资源的合理规划利用与调配，也一直是国民经济发展中急需得到关注的问题。

20 世纪 80 年代中期，我国开始将决策支持系统的方法应用于水资源规划和管理。到目前为止，在该领域已有许多成功的应用，主要包括四个方面。①水资源数据库系统。用于收集水资源数据以进行综合管理和识别，用于防止或控制洪水、供应城市需求和农业灌溉等。②防洪预报与预警系统。能根据洪水预报迅速计算不同防洪调度方案的后果，供防汛决策者选择，如长江防洪决策支持系统、黄河防洪决策支持系统、基于卫星遥感的河道防洪信息系统、浙江省防洪决策支持系统、江西省决策指挥决策支持系统等。③水资源规划与调度。根据水资源优化配置理论，社会经济、生态环境与水资源组成了一个宏观经济水资源大系统，它们之间具有广泛的联系性，互为制约因素。因此，水资源配置问题具有多层次性，评判系统发展的优劣程度具有多目标性。比较有代表性的是水资源优化配置决策支持系统，该系统包括一个装有上百万数据的数据库、一个由概念化模型组成的模型库系统和灵活方便的人机交互系统，可帮助决策者对水资源规划中的决策问题进行辅助决策。④水资源管理调度系统。由于各地区水资源分配的不平衡状况，该领域的研究应用越来越受到重视，特别是一些跨区域的大型项目，如引滦入津项目中水库群调度、丹江口水库优化调度、三峡工程决策支持系统、南水北调中东线工程中的水资源规划决策支持系统，以及城市供水系统运行决策支持系统等。

9.3.3 政府公共服务系统建设的成就

政府公共服务系统建设，是指政府通过网上的行政活动，为公民和企业提供具体公共服务的系统，属于典型政务外网的建设内容。我国电子政务发展中，政务外网最为突出的成就是政府信息门户网站的建设以及一些政府职能部门的服务系统的建设。

1. 政府信息门户网站

自实施“政府上网”工程以来，我国各级政府门户网站的数量急剧增加，2006 年 1 月 1 日中央人民政府门户网站的正式开通，标志着中国政府网站层级体系的架构已经基本形成。截至 2023 年年底的数据显示，我国省级、省会及计划单列市政府门户网站拥有率均达到 100%，地级市政府门户网站拥有率也约为 100%。各级政府网站信息发布的及时性、准确性进一步提高，在线服务数量快速增长。“政府上网”工程还带动了政府各类业务系统的网络化运行。评估数据显示，各级政府网站多数整合了本单位或本地区的公共服务资源，信息公开有一定的深度和广度。全国各级政府网站 80%以上能依法开设信箱、调查、访谈等互动渠道，且各渠道功能便捷，操作简单，为政府与公众之间的友好沟通提供了桥梁，是满足公众参与政府公共管理和公共决策需求的有效途径①。

围绕政府履行职能的需要，各级政府网站从满足公众日益增长的服务需求出发，不断提高网上服务水平。例如，截至 2023 年 3 月底，上海市“一网通办”实名注册个人用户超过 7968.93 万，法人用户超过 311.06 万，接入事项 3622 项，累计办件量达 3.36 亿件，取得的成效显而易见。一些部门网站还开通行政审批在线办理，实现了“一站式”服务。

2. 公共服务系统

在信息公开以及服务型政府建设思想的指导下，我国电子政务所能提供的公共服务

---

① 《2012 中国政府网站绩效评估结果》，https://china.haiwainet.cn/n/2012/1210/c232583-17841120.html，2012 年 2 月 12 日。

正在朝着规范化、标准化的方向发展，几乎每一级政府信息门户网站中都能找到与公民、企业相关的服务内容和措施，归纳起来有以下几类。

（1）面向公民的服务。包括：个人证件的申请和延长（护照和驾照）；汽车登记（新车、二手车）；建设工程规划许可证的申请；公共图书馆在线资源访问；高等教育、大学登记；地址变更服务；就业信息查询；社会保险缴款；有关健康的设施和服务等。

（2）面向企事业单位的服务。包括：员工的社会税款缴纳；公司所得税的申报和通知；增值税的申报和通知；新公司注册；向统计部门提交数据；有关环境的许可证（包括报告）；政府公开采购等。

（3）面向社会各个方面提供的一般应用服务及信息发布。包括：各类公开信息和一般的、非敏感的社会服务。例如，基于政府互联网网站的信息发布及查询；面向全社会的各类信访、建议、反馈及数据收集统计系统；面向全社会的各类项目计划的申报、申请；相关文件、法规的发布及查询；各类公用服务性业务的信息发布和实施，如工商管理、税务管理、保险管理等。

3. 十二金工程

在电子政务全面建设阶段，我国在原有三金工程的基础上又增加了九个业务信息系统，形成了十二金工程。这些业务系统加强了政府职能部门纵向与横向的联系，提高了部门的管理效率。举例来说，金税工程的实施，将传统税务工作转移到信息技术平台之上完成，有利于加强对增值税的管控，提高税务部门税收征管质量，规范了正常的税收程序，保护纳税人的权益。如今，十二金工程已经成为我国政府重要的办公业务系统，也是政府实施宏观管理的有效工具。

9.3.4 电子政务建设对行政改革的促进

电子政务的兴起是行政管理技术手段的现代化成果，作为一项崭新的管理工具，电子政务不仅能够引起技术手段层面的创新，还会深刻地影响到行政改革。建设数字中国是数字时代推进中国式现代化的重要引擎。党的二十大报告提出，要加快建设网络强国、数字中国[①]。加强数字政府建设，是建设网络强国、数字中国的基础性和先导性工程，也是创新政府治理理念和方式、形成数字治理新格局、推进国家治理体系和治理能力现代化的重要举措。

1. 重构政府理念

（1）有助于政府确立服务理念。传统的政府管理体制是严格的科层制，下级对上级负责，层级节制，客观上不利于建立政府的服务理念。电子政务可以打破原有的层级组织结构，形成扁平化的组织结构，直至建立直接与公众互动的信息交换渠道，这样就可以促进政府确立服务理念，从而有利于建立服务型政府。贯彻以人民为中心的发展理念，

---

① 《习近平：高举中国特色社会主义伟大旗帜 为全面建设社会主义现代化国家而团结奋斗——在中国共产党第二十次全国代表大会上的报告》，http://www.qstheory.cn/yaowen/2022-10/25/c_1129079926.htm，2024年8月20日。

坚持用户至上，提升数字化服务水平，加快推进“一件事一次办”，推进线上线下融合，加强和规范政务移动互联网应用程序管理。

（2）有助于政府观念创新。传统政府管理体制是对工作过程严格管理的体制，照章办事和形式正规是其基本特征。在这样的工作方式和管理体制下，政府工作人员缺乏产生创新意识的激励。电子政务本身就是政府创新的产物，电子政务的运用和发展客观上需要不断开发和更新政府的工作程序和方式，当然首先就要求政府工作人员具有创新观念，同时，电子政务的运用也会促进人们观念的创新。

2. 再造政务流程

（1）促进政府整体流程优化的系统性。传统政府组织机构按职能划分部门，组织结构一般是层级结构，这样的组织结构便于控制和计划，但部门之间沟通不畅。电子政务的工作流程设计，做到了政务流程的优化与再造。它不再以一个专业职能部门为中心开展，而是注重整体流程优化的系统性，即一个流程是一系列相关职能部门配合完成的，目的是为公众提供有益的服务。而对流程运行不利的障碍，如部门分割、重叠的流程、多余的部门等都会得到整合。同时，《数字中国建设整体布局规划》指出要发展高效协同的数字政务，加快制度规则创新，完善与数字政务建设相适应的规章制度。强化数字化能力建设，促进信息系统网络互联互通、数据按需共享、业务高效协同。

（2）简化中间管理层，扩大授权、追求成果。重塑政务流程是在管理重心下移，扩大授权的基础上实现的。电子政务为发挥每个人在政务流程中的作用提供了技术条件，同时也就要求最大限度地发挥每个人的工作潜能和工作责任心，还会加大事后的监督力度，由具体办事的公务员承担相应的管理责任。

3. 优化组织结构

（1）促进政府组织结构网络化。电子政务区别于传统的金字塔型的政府组织结构，充分运用网络技术，打破传统的政府组织界限，在网络上建立了一种新型的信息传播模式，从而形成了一种完全开放的矩阵式组织结构。在这个结构里，信息可以通过网络快速传递，形成纵横交错、四通八达的全方位、多层次、多形式、多途径、跨越时空的传递渠道，管理的上下层之间在获得信息的范围数量、时差上的区别不断缩小。在网上只有主动的参与者，没有过去意义上的“受众”，上层部门的政令可以直接传达至基层，同时，基层的反馈也迅速地向上传递，同级部门间也没有了物理的边界。因此，建立健全数字中国建设统筹协调机制，有利于及时研究解决数字化发展重大问题，推动跨部门协同和上下联动，抓好重大任务和重大工程的督促落实。开展数字中国发展监测评估。将数字中国建设工作情况作为对有关党政领导干部考核评价的参考。

（2）促进政府纵向结构扁平化。传统管理组织形态下，政府一般是三级结构，即决策层、管理层、操作层，形状则是下大上小的金字塔形，我国政府组织结构更是有五级之多。在这个层级化的管理结构中，每一个层级上的工作人员都只对他的上级负责。显然这样的管理模式在很大程度上依赖于中间管理层传递信息，结果使中间管理层变得越来越臃肿，他们不仅减缓了信息的传递速度，而且容易造成信息的严重失真。在全球化和信息化的今天，面对变化多端的市场形势，传统管理组织形态下的政府的回应便显得力不从心。电子政务的出现便利了执行层，甚至是操作层与决策层的直接沟通，跨越了整个中间层，使政府结构可以实现扁平化。一方面，政府可利用城市大脑和“一网统揽”综合慧治平台进行扁平化治理；另一方面，政府还可利用“一网统管”平台进行扁平化治理。积极探索数字时代的“枫桥经验”，建设“一网统管”系统集成平台。

4. 改变政府工作方式

（1）建立以客户为中心的管理模式。现在多数国家的电子政务发展都是应用导向的，我国也不例外。网络环境下的政府工作模式需要以用户为中心，按照用户的需求改善政府的管理与服务方式。政府门户网站的建立就是这种发展趋势的结果，即公民通过门户网站可以进入政府的所有部门，或者可以进入任何一个由政府向用户提供的服务项目。这种政府通过门户网站形成的与用户的互动，极大地方便了用户，缩短了政府与公众的距离，不仅大大提高了政府办事效率，还大大降低了腐败的发生概率。当前，我国多省市重点构建以用户需求为导向的政务服务新模式，从用户视角优化政务管理服务的内容、流程和模式，对照企业和群众眼中的“一件事”，用“数据链”把相关部门的“业务链”有机地链接在一起，实现部门之间的高效协同。

（2）改进政府的领导和决策方式。在电子政务条件下，政府的管理方式由控制型向自主参与型转变。电子政务的工作方式释放了政府工作人员的自主意识，他们在灵活的工作机制中增强了自我价值的实现愿望，积极参与到本部门的管理中来，他们就像网络中的一个节点，依据自己的工作体验，发表对工作的见解或采取行动。电子政务的工作方式还促使决策方式由经验型向科学决策型转变。在信息获取能力不足的条件下，人们的决策行为只能是有限理性的，主观经验的成分会更多。而网络、计算机的运用大大改善了信息的获取能力和分析能力，使决策科学化有了物质条件。信息技术还使决策工具的方法的运用变得简单易行，这也大大促进了决策的有效性，提高了效率。此外，通过实施智能化市政基础设施建设和改造，也将有效提升政府对城市运转和经济运行状态的泛在感知和智能决策能力。

5. 提高政府工作效率

（1）提高政府行政效率。电子政务的网上办公系统，规范了工作流程，简化了管理流程，节省了办事人和经办人的时间、精力，减少了部门之间、人员之间推诿扯皮现象的发生。加上“限时办结”“超时默许”等程序的设置，更是促使政府工作人员及时办理业务。此外，地方政府也在积极探索建设“一网统管”系统集成平台，将人民来信来访、市民热线、网格员反馈等多渠道诉求汇聚集成，利用人工智能技术推送相关部门办理或自动回复，实现群众诉求办理、办结全过程“可查询、可跟踪、可督办、可评价”，确保群众诉求事项件件有着落、事事有回音。

（2）提高政府信息利用效率。电子政务的运用使信息收集、加工和传递存储的速度和容量增加，以及基本数据库的建立和共享，都为政府管理提供了便利，使政府面对纷繁复杂的知识和信息，能够快速灵活地做出反应，有效驾驭信息，提高信息的利用率。

在数字中国建设背景下，把推动机关内部"一次办好"作为打造整体政府的关键之举。政府运用数字技术优化办事流程，聚焦部门之间办事材料多、环节繁、多次跑等堵点难点问题，建立健全协同处置、多方监督的全链条处理机制，彻底解决机关内部的拖沓扯皮现象。

（3）降低政府行政成本。行政成本是政府行使职能过程中投入的人力、物力、财力的总和。电子政务实现了"无纸化办公"、网上文件传输、网上视频会议、精简机构、远程教育等工作形式，大大减少了办公物质消耗，在降低办公成本的同时，还大大提高了工作的满意度。

6. 优化公共部门人力资源

（1）工作方式的转变。电子政务的实施要求工作人员的工作方式要依托于信息技术，通过信息技术网络向公众提供各种服务。

（2）知识技能的提高。电子政务的实施，使得例行性工作的自动化趋势越来越强，而管理能力的强弱与知识技能的发挥成正比。没有知识技能的工作人员将面临失业，知识技能的提高成为公共部门人力资源胜任工作的首要因素。

（3）工作透明度的增加。电子政务的推行，将政府工作人员的工作记录直接展现在网络上，提高了政务工作的透明度，降低了寻租腐败发生的可能性，能够帮助人们更好地了解政府，获取更优质的公共服务。

9.4 中国电子政务发展的战略前景

经过多年发展，电子政务已经深入我国经济社会发展的各个领域，成为各级政府平稳运转和高效履职不可或缺的手段。随着信息化的深入发展，电子政务正在由业务办公的支撑工具，逐步成为促进重大改革措施贯彻实施、支撑重大问题决策研判、推动重点工作督查落实、提高服务人民群众水平的有效抓手，是提升政府治理能力必不可少的创新手段。

9.4.1 中国电子政务发展战略的主要目标

虽然我国电子政务建设已经取得重要的突破，但是仍然存在着不少问题。国务院办公厅《关于促进电子政务协调发展的指导意见》中就指出，电子政务工作也存在一些突出矛盾和问题。一是顶层设计不够完善。统一规范的国家电子政务网络尚未形成，各类政务网络不能有效联通，信息孤岛大量存在，网络信息安全形势严峻，法律法规和标准规范滞后，造成了互联互通难、信息共享难、业务协同难，严重制约了电子政务作用的有效发挥。二是应用潜力没有充分发挥。应用的深度和广度不足，特别是对政府管理创新的支撑作用较弱，对科学决策的支持水平有限，对社会公众的服务能力较低，与领导同志的期望和人民群众的需求相比，还存在较大差距。三是保障措施不够健全。绩效评估开展不到位，国产软硬件和新技术的应用不足、创新发展不够，人才队伍现状不能适应电子政务发展需要，管理体制机制有待进一步理顺①。因此，未来我国电子政务的发展将围绕上述问题展开。

在指导思想上，我国需深入贯彻党的二十大和二十届二中全会精神，坚持以习近平新时代中国特色社会主义思想特别是习近平总书记关于网络强国的重要思想为指导，紧紧围绕统筹推进“五位一体”总体布局和协调推进“四个全面”战略布局，坚定不移贯彻新发展理念，坚持稳中求进工作总基调，以推动高质量发展为主题，以建设数字中国为总目标，以加快数字化发展为总抓手，发挥信息化对经济社会发展的驱动引领作用，推动新型工业化、信息化、城镇化、农业现代化同步发展，加快建设现代化经济体系；以深化供给侧结构性改革为主线，进一步解放和发展数字生产力，加快构建以国内大循环为主体、国内国际双循环相互促进的新发展格局；以改革创新为根本动力，完善创新体系和发展环境，激发创新活力，增强发展动能；以满足人民日益增长的美好生活需要为根本目的，统筹发展和安全，推进国家治理体系和治理能力现代化，加强数字社会、数字政府、数字民生建设，让人民群众在信息化发展中有更多获得感幸福感安全感，为开启全面建设社会主义现代化国家新征程、向第二个百年奋斗目标进军提供强大动力。

1. 构建统一规范的国家电子政务网络

推进数据开发利用、系统整合共享、共性办公应用、关键政务应用等标准制定，持续完善已有关键标准，推动构建多维标准规范体系。加大数字政府标准推广执行力度，建立评估验证机制，提升应用水平，以标准化促进数字政府建设规范化。研究设立全国数字政府标准化技术组织，统筹推进数字政府标准化工作②。全国范围内政务服务事项基本做到标准统一、整体联动、业务协同，线上线下相融合的政务服务模式全面推广，全国一体化政务服务能力显著提升。

2. 大力推进政府数据资源共享和开发利用

为了避免在存储政府数据资源上的重复建设，加上当前云计算等先进技术的支持，我国电子政务的数据资源中心建设将进入一个新的发展阶段，为电子政务内、外网及各类业务应用提供良好的运行基础环境，提升政府数据资源的使用效率和效益。建立健全国家公共数据资源体系，构建统一的国家公共数据开放平台和开发利用端口，推动人口、交通、通信等公共数据资源安全有序开放。具体而言，在规划期内，政府数据资源建设与开发要围绕省、市两级数据中心展开，减少重复建设；政府数据资源开发要打破行政壁垒，加强数据横向开发与共享，为国家级大型数据库的建设提供有力支撑。

3. 增强网络信息安全保障能力

电子政务信息安全问题情势紧迫，因此必须加强对信息安全工作的领导，建立健全信息安全责任机制，明确主管领导，落实责任部门。抓紧制定信息安全等级保护的管理

---

① 《国务院办公厅关于促进电子政务协调发展的指导意见》，http://www.e-gov.org.cn/article-155231.html，2015 年 3 月 6 日。

② 《国务院关于加强数字政府建设的指导意见》，https://www.gov.cn/zhengce/zhengceku/2022-06/23/content_5697299.htm，2022 年 6 月 23 日。

办法和技术指南，建立信息安全等级保护制度。加强以密码技术为基础的信息保护和网络信任体系建设。建立和完善信息安全监控体系，加强信息安全法治建设和标准化建设。

全面加强网络安全保障体系和能力建设，加强网络安全核心技术联合攻关，开展高级威胁防护、态势感知、监测预警等关键技术研究，建立安全可控的网络安全软硬件防护体系。实施国家基础网络安全保障能力提升工程，加强关键信息基础设施安全防护体系建设，增强网络安全平台支撑能力，强化5G、工业互联网、大数据中心、车联网等安全保障。完善网络安全监测、通报预警、应急响应与处置机制，提升网络安全态势感知、事件分析以及快速恢复能力。

4. 普及政府在线公共服务

在线公共服务便捷有效，可以极大地提高政府提供公共服务的效率，达到公共服务标准化、人性化的目标。提升全流程一体化在线服务平台功能，积极开展“高效办成一件事”，实现更多高频政务服务事项“跨省通办”。因此，未来普及政府在线公共服务要围绕简政放权，梳理权力清单，强化权力全流程网上运行；提升政府网上公共服务水平，逐步形成网上服务与实体大厅服务、线上服务与线下服务相结合的一体化新型政府服务模式，构建多样化、无缝衔接的线上线下一体化政务服务渠道。

5. 提升业务协同水平

政府管理和服务中的业务协同，意味着电子政务由点及面的发展趋势，标志着我国电子政务建设进入全面整合阶段。在实际建设过程中，坚持整体集约建设数字政府，推动条块政务业务协同，加快政务数据开放共享和开发利用，应当充分考虑实际需求，围绕国务院重点工作，开展社会保障、公共安全、社会信用、市场监管、食品药品安全、医疗卫生、国民教育、劳动就业、养老服务等方面的跨地区跨部门协同应用。

6. 优化电子政务协调发展环境

电子政务是复杂的系统建设工程，局部建设的成功并不一定能使电子政务系统产生合理的效果。因此，必须充分考虑电子政务发展过程中诸多配套性系统的建设，着力推动网络整合、促进信息共享、强化安全保密、健全法律法规、完善标准规范等方面的工作，为电子政务健康发展、产生良好的社会效应创造有利条件。加快形成权威高效的各级政府政务数据共享协调机制，为国家政务数据共享提供支撑。

9.4.2 中国电子政务发展的基本原则

为了进一步推动我国电子政务科学、健康、可持续发展，逐步建立与政府履职相适应的电子政务体系，有效服务于创新政府、廉洁政府、法治政府建设，不断提升信息化条件下国家治理能力，未来我国电子政务建设应当遵循以下原则。

（1）坚持需求导向。政府电子政务建设要以解决经济、社会发展问题为重点，从过去注重业务流程信息化、提高办公效率，转向支持政府履职需求，提高政务效能，高效服务于人民群众需要，引导电子政务的发展方向和重点，不断增强电子政务的支撑作用和应用效能。

（2）坚持统筹整合。电子政务建设必须按照网络安全与信息化委员会的统一部署，以提高现有电子政务基础设施利用效率、推动信息资源开放共享为主要手段，从各自为政、相互封闭，转向跨部门、跨地区的资源共享和业务协同，完善理论体制和机制，促进电子政务集约化发展，提高电子政务基础设施利用效率和资金使用效能。

（3）坚持创新驱动。准确把握信息化发展趋势，摆脱我国电子政务在信息技术上对发达国家的路径依赖，正确理解和应用云计算、大数据、物联网、移动互联网等新兴的信息技术工具，重点探索电子政务创新发展的新思路、新应用、新模式。

（4）坚持安全可控。落实国家信息安全战略，推进系统分级和等级保护，健全网络和信息安全标准体系，强化网络和信息安全管理，加强监督检查、落实安全责任，确保重要网络、应用和数据安全，确保国家秘密安全。

（5）坚持协调发展。加强统筹规划，理顺体制机制，建立并完善各级政府横向协同、纵向联动，政府主导、社会参与的电子政务协调发展机制，推动统一网络平台、统一安全体系、统一运维管理的一体化建设和业务应用协调发展。

（6）坚持新发展理念。把新发展理念贯穿数字中国建设全过程和各领域，以信息化培育新动能，用新动能推动新发展，推动构建新发展格局，促进质量变革、效率变革、动力变革。

（7）坚持系统推进。遵循信息化发展规律，统筹国内国际两个大局，坚持全国一盘棋，更好发挥中央、地方和各方面积极性，着力固根基、扬优势、补短板、强弱项，增强数字中国建设的系统性、整体性和协调性。

（8）坚持安全和发展并重。树立科学的网络安全观，切实守住网络安全底线，以安全保发展、以发展促安全，推动网络安全与信息化发展协调一致、齐头并进，统筹提升信息化发展水平和网络安全保障能力。

9.4.3　中国电子政务发展的主要措施

按照国务院办公厅《关于促进电子政务协调发展的指导意见》，未来我国电子政务发展的主要措施包括以下几点。

1. 加强顶层设计，统筹电子政务协调发展

顶层设计是我国经过多年电子政务建设积累的宝贵经验，是统一规范各地试点建设电子政务系统的重要手段。按照顶层设计的做法，必须做到以下几点。

（1）加快国家电子政务内网建设。重点建设中央级政务内网平台，建成中央办公厅网络节点和国务院办公厅网络节点，尽快实现中央办公厅、全国人大常委会办公厅、国务院办公厅、全国政协办公厅、最高人民法院、最高人民检察院的安全互联互通，实现与省级电子政务内网平台安全连接。加强国家电子政务内网业务应用支撑能力建设，并严格按照涉密信息系统分级保护要求建设和管理国家电子政务内网，基本满足各部门开

展跨地区、跨部门业务应用的需要。[①]

（2）加强国家电子政务外网建设和管理。进一步理顺国家电子政务外网建设和管理工作机制；充分利用各地区现有电子政务基础网络资源，加强电子政务外网网络平台和安全体系建设，加快推动地方部门接入网络平台，实现外网横向纵向联通；重点加强外网应用建设，促进外网信息资源整合利用和数据共享。推动形成基于政务服务外网的一体化共性办公体系，拓展移动共性办公应用场景，提升政府行政效率。

（3）积极推动各地区各部门业务专网应用迁移和网络对接。各地区各部门对现有业务专网应用进行合理分类，分别向国家电子政务内网或外网迁移；国务院各部门同步整合内部业务专网和向下延伸的业务应用；各地区各部门现有业务专网要理清边界，逐步实现与统一国家电子政务网络的网络对接和业务融合，推动数据交换和共享安全可控。持续丰富政务信息资源，完善数据共享交换体系，强化政府系统业务协同和信息资源安全有序共享。推进政府网站集约化改革，推动公开、互动、服务融合发展。

（4）强化国家基础信息资源开发利用。进一步加快人口、法人单位、空间地理、宏观经济等国家基础信息资源库共建共享；推动基础信息资源库分别在国家电子政务内网、外网平台上部署；围绕重点应用领域，开展基础信息资源应用试点，不断总结经验，积极创造条件，逐步扩大应用范围。建立完善有效的数据供需匹配机制，出台更多数据共享责任清单，将更多直接关系到企业群众办事、应用频次高的数据纳入共享范围。

（5）推进信息资源共享共用和数据开放利用。加快形成权威高效的各级政府政务数据共享协调机制，为国家政务数据共享提供支撑。促进各地区各部门可开放的信息资源分别在国家电子政务内网、外网平台上普遍共享；研究建设国家公共信息资源开放平台，有序推进政府数据开放和社会化利用；对于涉及国家安全、商业秘密、个人隐私等不宜开放的业务信息，政府部门按照职责分工，梳理履职所需信息共享需求，明确共享信息的有效需求和提供方式，逐步建立信息共享监督检查、考核通报、安全和保密审查等制度，推动部门信息资源按需共享。

（6）切实加强安全保密工作。加强对分级保护和等级保护工作的指导，确保相关管理规范、技术要求、实施策略、测评标准在不同地区的一致性；建立安全保密持续监管和运维系统，提升信息安全管控和运维管理水平；加强网络安全监测和通报预警，及时处置重大网络安全事故；强化安全保密意识，加强日常安全管理，进一步落实涉密信息系统分级保护和非涉密信息系统等级保护相关主体责任。

（7）完善法律法规和标准规范。研究制定政府信息资源管理办法，及时总结经验，建立信息共享制度，为持续稳步推进信息共享提供制度保障；研究制定政务活动中使用电子签名的具体办法，积极推动电子证照、电子文件、电子印章、电子档案等在政务工作中的应用；加强现有成熟标准规范在电子政务中的运用，研究制定网络、安全、应用、信息资源等方面的技术和业务标准规范，促进电子政务健康持续发展。建设技术规则治理体系。建立和完善数字技术应用审查机制和监管法律体系，开展技术算法规制、标准

---

① 国家电子政务内网建设管理协调小组办公室：《关于进一步加强国家电子政务网络建设和管理的通知》，https://www.bengbu.gov.cn/bsfw/zcfg/gjjzcwj/51005550.html，2024 年 1 月 16 日。

制定、安全评估审查、伦理论证等工作，明确人工智能、区块链等关键应用法律主体及相关责任。

2. 深化应用，提升支撑保障政府决策和管理的水平

电子政务的成效在于应用，要把提高应用成效摆在突出位置。我国将围绕国务院的中心工作，推进电子政务应用深化，重点提升电子政务对政府决策和管理的信息化支撑保障水平。地方政府则要结合实际，因地制宜推动电子政务在重点领域的应用，着力提升社会管理和公共服务水平。

1）提高决策信息服务水平

推进党的执政能力信息化工程，完善党中央各部门核心业务系统，提升服务党中央决策指挥支撑能力。围绕国务院决策需要，以建设决策支持信息系统为抓手，充分整合各地区各部门现有办公应用和业务系统信息资源，采集利用有关行业、企业、研究机构的重要信息数据，逐步建立支撑领导决策研判的决策信息资源库，提供更加及时高效的信息获取方式，丰富展现形式，为政府决策提供全面、准确、便捷的信息服务。充分利用职能部门各类专业系统和智能分析模型，开展统计分析、预测预警和评估研判，使中央能够及时掌握经济运行与社会发展的实际状况和发展趋势，不断提升信息保障和辅助决策能力。实施智能化市政基础设施建设和改造，有效提升城市运转和经济运行状态的泛在感知和智能决策能力。

2）为深入推进国务院重点工作提供有力支撑

围绕经济社会重大问题和政府工作目标，在社会保障、公共安全、社会信用、市场监管、食品药品安全、医疗卫生、国民教育、劳动就业、养老服务等方面，促进职能部门在业务创新的基础上，深入开展跨地区跨部门协同应用；围绕简政放权，梳理权力清单，强化权力全流程网上运行，有效规范和监督行使权力的主体、依据、程序，明确责任，切实提高行政效能和依法行政水平；围绕服务型政府建设，逐步形成网上服务与实体大厅服务、线上服务与线下服务相结合的一体化新型政府服务模式，不断提升政府网上公共服务水平。

3）提升国务院重点工作督查落实的信息化水平

加强国务院重点工作督查督办，通过对重点工作的任务分解、进展过程、完成情况的网络化和信息化管理，实现工作落实全过程动态跟踪、实时督查、及时反馈、绩效考核，形成事前、事中、事后管理机制，切实提高督查督办水平。深化监督信息化建设，推进纪检监察工作数字化、规范化、智能化。

4）为应对突发事件的决策指挥等工作提供技术支撑

按照国家突发事件应急体系建设规划要求，进一步健全以国务院应急平台为中心、以省级和部门应急平台为节点的国家应急平台体系，完善日常监测与风险识别、信息收集与灾情统计、趋势分析与综合研判、指挥调度与辅助决策、场景模拟与总结评估等功能，满足应急管理工作需要；推进基层和企业应急信息管理系统建设，提高突发事件现场图像采集和应急通信保障能力；健全应急平台标准规范和运行机制，加强各级应急平台之间的互联互通和资源共享，充分利用物联网等新技术，推进风险隐患、防护目标、

救援队伍、物资装备等信息数据库建设。

打造平战结合的应急信息化体系。以信息化推动应急管理现代化，全面提升多部门协同的监测预警能力、监管执法能力、辅助指挥决策能力、救援实战能力和社会动员能力，提升国际物流供应链服务保障能力。健全多部门协同的灾害事故信息报送、预警发布、信息共享和应急处置机制，加强安全生产事中、事后监管，强化应急管理装备技术和平台支撑，增强应急管理全面感知、快速处置、精准监管和物资保障能力，有效提升防灾、减灾、抗灾、救灾水平，遏制重特大事故发生。以信息化支撑构建统一的国家储备体系，强化粮食和战略应急物资数据资源整合和共享，提升国家储备应对突发事件的能力。推动信息技术更好地支撑疾病预防控制体系和重大疫情防控救治体系建设，强化政府、企业、医疗卫生机构数据共享和协同应用，提高应对突发公共卫生事件的能力。

5）完善办公业务应用

优化电子政务网络结构和安全体系，集约建设政务云平台和数据中心体系，推进政务信息系统云迁移，全面推进移动办公应用。围绕优化再造政务流程、提高行政效能，进一步拓展深化网上办公，运用电子印章、电子签名、电子文件密级标志等技术，实现公文、信息、简报等电子文件的上传下达和横向传递，以及公文办理、信息采编、会议组织、值班管理等日常工作的信息化；积极开展视频会议、移动办公等应用。

3. 保障措施和实施落实

（1）开展电子政务绩效评估。切实发挥绩效评估的导向作用，引导电子政务健康发展。推动建立考核评价体系，由发改、财政、审计等部门对相关电子政务项目进行专项评估，并与现有项目管理手段相衔接，作为系统运维和后期建设投资的重要参考，避免重复建设和盲目投资；各地区各部门从成本效益、应用效果、协同共享、安全保密、创新服务等方面提出评估指南，开展电子政务绩效自我评估；探索开展第三方评估。坚持以评价促改革，推广政务服务“好差评”制度，畅通政民互动信息通道，构建渠道便捷、全方位覆盖的全国一体化政务服务平台“好差评”管理体系，推动服务绩效由企业和群众来评判。

（2）加强新技术和安全可靠产品的应用。制定促进云计算、大数据在电子政务应用服务中的发展规划和政策制度；研究制定云计算、大数据、物联网、移动互联网等在电子政务应用中的技术规范，积极推进新技术在行政办公、辅助决策、社会治理、公共服务等方面的应用；加强安全可靠技术产品的研发和推广应用，国家电子政务网络及关键业务系统优先采用国产软硬件产品，推动试点推广。强化新技术应用安全风险动态评估，逐步探索建立人工智能、区块链等新技术的治理原则和标准，确保新技术始终朝着有利于社会的方向发展。

（3）加强人才队伍建设。强化政府工作人员信息化意识，提高其信息技术运用能力；培养和建设一支业务熟、技术精、素质高的专业化电子政务管理和服务队伍；加强培训交流，建立政府系统电子政务培训机制，将信息化能力纳入公务员培训体系；优化人才培养机制，着力培育信息化领域高水平研究型人才和具有工匠精神的高技能人才；加强领导干部网信教育培训，大力推动领导干部学网、懂网、用网，提升各级领导干部获取数据、分析数据、运用数据的能力，不断提高对信息化发展的驾驭能力。

（4）做好工程配套。《“十四五”国家信息化规划》强调，“十四五”时期信息化发展，要立足新发展阶段、贯彻新发展理念、构建新发展格局、推动高质量发展，突出重点，集中资源，着力在深化创新驱动、优化要素资源配置、支撑共建共治共享、促进健康和谐共生、防范化解风险等方面取得突破，推动实现更高质量、更有效率、更加公平、更可持续、更为安全发展。

（5）强化实施落实。地方政府需要依据有关指导意见，结合实际提出落实方案，强化地方政府办公厅的协调优势，探索理顺本地区管理体制和工作机制，切实推动电子政务协调发展。中央层面，国务院办公厅负责对电子政务落实工作的统筹调研、跟踪了解、督促监察。

9.4.4　中国电子政务发展的重点战略

电子政务作为国家信息化的重要组成部分，源于信息技术对人类社会生活的不断渗透和影响。如果说电子商务反映了一个国家在信息化时代中的经济实力，那么，电子政务就代表着信息化条件下政府的治理能力。信息技术的快速发展和对社会的广泛渗透，既对政府管理提出了新要求、新挑战，也给政府管理创新带来了新契机。截至 2024 年，全国光缆线路总长度达 7288 万公里；其中，长途光缆线路、本地网中继光缆线路和接入网光缆线路长度分别达 112.7 万、2769 万和 4406 万公里。光纤接入到户/办公室（fiber to the house/ office，FTTH/O）端口数已达到 5 亿个以上，全国行政村开通宽带的比例超过 98%，移动通信基站数量已超过 200 万个，固定电话用户约 2 亿人、固定宽带用户超过 5 亿人、移动电话用户约 16 亿人，互联网网民数超过 10 亿人，4G 用户数约 12 亿人。具体到政府管理信息化，即电子政务发展方面，包含以下几个重点。

1. 云计算

云计算是分布式计算、并行计算、效用计算（utility computing）、网络存储技术（network storage technology）、虚拟化（virtualization）、负载均衡（load balance）等传统计算机和网络技术发展融合的产物。简单地说，云计算就是将计算和信息资源放置在大量分布式计算机上，形成一个巨大的虚拟信息资源池，用户根据自身需要通过网络访问这些资源。用户无须知道所获取的资源来自何方，只需要知道在虚拟的“云”端可以找到自己所需要的资源，而且这些资源稳定、可靠、经济，远远超过个人电脑的存储能力和运算能力。由此看来，云计算并非针对某个特殊领域的具体应用，而是按需服务，依据实际需要延伸出各种具体的应用，如当前比较热门的云安全、云存储、云游戏等。

云计算作为当前的热门信息技术，得到了我国政府的高度重视，2015 年国务院印发了《关于促进云计算创新发展培育信息产业新业态的意见》①，对云计算和电子政务的发展提出了新的发展思路，其中要求在社会效益明显、产业带动性强、示范作用突出的若干重点领域推动公共数据开放、信息技术资源整合和政府采购服务改革，充分利用公

① 《国务院关于促进云计算创新发展培育信息产业新业态的意见》，http://www.gov.cn/zhengce/content/2015-01/30/content_9440.htm，2015 年 1 月 30 日。

共云计算服务资源开展百项云计算和大数据应用示范工程，在降低创业门槛、服务民生、培育新业态、探索电子政务建设新模式等方面取得积极成效，政府自建数据中心数量减少 5%以上。可见，云计算对电子政务发展最直接的应用就在于政务信息资源的存储，利用分布式计算机存储政府信息资源，可以大幅度减少政务信息存储中心的重复建设，有效降低电子政务系统建设的成本，同时还能提高存储效率，促进政府间信息资源的横向共享。因此，2013 年被称为我国的"云"元年，云计算将成为我国未来电子政务发展的重要信息技术基础。

"十四五"时期，我国将统筹部署医疗、教育、广电、科研等公共服务和重要领域云数据中心，加强区域优化布局、集约建设和节能增效。推进云网一体化建设发展，实现云计算资源和网络设施有机融合。统筹建设面向区块链和人工智能等的算力和算法中心，构建具备周边环境感应能力和反馈回应能力的边缘计算节点，提供低时延、高可靠、强安全边缘计算服务。加强国家超级计算设施体系统筹布局，探索大型机对外开放服务的市场化培育机制。开展"中国科技云"应用创新示范，提升科研创新服务支撑能力。

2. 物联网

物联网作为新一代信息技术的重要组成，是在互联网基础之上的重大技术突破，具有广泛的应用前景和极具潜力的经济效益。物联网，顾名思义就是物物相连的互联网，不仅是指网络的互联互通，更是指在互联网基础上的智能化延伸与扩展。具体而言，物联网就是把传感器装备到各种真实物体上，通过互联网连接起来，进而运行特定的程序，达到远程控制或者实现物与物的直接通信。RFID、传感器、二维码等，经过接口与网络相连，从而给物体赋予"智能"，可实现人与物体的沟通和对话，也可以实现物体与物体相互间的沟通和对话[①]。物联网是信息技术智能化应用领域之一，由于有了云计算服务作为支撑，它解决了数据存储、数据处理和分析等方面的问题，因此一跃成为我国智能化应用的核心技术之一，同时也带动了我国物联网相关产业的快速发展，取得了巨大的经济效益。

物联网在电子政务发展中的具体应用，则主要表现为与民生问题高度相关的各类在线公共服务，并且通过云计算整合成一个巨大的公共服务平台——智慧城市，更好更快地为公民提供各种服务。我国目前有超过 300 个城市启动了智慧城市的规划和建设。例如，作为国家大数据（贵州）综合试验区的核心区，贵阳贵安积极探索、先行先试，将数智赋能智慧城市建设作为一项重要的改革工程、治理工程、民生工程，围绕算力、赋能、产业三个关键，坚定不移落实数字活市战略，加快完善数智技术赋能机制，全力推动常态化场景开放，千方百计释放数据要素价值，全面赋能经济社会发展，奋力推进城市全域数字化转型与数字经济融合发展，努力为数字中国建设贡献贵阳贵安力量。[②]。由于智慧城市较好的应用前景，工业和信息化部于 2011 年 11 月 28 日发布了《物联网"十二五"发展规划》，规划中除了确定物联网产业发展方向之外，将物联网的重点

① 信息社会 50 人论坛：《信息经济——中国转型新思维》，上海远东出版社，2015 年，第 14 页。

② 《筑梦数智化 · 共绘新场景 | 贵阳贵安奋力推进城市全域数字化转型与数字经济融合发展综述》，https://baijiahao.baidu.com/s?id=1813980405887638020&wfr=spider&for=pc，2024 年 10 月 26 日。

领域应用示范工程聚焦于：智能工业、智能农业、智能物流、智能交通、智能电网、智能环保、智能安防、智能医疗、智能家居等方面[①]，为智慧城市的发展指明了发展方向。如果说电子政务系统会涉及从中央到地方各个层次的建设，较高行政层级的电子政务系统建设对公众而言缺乏真切的感知，那么，地方电子政务系统的服务平台——智慧城市则可以让公众真正体会到信息化条件下优质的公共服务。另外，工业和信息化部办公厅《关于推进移动物联网“万物智联”发展的通知》中提到，要进一步深化移动物联网与人工智能、大数据等技术融合，提升移动物联网行业供给水平、创新赋能能力和产业整体价值，加快推动移动物联网从“万物互联”向“万物智联”发展，助力行业数字化转型和新型工业化。[②]

未来，我国将加快发展物联网，建设高效顺畅的流通体系，降低物流成本。加快发展数字经济，促进数字经济和实体经济深度融合，打造具有国际竞争力的数字产业集群。优化基础设施布局、结构、功能和系统集成，构建现代化基础设施体系。建设物联数通的新型感知基础设施，加快公共安全、交通、城管、民生、生态环保、农业、水利、能源等领域公共基础设施的数字化、智能化升级。推动将行业物联网纳入公共基础设施建设规划，加快制定跨部门、跨厂商、跨行业的统一平台规范。统筹建设物联、数联、智联三位一体的新型城域物联专网，加快 5G 和物联网的协同部署，提升感知设施的资源共享和综合利用水平。

3. 大数据

大数据，可以简单地理解为大量的数据，其核心除了数据的数量多之外，更重要的是数据所蕴含的价值以及给社会所带来的挑战。因此，大数据可以定义为以容量大、类型多、存取速度快、应用价值高为主要特征的数据集合[③]。快速发展的大数据对数量巨大、来源分散、格式多样的数据进行采集、存储和关联分析，并从中发现新知识、创造新价值、提升新能力。对社会中任何组织而言，大数据意味着将组织中尽可能多的数据加以收集和整理，包括结构化数据和非结构化数据，并且能与其他社会组织之间进行分享，从而产生极大的经济效益和社会效益。大数据和云计算之间存在着天然联系，大数据产生的海量数据可以通过云计算来存储，数据分析和数据计算等复杂任务都可以交给云计算来完成。简单来说，大数据就像一个巨大的资源库，而云计算则是可以共享的各种开采工具集合，具备信息化条件的组织和个人可以利用云计算从大数据中提取自身需要的数据或信息，而且这样的数据和信息还是经过加工之后的数据成品。可见，大数据的出现为信息化时代的组织和个人带来了福音，让人们从复杂的数据加工、整理等工作中解脱出来，充分享受智能化工具所产生的优质信息成果。

就电子政务发展而言，由于电子政务中涉及的信息既包括政府自身的政务信息，又

---

① 《<物联网“十二五”发展规划>发布》，https://www.gov.cn/zwgk/2012-02/14/content_2065999.htm，2012 年 2 月 14 日。

② 工业和信息化部办公厅《关于推进移动物联网“万物智联”发展的通知》，https://www.gov.cn/zhengce/zhengceku/202409/content_6974025.htm，2024 年 8 月 29 日。

③ 《国务院关于印发促进大数据发展行动纲要的通知》，https://www.gov.cn/zhengce/content/2015-09/05/content_10137.htm，2015 年 9 月 6 日。

包括政府管理对象所产生的社会信息，数量庞大而复杂，因此可以说信息资源是电子政务系统处理的核心问题。大数据的出现，可以将电子政务中的各类信息整合起来进行加工，为政府管理和决策提供最坚实的数据基础。回顾过去，传统的政府管理和决策中管理失误和决策失败往往是信息失真造成的，政务信息不真实会使得政府管理和决策难以产生有效的结果。大数据的出现，提供的不再是更多的数据或者信息，大数据意味着“样本=总体”[①]，这是任何抽样调查和数据统计方法都无法实现的，大数据使得政府精确化管理和决策成为可能。正因为如此，国务院于 2015 年 8 月 31 日印发的《促进大数据发展行动纲要》中明确指出大数据对我国信息化建设具有重要作用，未来我国政府大数据发展将围绕着两个方面展开：一是打造精准治理、多方协作的社会治理新模式。将大数据作为提升政府治理能力的重要手段，通过高效采集、有效整合、深化应用政府数据和社会数据，提升政府决策和风险防范水平，提高社会治理的精准性和有效性，增强乡村社会治理能力；助力简政放权，支持从事前审批向事中事后监管转变，推动商事制度改革；促进政府监管和社会监督有机结合，有效调动社会力量参与社会治理的积极性。二是构建以人为本、惠及全民的民生服务新体系。围绕服务型政府建设，在公用事业、市政管理、城乡环境、农村生活、健康医疗、减灾救灾、社会救助、养老服务、劳动就业、社会保障、文化教育、交通旅游、质量安全、消费维权、社区服务等领域全面推广大数据应用，利用大数据洞察民生需求，优化资源配置，丰富服务内容，拓展服务渠道，扩大服务范围，提高服务质量，提升城市辐射能力，推动公共服务向基层延伸，缩小城乡、区域差距，促进形成公平普惠、便捷高效的民生服务体系，不断满足人民群众日益增长的个性化、多样化需求[②]。

“十四五”时期，我国将系统推进全国一体化大数据中心体系建设工程，具体包括如下几点。①优化数据中心建设布局。在区域数据中心集群间，以及集群和主要城市间建立数据中心直连网络，促进数据中心分级分类布局建设，加快实现集约化、规模化、绿色化发展。②建设完善一体化算力服务。加强云资源接入和一体化调度，推动政务、科学、教育、医疗等公共算力服务资源整合开放，构建低成本、广覆盖、可靠安全的公共算力服务，促进算力的普及应用。③深化公共数据资源开发利用。建设区域数据共享开放、政企数据融合应用等数据流通共性设施平台。推动区块链、安全多方计算、联邦学习等技术模式在数据流通中的创新利用。④建设基础网络、数据中心、云、数据、应用等一体协同的安全保障体系。开展通信网络安全防护，研究完善海量数据汇聚融合的风险识别与防护技术、数据脱敏技术、数据安全合规性评估认证、数据加密保护机制及相关技术检测手段。

4. *互联网+*

2015 年 7 月，国务院发布了《关于积极推进“互联网+”行动的指导意见》，这是对 2015 年《政府工作报告》中首次提及“互联网+”的直接积极响应，也是我国政府未来

---

① 维克托·迈尔 S、肯尼思 C：《大数据时代》，盛杨燕、周涛译，浙江人民出版社，2013 年，第 27 页。

② 《国务院关于印发促进大数据发展行动纲要的通知》，https://www.gov.cn/zhengce/content/2015-09/05/content_10137.htm，2015 年 9 月 6 日。

信息化发展的整体规划蓝图。该指导意见指出，“互联网+”是把互联网的创新成果与经济社会各领域深度融合，推动技术进步、效率提升和组织变革，提升实体经济创新力和生产力，形成更广泛的以互联网为基础设施和创新要素的经济社会发展新形态[①]。“互联网+”不同于简单的互联网发展和建设，而是要使得互联网成为经济社会发展起着战略性影响的因素，“互联网+”意味着互联网与不同行业、不同应用领域的有机结合，高度体现未来信息化社会的主要特征。对电子政务未来发展可以围绕以下几个方面展开。

（1）创新政府网络化管理和服务。加快互联网与政府公共服务体系的深度融合，推动公共数据资源开放，促进公共服务创新供给和服务资源整合，构建面向公众的一体化在线公共服务体系。积极探索公众参与的网络化社会管理服务新模式，充分利用互联网、移动互联网应用平台等，加快推进政务新媒体发展建设，加强政府与公众的沟通交流，提高政府公共管理、公共服务和公共政策制定的响应速度，提升政府科学决策能力和社会治理水平，促进政府职能转变和简政放权。深入推进网上信访，提高信访工作质量、效率和公信力。鼓励政府和互联网企业合作建立信用信息共享平台，探索开展一批社会治理互联网应用试点，打通政府部门、企事业单位之间的数据壁垒，利用大数据分析手段，提升各级政府的社会治理能力。加强对“互联网+”行动的宣传，提高公众参与度。

（2）发展便民服务新业态。发展体验经济，支持实体零售商综合利用网上商店、移动支付、智能试衣等新技术，打造体验式购物模式。发展社区经济，在餐饮、娱乐、家政等领域培育线上线下结合的社区服务新模式。发展共享经济，规范发展网络约租车，积极推广在线租房等新业态，着力破除准入门槛高、服务规范难、个人征信缺失等瓶颈制约。发展基于互联网的文化、媒体和旅游等服务，培育形式多样的新型业态。积极推广基于移动互联网入口的城市服务，开展网上社保办理、个人社保权益查询、跨地区医保结算等互联网应用，让老百姓足不出户享受便捷高效的服务。

（3）推广在线医疗卫生新模式。发展基于互联网的医疗卫生服务，支持第三方机构构建医学影像、健康档案、检验报告、电子病历等医疗信息共享服务平台，逐步建立跨医院的医疗数据共享交换标准体系。积极利用移动互联网提供在线预约诊疗、候诊提醒、划价缴费、诊疗报告查询、药品配送等便捷服务。引导医疗机构面向中小城市和农村地区开展基层检查、上级诊断等远程医疗服务。鼓励互联网企业与医疗机构合作建立医疗网络信息平台，加强区域医疗卫生服务资源整合，充分利用互联网、大数据等手段，提高重大疾病和突发公共卫生事件防控能力。积极探索互联网延伸医嘱、电子处方等网络医疗健康服务应用。鼓励有资质的医学检验机构、医疗服务机构联合互联网企业，发展基因检测、疾病预防等健康服务模式。

（4）促进智慧健康养老产业发展。支持智能健康产品创新和应用，推广全面量化健康生活新方式。鼓励健康服务机构利用云计算、大数据等技术搭建公共信息平台，提供长期跟踪、预测预警的个性化健康管理服务。发展第三方在线健康市场调查、咨询评价、预防管理等应用服务，提升规范化和专业化运营水平。依托现有互联网资源和社会力量，

---

①《国务院关于积极推进“互联网+”行动的指导意见》，https://www.gov.cn/gongbao/content/2015/content_2897187.htm，2015 年 7 月 6 日。

以社区为基础，搭建养老信息服务网络平台，提供护理看护、健康管理、康复照料等居家养老服务。鼓励养老服务机构应用基于移动互联网的便携式体检、紧急呼叫监控等设备，提高养老服务水平。

（5）探索新型教育服务供给方式。鼓励互联网企业与社会教育机构根据市场需求开发数字教育资源，提供网络化教育服务。鼓励学校利用数字教育资源及教育服务平台，逐步探索网络化教育新模式，扩大优质教育资源覆盖面，促进教育公平。鼓励学校通过与互联网企业合作等方式，对接线上线下教育资源，探索基础教育、职业教育等教育公共服务提供新方式。推动开展学历教育在线课程资源共享，推广大规模在线开放课程等网络学习模式，探索建立网络学习学分认定与学分转换等制度，加快推动高等教育服务模式变革①。

9.5 新技术新发展方向的变化

随着现代信息技术的更新迭代，电子政务的发展也在新时期呈现出全新变化。具体来说，机遇与挑战并存，前沿技术在多维度赋能电子政务发展的同时，以 ChatGPT 等为代表的生成式人工智能也给电子政务发展带来风险与挑战，面对新技术的冲击，如何化危为机，推进新时期电子政务向更高形态转变是当前一段时期急需解决的议题。

9.5.1 新技术赋能电子政务发展

1. 新技术赋能电子政务发展的现实图景

人类社会的每一次进步都是以技术革新为标志，以大数据、云计算、物联网、人工智能等为代表的新一代信息技术正在持续影响着国家发展、社会经济及生活的各个环节。信息技术的不断发展和应用，使得电子政务已经成为政府部门和公众交流互动的重要载体和平台，越来越多的政府部门能够在信息网络平台上为公民、社会企业及其他组织提供高质量、高效率的社会公共服务，提供服务的模式与形式也在不断发生变化。进入 21 世纪后，大数据、云计算、物联网、人工智能等新兴技术的出现和应用，为政府的数字化变革提供了全新的工具，为电子政务提供了更加强大和全面的支撑，也给电子政务的发展带来了无限可能。近年来，我国快速进入数字化时代。一方面，电子商务、社会交往、移动支付、互联网金融等数字生活方式普遍扩散，进而驱动政务服务、政府监管和政府运行的快速数字化；另一方面，市场化、城镇化和网络化“三化”叠加驱动的快速现代化进程为国家治理带来外生冲击，对我国治理体系和治理能力提出新要求，网络空间的公众参与、政民互动愈加活跃，成为政府感知社会偏好、吸纳并回应民意的新渠道。

1）新技术赋能提升电子政务服务效率

大数据技术在电子政务领域的应用已经越来越广泛，能够为政府部门提供更加全

① 《国务院关于积极推进“互联网+”行动的指导意见》，https://www.gov.cn/gongbao/content/2015/content_2897187.htm，2015 年 7 月 6 日。

面、精准和高效的政务服务，并为公共服务提供支撑，促进政府和公众之间的互动和交流，推进政府治理现代化进程，提升政府决策的科学性和精准度，以及改善公共服务的效率和效果。大数据赋能电子政务发展主要表现在以下几个方面。一是数据分析和决策支持，这是大数据技术在电子政务领域应用的重要方面之一，通过深入挖掘数据背后的价值和规律，可以帮助政府更好地了解经济社会发展状况，为政府的科学有效决策提供依据和保障。二是数据共享和业务协同，这是大数据在电子政务领域的发展趋势之一，大数据的出现为改变以往政府部门之间因"数据孤岛"而导致的效率低下问题提供了解决思路和工具,通过促进政府部门之间的数据共享和业务协同实现政务服务的提质增效。三是数据安全和隐私保护，这是大数据赋能电子政务的另一个发展趋势，大数据系统是一个规模庞大的信息系统，如果没有有效的信任机制和安全管理措施可能导致数据泄露或遭到破坏的风险增加，因此政府部门在未来的发展中应规范数据的使用和共享，规避数据安全风险。

2）新技术赋能拓展电子政务应用场景

随着移动互联网的普及和新兴技术的发展，手机逐步成为公众获取信息服务的重要平台，以政务服务 APP、小程序、公众号为代表的移动政务服务渠道不断扩展，为实现移动互联网时代的便民利企服务，完善政民互动，促进政务服务快速发展提供了重要平台，也为社会资源力量的调动和第三方便民服务应用的拓展提供了渠道。同时，充分利用人工智能、VR（virtual reality，虚拟现实）等创新技术完善场景和模式，拓展和提升了政务网、移动端、线下大厅、自助终端和其他虚拟场景的服务能效，融入智能和智慧服务，创新便民利企审批服务方式，提供更便利的应用场景。随着互联网及相关技术的不断进步，未来公众对于政府部门利用移动平台提供服务的期待会进一步上升，政府对于新技术的理解、接受和应用能力将成为影响未来电子政务发展的重要因素。随着越来越多的政府部门通过移动互联网平台提供政务服务，移动政务迅速崛起。移动平台未来将成为公众获取政务服务的重要渠道，移动政务的发展将成为重要的趋势，因此，政府部门在未来需要进一步转变思维，深化多平台合作，借助不同平台的生态和功能优势，进一步提升电子政务服务水平。

3）新技术赋能转变政务信息应用方向

随着电子政务建设的不断发展，政务信息逐渐从数据资源管理向大数据应用转变。在以往的治理实践中，受到部门权限及技术水平的限制，各部门处于孤立发展的状态，数据分散于各个部门的独立系统中，但一些问题的解决又不得不需要部门协同，这种治理资源的分散趋势，既不利于现实问题的解决，又削弱了部门的行政能力，造成政府部门行政效率低下、办事群众需要多头跑、多次跑的困境，且传统数据资产管理建设由多个分散的管理活动和解决方案组成，容易造成数据资产开发、管理与运营的脱节，导致从生产端到消费端的开发效率不断降低。随着大数据、区块链、人工智能等新兴数字技术蓬勃发展，大数据应用引发的数据开放与共享已成为大势所趋，运用新兴技术能够促进数据要素有组织、成规模地流动应用，使得各类主体之间更容易获取信息和交互信息，政务信息逐渐从数据资源管理向大数据应用转变，数据价值得到充分发挥，数字技术的运用为破除数据壁垒、整合治理资源，为政府规划决策、企业创新发展和居民便捷办事提供强大助力，为赋能治理现代化提供可能。应用大数据，政府能够对社会治理风险进行智能化的分析评估，以此为社会治理提供精准发力方向，为政府精细化、智慧化进行社会治理提供技术支撑。

4）技术赋能促进政务服务由信息化向智能化转变

政务服务智能化是技术不断应用于政务服务领域的过程，包括应用技术的种类越来越多、技术应用范围越来越广、技术应用深度越来越深入、技术应用成熟度越来越高，5G、云计算、大数据、人工智能、区块链等新技术不断深入政务服务领域、融入数字政府的管理功能和服务场景，且呈现出阶梯式上升的融合趋势，促进了政务服务智能化创新，推动政务服务的可及性、在线化、电子化，提升政务服务的数字化、精细化、智慧化水平，政府、公众与技术的关系不断解构和重构，打造有丰富信息神经元的智慧政务联合体。人工智能的出现和应用克服了人类在操作和结果方面的决策偏见，在一定程度上对传统政府的主体、行为模式和组织运作方式产生影响，可以改善决策、提高效率，在广泛的政府运作中刺激创新，随着人工智能与政务服务的不断融合，传统的政府正在从单一的自然人政务智慧集合逐渐演化为人机高度融合的泛政务智慧体系。政务服务随着新技术的嵌入不断迭代升级，在为公民提供更为便捷高效服务的同时也会引发诸多风险，因此，未来还需要以技术嵌入政务服务的逻辑为切入点，从权力体系、责任体系和价值体系三方面着手规避政务服务智能化转变过程中的潜在风险，提升政务服务智能化转变过程的科学性①。

2. 新技术赋能电子政务的复杂特征

进入 21 世纪，伴随着信息技术革命走向纵深化，大数据、人工智能、区块链等新兴数字技术驱动着社会经济制度和国家治理体系的转型，成为全面推进我国政府治理体系和治理能力现代化的重要支撑。数字化时代，政府治理的主体开放性、任务多样性和场景复杂性等特点，对政府治理能力现代化提出了更高的要求。数字治理打破政府内部数据孤岛、重塑业务流程、革新组织结构，为解决政府治理顽疾、提升政府治理效能提供了新视角、新方法、新手段和新范式②。新技术在为电子政务赋能的过程中也显现出了复杂的特征。

1）以数据共享、开放协作为特征

2023 年 2 月，中共中央、国务院印发《数字中国建设整体布局规划》，提出要推动公共数据汇聚利用，畅通数据资源大循环，夯实数字中国建设基础。数据作为生产要素已经成为数字时代创新发展的最新聚焦点。培育数据要素市场、发挥数据要素价值、促进经济社会高质量发展成为构筑国家竞争新优势的重要举措。新技术赋能电子政务依托政府数据开放和共享发挥作用，打破原有组织机构界限，优化原有工作流程，从而更好地整合和利用数据进行社会治理。

---

① 刘玮、王锋：《政务服务智能化创新的演化、风险与图景——基于场域视角的分析》，《电子政务》， 2024 年第 2 期，第 79～88 页。

② 胡海波：《数字技术推动政府治理变革与发展》，《南方日报》,2021 年 12 月 6 日，第 12 版。

2）以现代电子信息技术的应用为前提

技术能力恰恰是推动电子政务技术范式演化和深度赋能的基础。一方面，电子政务实现的前提是现代电子信息技术的运用，这也是电子政务区别于传统政务的根本依据，主要包括计算机技术和网络技术，以及现代通信技术等；另一方面，各种新兴技术如区块链、云计算、人工智能等层出不穷，在各行各业掀起了新的风浪，与此同时技术演化和技术范式变革也给电子政务带来了新机遇和新挑战，为电子政务新的发展和应用赋予了新的能量。

3）技术赋能和技术赋权关键作用凸显

在新兴技术赋能电子政务发展的过程中，技术赋能和技术赋权在推进电子政务发展和数字政府转型中凸显出重要作用。一方面，技术赋能强调新兴技术对公共部门的赋能，即数字技术的应用促进新型治理能力的提升。以数字技术为代表的新技术对治理能力的驱动首先意味着政府必须要直接面对数字技术、基于数据治理和创新应用数字技术。从治理工具的角度上看，数字技术的应用可以从更宽领域、更长时段、更精细地参与公共事务和政策过程，推动民意识别、诉求分类、风险预测等治理手段的创新，更加准确、及时、深入地把握多元诉求，预测研判社会发展趋势及潜在社会风险，提升政府决策、监管和服务能力。另一方面，技术赋权强调新兴技术赋权社会主体，即提升各主体参与协同治理的能力和价值。随着大数据、物联网、人工智能等新兴技术的兴起与发展，社会资源的传播方式发生了明显变化，在一定程度上通过影响不同社会主体的行为模式冲击原有社会秩序和治理格局，新兴技术对于个人和组织都发挥着显著的“赋权”作用，依托新兴技术，作为社会治理主体重要组成部分的个人和组织的信息获取方式、社会参与渠道等实践行为均发生改变，继而实现自我增权。同时，以数字技术为代表的新技术的应用有助于整合公民个人、组织与政府的治理资源，推动以协同共治为特征的社会治理新局面的出现。

4）新兴技术依托平台建设赋能电子政务

我国的电子政务发展已经取得较大进步，但仍缺乏创新活力，传统政务服务如果不能与新兴技术实现深度融合，电子政务发展就只能停留在低应用水平。当前，大数据、区块链、物联网、人工智能等技术的不断创新与更迭，使得信息化电子政务平台成为提升政务管理能力的必然选择，以平台化推进电子政务建设的思维出现[①]。政务服务平台一旦形成，它所能覆盖的范围就会扩展到整个社会的公共事业服务，超越以行政审批为核心的政务服务，将政府、社会、公众连接起来。新兴技术基于信息化电子政务平台，通过成熟的互联网和计算机技术及现代先进的通信技术，构建一个覆盖全信息的资源管理系统，实现资源的整合、更新、共享，以安全性能更高、网站功能更多样、满足政务管理需要更及时的信息化电子政务平台，推进政务公开、倾听民意、加强公众服务、提高行政效率和管理水平，实现电子政务服务的优化升级。

---

① 陈涛、董艳哲、马亮等：《推进“互联网+政务服务”提升政府服务与社会治理能力》，《电子政务》，2016 年第 8 期，第 2～22 页。

3. 新技术赋能电子政务的多维价值

“十四五”时期，全面建设社会主义现代化国家新征程的历史使命赋予中国电子政务更丰富、更深刻的发展内涵，与此同时，国家治理现代化也对电子政务提出了更高的要求。电子政务的源起在于大数据、互联网、人工智能、移动互联网等信息技术的快速发展，而技术赋能作用贯穿于电子政务全过程，并且推进电子政务不断地适应社会发展需求。新技术赋能电子政务，具体而言，有以下几个方面。

1）提升政府治理能力，推动经济社会的发展

政府治理体系是国家治理体系的重要组成部分，是坚持和完善中国特色社会主义制度、推进国家治理体系和治理能力现代化的重要行政载体和行政实现形式。技术通过赋能政府治理过程，降低信息不对称，能够显著提升政府决策水平、行政效率以及治理能力，推动政府数字化转型。同时，这一技术应用的过程可以提高多元治理主体的自身发展前景和参与公共事务的能力，在一定程度上重塑了政府、社会和市场主体之间的关系，为治理主体间沟通提供新型平台和渠道，从而凝聚各方力量促进社会问题的解决。特别是在新冠疫情中，包括中国在内的全球各国纷纷利用电子政务严防疫情扩散、扩大信息公开范围、强化隐私保护力度、推动数据共享和数据治理。

2）提高公共服务水平，促进服务型政府建设

伴随着政府数字化转型步伐的加快，电子政务无论内涵还是外延都发生了深刻变化，已经成为深化国家行政体制改革的重点举措，成为建设人民满意的服务型政府的重大抓手。数字技术正在改变政府组织及其治理方式，通过跨部门的数据共享、流程再造和业务协同，政府公共服务逐渐转向无缝隙、一站式的协同服务。一方面，依托新技术的快速发展，信息的获取更为方便，公共物品的提供方式更加多样，能够显著提升公共物品和公共服务的供给效率，为人们提供更加高效便捷的服务，进而不断地满足人民日益增长的美好生活需要；另一方面，电子政务条件下，大量、真实的民众意愿的及时反映，政务工作效果的实时反馈，实际使政府工作人员及其工作时时处处于民众的监督之下，从而助推我国服务型政府建设。

3）创新社会治理方式，推动社会治理精细化

新技术催生新理念、新场景、新应用，驱动各国社会治理模式创新。以大数据、云计算、物联网、5G、人工智能、区块链等新一代信息技术为支撑，各级政府不断推陈出新，创新社会治理模式和方式。对于当下中国电子政务改革而言，地方政府纷纷着眼于以一体化推进方式创新改革模式，如浙江“最多跑一次”改革、江苏“不见面审批”和上海“一网通办”改革等，这些举措超越了传统治理方式的阻碍、时滞和资源限制，大大提升了社会治理效能，推动社会治理向着更加精细化、智慧化转变①。

4）促进政务公开和廉政建设，提高公众满意度

“十四五”时期电子政务的使命在于，为实现全面建设社会主义现代化的未来蓝图提供强有力支撑，依托大数据、人工智能、区块链等新一代信息技术群，为政府部门与

① 翟云：《“十四五”时期中国电子政务的基本理论问题:技术变革、价值嬗变及发展逻辑》，《电子政务》，2021 年第 1 期，第 67～80 页。

公众之间、政府部门与企业之间、政府部门与政府部门之间，提供安全、便捷、高效、绿色、个性化的政务服务。电子政务依托数据、技术提供服务的同时，一定程度上促进了政务信息资源的公开和共享，一方面有利于廉政政府的构建，另一方面，公众在享受政府提供服务的过程中，对政府工作信息有了更深的了解，可以改善政府公民关系，增强政治互信，提高公民对政府的满意度。

9.5.2　人工智能对电子政务发展的价值与风险

伴随着社会经济的持续发展，政府治理正面临着前所未有的风险与挑战。近年来，以新冠疫情为代表的突发性公共事件对政府风险识别与管控能力提出了更高的要求，互联网的广泛普及使政府面对着广大民众日新月异的公共服务需求，政府数据应用能力滞后于数据增长，社会变迁的加速使政府面临着诸多治理的新现象、新形势，传统以强调政府信息公开与政民互动为特征的电子政务运行模式难以应对如此多的新问题，政府需要求“变”，不断改善电子政务的建设理念、完善电子政务的运行流程、提升电子政务的服务水平。与此同时，近几年来以人工智能、大数据、虚拟现实等为代表的数字技术得到了快速的发展，为我国经济高水平增长与政府治理能力提升提供了抓手与契机。国家统计资料显示，在以人工智能为代表的数字技术赋能下，我国智能经济蓬勃发展，产业规模快速增长，2021 年人工智能核心产业规模超过 4000 亿元，数字经济规模达 45.5 万亿元，在我国工业 4.0 的进程中人工智能仍然拥有广阔的前景①，由此可见人工智能已成为重要的生产能力。在此背景下，人工智能作为具有智能学习与自主决策能力的技术，嵌入政府职能运作过程具有提升政府治理能力的广阔前景②。在“十四五”规划中，党中央强调要将数字技术广泛应用于政府管理服务，推动政府治理流程再造和模式优化，不断提高决策科学性和服务效率③。因此，加快推动人工智能嵌入政府治理，不断提升我国电子政务建设与服务水平不仅是时代大势也是现实所需，人工智能也将在与政府治理结合后爆发巨大潜能。

（1）降低政府治理成本。人工智能通过算法与机器学习能够快速识别用户需求并提供相应的服务，能够有效提升政府政务自动化水平。具体而言，在政府部门办公过程中，人工智能的运用能够有效地完成诸如文件撰写、材料汇编、资料收集等文书工作，减轻政府工作负担，提升政府工作效率；在用户访问中，人工智能能够通过算法与既定的行政流程信息，自动完成信息公布与用户行政咨询等程序性任务，并自动完成部分行政审批事项，大大提升了政务自动化水平，具有提升政务办事效率、控制数字政府规模等显著优势，从而有效地节省人力物力，降低政府治理成本。

（2）助力服务精细化供给。互联网时代公众服务需求“千人千面”已成为基本特征，人工智能通过捕捉用户数据信息，利用算法对每位用户形成精准的个人“画像”并量身

---

①《促进人工智能和实体经济深度融合——智能经济加速跑 发展引擎更强劲》，https://www.gov.cn/xinwen/2022-09/05/content_5708291.htm，2024 年 8 月 21 日。

② 秦小建、周瑞文：《人工智能嵌入政府治理的探索及启示》，《国外社会科学》，2022 年第 2 期，第 30～45 页。

③《中华人民共和国国民经济和社会发展第十四个五年规划和 2035 年远景目标纲要》，https://www.gov.cn/xinwen/2021-03/13/content_5592681.htm，2024 年 8 月 21 日。

定制个人服务，能够改善政府服务观念，为政务服务从以政府职能为中心转向以人民群众需求为中心提供技术支撑，通过全天候政务自动问答与个人需求分类匹配，不断助力公共服务精细化供给水平，提升群众服务满意度。

（3）优化政府治理决策。全面真实可靠的信息数据与高效精准便捷的分析工具是数字时代政府精准决策的重要依据。人工智能依靠自带的算法技术，能够对政务服务过程中产生的大量信息数据进行收集、存储并加工，在政府决策过程中依靠人工智能强大的算力与人工智能在运行中的自我学习，通过算法为政府提供全面可靠的决策信息与方案，有效提升政府决策效率，提升决策的精准性与全面性。

（4）提高政府应急响应能力。伴随着社会的日益发展，各种突发事件对政府应急响应能力产生了重大考验。基于人工智能的数据处理与分析技术，能够辅助政府精准把控社会风险点，协助政府做好危机应对与善后处理工作。具体而言，在危机爆发前期，其通过对社会各方面数据的算法推导与计算，捕捉可能的风险点，及时将风险扼杀在摇篮里；在危机爆发时期，其协助政府做好应急管理工作，为政府决策提供可用的信息与方案，同时也利用人工智能自动发布最新信息，持续跟踪监测网络舆情走势，有效遏制次生风险，提升政府应急响应能力。

尽管人工智能嵌入政府电子政务能够带来诸多的改进与提升，但当前也已有诸多研究注意到了将人工智能引入政府治理过程中可能存在的诸多问题[①]，这些问题对政府治理的权威性与合法性产生了挑战，对政府的传统行政流程造成了实质性的影响，甚至可能会危害到国家安全。

（1）算法权威取代行政权威。算法是人工智能运行的灵魂，算法的优劣直接决定了人工智能水平的高低[②]。当人工智能嵌入政府政务运作的过程中后，算法便成为影响行政决策结果与政务服务质量的重要因素，而算法运作的本身是不可见的，这使得基于人工智能的政务服务运作处在不可直接观测的“技术黑箱”之中，算法的编码、运作逻辑及判断依据成为人工智能结果输出的决定性因素，算法权威便超越行政权威成为人工智能嵌入下政务服务的主导权威，而政务服务的提供主体、目的发生改变，令传统行政运作下的行政伦理面临挑战。同时，基于机器学习的算法在运作过程中产生的算法歧视等问题也在影响着广大民众的政务服务质量与体验。

（2）权责归属划定困难。将人工智能嵌入政府电子政务建设过程客观上能够提升电子政务的运作效率与水平，但在互联网平台中，具有集成、协作、高效特征的政务服务平台中集成的是不同性质的政府职能部门，政务平台依据人工智能做出决策所产生的最终后果的权责划分却在平台的影响下难以确定，而人工智能主导的政务服务办理流程所产生的责任后果也难以在人工智能或人工智能的应用平台间进行合理划分，最终容易带来技术应用下部门有组织的不负责任与公民合法利益受损后的救济难题[③]。

（3）人工智能诱发的安全问题。人工智能的政务应用依赖既定的数据集与流程规则

---

① 贾开：《人工智能与算法治理研究》，《中国行政管理》，2019 年第 1 期，第 17～22 页。

② 汪怀君、汝绪华：《人工智能算法歧视及其治理》，《科学技术哲学研究》，2020 年第 37 卷第 2 期，第 6 页。

③ 雷刚：《数字政府时代的算法行政：形成逻辑、内涵要义及实践理路》，《电子政务》，2023 年第 8 期，第 73～89 页。

的机器自我学习过程，在应用过程中，人工智能也需要对大量的政务数据与公民个人数据开展捕捉与分析工作，然而当前主要的人工智能开发团队多为私企，以类 ChatGPT 为代表的生成式人工智能技术更是主要分布在国外，大量的政务数据与个人信息流入私企乃至国外的后台，会产生侵犯个人隐私的伦理道德风险问题，甚至会威胁到国家安全。

（4）人工智能依赖下的技术利维坦。技术利维坦源自技术革命为新社会秩序的产生留下的权力空场，而当国家占领了技术革命留下的这个权力空场以后，技术利维坦就由此诞生了[①]。人工智能技术在电子政务领域的应用能够极大地提升政务运作效率与水平，通过减轻政府行政负担提升公众的服务满意度，人工智能得以在政务领域站稳脚跟。然而，当政府形成对人工智能技术的普遍依赖后，人工智能技术便有可能产生异化。当前我国人工智能政府应用实践领域缺少有效的立法或其他规制手段，技术赋权与权力约束呈现非对称性，加剧了“技术寡头”统治的风险，而人工智能应用的高门槛也会将一大批公民拒之门外，加剧社会的撕裂，最终有技术统治的现实风险。

综合以上观点可以看出，在人工智能成为社会重要生产力的今天，人工智能同电子政务的嵌入是社会技术进步与政府治理水平提高的必然选择，而人工智能的应用也并非对政府治理一劳永逸的改进，同时也伴随着风险与挑战。在我国未来的电子政务建设过程中应当积极拥抱以人工智能为代表的先进数字技术，不断与时俱进，切实提升政府政务服务能力。同时，针对人工智能应用过程中的诸多不确定性应当加强顶层设计，明确人工智能嵌入电子政务的法律法规，明确权责划分，设立必要的救济通道，为人工智能的应用划定政务“红线”，同时，针对人工智能应用过程中“算法权威”“技术控制社会”等问题，则需要不断完善算法公开制度，公开透明地向社会公布算法的编码构成与运作逻辑，吸纳社会力量参与到人工智能运作的监管之中，全方位监控人工智能的运作实绩，以人民为中心打造人工智能的服务型应用与安全型应用，不断助力我国政府治理能力与治理水平现代化。

9.5.3　新时期电子政务发展方向的转变：从电子政务到数字治理

随着全球科技革命和产业变革的蓬勃发展，基于数字化的新型全球化加速到来。数字化在成为全球经济新的增长点、为全球经济复苏提供强大动能的同时，数字化本身所带来的无序、混乱等问题也开始凸显，阻碍了数字化效能的完全释放，在此背景下，数字治理的概念应运而生并不断被赋予新的时代内涵。

1. 数字治理的历史渊源

数字治理这一概念诞生于 20 世纪末的西方，其是随着治理理论的广泛普及而诞生的全新的理论范式，是西方国家为了应对新公共管理运动所造成的机构分散、忽视民主等问题而提出的，其代表人物是英国学者帕德里克·邓利维（Patrick Dunleavy）。20 世纪 70 年代西方兴起了一场以应对财政危机、技术冲击以及全球化挑战为主的新公共管理

---

① 王小芳、王磊：《“技术利维坦”：人工智能嵌入社会治理的潜在风险与政府应对》，《电子政务》，2019 年第 5 期，第 86～93 页。

运动，核心议题是将企业及市场的管理模式纳入政府管理中，出现企业型政府，强调政府绩效与竞争，但忽视了公平与民主，这种背景下以乔治·弗雷德里克森为主的学者开始对新公共管理运动中产生的问题进行反思，强调政府管理中的公平、道德以及社会责任，治理理论应运而生。而随着全球化与信息技术的迅速发展，公共部门传统治理模式下的效率低下、机构臃肿、利益冲突等弊端严重掣肘了政府治理模式的转型升级，此背景下，以数字技术、数字化变革为基础的数字治理理论一经提出就以其便捷、高效、开放、透明等优势而受到热烈追捧。代表人物邓利维在其著作中对数字治理理论进行了全面剖析，指出数字治理理论来源于整体性治理理论，但二者间又存在巨大差异，整体性治理理论强调的是政府管理中的系统性以及全面性，而数字治理理论更多强调的是政府管理中的专业化问题，同时指出信息技术的不断冲击对政府传统运行模式构成了极大挑战，将信息技术与政府管理相结合以重塑政府管理模式是大势所趋。面对大数据、物联网、区块链等新一代信息革命的冲击，邓利维指出要在政府管理中不断引入新兴的科学技术以实现数字时代背景下政府协同服务能力的提升，此后，在国家治理体系和治理能力现代化建设过程中数字治理所扮演的角色日益突出。

2. 数字治理的概念阐释与实践表现

数字治理是随着数字技术在经济、政治、社会等领域中的广泛普及与运用而产生的一种新型治理范式，是现代数字技术与政府传统治理理念的深入融合，数字治理更多强调的是政府管理模式与手段的创新，主动接纳先进信息技术，实现数据的融通共享，既是推进政府管理理念与服务模式转型升级的必要手段，也是提升治理的精准化与高效化水平、实现政府善治的有效途径。

数字治理作为一种全新的治理范式，其治理范围既涵盖了宏观层面上的全球治理、国家治理、社会治理，也包括中观层面上的行业治理与产业治理，同时也将平台治理、企业治理、社区治理等微观层面上的治理纳入其中，形成了一个覆盖从宏观、中观到微观的、系统完备的全方位治理范畴。

要想全面理解数字治理的深刻内涵，可从“基于数字化的治理”以及“对数字化的治理”两个维度入手。首先，“基于数字化的治理”顾名思义指的是数字化作为一种治理工具及手段被嵌入现有治理体系，其目的是基于先进的数字技术与精准的数据分析提升治理效能，可将其理解为数字化从无到有的过程。其次，“对数字化的治理”，即对由于广泛应用信息技术而引发的诸如数字霸权、数字鸿沟、数字冲突、数字垄断、隐私泄露等经济、政治、社会领域的综合复杂的数字化问题开展的治理活动，可将其理解为数字化从有到优的阶段。

数字治理的基本原则主要包括：①以人为本；②开放透明；③多元协同；④公平正义；⑤价值理性；⑥兼顾发展与安全。数字治理在我国具体实践中表现为以数字中国为统领的包含网络强国建设、数字经济建设、数字社会及数字政府建设的一体化推进格局。

3. 数字政府

数字政府这个概念首先出现在地方政府文件中，在《广东省“数字政府建设”总体规划（2018—2020 年）》中，将数字政府描述为对传统政务信息化模式的改革，包括对政务信息化管理架构、业务架构、技术架构的重塑。“传统政务信息化模式”也即过去的电子政务建设模式，而改革则涉及管理、业务和技术三个层面，是“政务信息化建设体制改革”；而在《浙江省深化“最多跑一次”改革推进政府数字化转型工作总体方案》中，则将政府数字化转型描述为政府主动适应数字化时代背景，对施政理念、方式、流程、手段、工具等进行全局性、系统性、根本性重塑，通过数据共享促进业务协同，提升政府治理体系和治理能力现代化的过程。

和地方政府政策文件中的定义与具体目标与任务相衔接，侧重于应该怎么办相比，理论界对数字政府的定义则更加多元化，不同学科背景对其定义有不同侧重。从侧重组织层面上来说，数字政府是信息技术革命的产物，是工业时代的传统政府向信息化时代演变产生的一种政府形态；而侧重技术层面则更加强调数字政府是通过灵活方式支持跨部门合作，提供统一的服务渠道，实现安全的数据开放和基于数据驱动的决策；此外，侧重过程层面则认为数字政府是通过数字化思维、战略、资源、工具和规则等治理信息社会空间、提供优质政府服务、提升公众服务满意度的过程。

我们可以从技术、结构以及职能层面概述数字政府的特征。技术层面特征主要围绕数字政府要求政府在履职方式和治理手段等方面充分利用信息技术变革潜力提升治理水平和治理能力，实现从“流程范式”到“数据范式”的技术应用逻辑转变。数字政府建设以服务对象为中心，要求围绕数据生命周期进行价值挖掘，以数据的流动“串联”业务流程，进而更好地履行政府职能。结构层面特征即强调数字政府要求政府组织形态从分立式结构向平台化结构转变，实现“政府即平台”模式。平台是数字化领域的趋势和主要组织模式，其特征在于数据资源的共享、复用及依托标准化服务接口的开放、创新。数字政府建设在对内、对外两个方面均依赖平台化转型。职能层面特征则重点讨论数字政府既要求有效回应经济社会数字化转型所引发的治理挑战，也要求通过制度变革促进数字化转型以及信息社会形态朝更高阶发展，这两个方面共同构成了数字政府的目标范畴。在具体内容上可细化为“基于数据的治理”和“对数据的治理”两个维度。

以数字化、网络化、智能化等为特质的新一代信息通信技术驱动政府转型驶入快车道，全方位重塑与再造政府组织、政务流程、行政审批等体制机制，使数字政府建设具有战略必然性和技术可行性。

在中国情境下，数字政府率先出现在政府政策话语体系中，并从 2018 年开始在广东、浙江等地方治理中被迅速推开，地方规划相继出台。随着地方政府在体制机制、部门协同、法治保障等方面取得一些共性经验，数字政府建设上升为国家战略的呼声日益高涨。2019 年，党的十九届四中全会提出要建立健全运用互联网、大数据、人工智能等技术手段进行行政管理的制度规则，推进数字政府建设。这也是首次将数字政府建设写入党中央文件；2021 年，在《中华人民共和国国民经济和社会发展第十四个五年规划和 2035 年远景目标纲要》中则进一步作出“提高数字政府建设水平”的重大战略部署；2022

年，在《国务院关于加强数字政府建设的指导意见》中就主动顺应经济社会数字化转型趋势，充分释放数字化发展红利，全面开创数字政府建设新局面作出一系列全面部署，该指导意见的出台标志着我国数字政府建设进入了一个全新的、更高层次的发展阶段。

关于电子政务与数字政府二者间关系的探讨指出：电子政务以政府信息化为叙事主线，即在计算机应用基础上，网络环境运行中，公开的政府处理流程。具体特征为：以改革政务流程为基础的人机结合的信息系统；以安全支撑体系为保障；以互联网为基础的运行环境；建设效果依赖于政府各部门业务信息化程度；能够满足新经济条件下公众和企业对政府的新要求；以政府、企业和公众为主体。数字政府则以治理现代化为叙事主线，与电子政务发源于学术界不同，数字政府率先出现在政府政策话语体系中。从技术角度来看，以云计算、大数据、人工智能、物联网、量子计算为代表的新兴技术风起云涌，第四次工业革命更是对全球经济社会的组织机制和运作模式产生了空前影响。这意味着，数字政府与电子政务是在完全不同的土壤上诞生的。相较于电子政务而言，数字政府的解释更加侧重于在党的集中统一领导下，以推动国家治理现代化为出发点，强化技术嵌入和数据赋能，推动数据按需有序共享和政务流程优化，从“碎片化”管理走向“整体型”治理，实现政务部门高效协同、数据要素活力充分释放、网上服务一张网供给、社会治理精细运转、公共参与积极有序、决策支撑精准高效、基础保障安全可管可控的一种政府运行新形态。在考量电子政务到数字政府的演进过程时，不能简单地将数字政府视为电子政务的高级发展阶段，应基于我国处于的实现中华民族伟大复兴战略全局和世界百年未有之大变局的历史交汇期进行综合研判。

4. 数字中国

关于数字中国这一概念最早可追溯到习近平总书记早年在福建工作期间率先提出的“数字福建”这一概念，这一提法为数字化和“数字中国”建设做了早期的探索。2015年12月，习近平总书记在第二届世界互联网大会上首次正式提出推进“数字中国”建设的倡议。2017年10月，党的十九大报告正式提出建设“数字中国”的战略构想。2021年3月，《中华人民共和国国民经济和社会发展第十四个五年规划和2035年远景目标纲要》中专门设置“加快数字化发展 建设数字中国”这一篇章，正式将“加快数字化发展建设数字中国”写入其中，这标志着“数字中国”建设进入全面加速期。2022年10月，党的二十大报告中进一步指出，要加快建设数字中国。此外，2023年2月，中共中央、国务院联合印发《数字中国建设整体布局规划》，《数字中国建设整体布局规划》指出，建设数字中国是数字时代推进中国式现代化的重要引擎，是构筑国家竞争新优势的有力支撑。加快数字中国建设，对全面建设社会主义现代化国家、全面推进中华民族伟大复兴具有重要意义和深远影响，同时，《数字中国建设整体布局规划》还明确指出，数字中国建设按照“2522”的整体框架进行布局，即夯实数字基础设施和数据资源体系“两大基础”，推进数字技术与经济、政治、文化、社会、生态文明建设“五位一体”深度融合，强化数字技术创新体系和数字安全屏障“两大能力”，优化数字化发展国内国际“两个环境”。上述一系列重要文件的发布及规划的出台，标志着数字中国建设已驶入“快车道”，成为新时期推进国家治理体系和治理能力现代化的重要抓手，是实现中国式现代化的强大动力。

党的十九大以来，数字中国建设取得显著成就，主要包括：①建成全球规模最大、技术领先的网络基础设施；②数据资源价值加快释放；③数字技术创新能力快速提升；④数字经济发展规模全球领先；⑤数字政府治理服务效能显著增强；⑥数字社会服务更加普惠便捷；⑦数字化发展治理取得明显成效；⑧数字领域国际合作稳步拓展。此外，国家互联网信息办公室发布的《数字中国发展报告（2022 年）》显示，截至 2022 年底，我国 5G 用户已达 5.61 亿户，全球占比超过 60%，移动物联网终端用户数达到 18.45 亿户，成为全球主要经济体中首个实现“物超人”的国家。

但新时期数字中国建设面临国内外诸多严峻挑战。

首先，从国际形势看：①单边主义、保护主义、霸权主义、强权政治对世界和平与发展的威胁加剧，数据跨境流动、数字主权与数字安全等全球治理新问题愈加突出，网络基础资源与数字服务等成为网络空间博弈的重要战场；②局部地区的地缘冲突正在推动全球数字化发展的思维格局发生深刻变化，国际竞争越来越体现为理念、制度、规则之争，数字领域国际标准体系和治理规则面临深刻变革，数字主权之争愈加激烈；③集成电路、高端设备制造等关键数字产业的创新链、产业链、供应链分工发生更加深刻的调整，市场稳定受到冲击挑战；④以量子卫星、生成式人工智能等为典型代表的新技术在驱动生产方式变革的同时，也进一步放大和凸显了隐私泄露、技术滥用、价值渗透等科技伦理问题，为数字治理监管带来了严峻挑战。

其次，从国内看：①数字化发展的系统性、整体性、协同性亟须提升且数字中国建设横向打通、纵向贯通、协调有力的一体化推进格局尚未形成；②数据要素潜能有待充分释放，数据权属、交易、流通、安全等重点问题研究进展较为缓慢，数据共享与数据市场建设等仍然处于分散探索阶段；③原始创新、基础创新和应用创新衔接贯通的创新链还不完善，数字创新潜能有待深入挖掘；④数字包容体系尚未健全，数字化发展在区域、城乡、群体、行业间不平衡不充分问题较为明显，数字鸿沟问题依然尚待解决；⑤数字垄断与不正当竞争、数据安全、数据隐私保护、技术伦理等问题风险依然存在。

面对上述挑战，新时期数字中国建设要站在实现中华民族伟大复兴的战略高度，全面贯彻落实习近平总书记关于网络强国的重要思想，完善顶层设计，强化组织领导，保障资金投入，健全体制机制，提升数字中国建设的系统性、整体性，坚持全国上下一盘棋，统筹推进，为社会主义现代化建设提供强大支撑。

5. 数字经济

数字经济这一概念首次被官方提出是在 2017 年《政府工作报告》中，此后数字经济被作为一种全新的生产要素投入生产的各个环节，促进了地区快速的数字化转型。此外，在 2019 年、2020 年的《政府工作报告》中，分别对发展壮大数字经济与打造数字经济发展新优势做出了细化部署，同时随着各种信息技术的快速更新迭代，加上我国不断完善的数字基础设施，我国数字经济建设不断取得突破。在国家《“十四五”数字经济发展规划》中明确提出数字经济是继农业经济、工业经济之后的主要经济形态，其发展速度之快、辐射范围之广、影响程度之深前所未有，正推动生产方式、生活方式和治理方式深刻变革，成为重组全球要素资源、重塑全球经济结构、改变全球竞争格局的关键力量。

习近平总书记在主持中央政治局第三十四次集体学习时强调，把握数字经济发展趋势和规律，要加强关键核心技术攻关，牵住自主创新这个“牛鼻子”，发挥我国社会主义制度优势、新型举国体制优势、超大规模市场优势，提高数字技术基础研发能力，打好关键核心技术攻坚战，尽快实现高水平自立自强，把发展数字经济自主权牢牢掌握在自己手中。同时也指出，我国数字经济发展要积极参与数字经济国际合作，主动参与国际组织数字经济议题谈判，维护和完善多边数字经济治理机制。要加强数字经济发展的理论研究，就涉及数字技术和数字经济发展的问题提出对策建议。要积极参与数字经济国际合作，主动参与国际组织数字经济议题谈判，开展双多边数字治理合作，维护和完善多边数字经济治理机制，及时提出中国方案，发出中国声音①。

党的二十大报告中提出要加快发展数字经济，促进数字经济和实体经济深度融合，打造具有国际竞争力的数字产业集群②。围绕这个目标，可从《“十四五”数字经济发展规划》中部署的八方面重点任务予以推进③：①优化升级数字基础设施；②充分发挥数据要素作用；③大力推进产业数字化转型；④加快推动数字产业化；⑤持续提升公共服务数字化水平；⑥健全完善数字经济治理体系；⑦着力强化数字经济安全体系；⑧有效拓展数字经济国际合作。

目前，数字经济在现实中如火如荼发展的同时，理论界对其的研究也不断涌现，不同学科背景的学者从各自的研究视域出发，对数字经济展开了全方位探索，试图阐述数字经济对经济、政治、社会、生态等各领域的正外部性。发展数字经济是新时代提高国际竞争力、提升国际话语权的关键，应立足新发展阶段，完整、准确、全面贯彻新发展理念，构建新发展格局，推动高质量发展，统筹发展和安全、统筹国内和国际，以数据为关键要素，加强数字基础设施建设，推进数字产业化和产业数字化，赋能传统产业转型升级，培育数字经济发展新业态，不断做大做强做优我国数字经济。

席卷全球的数字化浪潮，既是变革我国传统治理体系、提升治理能力的一个难得的机遇，同时也对我国治理体系与治理秩序形成巨大挑战，如何在最大程度上发挥数字化效能的同时规避其负面效应是当前及今后一个时期应予以特别关注的重要议题。

本章小结

电子政务是一个系统工程，需要大量人、财、物的投入。对于处在市场经济深化改革时期的我国而言，电子政务的建设带有明显的后进式发展特征，即我国的电子政务需

① 《习近平主持中央政治局第三十四次集体学习：把握数字经济发展趋势和规律 推动我国数字经济健康发展》，https://www.gov.cn/xinwen/2021-10/19/content_5643653.htm，2021 年 10 月 19 日。

② 《习近平：高举中国特色社会主义伟大旗帜 为全面建设社会主义现代化国家而团结奋斗——在中国共产党第二十次全国代表大会上的报告》，http://www.qstheory.cn/yaowen/2022-10/25/c_1129079926.htm，2024 年 8 月 21 日。

③ 《国务院关于印发“十四五”数字经济发展规划的通知》，https://www.gov.cn/zhengce/content/2022-01/12/content_5667817.htm，2022 年 1 月 12 日。

要一个较长时期的发展，才能产生良好的社会效应。

就目前国情而言，我国经过改革开放 40 多年的发展，经济、社会转型明显，已经具备了电子政务建设的基本条件。在经济社会领域，市场已经成为主要的资源配置手段，多种经济成分的并存使得我国国民经济充满活力，为电子政务提供了良好的财力保证；在政府职能方面，随着行政改革的进一步深入，我国的政府职能已经改变了原有计划经济时期的特征，开始逐渐与国际环境接轨，为电子政务发展提供了实施的载体；在现代化建设领域，我国在人民生活条件、对外开放、通信产业以及科技发展等领域取得了突破性的进展，为电子政务的发展提供了现实的基础。

自 20 世纪 90 年代以来，我国的电子政务已经经历了筹备、启动和全面建设阶段，每一个阶段都取得了丰硕的成果，电子政务产生的社会效应逐渐凸显，对行政改革起到了有力的推动作用。当然，现有的电子政务成果还不足以显现全部正面效应，我国的电子政务建设还存在不少问题，这就需要制定出良好的发展战略，指导电子政务的良性发展。同时，新时期信息技术的迅速迭代给电子政务发展带来了全新机遇与多维挑战，如何积极利用好数字技术的赋能功能规避其负能风险是我国在实现数字政府与数字中国建设目标过程中不得不解决的重要问题。

关键术语

发展战略；数字政府；数字中国。

练习与思考题

1. 我国电子政务发展经历了哪几个阶段？
2. 我国电子政务建设已经取得了哪些成就？
3. 我国电子政务对行政改革产生了怎样的促进作用？
4. 我国信息化建设的基本内容有哪些？
5. 新时期我国电子政务建设面临哪些挑战？
6. 我国数字政府与数字中国建设具备了哪些基本条件？

案　例

“互联网+”赋能政务服务迈上新台阶[①]

2023 年 3 月，《政府互联网服务能力蓝皮书：中国地方政府互联网服务能力发展报告（2022）》（以下简称《报告》）新书发布会暨研讨会在成都举行。《报告》指出，我国

① 改编自：《蓝皮书：地方政府互联网服务能力向好发展，还需弥合“数字鸿沟”》，https://m.bjnews.com.cn/detail/167954839414365.html，2023 年 3 月 23 日。

地方政府互联网服务能力发展态势整体保持向好，数字化转型推进地方政府服务响应能力稳步发展，“一网通办”向地区间协同联动纵深发展，集约化建设持续缩小地区差距，应用实效是服务智慧能力地区间差距的关键。

《报告》从服务供给能力、服务响应能力以及服务智慧能力三个一级指标，规范供给能力、平台供给能力、融合供给能力、服务诉求受理能力、办事诉求响应能力、互动诉求反馈能力、应用适配能力、智能交互能力、个性化服务能力等九个二级指标，清单规范性、流程规范性、平台整合能力、数据开放、跨部门协同能力、办事服务便利程度、诉求回复响应、智能搜索、智能问答、智能推送能力等 31 个三级指标入手，对地方政府互联网服务能力开展系统评估。此次报告评价范围涉及 337 个地方政府，其中包含 4 个直辖市及 333 个地级行政区，满分为 100 分。根据评估结果，《报告》将中国地方政府互联网服务能力得分从高到低依次划分为领先发展类、积极发展类、稳步发展类以及亟待发展类。报告显示，2022 年我国地方政府互联网服务能力得分最高的是北京市 91.83 分，相较于 2021 年的最高分 89.71 分而言，大幅提升了 2.12 分，是该系列报告发布以来首次有城市得分突破 90，显示出地方政府互联网服务能力建设取得了巨大成就。

在领先发展类［82.74 分，100 分］中，2022 年共包含 3 个直辖市和 38 个地级行政区，共 41 个地方政府入选，较 2021 年增加了 7 个，平均分为 85.02，越来越多的地方政府提高了建设高质量数字政府的标准，在地方政府互联网服务能力上逐渐表现出引领型趋势，代表了我国地方政府互联网服务能力的先锋力量。特别是北京、上海、广州及深圳 4 座一线城市的得分处于“断档领先”，与其后的地方政府拉开了明显差距，说明北京、上海、深圳、广州四个一线城市近几年来的政府数字化转型之路走得更为坚实，在政府互联网服务的应用深度、便利度、智慧化等方面的探索成效显著，并逐步向纵深发展，引领示范作用更加凸显。

在积极发展类［70.34 分，82.74 分）中，共包括 1 个直辖市及 185 个地级行政区入选，较 2021 年增加了 5 个，平均分为 75.74，是我国地方政府互联网服务能力得分的主要集中区间。综合领先发展类和积极发展类可以看出，当前我国地方政府互联网服务能力整体发展向好，处于头部梯队的地方政府具有较强、较稳的发展力量，尤其是在报告的评估标准逐年提高的前提下，我国大部分地方政府互联网服务能力仍处于较高水平。

在稳步发展类［60.20 分，70.34 分）中，地方政府数量为 97 个，相较于 2021 年减少了 10 个，平均分为 66.87；同时，在亟待发展类［0 分，62.20 分）中，地方政府数量从 2021 年的 15 个减少为 2022 年的 13 个，平均分为 59.88。从整体发展态势看，稳步发展类及亟待发展类地方政府互联网服务的质量和水平正逐步向前追赶，大量地方政府仍具有较大发展空间与发展潜力。各地方政府以数字化改革助力政府职能转变，在完善集约化平台建设、健全标准规范体系、构建科学制度规则、深化数据高效共享等方面开展积极探索尝试，并取得明显进展，在政府服务供给规范、服务响应效度方面都得到了长足发展。但《报告》显示，南宁、长春、太原等省会城市由 2021 年的积极发展类降到了稳步发展类，甚至得分还不如省内其他普通地级市，难以很好地体现省会城市在政府互联网服务能力建设过程中的模范带头作用。

此外，《报告》的区域对比结果显示，东部地区在此次报告中的均值为 78.25，而中部、西部及东北地区均值分别为 73.38、71.81 与 70.24，东部地区仍然保持较为明显的发展优势，与其他地区形成较大的发展差异。特别是东北地区地方政府互联网服务能力进步明显，其均值占整个东部地区地方政府互联网服务的比重，由 2021 年的 87.36%上升到 2022 年的 89.76%，上升了 2.40 个百分点；与此形成鲜明对比的是，中部与西部地区地方政府互联网服务能力得分均值占东部地区的比重均呈现一定程度的下降，分别降至 93.77%及 91.77%。一方面，东北地区与中、西部地区间的地方政府互联网服务能力发展差异正逐年缩小，三个区域间的互联网服务能力均衡程度有所改善。但另一方面，中、西部地区与东部地区的发展差异存在扩大趋势，需给予高度重视。

《报告》还进一步加强了对政府互联网服务能力发展专题领域的研究，共发布《数字化营商环境与地方政府互联网服务能力研究》《疫情防控信息发布与数字化转型背景下的政务公开研究》《数字政府“总客服”与新形势下政府回应能力提升研究》《新型监管机制建设下信用承诺的发展趋势研究》《健康码“一码通行”与协同治理数字化发展趋势研究》《以应用为导向的政府数据开放效能研究》《以跨地区“一网通办”为视角的政务服务区域协同现状与趋势研究》七篇专题报告，聚焦营商环境建设、政务公开数字化转型、政府回应能力提升、社会信用体系建设、数字协同治理发展、政府数据开放建设和政务服务区域协同发展等重点热点领域，综合指标表现与案例分析，研究相关领域政府互联网服务能力发展现状与启示。

请思考：

1. 结合案例，请谈谈“互联网+”从哪些维度促进了我国电子政务的发展。
2. 结合案例，请谈谈当前我国“互联网+政务服务”仍存在哪些短板，应如何应对。
3. 结合案例，请谈谈我国电子政务未来的发展方向。

我国首部生成式人工智能服务管理暂行办法出台[①]

2023 年 7 月 13 日，国家互联网信息办公室、中华人民共和国国家发展和改革委员会、中华人民共和国教育部、中华人民共和国科学技术部、中华人民共和国工业和信息化部、中华人民共和国公安部、国家广播电视总局等 7 个部门联合发布《生成式人工智能服务管理暂行办法》(以下称《办法》),《办法》自 2023 年 8 月 15 日起施行。

国家互联网信息办公室有关负责人表示，制定此《办法》主要基于以下几个方面的考虑。一是深入贯彻落实习近平总书记重要指示精神和党中央决策部署的重要举措。习近平总书记在主持召开中共中央政治局会议时指出：“要重视通用人工智能发展，营造创新生态，重视防范风险。”[②]二是促进生成式人工智能健康发展的迫切需求。生成式人工智能技术的快速发展，为经济社会发展带来新机遇的同时，也产生了传播虚假信息、侵害个人信息权益、数据安全和偏见歧视等问题。《办法》坚持目标导向和问题导向，明确了促进生成式人工智能技术发展的具体措施，规定了生成式人工智能服务的基本规范。

---

① 改编自：《七部门联合发文——促进生成式人工智能健康发展和规范应用》，https://www.gov.cn/zhengce/202307/content_6891998.htm，2023 年 7 月 15 日。

② 《中共中央政治局召开会议　分析研究当前经济形势和经济工作　中共中央总书记习近平主持会议》,https://www.gov.cn/yaowen/2023-04/28/content_5753652.htm,2023 年 4 月 28 日。

三是推进实施法律规定的内在要求。制定《办法》，是落实《中华人民共和国网络安全法》《中华人民共和国数据安全法》《中华人民共和国个人信息保护法》《科学技术进步法》有关规定的重要要求，进一步规范数据处理等活动，维护国家安全和社会公共利益，保护公民、法人和其他组织的合法权益。

1. 多措并举促进生成式人工智能健康发展

《办法》在治理对象上，针对生成式人工智能服务。在监管方式上，提出对生成式人工智能服务实行包容审慎和分类分级监管，要求国家有关主管部门针对生成式人工智能技术特点及其在有关行业和领域的服务应用，完善与创新发展相适应的科学监管方式，制定相应的分类分级监管规则或者指引。在促进发展具体措施上，一是明确鼓励生成式人工智能技术在各行业、各领域的创新应用，生成积极健康、向上向善的优质内容，探索优化应用场景，构建应用生态体系。二是支持行业组织、企业、教育和科研机构、公共文化机构、有关专业机构等在生成式人工智能技术创新、数据资源建设、转化应用、风险防范等方面开展协作。三是鼓励生成式人工智能算法、框架、芯片及配套软件平台等基础技术的自主创新，平等互利开展国际交流与合作，参与生成式人工智能相关国际规则制定。四是提出推动生成式人工智能基础设施和公共训练数据资源平台建设。促进算力资源协同共享，提升算力资源利用效能。推动公共数据分类分级有序开放，扩展高质量的公共训练数据资源。鼓励采用安全可信的芯片、软件、工具、算力和数据资源。

2. 划定底线，推动生成式人工智能向上向善

生成式人工智能技术的快速发展，为经济社会发展带来新机遇的同时，也产生了传播虚假信息、侵害个人信息权益、数据安全和偏见歧视等问题。《办法》明确提供和使用生成式人工智能服务应当坚持社会主义核心价值观，不得生成煽动颠覆国家政权、推翻社会主义制度，危害国家安全和利益、损害国家形象，煽动分裂国家、破坏国家统一和社会稳定，宣扬恐怖主义、极端主义，宣扬民族仇恨、民族歧视，暴力、淫秽色情，以及虚假有害信息等法律、行政法规禁止的内容；在算法设计、训练数据选择、模型生成和优化、提供服务等过程中，采取有效措施防止产生民族、信仰、国别、地域、性别、年龄、职业、健康等歧视；尊重知识产权、商业道德，保守商业秘密，不得利用算法、数据、平台等优势，实施垄断和不正当竞争行为；尊重他人合法权益，不得危害他人身心健康，不得侵害他人肖像权、名誉权、荣誉权、隐私权和个人信息权益；基于服务类型特点，采取有效措施，提升生成式人工智能服务的透明度，提高生成内容的准确性和可靠性。

3. 采取更精细化监管举措

人工智能算法具有“黑箱”特性，表现为行为不可控、决策机制难以解释，给人工智能监管带来了一定困难。为此，《办法》与《互联网信息服务算法推荐管理规定》《互联网信息服务深度合成管理规定》等现有规范一脉相承，延续了此前监管手段，同时明确了分类分级监管的原则，健全了我国人工智能治理体系。一是明确了安全评估与算法

备案要求。为有效应对算法“黑箱”问题,《办法》明确，提供具有舆论属性或者社会动员能力的生成式人工智能服务的，应当按照国家有关规定开展安全评估，并按照《互联网信息服务算法推荐管理规定》履行算法备案和变更、注销备案手续。二是明确了信息披露要求。《办法》明确规定，有关主管部门依据职责对生成式人工智能服务开展监督检查，提供者应当依法予以配合，按要求对训练数据来源、规模、类型、标注规则、算法机制机理等予以说明，并提供必要的技术、数据等支持和协助。

针对生成式人工智能的其他技术特点,《办法》也作出了规定。例如，第七条即充分考虑到训练数据的海量性和异质性，规定生成式人工智能服务提供者应当依法开展预训练、优化训练等训练数据处理活动……采取有效措施提高训练数据质量，增强训练数据的真实性、准确性、客观性、多样性。

此外,《办法》还针对相关产业特点，鼓励其发展。《办法》规定:“鼓励生成式人工智能技术在各行业、各领域的创新应用，生成积极健康、向上向善的优质内容，探索优化应用场景，构建应用生态体系”,“鼓励生成式人工智能算法、框架、芯片及配套软件平台等基础技术的自主创新，平等互利开展国际交流与合作，参与生成式人工智能相关国际规则制定”等。

请思考:

1. 结合案例，请谈谈人工智能对电子政务发展的深刻影响。
2. 结合案例，请谈谈如何利用 ChatGPT 等生成式人工智能推动电子政务发展。
3. 结合案例，请谈谈除上述措施外，还可从哪些途径对人工智能加以监管。

参 考 文 献

蔡立辉，于刚强. 2014. 电子政务. 2 版. 北京：清华大学出版社.

丁俊杰，张树庭. 2010. 网络舆情及突发公共事件危机管理经典案例. 北京：中共中央党校出版社.

金江军. 2013. 电子政务理论与方法. 3 版. 北京：中国人民大学出版社.

李霖，郭仁忠，桂胜. 2009. 电子政务信息资源目录体系建设及案例. 北京：科学出版社.

麦克纳林 B C，斯普拉格 Jr R H. 2009. 信息系统管理实践. 7 版. 王刊良，姜锦虎，等译. 西安：西安交通大学出版社.

濮小金，司志刚，濮琼. 2009. 电子政务系统建设及应用. 北京：机械工业出版社.

苏新宁，吴鹏. 2005. 电子政务案例分析. 北京：国防工业出版社.

特班 E，金 D，李在奎，等. 2014. 电子商务：管理与社交网络视角. 时启亮，陈育君，占丽，等译. 北京：机械工业出版社.

王长胜，许晓平. 2010. 中国电子政务发展报告（2010）. 北京：社会科学文献出版社.

王谦. 2005. 电子政务：战略、标准、绩效与智能决策. 重庆：重庆大学出版社.

吴爱明，夏宏图. 2008. 电子政务概论. 北京：首都经济贸易大学出版社.

徐晓林，杨兰蓉. 2010. 电子政务. 北京：科学出版社.

杨兴凯. 2010. 电子政务. 大连：东北财经大学出版社.

张锐昕. 2011. 电子政府与电子政务. 北京：中国人民大学出版社.

赵国俊. 2015. 电子政务教程. 3 版. 北京：中国人民大学出版社.

郑国. 2009. 国内外数字化城市管理案例. 北京：中国人民大学出版社.

中共中央办公厅，国务院办公厅. 2006. 2006—2020 年国家信息化发展战略. 北京：中国法制出版社.

周宏仁. 2014. 中国信息化形势分析与预测（2014）. 北京：社会科学文献出版社.

拓展阅读

沈大风，周民，杨绍亮，等. 2014. 电子政务发展前沿（2014）. 北京：中国经济出版社.
齐特林 J. 2011. 互联网的未来. 康国平，刘乃清，等译. 北京：东方出版社.
甘仞初. 2011. 电子政务系统的体系结构. 北京：机械工业出版社.
张为民. 2009. 云计算：深刻改变未来. 北京：科学出版社.
西门柳上，马国良，刘清华. 2009. 正在爆发的互联网革命. 北京：机械工业出版社.
何振. 2009. 电子政务信息资源的共建与共享研究. 北京：中国社会科学出版社.
张楠. 2010. 信息技术采纳与电子政务：微观与宏观的综合研究视角. 北京：清华大学出版社.
芳汀 J E. 2010. 构建虚拟政府：信息技术与制度创新. 邵国松，译. 北京：中国人民大学出版社.
李军，彭凯，等. 2009. 政务地理空间信息资源管理与共享服务应用. 北京：北京大学出版社.
陈平. 2006. 网格化：城市管理新模式. 北京：北京大学出版社.
戈德史密斯 S，埃格斯 W D. 2008. 网络化治理：公共部门的新形态. 孙迎春，译. 北京：北京大学出版社.
张向宏. 2010. 服务型政府与政府网站建设. 北京：清华大学出版社.
吴江，李志更. 2011. 电子政务与服务型政府建设. 北京：国家行政学院出版社.
杜俊飞. 2010. 沸腾的冰点：2009 中国网络舆情报告. 杭州：浙江大学出版社.
曹劲松. 2010. 政府网络传播. 南京：江苏人民出版社.
喻国明，欧亚，张佰明，等. 2011. 微博：一种新传播形态的考察影响力模型和社会性应用. 北京：人民日报出版社.
查德威克 A. 2010. 互联网政治学：国家、公民与新传播技术. 任孟山，译. 北京：华夏出版社.
张小罗. 2009. 论网络媒体之政府管制. 北京：知识产权出版社.
唐子才，梁雄健. 2008. 互联网规制理论与实践. 北京：北京邮电大学出版社.
齐爱民，张万洪. 2008. 电子化政府与政府信息公开法研究. 武汉：武汉大学出版社.
杨云飞. 2010. 政府服务评价：中国电子政务发展水平测评. 北京：清华大学出版社.
桑斯坦. 2003. 网络共和国：网络社会中的民主问题. 黄维明，译. 上海：上海人民出版社.
马俊，殷秦，李海英，等. 2011. 中国的互联网治理. 北京：中国发展出版社.
陈昌凤，虞鑫. 2012. 网络时代的盛世危言：互联网与社会变迁. 北京：北京出版社.
谢新洲. 2013. 互联网等新媒体对社会舆论影响与利用研究. 北京：经济科学出版社.
王彬彬. 2013. 网络时代的政府革新. 北京：国家行政学院出版社.
张锐昕，杨国栋，等. 2013. 网络时代政府职能转变问题研究. 北京：中国书籍出版社.
赵衍. 2013. 互联网时代的信息安全威胁：个人、组织与社会. 北京：企业管理出版社.
杨吉，张解放. 2013. 在线革命：网络空间的权利表达与正义实现. 北京：清华大学出版社.
贾维斯 J. 2013. 公开：新媒体时代的网络正能量. 南溪，译. 北京：中华工商联合出版社.
艾瑞斯 I. 2014. 大数据思维与决策. 宫相真，译. 北京：人民邮电出版社.
沙 R. 2014. 互联网思维：新商业模式与运营革命的行动指南. 钱峰，译. 北京：中国人民大学出版社.
徐继华，冯启娜，陈贞汝. 2014. 智慧政府：大数据治国时代的来临. 北京：中信出版社.
赵伟. 2014. 大数据在中国. 南京：江苏文艺出版社.
王克照. 2014. 智慧政府之路：大数据、云计算、物联网架构应用. 北京：清华大学出版社.
郑永年. 2014. 技术赋权：中国的互联网、国家与社会. 邱道隆，译. 北京：东方出版社.
张玲. 2014. 政务微博在创新社会管理中的运用. 北京：中国社会科学出版社.

高宏存，于正. 2015. 政务微信实用方法、技巧与案例指南. 北京：人民出版社.
吴帝聪，陈小勤. 2015. 一本书读懂互联网+. 广州：广东人民出版社.
穆勒. 2015. 网络与国家：互联网治理的全球政治学. 周程，鲁锐，夏雪，等译. 上海：上海交通大学出版社.
汤森 A. 2015. 智慧城市：大数据、互联网时代的城市未来. 赛迪研究院专家组，译. 北京：中信出版社.

参 考 网 站

国家信息中心：http://www.sic.gov.cn/sic/index_pc.html
中国电子政务网：http://www.e-gov.org.cn
中国电子政务资讯网：http://www.chinaegov.org
中国信息协会：http://www.ciia.org.cn
国脉电子政务网：http://www.echinagov.com
中国互联网信息中心：http://www.cnnic.net.cn
中央网络安全和信息化委员会办公室（国家互联网信息办公室）网：http://www.cac.gov.cn/

附　　录

专业术语中英文对照表（以第一次出现为序）

第 1 章

electronic government（e-government 或 e-gov）电子政务
office automation（OA）办公自动化
electronic commerce（e-commerce）电子商务
mobile government（mGov）移动政务
office information system（OIS）办公信息系统
enterprise resource planning（ERP）企业资源计划
big data 大数据
cloud computing 云计算
business to customer（B2C）企业与消费者之间的电子商务
online to offline（O2O）线上到线下
business to business（B2B）企业与企业之间的电子商务
business to government（B2G）企业与政府之间的电子政务
personal digital assistant（PDA）掌上电脑
virtual private network（VPN）虚拟专用网络
code division multiple access（CDMA）码分多址
third generation of mobile communications technology（3G）第三代移动通信技术
fourth generation of mobile communications technology（4G）第四代移动通信技术
government to government（G2G）政府对政府的电子政务
government to business（G2B）政府对企业的电子政务
government to citizen（G2C）政府对公民的电子政务

第 2 章

connected governance 互联治理
crowdsourcing 众包
local area network（LAN）局域网
wide area network（WAN）广域网
information and communication technology（ICT）信息通信技术
customer relationship management（CRM）客户关系管理
green technology 绿色技术
environmentally sound technology（EST）环境友好技术
distributed computing 分布式计算
parallel computing 并行计算
grid computing 网格计算

Internet of things 物联网
radio frequency identification（RFID）射频识别技术
e-democracy 电子民主

第 3 章

virtual local area network（VLAN）虚拟局域网
integrated service digital network（ISDN）综合业务数字网
x digital subscriber line（xDSL）x 数字用户线路
asymmetric digital subscriber line（ADSL）非对称数字用户线
digital data network（DDN）数字数据网
fiber to the home（FTTH）光纤到户
lightweight directory access protocol（LDAP）轻量目录访问协议
hyper text transfer protocol（HTTP）超文本传输协议
meta database 元数据库
extensible markup language（XML）可扩展置标语言
World Wide Web Consortium（W3C）万维网联盟
electronic data interchange（EDI）电子数据交换
standard generalized markup language（SGML）标准通用置标语言
document type definition（DTD）文档类型定义
service-oriented architecture（SOA）面向服务的体系结构
simple object access protocol（SOAP）简单对象访问协议

第 4 章

public key infrastructure（PKI）公钥基础设施
open system interconnection（OSI）开放系统互联
privilege management infrastructure（PMI）授权管理基础设施
data encryption standard（DES）数据加密标准
international data encryption algorithm（IDEA）国际数据加密算法
file transfer protocol（FTP）文件传输协议
simple mail transfer protocol（SMTP）简单邮件传送协议
intrusion detection system（IDS）入侵检测系统
denial of service（DoS）拒绝服务
distributed denial of service（DDoS）分布式拒绝服务
managed security service provider（MSSP）安全管理服务提供商
computer emergency response team（CERT）计算机应急响应小组

第 5 章

optical character recognition（OCR）光学字符识别
video conference system 视频会议系统
decision support system（DSS）决策支持系统
intelligent decision support system（IDSS）智能决策支持系统
online analytical processing（OLAP）联机分析处理
group decision support system（GDSS）群体决策支持系统

distributed decision support system（DDSS）分布式决策支持系统
government process reengineering（GPR）政务流程再造
business process reengineering（BPR）企业业务流程再造
workflow management system（WfMS）工作流管理系统
application programming interface（API）应用程序接口

第 6 章

e-governance 电子治理

第 7 章

system of e-government laws and regulations 电子政务法律法规体系
e-government readiness index 电子政务准备度指数

第 8 章

namespace 命名空间
simple network management protocol（SNMP）简单网络管理协议
polling 轮询
Web-based management（WBM）基于 Web 的网络维护管理模式
transient electromagnetic pulse emanation surveillance technology（TEMPEST）瞬态电磁脉冲发射监控技术
public key encryption 公开密钥加密
message digest algorithm 报文摘要算法
secure sockets layer（SSL）安全套接层［协议］

第 9 章

utility computing 效用计算
network storage technology 网络存储技术
virtualization 虚拟化
load balance 负载均衡